Universities in the UK: From Elitism to Dynamism

イギリスの大学
対位線の転位による質的転換

秦 由美子

東信堂

はしがき

　今日、グローバリゼーションという言辞が広く流布するようになった。
　グローバリゼーションという言葉が引用され始めたのは年代的には古く、1960年代にマクルーハンが唱えた「グローバル・ビレッジ」の概念からといわれている。一方で、社会現象としてのグローバリゼーションは経済の領域から始まったとされるが、その後、1990年前後のボーダーレス、トランスナショナルといった文言を経て、社会学者がグローバリゼーションを使用し始め、同時多発テロ以降更さらにその語が頻繁に使用されるようになったようだ。
　コミュニケーション技術の進歩、情報テクノロジーや輸送手段の目覚ましい発達が「時間と空間を圧縮」し、多くの国が国際コミュニケーション・ネットワークにアクセスできるようになり、船あるいは飛行機で求めた学びも自国の自室に籠りながら手にすることができるようになった。
　船あるいは飛行機で求める以前の、また、携帯やタブレットなど夢想だにしなかった中世に、徒歩で求めた学びの原点が、イギリスでは伝統的大学であるオックスフォード大学にあった。オックスフォードやケンブリッジ大学は、設置認可や設置基準が存在しなかった時代に形作られた教師や学生が自発的に作った知的集団・ギルドであり、市民法あるいは慣習や慣例の積み重ねで守られた大学である。また、旧市民大学のように市民が地元の医療や産業に役立つカレッジを設立した後、産業資本家や慈善事業家の手により大学運営のための寄付金が集められ、大学に昇格したものもある。その他ユニヴァーシティー・カレッジやキングズ・カレッジ・ロンドンは株主により会社として設立され、その後君主から設立勅許状を得て大学となった。LSE は

会社法により有限会社として登録されており、近年ではグリニッジ大学も会社法により大学となった。以上のようにイギリスでは、それぞれの大学がそれぞれの設置基準や法的根拠を持って次々に誕生したのであった。

　1960年代にようやく53大学となったが、まだまだ数としては少なく、これら大学は、国の介入がないところにこそ、教育の繁栄が導かれるといった思想に守られ、政府の管轄下に置かれることもなかった。それゆえ、大学は独立自治を謳歌してきたのである。しかし、これはある意味エリート教育の温存を促すことにもなった。

　1970年代アメリカでは高等教育機関への進学率が4割を超えていたが、イギリスの高等教育は1988年の教育改革法が出されるまでは依然として、大学が寡占するエリート高等教育システムとして機能していたのである。イギリスでは往々にして、純粋学問に対し、応用学問が対置される。この純粋学問の分野を教授する機関が大学であり、応用学問の分野を担当するのがポリテクニクとされていた。そして、大学は「将校を養成する機関」であり、ポリテクニクはあくまでも「兵卒を養成する機関」にすぎなかったのであった。

　この大学とポリテクニクとの分化した教育体系が二元構造と呼ばれてきたのであるが、しかしサッチャー政権後、予算配分や評価と結びついて、イギリスの大学は政府より多大な影響を受けることになった。さらには1992年のイギリス高等教育の一元化後、イギリスの大学の質は大きく変化したといわれている。

　従来のイギリスの大学、伝統的大学とはどのような大学であるのか、旧市民大学とは、新市民大学とは、新構想大学とは、工科大学とはどのような大学であるのか。日本の大学とまったく異なる設立経緯を辿って生まれたイギリスの大学をまず読者に知っていただきながら、引き続き、高等教育の一元化の結果、それらの大学がどのように変化したのか、また、この一元化がイギリス大学史の中でどのような意味を持つのかを見極めてもらえることを願っている。そして最終的には、本書を通してイギリスの大学の一つ一つが強烈な個性を持っていることを認識していただくと共に、自然に恵まれた大

地の中で何か懐かしい古典的な理想的大学像も垣間見てもらえることを期待するのである。

2014年1月1日

秦　由美子

イギリスの大学——対位線の転位による質的転換／目次

はしがき ……………………………………………………………………… i

略語・単語リスト x

序　章 ………………………………………………………………………3
　1．本書の目的 ……………………………………………………………3
　2．先行研究における議論 ………………………………………………4
　　1　二元構造の定義　4
　　2　二元構造をめぐる主要な議論　4
　3．准大学高等教育機関の存在と一元化 ……………………………7
　　1　准大学高等教育機関　7
　　2　ポリテクニクをめぐる四つの問題領域　10
　4．課題の設定 …………………………………………………………14
　5．本書の構成 …………………………………………………………15
　6．本書で用いたデータと資料および用語について …………………19
　　1　本書で用いた調査方法およびデータと資料　19
　　2　用語について　21

第Ⅰ部　歴史的、政策的考察 …………………………………29

第1章　一元化以前の高等教育機関の類別的考察 ……………………33
　1．はじめに ………………………………………………………………33
　　1　『ロビンズ報告書』の重要性　33
　　2　『ロビンズ報告書』の目的　35
　2．連合王国における高等教育 …………………………………………37
　　1　高等教育　37
　　2　『ロビンズ報告書』当時の高等教育機関　39
　　3　プライベート・セクターとパブリック・セクター　44
　3．一元化以前の大学 ……………………………………………………50
　　1　伝統的大学　50
　　2　ロンドン大学　55

3　旧市民大学　56
　　4　新市民大学　59
　　5　新構想大学　63
　　6　バッキンガム大学　64
　4．一元化以前の准大学高等教育機関 …………………………68
　　1　上級工科カレッジ　68
　　2　ポリテクニクの誕生　70
　　3　二元構造の中でのポリテクニク　72
　5．結　語 …………………………………………………………74

第2章　高等教育の一元化に至る政策の変遷 ……………84
　1．はじめに ………………………………………………………84
　2．高等教育における二元構造 …………………………………85
　　1　二元構造以前の高等教育の状況　85
　　2　高等教育の二元構造の成立　86
　3．サッチャー保守党政権確立に至る経緯 ……………………88
　4．一元化に至る高等教育政策 …………………………………90
　　1　保守党の政策と一元化への流れ　95
　　2　1988年教育改革法によりもたらされた改革　99
　　3　1992年継続・高等教育法が与えた影響　102
　5．高等教育の一元化 ……………………………………………105
　　1　一元化の定義　105
　　2　政府とポリテクニクはなぜ一元化を求めたのか　106
　　3　旧大学は一元化を求めたのか　108
　6．一元化以降の高等教育機関 …………………………………109
　　1　ポリテクニク　110
　　2　伝統的大学および旧大学　111
　　3　一元化がもたらした変化　112
　7．結　語 …………………………………………………………114

第Ⅱ部　実証的考察 ……………………………………………121

第3章　一元化以降の大学進学者の質の変化 ………………122

1. はじめに …………………………………………………………… 122
2. 一元化以前の高等教育制度の特質 …………………………… 123
3. 初等・中等教育と高等教育との接続 ………………………… 128
4. 高等教育人口の量的拡大 ……………………………………… 133
   1　学生数の増加　133
   2　非正規学生の増加　138
5. 大学進学者の質の変化 ………………………………………… 140
   1　高等教育機関入学選抜制度　140
   2　進学率および退学率　144
   3　GCE・Aレベル資格以外の入学資格　145
6. 初等、中等、高等教育の不連続性 …………………………… 151
7. 結　語 …………………………………………………………… 152

第4章　一元化以降の学位の質と制度の変化 …………………… 161

1. はじめに ………………………………………………………… 161
2. 学位授与権 ……………………………………………………… 163
3. 学位・課程の多様化 …………………………………………… 165
   1　第1学位　166
   2　質と水準　173
   3　新たな学位　176
   4　新大学の課程における問題　179
4. 学位制度面での変化 …………………………………………… 184
   1　モジュール制度と単位累積互換制度　185
   2　修了率　190
   3　高い修了率　191
5. 結　語 …………………………………………………………… 193

第5章　一元化以前の補助金配分機関の役割と政策 …………… 197

1. はじめに ………………………………………………………… 197
2. 背　景 …………………………………………………………… 199
3. 一元化以前の財政配分機関 …………………………………… 200
   1　プライベート・セクターの補助金配分機関　200

  2　パブリック・セクターの補助金配分機関　209
 4．高等教育財政に関する政策決定の背景 …………………216
  ——UFC と PCFC の施策が高等教育機関におよぼした影響
 5．結　語 ……………………………………………………220

第6章　一元化以降の大学における財務と財務政策 ………226
 1．はじめに …………………………………………………226
 2．高等教育拡大による一元化と公的財源のあり方 ………227
  1　高等教育機関の補助金配分機関　227
  2　高等教育財政審議会からの研究費補助金　231
  3　高等教育財政審議会からの教育費補助金　234
  4　高等教育機関における公的補助金　238
 3．学部学生の収入および支出 ……………………………240
  1　1970年代末までの学生への公的財政支援　240
  2　1980年代以降の公的学生補助金制度　241
  3　学生からの学費徴収とその影響　248
 4．大学の財務 ………………………………………………249
 5．結　語 ……………………………………………………255

第7章　大学の管理運営と組織文化 ……………………………261
 1．はじめに …………………………………………………261
 2．大学の自治 ………………………………………………263
  1　伝統的大学　263
  2　新大学　272
 3．大学を支える公的財源 …………………………………277
 4．結　語 ……………………………………………………280

第8章　対位線の転位による質的転換 …………………………287
 1．はじめに …………………………………………………287
 2．新たな大学分類 …………………………………………289
 3．学生の多様性と質の実証的分析 ………………………295
  1　学生の多様性と質　297
  2　新たな大学分類の最終モデル　300

4. 学生の多様性と質が大学に与える影響 ……………………………301
  1 多様性と質の重回帰分析　301
  2 多様性と質の大学間比較　303
5. 学生は大学に何を望むのか ……………………………306
  1 学生の多様性と質と学生の満足度　306
  2 多様性・質と満足度の相関関係　306
6. 結　語――一元化のダイナミズム……………………307

終　章 ……………………………310
1. 各章の論点 ……………………………310
2. 四つの課題で導き出されたこと ……………………313
  1 多様性が低い大学ほど質が高い　313
  2 新大学の旧大学化　313
  3 授業料徴収の自由化による学生の受け皿の減少　314
  4 大学自治の意味の持つ多義性　315
3. 一元化後の新・旧大学の変化……………………………315
4. 高等教育史の中での一元化の意義 ……………………317
  1 二元構造と一元化の再生産　317
  2 1992年以降の一元化の特性　319
5. 本書のまとめ ……………………………322
  1 一元化をいかに捉えるべきか　322
  2 多様化　325
6. 今後の課題 ……………………………328

〔付　記〕……………………………333
近年の大学改革および大学ガバナンス改革の動向　333
  1 2011年高等教育白書による大学改革の方向性　334
  2 新たな私立高等教育機関　335

引用・参考文献……………………………339

資　料 ……………………………373
  資料1　補足説明……………………………375
  資料2　連合王国の高等教育機関の収入内訳……………380

資料3　連合王国における全大学の基本情報（2001/02年度）…396

あとがき ……………………………………………………400

索　引 ……………………………………………………402

略語・単語リスト

AAU	Academic Audit Unit	学務監査室
ABRC	Advisory Board for the Research Councils	研究協議会助言委員会
ABRC	Association of British Research Councils	英国研究審議会連合
AHRC	Arts & Humanities Research Council	芸術・人文科学研究審議会
ASE	Association for Science Education	科学教育協会
ATTI	Association for Teachers in Technical Institutions	技術学校教員連盟
AUT	Association of Universities Teachers	大学教員組合
AVCE	Advanced Vocational Certificate of Education	職業中等教育修了上級資格
BAAS	British Association for the Advancement of Science	英国科学振興協会
BBSRC	Biotechnology and Biological Science Research Council	バイオテクノロジー・生物科学研究審議会
BIS	Department for Business, Innovation & Skills	ビジネス・改革・技術省
BTEC	Business and Technology Education Council	ビジネス科学技術教育審議会
CAT	Colleges of Advanced Technology	上級工科カレッジ
CATS	Credit Accumulated Transfer Systems	単位累積互換制度
CBI	Confederation of British Industry	連合王国産業連盟
Chancellor		総長
CIHE	Council for Industry and Higher Education	産業・高等教育協力審議会
CIPS	Commerce, Industry and Public Sector	経済産業省
CNAA	Council for National Academic Awards	全国学位授与審議会
Council of Europe		ヨーロッパ評議会
CUE	Council for University English	大学英語学・英文学協議会
CVCP	Committee of Vice Chancellors and Principals of British universities	大学学長委員会
DCSF	Department for Children, Schools and Families	子供・学校・家庭省
DENI	Department of Education, Northern Ireland	北アイルランド教育省
DES	Department of Education and Science	教育科学省
DfEE	Department for Education and Employment	教育雇用省
DfES	Department for Education and Skills	教育技術省

DIUS	Department for Innovation, Universities and Skills	改革・大学・技能省
DTI	Department of Trade and Industry	貿易産業省
earmarked capital funding		特別資本経費補助金
ECTS	European Credit Transfer System	欧州共同体単位互換制度
EHEA	European Higher Education Area	欧州高等教育圏
eleemosynary corporations		慈善法人
EPSRC	Engineering and Physical Science Research Council	工学物理学研究審議会
ERG	Education Reform Group	教育改革検討グループ
ESRC	Economic and Social Research Council	経済・社会学研究審議会
external examiner		学外試験委員
FEIs	Further Education Institutions	継続教育機関
Foundation degrees		応用准学位
GCE・Aレベル	General Certificate of Education-Advanced levels	中等教育修了上級資格
GCE・Oレベル	General Certificate of Education-Ordinary levels	中等教育修了普通資格
GCSE	General Certificate of Secondary Education	中等教育修了一般資格
GNVQ	General National Vocational Qualification	一般全国職業資格
HEFCE	Higher Education Funding Council for England	イングランド高等教育財政審議会
HEFCs	Higher Education Funding Councils	高等教育財政審議会
HEFCW	Higher Education Funding Council for Wales	ウェールズ高等教育財政審議会
HEIs	Higher Education Institutions	高等教育機関
HEPI	Higher Education Policy Institute	高等教育政策研究所
HEQC	Higher Education Quality Council	高等教育水準審議会
HESA	Higher Education Statistical Agency	高等教育統計局
HMC	Headmasters' & Headmistresses' Conference	パブリック・スクール校長協会
HMI	Her Majesty's Inspectorate of Education	勅任教育視学官
HNC	Higher National Certificate	高等全国資格（柳田2004に準拠）
HND	Higher National Diploma	高等全国証書（柳田2004に準拠）
ILTHE	Institute for Learning and Teaching in Higher Education	高等教育学習・教授開発研究所
Income Contingent Loans		所得連動型返還ローン
IOE	Institute of Education, London University	ロンドン大学教育研究所

LCD	Lord Chancellor's Department	法務省
LEA	Local Education Authorities	地方教育当局
LSC	Learning and Skills Council	学習・技能審議会
LSE	London School of Economics and Political Science	ロンドン経済・政治学研究所
LTSN	Learning and Teaching Support Network	教授・学習支援ネットワーク
MaSN	Maximum student number	最大学生数
MRC	Medical Research Council	医学研究審議会
NAB	National Advisory Body for Public Sector Higher Education	パブリック・セクター高等教育諮問機関
NATFHE	National Association of Teachers in Further and Higher Education	継続・高等教育教員協会
		科学、技術および芸術のための国家基金財団
NCE	National Commission on Education	全国教育委員会
NCIHE	National Committee of Inquiry into Higher Education	全国高等教育検討委員会
NCTA	National Council for Technological Awards	工学学位全国審議会
NERC	Natural Environment Research Council	自然環境研究審議会
NESTA	National Endowment for Science, Technology and the Arts	科学、技術および芸術のための国家基金財団
NHS	National Health Service	国民健康保険制度
NSS	National Student Survey	全国学生調査
ODPM	Office of the Deputy Prime Minister	副首相部
OFSTED	Office for Standards in Education	教育基準局
OST	Office for Science and Technology	科学技術部
OUSU	Oxford University Student Union	オックスフォード大学・学生組合
PCAS	Polytechnics Central Admission System	ポリテクニク入学中央システム
PCFC	Polytechnics and Colleges Funding Council	ポリテクニクおよびカレッジ財政審議会
PGCE	Postgraduate Certificate of Education	大学院教育修了資格
Privy Council		枢密院
PRUs	pupil referral units	生徒委託部署
QAA	Quality Assurance Agency for Higher Education	高等教育水準審査機関
QCA	Qualifications and Curriculum Authority	資格・カリキュラム当局
QE	Quality Enhancement	教授・学習の質の向上

RAE	Research Assessment Exercise		研究評価
RAS	Research Active Staff		実働研究者
RCs	Research Councils		研究審議会
RDA	Regional Development Agency		地方開発局
Royal Charter			王立憲章、あるいは設立勅許状
SCAA	School Curriculum and Assessment Authority		
			学校カリキュラム・評価機構
SHEFC	Scottish Higher Education Funding Council		
			スコットランド高等教育財政審議会
SLC	Student Loans Company Limited		学生ローン会社
SOC	Standard Occupational Classification		標準職業分類
special funding			特別補助金
SSR	Student Staff Ratio		教員一人当たりの学生数
STFC	Science & Facilities Council		
	自然科学・科学技術施設審議会（素粒子物理・天文研究審議会 (Particle Physics and Astronomy Research Council: PPARC）と中央研究所研究審議会が（Council for the Central Laboratory of the Research Councils: CCLRC）が統合し、STFCとなる）		
THES	Times Higher Education Supplement		タイムズ高等教育版
TQA	Teaching Quality Assessment		教育評価
TTA	Teacher Training Agency for England and Wales		教員養成機関
UCAS	Universities and Colleges Admissions Service for the UK		
			大学・カレッジ入学サービス
UCCA	Universities Central Council on Admission		大学入学中央協議会
UFC	Universities Funding Council		大学財政審議会
UGC	University Grants Committee		大学補助金委員会
University's Statutes			大学規程
UoA	Unit of Assessment		研究評価単位
UUK	Universities UK		イギリス大学協会
VC	Vice-chancellor		学長
Widening Participation			高等教育機関進学機会均等
WUN	Worldwide Universities Network		世界大学ネットワーク

イギリスの大学
―― 対位線の転位による質的転換 ――

序　章

1. 本書の目的

　イギリス[1]の高等教育[2]では、1960年代半ばに、大学と非大学型高等教育機関からなる「二元構造 (binary system または dual system)[3]」と呼ばれる制度構造が形成され、長くその状態が続いた (DES 1972)。しかし、1990年代にその状態の解消が図られた。その過程は一般に「イギリス高等教育の一元化」と呼ばれており、イギリス高等教育史上前例のない、また、将来のイギリス高等教育を考える上で看過できない大きな出来事であった。30年にわたり続いてきた二元構造を一元化する試みは、とくに大学側から大きな抵抗を生み、一元化への移行後も問題の多くが未解決のまま積み残されている。

　本書の目的は、イギリス高等教育の一元化を対象とし、一元化が推進された理由の究明に始まり、次節で触れる四つの問題領域である①学生の質、②学位の質と制度、③大学財政、④大学の自治が一元化後どのように変化したかを解明することである。以上の過程は、一元化後の新大学 (1992年以降大学に昇格した准大学高等教育機関である旧ポリテクニク) と旧大学 (1992年以前からの大学) の今後のあり方を問い直すことにも通じ、最終的にはイギリス高等教育における大学発展史の中での大学の意義を論ずることにも通じる。併せてその過程において生じた諸問題の検討、および一元化後に残されたあるいは新たに生じた問題を論じる。これらの目的を達成するためには、一元化推進の前提となるイギリス高等教育の二元構造の検討が必要である。そこでまず次節において、1960年代半ばにおける二元構造の成立に論及する。また、高等教育機関は多数のステークホルダーと関係し、相互に影響を与えあっているが (第6章)、一元化をめぐる主要なアクターを、政府と大学、そして非

大学型高等教育機関のうち、最も大学に類似している准大学高等教育機関(序章3節) の三者とする。

2. 先行研究における議論

1　二元構造の定義

　イギリス以外の国においても二元構造は存在するが、イギリスにおける二元構造の特徴とはいったい何であろうか。以下に、先行研究を通して二元構造を解読する。

　レヤード、キング、モーザーによれば、高等教育の学位レベルは二つに分岐しており、自律性を有するセクター、すなわち大学(プライベート)セクター[4]が上位の学位レベルを授与し、パブリック・セクター、すなわち公的に管理されたセクターが下位の学位レベルを教授するとしている。そしてレヤードらは、この二つのセクターからなる構造が二元構造であると考えた(Layard, King, and Moser 1969)。ロスも同じく、自治を持つセクターに属する大学とパブリック・セクターに属する上級技術カレッジや教育カレッジからなる二つのセクターで成り立つ構造を二元構造と捉えている(Ross 2003: 47)。レヤードらによる二元構造の定義はやや年代的に古いものの、近年のロスの定義を含めて、レヤードらの定義は現在も充分に通用するものと考えられる。そこで、本書でも基本的には、大学セクターと非大学セクターからなる高等教育の構造を二元構造とする。

2　二元構造をめぐる主要な議論

　前項での二元構造の基本的定義に則った上で、本項ではさらにイギリス高等教育史の中でのイギリスの二元構造の形成過程と、二元構造をめぐる主な議論を総括しておきたい。

　高等教育研究者の観点からは、新大学の学長(Vice-chancellor: VC)[5]であり、かつてタイムズ高等教育版の監修に携わったピーター・スコットは、ヨーロッパやイギリスで二元構造が形成されるに至った主要因として、社会から

は大学レベルの教育を拡大することが要求されたこと、また経済界からは高度な技術を持つ労働力の確保が急務であるとされたこと、という二点を挙げている (Scott 1996)。つまり、これら二点の実現のためには教養教育が主流の大学とは別に、応用科学や工学系の諸学問を教授するレベルの高い研究機関が必要となり、ポリテクニクが誕生することになったということになる。例えば、フランスやドイツのように大学外に高度なレベルの研究機関が存在する国[6]では、高等教育機関としての存在は大学のみに統一され、応用科学や工学系の研究機関は大学とは別系統の研究所として設立される形で、大学との二元構造が構成される傾向がある。しかし、イギリスでの二元構造の発展形態はヨーロッパ諸国の機関並置型二元構造とは異なり、大学とポリテクニクが上下関係にあったところに特徴があった。この上下関係についてスコットはイギリスの二元構造を政策的産物と捉えている。つまりポリテクニクが准大学レベルの高等教育を教授する教育機関であったがゆえに、大学との同格化志向 (academic drift[7]) が生じることを政府は好まず、大学との明確な差異化を図るために大学とはまったく異なる機関として存在させる必要があったというのである (Scott 1996: 49-50)。また、すでに工科カレッジや芸術カレッジ、ビジネスカレッジ、教員養成カレッジが非大学教育機関として存在していたことにより、二元構造への移行も円滑に進んだといえる。

　大学史の観点からは、歴史学者のリチャード・アンダーソンが、高度なレベルを有する技術者[8]に対して中級レベルの管理者の必要性から二元構造を解釈している。すなわち、短期育成を可能とし、公的資金のかからない職業訓練中心の高等教育機関の設立が急務とされた結果、二元構造が成立したと考えている (Anderson 2006)。二元構造の一方は自律性を持った保守的かつ排他的な大学であり、他方は個人や社会に奉仕し、社会の要求に即応し、職業訓練を授け、進学希望者を広く受け入れるポリテクニクである。ポリテクニクは、研究機関ではなく教育機関であり、学生に何らかの資格を授与するための学生支援機関とみなされていた (Anderson 2006: 157)。

　イギリス大学史上初めて大学の計画的拡張を政府に進言したロビンズ委員会 (Robbins Committee)[9] (第1章参照) が立ち上げられる直前の1950年代は、

労働者層からはわずかな子弟しか大学に進学できなかった (熟練労働者層からは4％、非熟練労働者層からは2％)。そのため、このような社会的・文化的状況を改革すべく、社会公正や社会正義、また、個人の権利面から大学数を増やすことの重要性が委員会を通して説かれたのであった (Committee on Higher Education 1963)。社会学者も社会階層と格差の問題に焦点を当てた議論をしている時期でもあったので、学者層からも委員会の意見は受容されつつあった。しかし、政府やそれを後押しするメディアは、学生数の増加は大学の質の低下をもたらすものと考え (DES 1966)、大衆のための教育はエリート[10]を育てる大学ではなく、大学以外の教育機関において実施されるべきであるという信条から、二元構造が生まれたのだと考えられる。つまり、政策立案者の観点からの二元構造とは、大学と、多種多様な選択課程や准学位課程[11]を備えた社会人学生やパートタイム、あるいは夜間学生にも対応できるいわばコンプリヘンシブ・スクールの延長上にあるともいえる高等教育機関による、二元構造である。両者を比較することで自明となるが、二元構造に関する政府見解は、スコットとアンダーソンの二元構造の解釈の内容とほぼ同等といえる。補足的に、高等教育の二元構造を中等教育から捉え直すという点において新たな視点が付加されているマイケル・シャトックを挙げるとするならば、シャトックは、高等教育の二元構造とは、中等教育での二元構造、すなわちグラマー・スクール[12]とコンプリヘンシブ・スクールとの階層化をそのまま引き継いだものと考えている (Shattock 1994)。その結果は、グラマー・スクールを選択する階層が大学に進み、コンプリヘンシブ・スクールを選択する階層が准大学高等教育機関であるポリテクニクに進学するため、階層間の交差は生じないのである。

　イギリス高等教育研究者のメアリー・ヘンケルによれば、1970年代アメリカでは高等教育機関への進学率が4割を超えていたが、イギリスの高等教育は1988年の教育改革法が出されるまでは、依然として寡占するエリート高等教育システムとして大学が機能していた。そのため、『ロビンズ報告書』(Committee on Higher Education 1963) により高等教育人口の拡大が提言された1963年から一元化までの高等教育の拡大は、准大学高等教育機関の学生の

受け入れの増加によるもの、つまり、二元構造によって支えられたものであった (Henkel 2000)。ヘンケルは二元構造を、大学からなるプライベート・セクターと、それとは異なる「主として技術職業教育や訓練に原点を持つ、30のポリテクニクや教育機関からなる高等教育の新たなパブリック・セクター」とから成立する高等教育制度を支える構造であると論じている (Henkel 2000: 30-31)。ヘンケルの二元構造の把握はスコットとアンダーソンと基本的には同じであるが、特徴的な点はエリート教育への言及がなされていることである。

　ゴードン、アルドリッチ、ディーンによれば、高等教育研究者、学者や政策策定者らのおおむねの意見は、大学セクターはパブリック・セクターが創設されたことを喜んで迎え入れたであろうとしている。なぜならば、大学よりも資産も威信もないパブリック・セクターが存在することで、パブリック・セクターが学生選別の一種のフィルターの役割を果たすことになるからである (Gordon, Aldrich, and Dean 1991: 241)。大学に進学できない若者をすべてすくい取るのはパブリック・セクター側の高等教育機関であり、大学は従来と同じく優秀な学生を受け入れ卒業させる、質の高い機関であり続けることができる。ポリテクニクが学生の選別機能を果たすことで、大学はエリート養成機関として存在し続けることが可能となるのである。

　1965年から1979年という時期は、中等教育における三分岐制度[13]から直線型を志向した教育改革が行われた期間であった。この中等教育改革の実施時期は、高等教育の二元制度の構築が試みられた時期とも重なる。穿った読み方をすれば、1960年代の中等教育のコンプリヘンシブ・スクールによる直線型を求めた結果、高等教育レベルでの二分化が必要となり、相互補完的に二元制度が誕生したとも考えられるのである。

3. 准大学高等教育機関の存在と一元化

1　准大学高等教育機関

　広義の意味において、高等教育の実施機関には、大別すれば学術的教育

を教授する大学と実学的教育に力点を置く非大学型高等教育機関が存在し(Farrington 1998: 5)、本書では非大学型高等教育機関の中でもとくに、質的にも規模的にも大学に准ずるレベルにある高等教育機関を准大学高等教育機関(Quasi-Universities)[14]と名づける。そしてこれら2種類の高等教育機関が、イギリスの高等教育の二元構造の両極を担っていた。

　イギリスでは往々にして、純粋学問[15]に対し、応用学問[16]が対置される。この純粋学問の分野を教授する高等教育機関が大学であり、応用学問の分野を担当するのが非大学高等教育機関とされた (Simon 1994: 127)。しかし、二元構造はポリテクニクが誕生することによってさらに細分化された。つまり、ポリテクニクのように、非大学高等教育機関の中でも、規模 (学生数) やレベル (学位、教育課程、卒業資格、教育および教員の質) が既存の大学とほぼ同等の機関だけがそれらの機関以外の非大学高等教育機関から区別され、上位に置かれた。これら区別された「上位の、あるいは高度な非大学高等教育機関」を本書では「准大学高等教育機関」と呼び、准大学高等教育機関の代表がポリテクニクである。そして、大学と同じ条件整備はできていないが、それに近い諸条件を整えている准大学高等教育機関であるポリテクニクが大学と併存し、高等教育を教授している状況を高等教育の二元構造と考える。

　准大学高等教育機関であるポリテクニクは大学に近似した水準を有しながらも決して大学と同等ではなく、非大学の中でもとくに大学が提供しようとしなかった地場産業と連携した職業教育や実務教育、大学において研究対象とはならない実学に基づいた職業関連科目を教授し、大学とは異種、かつ大学よりも質の低い教育機関とみなされていた (Burgesss and Pratt 1970, Soares 1999)。

　大学が独自の学位授与権と独立した自治権を有するのに対し、ポリテクニクの枠組みや方針、教育課程の有効性は1964年に創設された全国学位授与審議会 (CNAA)[17]によって審査され、学位授与権はCNAAが有する。しかし一方で、CNAAは大学を基本とした大学教員によるピア・レビューを基盤としており、審査基準も大学の水準で判定されるため、結果的にポリテクニクは大学とは異種の高等教育機関というよりも、大学レベルに達することので

きない亜流の機関と判断されることになった。歴史的に形成された各種の大学と准大学高等教育機関との間には、その存立形態、管理運営機構、学生の質、および財政負担等の面において大きな差があり、両者は同じ高等教育の範疇にありながら、二元的に構成された。そして、イギリスにおける高等教育の二元構造の一元化とは、大学と非大学高等教育機関との間にある構造的差異を取り払って一元化することではなく、このポリテクニクの大学昇格[18]のことを実質的には指している。ここで重要なことは、イギリスで産み出されたこの二元構造がイギリス政府による高等教育政策の転換をも意味していたことである。つまり、二元構造は高等教育の進展を大学に任せるのではなく、政府が高等教育政策に関与することによる中央政府の政策の遂行結果であったということである。

　トンプソンもこの二元構造の成立の背後に、中央政府の政策的意図が大きく関与していたとする（Thompson 1985）。政府の政策的意図を彼の論点をもとに整理すると、以下の4項目に集約される。

　①大学とは異なる審査機関（CNAA）からの基準により学位を授与すること
　②パートタイム課程、サンドウィッチ課程[19]、准学位[20]課程の社会経済における有用性を強調すること。また、フルタイム課程と並行して確実に上記の課程を社会に提供すること。職業的、専門職的、産業に基礎を置いた職業や企業の要求に直結した課程を設け、職業上の技術の向上や職業・技術教育の改善を図ること
　③各セクターへの財源配分機関を区別すること
　④社会的管理下にある、すなわち、独立自治の大学ならば応えないであろう地域および政府の要求に応えること（Thompson 1985: 86）

　トンプソンの示した4項目は、政府の政策的意図を補強する重要な点を含んでいる。なぜならば、政府は大学と准大学高等教育機関との間に、上記4点において明らかな差別化・差異化を試みていたことになるからである。そうであるならば、大学と准大学高等教育機関との間の差別化・差異化を試みる政府の政策的意図は何であったのかを解明することが、二元構造の本質的な存在理由と一元化による二元構造の放擲の理由の解答につながるはずであ

る。そこでさらに詳しく上記4項目を分類し、以下のことを問題領域として設定する。①の学位授与権や②の教育課程の差異とは、大学との制度的差異の問題であり、学生の質的差異の問題である。本書ではこの問題を、①学生の質的差異、②制度的差異として問題設定する。③の財源配分機関の区別はそのまま財源をめぐる問題として捉える。④の自治の有無による対応の差異は、大学自治[21]と管理運営の問題として捉える。

　これら四つの軸は、大学を規定する主要な要素であり、大学の根源的あり方にかかわるものである。また、政府の政策の結果および大学への影響を見極める基軸でもある。それゆえ、①から④を大学とポリテクニクに共通の問題領域として選定した。

　日本においてイギリスの高等教育を網羅的に扱った研究書は数少ないが、その一つである『日英大学のベンチマーキング』(東京大学2004)においても①から④が取り上げられている。本書では、①から④以外の問題領域も扱っているものの、それらの問題領域(産学連携、社会貢献等)に関しては中心課題として積極的に目を向けることはしなかった。しかし陰に陽に①から④にかかわってくる領域であり、必要に応じて適宜論及している。

　それでは、次にこれら二元構造による大学と准大学高等教育機関との間の四つの問題領域が、一元化の結果どのように変容したかを解明するために、次項において四つの問題領域の内容分析の視座をあらかじめ掲げる。

2　ポリテクニクをめぐる四つの問題領域

　四つの問題領域設定は、二元構造の特質を表記する上で重要であり、これら四つの問題領域が一元化以降変化したことによって、大学間に新たな階層構造がもたらされることにもつながったと予想されるので、第II部においてこれら四つの問題領域を具体的に検討する。

①学生の質的差異

　一元化以前、大学への進学は中流以上の階層の子弟やパブリック・スクール[22]やグラマー・スクール出身者が多くを占めていた。また、第1学位を専

攻する学生はフルタイム学生が主流で、GCE・Aレベル（第3章）の結果を持って、大学に進学する生徒が大半であった。一方、ポリテクニクでの教育では、約31％の学生は第1学位を専攻するものの、約30％がパートタイム課程を、約30％が准学位課程を、約5％が継続教育を、そして残りの約4％が大学院課程を受けていた（Thompson 1985: 84）。この学生の構成比率を考慮すると、大学と准大学高等教育機関では異質の学生集団が育っていたことが推察できる。

また、1979年と一元化直前の1992年の高等教育進学者の進学率および進学者の内訳を見ると、**表0-1**のようになった。

明らかに進学率は上昇しており、女子学生の割合や労働者階層からの学生の進学も増加している。ここからも一元化後には従来の大学進学者とは異なる学生層が大学に進学したであろうことが予測できる。

②教育・研究機能的差異

大学と准大学高等教育機関とでは学ぶ学問領域も異なり、准大学高等教育機関であるポリテクニクは、大学レベルに達していない高等教育機関と考えられてきた。大学は基礎研究を重点的に行い、その伝統的・学問的役割を堅持するが、ポリテクニクは、教科では工学系と教育学系を折衷した学科を中心とした実学中心の授業が多く、基礎研究よりも応用研究が行われることが多かった（Lawton 2005: 69）。ポリテクニクの存在意義は、パートタイム・コースやサンドウィッチ・コースや准学位コースにおいて職業訓練や職業関連科目を提供することで地場産業に貢献することにあった。

表0-1　高等教育進学者の進学率および進学者の内訳（1979年と1992年）

(％)

	1979年	1992年
進学率（21歳以下）	12.4	27.8
学士課程初年次に在学するFT成人学生[23]の割合	24.0	33.0
第1年目のFT女子学生の割合	40.8	47.3
労働者階層からの進学者率	37.0 (1978)	42.0 (1993)

出典：Taylor, Barr, and Steele 2002: 75.

③財源配分機関の差異

　准大学高等教育機関のポリテクニクは、1人当たりの学生にかける費用が大学経営よりも安上がりになるような運営が政府から期待される一方で、プライベート・セクターに属する大学には大学補助金委員会（UGC）（第5章）から比較的余裕のある国庫補助金の配分が実施されていた。その後、大学に中央政府の政策を反映できる大学財源審議会（UFC）（第5章）からの財源配分がなされることになった。また、パブリック・セクターにあるポリテクニクには地方自治体の管理運営下において、同じく政府の政策を反映できるポリテクニクおよびカレッジ財政審議会（PCFC）（第5章）からの財源配分が実施されることになった。

④自治と管理の差異

　政府にとっては、教授内容あるいは教育の目的や社会的使命が大学とは異なっていたポリテクニクを大学と対置させ、政府の管轄下に置いて統治できることが重要であった。政府の政策に容易に従わない大学に対して、公の方針に則って運営される非大学高等教育機関が必要とされていたのである。大学との差異化を図るために大学の新設は不要とされ、代替機関として准大学高等教育機関であるポリテクニクの創設が求められた。

　これら4点は、一元化以前に大学とポリテクニクとの間に存在していた主要な相違点である。一元化以前、大学とポリテクニクではミッションの相違が歴然として存在していた。このことが、①両高等教育機関に進学および入学する学生の質の区別あるいは差別化をもたらすことになり（学生の質的差異）、②両高等教育機関で教授する学位や課程、また、制度面でも二元的構造をもたらすことになった（制度的差異）。また、③両者は異なる所轄庁に属しており、財源配分機関もまた別である。その結果、配分額の格差が生じている（財源配分機関の差異）。そしてこの二元構造はそもそも、④「私（プライベート）」に属する大学と「公（パブリック）」に属するポリテクニクとの違いによってもたらされている。「私」的機関である大学においては、外部から支配さ

れないこと、つまり大学自治が重んじられてきたのに対し、「公」的機関であるポリテクニクは地方教育当局 (LEA) により管理運営され、自治と呼べるもの自体が存在しなかった（自治と管理の差異）。

さらに、二元構造をめぐる先行研究を分析した結果からわかることは、先行研究においては准大学高等教育機関としてのポリテクニクの存在にも、二元構造の本質的意義にも、高等教育史における一元化の位置づけも、また、一元化後の大学の内実にも充分な光が当てられてこなかったことである。

イギリスの大学は准大学高等教育機関が多様な学生の受け皿として機能していたためにエリートの育成に専念できた。両者は相互補完的関係であり、両者の存在があったからこそイギリスの高等教育は機能していた。それにもかかわらず、大学に関してはこれら問題領域についての先行研究は数多くあるが、ポリテクニクに関する研究が抜け落ちており、ほとんど散見できない。二元構造のそれぞれ異なるセクターにおいてはポリテクニクと大学とは同格であるとされつつも、内実、ポリテクニクは研究の対象から外されてきたのである。そのため、上記四領域の十全なる検討もなされていなかった。それゆえ、本書ではこれら四領域を詳細に検討していく過程で、先行研究が解明し得なかった二元構造の実態を詳らかにする。つまり、本書はこの点において独自性と重要性を持ち得ることになる。さらに、一元化はイギリス高等教育史上においていかなる意味を持つものなのか、一元化の実態を具体的に検討した後に、大学の発展史を振り返る。

最終的には、各大学の属性に基づいて、大学分類の再検討を試みる。一元化以降の大学は、イギリス高等教育の全体構造の中で従来の枠組みを超えたものになっている可能性もあるからである。第一段階として、新たな大学分類を行う。次に、第二段階として、多様性[24]と質に関する変数を選択し、それら変数をもとに多様性と質の関係を洗い出し、新大学分類に照らしあわせながら、一元化後に生じた多様性と質の変化の実態を探ることとする。終章における一元化以降の新たな大学分類は、イギリス高等教育における大学の位置づけと大学の未来を予測するものとなる。

4. 課題の設定

　大きな目的の設定についてはすでに述べた通りである。本書の構成上、より具体的な検討課題を設定したい。

　本書の第一の課題は、第3節で述べた四つの領域における大学と准大学高等教育機関との差異のありようを具体的に検討し、一元化においてそれがどのように変化したかを追跡調査することである。そのことによって、イギリス高等教育における一元化の意義を見出す。また、このことは第二の課題にもつながるものである。

　第二の課題は、1960年代の二元構造の成立と1990年代における一元化という現象が、イギリス高等教育史上例のない現象なのか、あるいは同様または類似の現象が存在する場合、以前のそれと20世紀後半のそれとはどのように異なる現象なのかを明らかにすることである。本書の副題に示した「対位線の転位による質的転換」も、この課題に関係する。本書では、イギリス高等教育史上、大学と非大学高等教育機関との間には常にある種の二元構造が存在していたと仮定している。そして、大学の拡大が求められる時、最も大学に近い位置にある准大学高等教育機関が大学に昇格する現象が起こったと考える。しかし、当然ではあるが、すべての准大学高等教育機関が大学へと昇格するわけではなく、大学と准大学高等教育機関の並存という二元構造は残される。それはつまり、大学と准大学高等教育機関との間に引かれていた分割線の位置が移動したということである。この両者の境界線のことを、本書では、対立的な位置を示す線という意味で「対位線」と呼びたい。この分割線の移動、すなわち「転位[25]」によって、大学と准大学高等教育機関との関係が、そのつど変動してきたのではないか。二元構造自体は変化せず続くとしても、「対位線」の「転位」とは、社会的諸要求によって高等教育自体が変容を迫られた結果である、と想定することが可能であり、その具体的な変化は「質的転換」と呼びうるものではないか、というのが本書の視角である。

　結論を先取りするならば、ポリテクニクはイギリス大学史の中で二元構造を構成した最初の准大学高等教育機関ではなく、それ以前にも二元構造は

存在していた。そして、大学への昇格を「一元化」と呼ぶならば、広義の一元化はたびたび行われてきた。しかし、過去に見られた幾度かの一元化と、1990年代における一元化（ポリテクニクの大学昇格）との間には、無視することのできない大きな相違点がある。それは、それ以前の対位線の転移によって生じたエリート教育内での質的転換とは異なり、今次のものは非エリート教育からエリート教育への質的転換であったことである。一元化以降も質的転換は拡大し、旧大学に代わり従来型エリート教育を代行する旧ポリテクニクすら出現している。以上のことも本書での検証を通じて示されるであろう。

そして第三の課題とは、大学における「多様化」の問題である。一元化により、果たして多様化が進展したのか、また、大学にとって第一のステークホルダーとなる学生が多様化を求めているのかについて検証する。

これら三つの課題の検討を行う中で、最終的にはイギリス高等教育において「大学とは何を意味するのか」という問題に行きつくはずである。二元構造とは大学と非大学型高等教育機関とを分断する構造であり、一元化とはその部分的な解消と再編成である。では、それを分断する境界線（対位線）は何を基準に、どのように形成されているのか。そして、一元化の主要アクターの一つであるポリテクニクは、「大学になること」に何を求めていたのか。この検討を通じて、大学の意義もまた検討されることになる。

5．本書の構成

本書の構成を章ごとに図0-1に示す。

本書は、序章に始まり、第Ⅰ部および第Ⅱ部の2部構成で成り立っている。

序章では、研究上の課題、基礎情報、先行研究の検討、研究の方法および本書の構成を示してきた。

本書の起点ともなる重層化された二元構造が生み出されるには必然的な理由があった。その理由とはイギリスの非大学高等教育機関と継続教育機関、そして大学との関係に由来する。これら三者間の関係を理解し、とくに、イギリスの大学の存在理由や今日的意味、その特色、そして現在生じている問

題を知るためには、それぞれの誕生の経緯にまで遡る必要がある。

　第Ⅰ部は、第1章と第2章とで構成されており、一元化以前の大学についての歴史的・政策的考察を加えている。第Ⅰ部は第Ⅱ部で検証される四つの問題領域の実証的考察を把握するために必要な情報となる。

　第1章では、イギリスの高等教育史の中での一元化の意味を歴史的観点から再確認する。大学創設の由来や経緯を理解し、イギリスの大学の存在意義や非大学との差異、確執、そして本書の主題の一つである学生や機関の質を取り上げるための基盤として第1章を位置づけた。イギリスでは政府主導で設立された新構想大学を除き、それぞれの大学は異なる設置趣旨、ミッショ

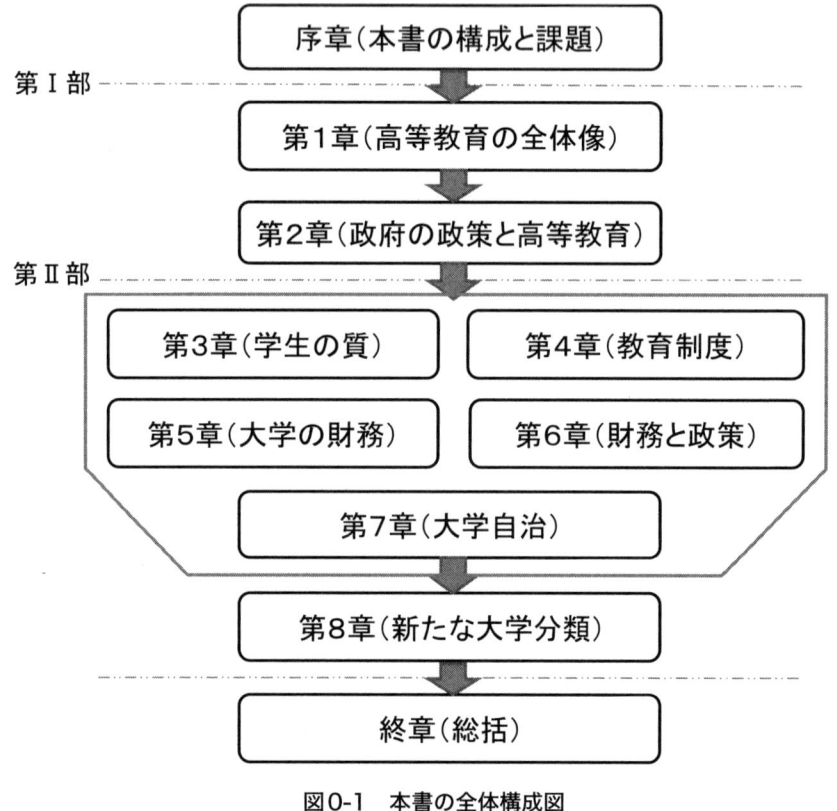

図0-1　本書の全体構成図

ン、存在意義を持って開設された。そのため、それぞれの大学に社会が何を期待しているかも大きく異なっている。この点を理解することが一元化を理解する上で不可欠である。

第2章では、高等教育機関の一元化に至る中央政府の政策の変遷を、サッチャー政権前後を中心に歴史的観点から論ずる。1979年、サッチャーが政権をとった直後にイギリス政府は大学補助金を実額ベースで3.5％削減することを決定し、その後次々に大学改革を実施していった。高等教育機関の財源確保への危機感が1980年代に醸成されることになり、その危機感は世界各国の大学や政府にも伝播した。そして、保守党政権が行った高等教育制度の一元化は、すべての高等教育機関に政策的側面および経済的側面から大きな影響を与え、長い歴史の中で培われてきた機関のミッションや存在意義もまた、大きく変えていった。

サッチャー政権によって初めて、政権与党がイニシアチブを取って実施する高等教育政策と呼べるものがイギリスに誕生したと考える見方も存在しており、サッチャーおよびメイジャーによる保守党が策定した高等教育政策[26]は次の労働党政権にまで引き継がれ、その後の大学のあり方を規定したと考えられる。

第II部は四つの問題領域に関する実証的考察である。四つの問題領域について第3章から第7章の各章の中で具体的に論じていく。

第3章では、政府が策定した高等教育政策が一元化前後で直接的に影響を与えたものについて焦点を絞って論ずる。

とくにイギリスの高等教育制度を特徴づける四つの特質が一元化後に変化したのか否かについて論ずる。四つの特質とは、①中等教育と大学の学士課程段階の課程編成が高度に専門分化していること、②イギリスの高等教育システムが少数のエリート育成を目的としてきたこと、③イギリスの高等教育機関がアメリカの大学と比較して学生数が少数であるということ、そして④大学教育が大学院ではなく学士課程教育、つまり第1学位の取得に焦点を合わせていたことである。

第4章では、高等教育の一元化後における学位や課程、制度面での多様性

に着目する。これらの変化により、学位水準の低下が危惧されている。政府による大学教育の多様化政策により高等教育の学位や課程がどのように変化し、その結果イギリスの大学にどのような影響を与えたかを学位の質の問題と絡めて分析する。

　第5章では、一元化以前のプライベート・セクターに属する高等教育機関である大学とその補助金配分機関である大学補助金委員会 (UGC)、そしてパブリック・セクターに属するポリテクニクとその補助金配分機関であるパブリック・セクター高等教育諮問機関 (NAB) に着目し、パブリック・セクターとプライベート・セクターの財源配分機関および政府のパブリック・セクターとプライベート・セクターに対する政策の変遷を中心に論じる。さらには政策の変遷と共に、一元化による政府の財源配分の変化と財源配分機関の改編に論を進める。

　第6章では、新大学の出現によりもたらされた新・旧両大学の公的財源配分機関の統一により設立された補助金配分機関の機能や設立目的、そしてその配分機関による配分が両大学に与えた影響を論ずる。次に、授業料徴収の実施が学生に与えた影響を明らかにすると共に、高等教育人口拡大のための政府による学生支援策を紹介する。最後に、学生から徴収する経費との関連で予測される、将来起こりうる問題について論ずる。

　第7章では、伝統的大学(オックスフォード大学とケンブリッジ大学、略してオックス・ブリッジとも称する)と伝統的大学の対極にあると考えられる1992年以降に昇格した新大学とを対比させながら、大学組織としての側面と公的財源の影響面の両面から大学の自治の変容について論ずる。制度上では1992年以降には大学自治を獲得し、同じ大学という範疇に入るものの、新大学の自治が果たして旧大学と同質の自治を保持しているのかについて実証的に検証する。

　第8章では、イギリスの高等教育は制度的に一元化が実現されたが、一元化が学生の質と多様性とを基軸とした一元化後の大学群にどのような変化をもたらしたかを解明する。そのために、まず、一元化後の新たな大学分類の構成を試み、それら新大学分類により従来の大学分類では見られなかった大

学群の特性と構造を可視化させる。最終的にはそれらの分析を通して、学生の質と多様性と学生の満足度との関係を検証する。

終章では、行い得た作業と検討との結果を総括し、今後の課題を提示する。

6. 本書で用いたデータと資料および用語について

1 本書で用いた調査方法およびデータと資料

本書では、文献調査（紙媒体およびウェブ上の情報を入手し、分析・整理を行った）、統計分析、面接調査を採用した。

政策策定のプロセスに関しては文献資料も重要な資料となったが、他に政策担当者、あるいは研究者や関係団体への訪問調査により得られたデータも活用した（職階はすべてインタビュー当時のものである）。また多様なデータを利用する等信頼性を高める努力も心がけた。また、インタビューに当たっては被面接者の抽出ルールを設定し、情報提供者のレビューの実施、複数根拠への依拠等、内的・構造的妥当性を高める努力を行った（**表0-2**参照）。

1990年代後半までの日本におけるイギリス高等教育研究の動向を振り返ると文献調査が主流であった。そこで、本書では文献調査に加えて、イギリスにおいて高等教育に関してすでに専門的知識を持つ人材への実地調査を分析に取り入れ、質的担保を図る。イギリスの高等教育関係者の肉声の中に現れる文献にはない手がかりによって、より豊かな分析が可能になると期待できるためである。

イングランド高等教育政審議会（HEFCE）による全高等教育機関の量的調査（*Profiles of Higher Education Institutions*）、タイムズ紙の大学案内（*Good University Guide*）、タイムズ紙以外の高等教育機関の大学案内であるヴァージン社（*The Virgin Alternative Guide to British Universities*）やガーディアン紙の大学案内（*The Guardian University Guide*）等による量的・質的統計、および、高等教育統計局（HESA）が掲示する各高等教育機関の項目別データ、さらには、全国学生調査（NSS）をもとに個別大学の詳細な状況を本書の中と図表とにおいて示した（巻末資料1から3まで）。

表0-2　被面接者の一覧

1) 政府関係者	ハワード・ニュービー（サザンプトン大学学長、前HEFCE会長、ロジャー・ブラウン大学学長委員会（CVCP）広報担当官）
2) 政府の政策アドバイザー	ニコラス・バー（LSE教授）、バーラム・ベカードニア（高等教育政策研究所（HEPI）所長）、ガレス・ロバーツ（オックスフォード大学・ウルフソン・カレッジ長、元CVCP会長およびHEFCE会長で『ロバーツ報告書』執筆者）
3) 教育省関係者	トニー・クラーク（教育科学省（DfES）高等教育局部長）、ピーター・ボールドウィンソンおよびメアリー・ガーティーン（開発・大学・技能省（DIUS））
4) 高等教育機関管理者	ピーター・スコット（キングストン大学学長）、ピーター・ノース（オックスフォード大学学長）、ジョン・クレイブン（ポーツマス大学学長）、ロバート・テイラー（バッキンガム大学学長）、ジョン・クレメンツ（オックスフォード大学・会計主幹）、デイヴィッド・ワトソン（ブライトン大学学長、現オックスフォード大学・グリーン・カレッジ教授）、マルコム・ジリーズ（シティー大学学長）
5) 高等教育研究者	ロナルド・バーネット（IOE教授、『バーネット報告書』）、ガレス・ウィリアムズ（IOE教授）、テッド・タッパー（エセックス大学教授）、ロナルド・ドーア（LSE教授）、ジョン・デイヴィス（オックスフォード大学・オールソウルズ学寮長）、ロバート・コーエン（IOE教授）、リチャード・プリング（オックスフォード大学・教育学科長）、ロジャー・グッドマン（オックスフォード大学・教授）、アンドリュー・グリーン（IOE教授）
6) 高等教育関係者	スティーブ・ワートン（大学教員組合委員長）、デイヴィット・ピルズベリ（世界大学ネットワーク（WUN）経営責任者）、スーザン・ボーマン（高等教育コンサルタント）、エリック・トマス（WUN会長、ブリストル大学学長）
7) 産業界	リチャード・ブラウン（産業・高等教育協力委員会（CIHE）最高経営責任者）
8) 学生	ピーター・ケーブ（香港大学講師、現マンチェスター大学講師）、アラン・ストリックランド（オックスフォード大学学生組合（OUSU）会長）、スティーブ・ブレイン（ダンディー大学・学生組合副会長）

　また、教育や研究への国庫補助金や学費といった経済的側面からも分析を試みる。その際に利用するデータは主に、高等教育統計局（HESA）やイングランド高等教育財政審議会（HEFCE）、ウェールズ高等教育財政審議会（HEFCW）、スコットランド高等教育財政審議会（SHEFC）、イギリス大学協会（UUK）からのデータである。

　その他一次資料として利用するものは、政府機関の刊行物、白書、報告書、法規、高等教育機関の公刊する各機関報告書、プロスペクタス（各大学の学部・

大学院案内書)、財務報告書、実践報告書、他に高等教育機関の内部資料である大学法規や手紙、文書等も活用する(「参考文献」参照)。インターネットの電子媒体による情報も活用する。その他、一次資料から得られない情報に関しては、学術文献、『タイムズ高等教育版 (*THES*)』や『ガーディアン教育版 (*Guardian Education*)』および教育専門誌である『高等教育季刊誌 (*Higher Education Quarterly*)』、『継続・高等教育ジャーナル (*Journal of Further and Higher Education*)』、『オックスフォード大学教育論文集 (*Oxford Review of Education*)』、『高等教育 (*Higher Education*)』、『高等教育マネジメント (*Higher Education Management*)』、『公共経済ジャーナル (*Journal of Public Economics*)』、あるいは高等教育政策研究所 (HEPI) から公刊される論文等も用いる。

2 用語について

本書で使用している語句の定義は、主に高等教育統計局 (HESA) の基準に準ずる。

1) 学生数:オープン・ユニバーシティーを除く大学は12月31日における数値に基づいている。また、その他の高等教育機関の学生数は11月1日における数値を利用している。オープン・ユニバーシティーの学生数とは、1単位相当 (full-credit equivalent: FCE) の課程に在籍している全学生数を意味する。

2) フルタイム(学生):大学を除くイングランドとウェールズおよび北アイルランドの高等教育機関において学年度に30週以上教授するフルタイム課程に在籍する学生を指す。スコットランドの高等教育機関では18週間以上教授するフルタイム課程に在籍する学生を指す。大学においては学年度に一つの課程を正規に受けている(当該課程以外の授業を受けていない)学生[27]を指す。大学においては各大学でシステムが異なっているため、抽象的な表現となっていることに留意する必要がある。

3) フルタイム換算 (full-time equivalent: FTE):フルタイム就学に必要とされる履修量の65%以上に相当するコース・プログラムをフルタイム換算の基準としている。

4) パートタイム（学生）：パートタイムはコース内容にかかわるものではなく、一定期間における修学量が、フルタイムよりも少ないコースと理解されている。したがって、課程の履修または学位・資格の取得にはフルタイムの課程よりも時間がかかる。すなわち、日本の学士課程通信制は全日制と同様に4年間で終えられるので、イギリスでいうパートタイムとは異なることがわかる。どの程度「少ない」かというと、高等教育統計局（HESA）の定義によれば、フルタイム学生とは通常年間少なくとも24週、週当たり平均最低21時間の学修を行う者であり、フルタイム就学に必要とされる履修量の65％未満がパートタイムとなる。また、パートタイム学生は、①パートタイムとして登録している学生、②フルタイムベースの履修が年間24週に満たないコースの学生、または③夜間のみ学修する学生である。バッキンガム大学を除きイギリスの全大学は、HESAに補助金の関係上細かな所属学生に関するデータを提出しなければならないため、各大学はこの定義に沿ってデータを報告していると見てよい。

5) 国内の学生（Home students）：修学中の住居が連合王国（United Kingdom）内にある学生を指す。

なお、その他の英語の名称等の翻訳については、多くは日本の文部科学省や先行研究の邦訳に依拠しているが、いくつかは筆者が適宜訳し直している。また、各章に含まれる略称は略語・単語リスト（x頁）に示した。さらに、略語・単語リストには特別な語句の説明を、巻末の資料1には2001/02年度におけるイギリスの全高等教育機関の収入内訳と類別機関ごとの内訳を示した。

註
1　本書では、「イギリス」と述べる場合には主としてイングランドとウェールズを指す。「連合王国」と述べる際には、イングランドとウェールズ以外に、スコットランドと北アイルランドも含む。
2　第三段教育（tertiary education）の中に属する教育（higher education, further education, community education, home education 等）の一つ。これについては第1章で説明する。

3 スコットによれば二元構造を意味する binary system と dual system は厳密には異なる制度を意味しており、大学とポリテクニクを対置させる構造は binary system であるとしている (Scott 1996: 43)。二重制度 (dual system) とは、大学とはまったく別種の機関として義務教育後の機関が存在している状態であり、二元制度 (binary system) は、大学の代替として、意図的に設立された高等教育機関としている (Scott 1996: 41)。
4 大学とは私的な寄付金により創設された慈善事業 (privately funded charitable enterprise) の一つで、設置者が個人あるいは団体、あるいは企業といった民間からの財源であったために、プライベート・セクターとして分類されている (Shattock 1994: 112)。例えば、オックス・ブリッジは教会や国家の財源に頼らず、自己資産の長年の蓄積により、基金や贈与、授業料など独立の資産や収入で教育・研究を実施してきた。両大学以外の大学も私企業や資産家からの資金で運営されており、その意味で「大学」はプライベート・セクター、私企業的存在といい換えることができる (Halsey and Trow 1971)。ただし、イギリスの大学は非営利機関であり、この定義も非営利機関であるという観点から眺めれば、ホールジーとトロウの指摘はイギリスの大学を完全に捕捉しているわけではない(第1章2節3項参照)。
5 行政権を有する実質上の大学の長である。大学の理事会、教授会等主だった委員会すべての会議の長であり、企画・運営、行政・管理、対外交渉等全権利を持ち、大学運営の責任主体である。通常この職は退職まで務められるが、オックスフォード大学、ケンブリッジ大学、ロンドン大学では在職年限の上限が決められている。総長 (Chancellor) は、大学の長という名目ではあるが、式典、学位授与式、入学・卒業式といった行事を執り行う名誉職といえる。例えば、イギリス王室の一員や、首相等が選出されている。スコットランドの大学では、古くは総長は当該大学の卒業生から選出された。しかし、1992年以降に大学に昇格した新大学においては、大学の代表にプレジデント (President) やプリンシパル (Principal) の名称を使用するところもある。
6 フランスでは、Centre Naionale des Recherches Scientifiques (CNRS)、ドイツでは、Max-Planch-Institutes が高度なレベルの研究機関とされている。
7 "the tendency of institutions to copy the prestige institutions" (Morphew 2000).
8 高度なレベルの技術者とは、国民健康保険制度 (National Health Service) の誕生から、医者以外に看護師や療法士、検査技師等の増員が必要になった場合などが顕著な例である。
9 1961年に首相の諮問機関として組織された当時 LSE の教授であったロビンズ卿を委員長とする委員会である。彼は、当時の第二次保守党政権であるハロルド・マクミラン (任期 1957-63) 内閣における経済問題担当顧問でもあった。
10 本書でエリートとは、エリート高等教育の中のエリートであり、エリート高等教育の基本的特性を、トロウの言及するところの1) 人間形成を目的とし、2) 教

師と学生の緊密で長期にわたる関係を通して進められ、3) 学生に自信を持たせるものと定義する (トロウ 1976)。

11　日本の文部科学省の表記では、「准」学位ではなく「準」学位であるが、准大学高等教育機関との整合性を鑑みて、敢えて本書では「准」学位を利用する。准学位とは、例えば、応用准学位 (foundation degrees)、ディプロマ (Higher National Diploma、Diploma in Higher Education)、サーティフィケイト (Higher National Certificate) を指す (篠原 2004: 67)。

12　グラマー・スクール (Grammar school) は、本来ジェントリとブルジョアの子息に大学や法学院の入学に適した古典教養を身につけさせることにあった。そのため、カリキュラムはほとんどの学校で古典語と文法に限られ、通常宗教教育も行われていた。そこから、グラマー・スクールという名称が出てきている。1660年までには305校が基金立、105校は基本財産なしに学校が発足し、そのほとんどがグラマー・スクールであった (ストーン 1985)。『トーントン (Taunton) 報告書』(Royal Commission on Education 1968) によれば、グラマー・スクールは元来基本財産を持つ基金立学校の一種で (佐伯 1973)、基金立グラマー・スクールとはラテン語やギリシャ語の文法を教えるという目的で基本財産を有する学校のことである (藤井 1995)。また、佐伯によれば、グラマー・スクールの定義を次のように述べている。「創立定款や慣行などで、古典語を教えることになっている学校がグラマー・スクールである」(佐伯 1973: 96)。元来、古典語を教えることのできる学校に限られていたが、1864年に設けられたトーントン委員会の公刊した調査結果によれば、「古典語学校」、「半古典語学校」、「非古典語学校」の3種に分類されることになった (藤井 1995: 63)。古典文法を学ぶ場所としての意味合いが薄れてきており、カリキュラム内容も多様化している。佐伯は Grammar school を「文法学校」と邦訳しているが、他の先行研究のほとんどがカタカナ表記を用いているため、本書においても「グラマー・スクール」を適用する。

13　グラマー・スクール (進学課程)、テクニカル・スクール (実践的な技術教育課程)、モダン・スクール (手に職をつける課程) の3種類の課程で、11歳の時に「イレブン・プラス」と呼ばれる試験により振り分けられる。

14　二分法で分けられないカレッジ、例えば教員養成カレッジ (1849年にロイヤル・チャーター (Royal Charter) を取った College of Preceptors は、1998年には College of Teachers と名称を変更した) などは、純粋・応用という概念ではくくれない。しかし、准大学高等教育機関としては数も少なく、規模も小さいのでここでは言及しない。

15　歴史や物理学等。

16　工学や医学、法学等。

17　CNAA は1965年に創設されたが、1992年の継続・高等教育法 (Further and Higher Education Act 1992) により消滅した。代わりに高等教育水準審議会 (Higher Education Quality Council: HEQC) がイングランド高等教育財政審議会 (HEFCE)

18 　正確を期すならば、一定の条件（第1章参照）のもとで「大学」という名称の法的な使用が許可されたことを指す。

19 　サンドウィッチ課程とは、ある一定期間、学生が企業に研修に行く過程で、高等教育機関に4年以上在学する学生が6ヶ月間研修に行く過程を 'thin sandwich'（「薄いサンドウィッチ」）過程と呼び、1年間みっちりと研修に参加するコースを 'thick sandwich'（「分厚いサンドウィッチ」・過程と呼んでいるのも興味深い（秦 2001）。

　サンドウィッチ課程は、1956年に大学に昇格した上級工科カレッジ（College of Advanced Technology: CAT）において発展したコースで、元来工学系の科目が中心であった。その後科学系、そして1964年頃までにはサンドウィッチ課程のための学位をビジネス系科目にまで拡大することが『クリック（Crick）報告書』で提案されたが、このビジネス系科目でのサンドウィッチ課程の学位は、イギリス高等教育界においても非常に新しい試みで、特異なものであった。ポリテクニクでは開校当初からこのコースを設置し、また非常に有効に活用したために、このコースを取る学生が急増した。1973年当時には、パブリック・セクターの約半数の学生がサンドウィッチ課程に属していた。一方、プライベート・セクターであった大学にこのコースが導入されたのは、1966年といわれている。

　サンドウィッチ課程には、当時の教育科学省（DES）より公的な補助金も当てられていたが、主として雇用者側が被雇用者の通常の給料の約80％に相当する額を学生に与えることになっていたため、経済沈滞期にはコースを提供できる企業が数少なくなった。通常、雇用者側はポリテクニクよりも大学卒業生を雇用する傾向があったが、ビジネス系科目でのサンドウィッチ課程を取っているポリテクニク学生に関しては雇用者側も喜んで雇用した。また、ポリテクニクは設立の由来から、通常工学系の学生のための高等教育機関とみなされ、工学系以外の学部の卒業生に対しては社会的偏見があったが、それもこのビジネス系科目でのサンドウィッチ課程の創設の結果、ある程度払拭されることになる。また、このコースを取る学生の大半が、専攻科目とそれに関連した職場での研修に意義を見出し、自己啓発にもなり、また新たな自己の能力の発見に満足しているという結果が出ており、雇用者側も学生からの新しいアイデアや熱意に満足しているという（Pratt 1997）。大学のシステムをまねるだけではなく、ポリテクニク独自のコースを開拓し、開発していったところに大きな意味があり、成功したと考えられる。

20 　Higher National Diploma (HND), Higher National Certificate (HNC), Diploma of Higher Education (DipHE), Certificate of Higher Education (CertHE) 等の学位。

21 　本書では、大学自治（autonomy）とは、アルトバック、バーダール、ガムポートによる定義「外部からの支配を排した支配力（the power to govern without outside controls）」（Altbach, Berdahl, and Gumport 1999: 5-6）およびアシュビーの3原則（Ashby 1966: 292）に依拠している。

22　教会の支配から離れて、独力で学校を設立したのがウィリアム・ウィッカムであり、彼により1382年にウィンチェスター・グラマー・スクール (GS) が創設された。これが伝統的なイギリス中等学校の誕生とされている。彼は、1386年にはオックスフォードにニュー・カレッジを設立し、ウィンチェスターの生徒をここに進学させた。その後宗教改革時代に新たな GS が多数創設され、その中からパブリック・スクール (public schools：PS) が誕生した。中世の用語として PS とは、全国各地から希望する生徒に開かれた学校という意味であった。中央政府からも LEA からも補助金を受けず、独立した寄付基金立学校（寄宿料、授業料は有償）を独立学校 (independent schools) と呼んでいるが、英国全体で約2,500校が存在し、約615,000人の生徒が学んでいる。独立学校のうち10%（多くは古くからある学校）がパブリック・スクールと呼ばれ、授業料が比較的高額で排他的傾向が強い。イギリス PS において現在も実施されている監督生制度（プリフェクト・システム、最上級の第6年級 (16-19歳、およそ30人) を監督生に任じ、下級生の指導および生徒自治と規律の責任を負わせる制度）や、寄宿寮制度（ハウス・システム（異年齢編成の生徒指導組織））、アスレティシズム（集団スポーツにより全生徒に規律を学ばせ、身体も壮健にする）といったこれらのシステムが有効に機能している。

表0-3　パブリック・スクール9校の生徒数（13歳から18歳）

学校名	設立年	無費生	私費生	総数 (1861年)	総数 (1961年)	総数 (2013年)
ウィンチェスター	1382	69	128	197	537	670
イートン	1440	61	722	783	1,190	寄宿：1312 Sixth form:531
セント・ポールズ	1509	141	0	141	625	各学年180
シュルーズベリー	1552	26	106	132	540	通学：125 寄宿：605
ウェストミンスター	1560	40	96	136	444	通学：554 寄宿：185 Sixth form:126
マーチャント・テイラーズ	1561	262	0	262	600	872（Year 7 to 13=Third Form to Upper Six, 11歳から18歳）7 houses
ラグビー	1567	68	397	465	715	通学：150 寄宿：648 Sixth form:354
ハロウ	1572	33	431	464	653	814
チャーターハウス	1611	45	71	116	650	800

出典：各スクールの HP と訪問調査結果をもとに作成。

1869年に設置された校長協議会（Headmasters' and Headmistresses' Conference）または1941年に設置された理事会連盟（Governing Bodies' Association）の加盟校である学校が最も厳密な意味でのPSとされた。学校登録や学校査察等の事項以外は教育行政の範疇外にある。校長協議会の一員となるためには、①16歳（中等学校第5学年）で実施されるGCE/Oレベルよりも質の高い学習が実施されていること、②当該学校の卒業生が、オックスフォード、ケンブリッジ両大学に相当数在学しているということである。名門9校とされているPSは、**表0-3**の通りである。

23　21歳以上の学生。

24　多様性に関しては、「一つの国家において、異なる形態と使命をもった複数の中等後教育を行う機関や機関群が混在している状態」（トロウ 2000: 12）と定義できるが、その中でも、とくに多様化した学生や多様化した大学の教育機能に焦点を当てる。

25　フロイト（Sigmund Freud）の転位＝置き換えとは意味が異なる。

26　マーセンは、「ヨーロッパにおいて、高等教育『政策』とは国の政策的課題の何をどのようにするかに言及するものであり、『改革』とは国と高等教育との関係を変化させることを意味する」と、政策と改革の相違を述べている（マーセン 2005: 105-113、上記訳: 108）。

27　HESA 1995: 3.

第 I 部　歴史的、政策的考察

　金子は制度・政策研究は、マクロ水準、セクター別水準、そしてミクロ水準、これら3水準での研究により論理的に完結されると述べたが（金子1992: 202)、第 I 部においてはセクター別水準およびミクロ水準での比較検証を行うことで、総論である第 II 部に導くことを企図している。

　第1章ではイギリス固有の歴史的・文化的観点から大学を頂点とするイギリスの高等教育機関(HEIs)を分類し、分類ごとの各機関の特性やミッション、機能や形態を、社会背景や設立経緯をもとに分析する。一元化以前に設立されていた大学と非大学高等教育機関が互いにどのような関係を保ち、どのような役割を担っていたのかを把握する過程を通して、大学と、ポリテクニクに代表される准大学高等教育機関[1]の二元構造が誕生するに至った理由、政府および地方の公的政策実施機関であったポリテクニクを大学に昇格することで、高等教育機関の一元化を実現しなければならなかった理由が明白となるはずである。

　そこで以上の事柄を整理するために、まずイギリスにおいて初めて高等教育の目的が文書化された1963年公刊の『高等教育』（通称：『ロビンズ報告書』(Robbins 1980))を取り上げる。『ロビンズ報告書』によってイギリスの高等教育が初めて公式に定義づけられると共に、確定することになったわけであるが、『ロビンズ報告書』以前にもポリテクニク（ポリテクニクと規模、質共に同レベルのカレッジ数校も含む）と呼称される教育機関は存在していた。しかし、初めて大学以外の高等教育機関について言及した公文書が『ロビンズ報告書』であった。本報告書以前の1961年に労働党が発表した『1960年代の道標 (*Signposts for the Sixties*)』や1963年の『危機の時代 (*The Years of Crisis*)』（労働党内の高

等教育研究グループによる報告書)の中でも、大学教育の拡充の必要性や高等教育を権利とみなすべきことが主張されたが、「大学」以外の教育機関の教育を高等教育として取り上げることはなかった (Jones 1996)。

本報告書を本書で取り上げたもう一つの理由は、これが二元構造の成立に直接的に影響を与えたからであり、また当該報告書で述べられた高等教育の目的がそれ以降の高等教育政策の基本理念となっているからでもある。そこで本報告書を軸にイギリスの各高等教育機関の成り立ちと発展を辿る。次に、一元化以前の大学、すなわち6種類の大学群と、『ロビンズ報告書』の勧告後に工科大学に昇格したパブリック・セクターの上級工科カレッジ[2] (College of Advanced Technology: CAT)、そして准大学高等教育機関としてのポリテクニク、以上の高等教育機関の設立の意義や使命をイギリス高等教育史の中で改めて確認する。

第2章では二元構造が生まれた政策的必然性と二元構造の解消、そして一元化に至った経緯を高等教育政策側に焦点を当てて論ずる。その過程を通じて、一元化に至る道筋をつくった当時のサッチャー保守党政権がその後の高等教育に与えた影響、および当時の政府が実施した高等教育政策の方向性と意義を明確にする。

高等教育の一元化は、その後のイギリスの高等教育制度や高等教育機関に大きな影響を与えることになり、イギリス高等教育制度の歴史的展開を議論する上で欠かすことのできない国家レベルの政策案件であった。政府は二元構造を解消するために法制化を進め、1988年の教育改革法 (Education Reform Act 1988) および1992年の継続・高等教育法 (Further and Higher Education Act 1992) を策定し、これら二つの教育法を経て高等教育の二元構造は一元化に至った。そして准大学高等教育機関であるポリテクニクは大学に昇格し[3]、また、大学に昇格することで新大学 (旧ポリテクニク) はプライベート・セクターに移行することになった。ポリテクニクは元来、地方政府の強い管理下にあるパブリック・セクターに属しており、ポリテクニクの大学昇格が意味することとは、地方政府の管理運営からの独立による機関の自律性の増大であった。つまりプライベート・セクターへの移行は、ポリテクニクへの中央

政府の影響力の削減をも意味していた。それにもかかわらず、なぜ政府はこのような一元化を推進したのであろうか。このことについては第2章以降で論ずる。

　イギリスの大学や高等教育機関の歴史について包括的に書かれた書籍は定評があるジェームズ・マウントフォード (1966) の『英国の大学』、あるいはパーキン (1970) やグリーン (1994)、他にレファレンスとしてノエル・エントヴィッスル (1990) 監修の『教育思想と実践ハンドブック』を参考にした。また、一元化後のイングランドの高等教育機関に関しては、経済協力開発機構 (OECD) とイングランド高等教育財政審議会 (HEFCE) の共同プロジェクトの成果として公刊された『高等教育機関における財政管理およびガバナンス―イングランド』(OECD 2004) に負うところが大きい。

　イギリスで意味するところの「大学」や「高等教育」の用語解説に関する図書はデニス・ファーリントン (1998) がまとめた辞書を参考とした。他に、大学の歴史やデータ、用語類は各大学のウェブサイトおよび、1988年の教育改革法、1992年の継続・高等教育法、高等教育財政審議会からの出版物、各出版社から出された大学案内から必要な情報を取得した。

　和書に関しては、1988年以降のイギリスの全大学について、村田 (2010) や篠原 (2004) の詳細な研究や安原 (1989, 1997) や馬場 (1993, 1994, 1995) の論文が、1960年代の高等教育機関と比較するうえで役立った。とくに、村田 (2010)、篠原 (2004)、安原 (1989, 1997) は、一元化以降の大学の特質を大学と学位授与権の面から浮き彫りにしており、大学と准大学高等教育機関による二元構造の意図や意味を考える上で重要である。またこれらイギリスの大学をマクロレベルで日本の、あるいはヨーロッパやアメリカの高等教育制度・政策の枠組みと比較する際には、金子 (1992)、安部・金子 (1990)、東京大学大学総合教育研究センター (2004) を参考とした。

　他に、毎年文部科学省が刊行する『諸外国の教育の動き』の中の「イギリス」(担当：篠原康正)、あるいは安原 (2007) の中の「大学」の項目でイギリスの大学が触れられている。しかし、高等教育が制度として認識された1960年代以降から一元化に至るまでのイギリスの全高等教育機関について包括的に総

括した和書はない。その意味ではこの第1章が、設立から1980年代後半までのイギリスの高等教育機関を俯瞰するための最初の文献になるものと思われる。

註

1　序章参照のこと。
2　この名称に関しては、文部科学省『諸外国の高等教育』に準拠する（篠原 2004: 60）。
3　非大学型高等教育機関のすべてが大学に移行したわけではなく、高等教育機関が「大学」という名称を用いる場合に、備えるべき三条件があった。第一は、当該高等教育機関に「研究学位（博士号等）課程」が設置されていること、第二は、審査基準にある11の学問領域のうち、少なくとも5領域について300名以上のフルタイム相当学生が在学していること、第三は、最低4,000名のフルタイム相当学生が存在していること（そのうち最低3,000名は学士課程レベルに在学していなければならない）である。この三つの条件が整わない限り、非大学高等教育機関は大学になることはできなかった。なお、この条件の中で第一の条件が2004年度以降変更となり、「研究学位（博士号等）課程」が設定されていなくても大学の名称を受けることが可能となった（DfES, 1 September 2004）。

第1章　一元化以前の高等教育機関の類別的考察

1. はじめに

1 『ロビンズ報告書』の重要性

　イギリスの高等教育、とくにその方針および方向性の転換を語る上で欠かせない報告書が二つある。1963年に出された『高等教育：ロビンズ卿を委員長とする首相により任命された委員会の報告書』(*Higher Education: Report of the Committee Appointed by the Prime Minister under Chairmanship of Lord Robbins*)（通称：『ロビンズ報告書』）と1997年に公刊された『学習社会における高等教育（*Higher Education in the Learning Society - Report of the National Committee*)』（通称：『デアリング報告書』）である。『デアリング報告書』については次章で取り上げるため、本章では『ロビンズ報告書』を中心に問題点を整理する。

　両報告書の相違を端的に表わしているのはロンドン大学教育研究所のバーネット学部長の下記の言である。

　　「『ロビンズ報告書』の目的は少し時代遅れの美徳や政治的立場を擁護するものだという人も中にはいるかもしれませんが、本質的には高等教育を擁護することであり、公共の場で討論を推し進め、高等教育を向上させることでした。一方『デアリング報告書』は、世界経済の中に高等教育を位置づけ、また経済力を高めるためにさらに改めてその（高等教育の）位置づけを変えようとするものです。高等教育と経済との関係がますます緊密になっている世界という現代的認識を反映しており、その意味で『デアリング報告書』はグローバルな時代の高等教育と経済の関係がどうあるべきかという問題を解決しようと奮闘しているのが、おわ

かりになると思います。つまり、『デアリング報告書』を駆り立てているのは『ロビンズ報告書』とはまったく異なった種類の使命感です。」(秦 2001: 63-64)

つまり、『デアリング報告書』は高等教育の量的拡大に示される質的変化、財政問題、大学の管理運営といった諸問題の提示およびそれら諸問題への対応を提言した報告書である。一方の『ロビンズ報告書』は、高等教育の将来構想策定のために1963年に政府により公刊された公文書であり、その目的は「大英帝国におけるフルタイムの高等教育の類型を熟慮すること」であった (Committee on Higher Education 1963: 4)。本報告書の公刊の背景には、優秀な潜在的大学進学希望者を全員受け入れるほどには大学は拡大していないと論じた1959年の『中央審議会報告書 (*15 to 18, A Report of the Central Advisory Council for Education (England)*)』(通称『クラウザー報告書 (Crowther Report)』)の影響があった (Becher and Kogan 1980)。

1960年代当時、イギリスでは高等教育人口[1]の拡大を求める声が多く、企業家や政治家、そして教育、医学、農学、社会科学といった分野の高度専門職者がこぞって高等教育機関の拡大を訴え、社会全体も高等教育を受けた人材を活用する方向に向かったために、大学も高等教育人口の拡大を望むようになった (Scott 1995, Warner and Palfreyman 2001)[2]。しかし、高等教育の拡大には政府予算が密接にかかわっていたため、教育拡大のための予算増の提案に対しては、1959年のGNPに対する教育経費であった3.9%を1974年には5.0%にまで引き上げることが『クラウザー報告書』の中においても提言されていた[3]。その提言を受け、1950年代末の高等教育人口拡大[4]のためには教育への大規模な投資が不可欠とし、長期的展望から国家的要請に基づいた高等教育制度を再考し、イギリス高等教育制度の鳥瞰図を作成した上で政府に助言するという目的で、1961年2月にロビンズ委員会が編成されることになったのである[5]。

ロビンズ委員会は、1961年に首相の諮問機関であり、LSE（本章註5参照）の権威であったロビンズ卿を委員長に発足した委員会である。本報告書にお

いて初めてイギリスの高等教育についての詳細な調査が実施され、その調査結果に基づき高等教育の中・長期的計画の必要性が論じられ、高等教育拡大のための指針や方向性が示されたのであった。

ロビンズ委員会が提唱する高等教育の大原則は次の二つである。

第一の原則は、「高等教育においてフルタイムで授業を受ける能力と目標を達成するだけの力があるとされるすべての若者は、その機会を得られなければならない」ということである。第二の原則は、「同等の成果を挙げた学生には、同等の学位や准学位が授与されなければならない」というものである（Committee on Higher Education 1963: 8）。

第二の原則を受けて非大学高等教育機関に対しても、1964年には全国学位授与委員会（CNAA）が創設されることになった。そしてこの原則が今日に至るまでの連合王国高等教育制度の発展の指針となっている。とくに出身階層にかかわらず、能力ある者は誰でも高等教育を受けられるようにするための条件整備を提示した点において、また大学数と学生数の拡大を論じた点において、その評価は高い（Venables 1965）。

つまり『ロビンズ報告書』は、1960年代の高等教育拡張の推進を理論的に補強した報告書であり、高等教育の量的拡大の中で二元構造の枠組みの形成に影響を与えた。例えばレイヤードらは、「イギリスの歴史の中で、とくに教育史の中で、公式な報告書がこれほど短期間で政府の政策に影響を与えた例はない」（Layard, King, and Moser 1969: 22）と言及している。

2 『ロビンズ報告書』の目的

『ロビンズ報告書』の内容に立ち戻ると、報告書には高等教育の四つの目的と政策実施に必要な6原則を掲げているが、四つの目的とは、

　①一般職業で役割を果たすに足る技術の教授
　②精神力の強化
　③学びを深めること
　④文化および市民性の育成

である（Committee on Higher Education 1963: 6-7）。上記四つの目的は、『ロビンズ

報告書』後もイギリスの高等教育において言及され続け、「『ロビンズ報告書』の理念」という形で紹介され、現代においても高等教育の指針として生き続けている。そして、高等教育の二大原則を実質化するための6原則がイギリスの高等教育に求められた（**表1-1**）。これら6原則は、大学の根幹にかかわる学生の質、学位の質と制度、大学財政、大学自治に集約されるものでもある。例えば、原則1と2は学生の質に該当し、原則3と5は大学財政と大学自治に該当する。また、原則4と6は学位の質と制度に該当する。そしてこれら四項目（学生の質、学位の質と制度、大学財政、大学自治）は二元構造の成立と消失、あるいは崩壊を誘発する要因となった。これら四項目が高等教育の二元構造の中でいかに変容していったかについては第II部の各章において論ずる。

報告書では、高等教育機関の新たな形態や現行の機関に対する修正の必要性などが論じられると共に、高等教育のみならず中等教育の教師1人当たりの生徒数を21.9人から16人に抑えること、教員養成カレッジの数を増すこと、中等学校の施設面を改善すること、そして継続教育機関の教員を2倍に増やすこと、といった多角的な教育政策が政府に対して勧告された（Committee on Higher Education 1963）。さらに、優秀な生徒がフルタイムで高等教育に進学できるような環境整備および制度を改善するために、本報告書により具体的には次の四つの提案がなされた。第一に、1960年代には18歳および19歳人口の8％であったフルタイム学生数を1980/81年度には約560,000人（同

表1-1　6原則とその概要

6原則	概　要
1. 高等教育人口と高等教育を受ける適格性	能力ある者がフルタイムで高等教育を受ける権利を保障する
2. 各学生の教育達成度の認定	教育水準達成度が同等であれば、資格認定も同等に扱う
3. 高等教育機関の地位	同質の高等教育機関の間の格差を撤廃する
4. 他高等教育機関への転学の機会	学生の高等教育機関の間の転学機会を保障する
5. 高等教育の組織・制度	高等教育の組織や制度は、高等教育機関の自由な発展を促すものでなくてはならない
6. 水準の維持	高等教育の高水準を維持するための機構や組織を考案する

出典：Committee on Higher Education 1963: 8-10. をもとに作成。

人口の17％に相当) にまで増やすこと、第二に、第1学位課程を多様化し、研究課程や上級課程の拡充を図ること、第三に、学修年限を4年間に延長すること、第四に第一の提案の高等教育人口の拡大の受け皿としての機関を確保することについてである。

しかし、ロビンズ委員会はプライベート・セクター内での拡大、すなわち大学数の増加を求めておらず、アメリカ合衆国やヨーロッパに倣った5校の科学技術教育・研究特別機関 (Special Institutions for Scientific and Technological Education and Research: SISTERs) の拡張を企図していたため、SISTERs 以外の大学としては連合王国の既存の3機関の大学昇格と、1機関の新設と、既存のCAT1校の大学昇格を勧告するにとどめていた (Committee on Higher Education 1963: 268-276)。

確かに『ロビンズ報告書』後、短期間で大学数は増加した。イングランドとウェールズでは1970年代半ば (1975/76年度) には、31大学から48大学 (ロンドン大学連合とウェールズ大学連合を1大学と換算)[6]にまで増加した (Matterson 1981)。しかし、この数値は『ロビンズ報告書』の勧告による成果ではなく、従来のユニヴァーシティー・カレッジやCATの大学昇格、そしてすでに政府により計画されていた新構想大学の創設によるものにすぎなかった。

2. 連合王国における高等教育

1 高等教育

本節においては連合王国における高等教育の定義を複数挙げ、その中で本書で用いる高等教育の定義を示す。

高等教育の定義は国により、また時代と共に変遷を辿り、定義の内容も修正が加えられる。一般に高等教育とは大学 (学士課程以降の教育が行われる機関) 以上の教育を指すことが多い[7]。しかし、連合王国では高等教育という概念が上述のものとは異なる。

まず、高等教育の一元化を進めるために立案された1988年の教育改革法における高等教育の定義は、下記の (a) から (e) の教育課程を提供する教育

としている（Education Reform Act 1988: 120 (1), Schedule 6）。

(a) 上級ディプロマや証書（certificate）の準備のための高等教育課程
(b) 第1学位課程
(c) 教員養成課程
(d) 大学院課程
(e) 専門職団体から資格を得る準備のための高等教育課程

　また現在では、ボローニャ・プロセス[8]に呼応して、高等教育の定義は連合王国における学位統一の最初の試みとして形作られた全国資格枠組み（National Qualifications Framework: NQF）[9]の中で示されている（**表1-2**）。枠組みの中での「高等教育」とは、全国資格枠組みのカテゴリーの中でレベル4以上の教育を指すものと定義されている。

　これら連合王国の高等教育の定義は、二元構造が成立した当時の高等教育の定義とは異なる。例えば、『ロビンズ報告書』の中での「高等教育」とは「中

表1-2　高等教育に相当するイギリス全国資格枠組み

旧全国資格枠組み	全国資格枠組み（NQF）		高等教育資格枠組み（FHEQ）	
レベル5	レベル8	特定領域の第一人者、トップの実務者（BTEC Advanced Professional Diploma, Certificate, Award/City & Guild Fellowship）	D / 8	博士
	レベル7	上級専門家、上級管理者（BTEC Advanced Professional Diploma, Certificate, Award/ City & Guild Membership/NVQ）	M / 7	修士
レベル4	レベル6	知的専門職、専門管理者（BTEC Advanced Professional Diploma, Certificate, Award/ City & Guild Graduateship）	H / 6	第一学位
	レベル5	高等技術者、高等管理者（BTEC Professional Diploma, Certificate, Award/NVQ）	I / 5	ディプロマ（foundation degrees 等）
	レベル4	技術・専門職、従業員管理・指導（BTEC Professional Diploma, Certificate, Award/ City & Guild Licentiateship/NVQ/Key Skills）	C / 4	サーティフィケイト（HNC）
レベル3	レベル3	後期中等教育段階（GCE・Aレベル／NVQ /BTEC Diploma/Key Skills）	ディプロマ	上級
レベル2	レベル2	義務教育修了段階（GCSE（A*〜C評価）/NVQ/Key Skills）		中級
レベル1	レベル1	GCSE（D〜G評価）/NVQ/Key Skills		基礎
入門レベル	入門レベル	Entry Level Certificate（1〜3段階）		

註：BTECとは、ビジネス科学技術教育審議会（Business and Technical Education Council）[10]の略式名称。
出典：QAA 2008をもとに作成。

等教育修了資格や中等教育修了全国普通資格等より上級レベルの教育」と規定されており (Committee on Higher Education 1963: 2)、1960年代当時の社会認識としては、連合王国の高等教育の「高等」とは、GCE・Aレベルより上級レベルを意味し、GCE・Aレベル以上の教育[11]を高等教育といった。認定された資格を取得するための体系的プログラムを提供するコースで実施されるGCE・Aレベル以上の教育が高等教育であり、そのコースを提供する機関が高等教育機関である。市川が述べるように、このコース制度がイギリス高等教育の質的水準を維持し、システムの弾力化を可能としていたといえる（市川 1981）。

　連合王国において高等教育の概念が明確に定義づけられたのは1963年の『ロビンズ報告書』以降のことで、過去において「高等教育の領域が精査されたこともなければ」、「高等教育の総合計画もなかった」(Committee on Higher Education 1963: 4, 5)。高等教育史の大家であるパーキンも、連合王国の高等教育制度が公的委員会によって考察されたのは本報告書が初であるとし、本報告書からイギリスの「高等教育制度を記述し、批判し始めるのが妥当」であるとしている（パーキン 1970）。つまり二元構造の確立した1960年代当時の高等教育の認識は本報告書に基づいていた。

　そこで本書では高等教育の定義を、『ロビンズ報告書』の高等教育の定義に準拠するものとする。

2 『ロビンズ報告書』当時の高等教育機関

　『ロビンズ報告書』においては、「高等教育機関」は高等教育のための教育課程、教員養成課程、継続教育課程を提供する教育機関で (Committee on Higher Education 1963: 2, 14)、①大学 (universities)、②イングランドとウェールズの教員養成カレッジ (teacher training colleges)[12]およびスコットランドの類似の教育カレッジ (colleges of education)、③継続教育カレッジ (colleges of further education) で構成され (Committee on Higher Education 1963: 13)、①、②、③のどの機関も国による財政支援を受けていた。

　①の大学とは、設立勅許状 (Royal Charter) あるいは法令 (Act of Parliament) に

基づき独自の学位授与権が与えられ、大学補助金委員会 (UGC) によって政府の補助金を受けることが認可された自治法人であると定義される（パーキン 1970: 32-33）。

UGC は大学に関して広範な知識を有する著名な学者のみで構成される委員会である。政府からの委託権限として連合王国の高等教育が必要とする財政支援の計画的な実施および各大学に支払われるべき国庫補助金に対する勧告が挙げられる (UGC 1948, 1962, 1963)。しかし政府は UGC を通して大学に公費を支給するものの、その使途方法や大学自治に対しては何ら干渉しない。大学は UGC の助言に基づき、枢密院 (Privy Council) の承認を受けなければならないという制約はあるが、それは極めて緩やかな制約であり、現実には連合王国の大学は独立自治であり、望むことは何でも実行しうる力を有する（Moodie 1983, Morris 1972, Shattock 1994, Shinn 1986）。

②の教員養成カレッジは1960年代には教育カレッジとなり[13]、その後大半の教育カレッジは大学と統合され各大学の学部となった。また③に関しては、1944年の教育法 (Education Act 1944) により「継続教育」が法的に規定されることになった。その中で継続教育は、1) 義務教育年齢を超えた人々へのフルタイムおよびパートタイム教育、2) 義務教育年齢を超えたすべての人々に対しての文化的およびレクリエーション的な余暇活動、と定義されている（黒柳 2002: 36）。現在では継続教育カレッジを含む継続教育機関は高等教育機関とは別種の機関として分類されているが、1960年当時には継続教育機関が高等教育の中に内包されていることは、現代の認識とは異なるものである[14]（図

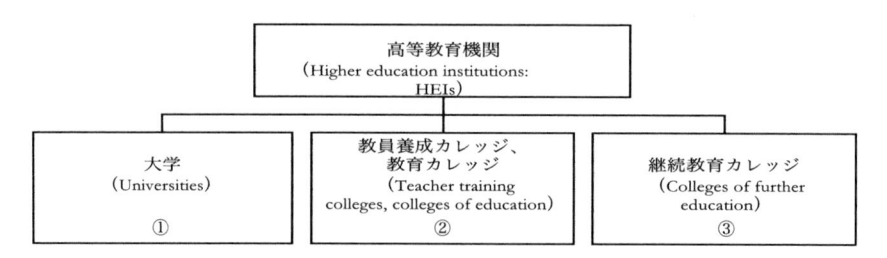

図1-1　1960年代の高等教育機関

1-1)。

　パーキン自ら、連合王国の高等教育機関は「種々の後援者がそれぞれ異なった要求や目的を達成するために、それぞれ異なった時期に創立した特別の機関をごった集めにしたものにすぎなかった」(パーキン 1970: 31)と述べたことからも理解されるように、二元構造以前の高等教育機関を明確に整理し、線引きすることは困難である。

　教員養成カレッジは地方教育当局 (LEA) の管轄下にあり、19世紀初頭には大学の教育学科で教職課程を履修する者は一握りにすぎず、大半は教員養成カレッジで教育を受けていた (Huddleston and Unwin 1997)。また継続教育機関は、教育省 (Ministry of Education) とスコットランド教育局 (Scottish Education Department) が全般の責任を負っており、その中に上級工科カレッジ (CAT)、継続教育カレッジ、多種の技術カレッジ (technical college)、商業カレッジ (College of Commerce)、芸術学校 (School of Art)、スコットランド中央研究所 (Scottish Central Institutions)、他に農業カレッジ (Agricultural College) が存在していた (Committee on Higher Education 1963: 13)。また、継続教育機関は学位授与権を有さず CNAA の管理下に置かれており、他にロンドン大学・学外学位取得を希望する学生のためのカレッジとして機能する機関も含まれていた[15]。そして、③の継続教育機関の中に10校の CAT が含まれており、科学ディプロマ (Diploma in Technology) やロンドン大学の学位取得のために修学するフルタイム学生が10,300人在籍していた。1962年に CAT は LEA から独立し (Committee on Higher Education 1963: 30)、『ロビンズ報告書』後に大学に昇格するのである。

　これら①、②、③の高等教育機関に属する連合王国のフルタイム学生数は、1962/63年度において大学が118,400人、教員養成カレッジが54,700人、継続教育機関が42,800人であった (表1-3)。

　1954年から1960年初期にかけて大学入学資格を有する17/18歳人口は4.3%から6.9%と着実に増加したにもかかわらず、大学進学者数の伸びははかばかしくなかった (表1-4)。この理由は大学総数が少なかったからにほかならない。すなわち、1963年の『ロビンズ報告書』以前にはわずか31の大学が存在しているにすぎず、しかも各大学が受け入れる学生数も少なかった。

表1-3　3セクターに属する連合王国におけるフルタイム学生数の変化（1900/01 〜 1962/63）

年　度	①大　学	②教員養成カレッジ	③継続教育機関	全高等教育機関（フルタイム）
1900/01	20,000	5,000	—	25,000
1924/25	42,000	16,000	3,000	61,000
1938/39	50,000	13,000	6,000	69,000
1954/55	82,000	28,000	12,000	122,000
1962/63	118,400	54,700	42,800	215,900

出典：Committee on Higher Education 1963: 14.

表1-4　大学入学資格を有する17・18歳人口の割合と大学入学者の割合（1954年〜1961年） （％）

年	大学入学資格を有する17・18歳人口の割合	大学入学者の割合
1954	4.3	3.2
1955	4.5	3.4
1956	4.8	3.5
1957	5.3	3.9
1958	5.7	4.1
1959	6.1	4.2
1960	6.6	4.1
1961	6.9	4.1
1962	n/a	4.0

出典：Committee on Higher Education 1963: 12.

　また、連合王国内の大学分布は極めて不均衡であったことも問題であった。つまり、31大学のうちの26大学はイングランド[16]に集中して存在しており、ウェールズ（4カレッジ[17]と1学校[18]が存在）は1大学、スコットランド[19]に4大学が位置するのみであった（カレッジ連合であるロンドン大学およびウェールズ大学はそれぞれ1大学とみなす）(**表1-5**)。

　上記問題点の打開策として、『ロビンズ報告書』では科学技術教育・研究特別機関（SISTERs）の設立が勧告されたものの、労働党が政権についた時には科学技術に特化された新大学 SISTERs の創設は却下され、中央政府は大学の純増ではなく、CAT を工科大学に昇格させることで大学数を補填した。しかしながら、未だ高等教育機関数は不足しており、また中央政府は大学数

表1-5　1960年代の連合王国の学生数による規模別大学分類

学生数	大学数	大学名称
23,000	1	ロンドン
9,000	2	オックスフォード、ケンブリッジ
8,000	2	マンチェスター、ウェールズ（4カレッジと1医学校を含む）
5,000〜6,000	3	エディンバラ、グラスゴー、リーズ
4,000〜5,000	3	バーミンガム、リヴァプール、ニューカッスル
3,000〜4,000	2	ブリストル、シェフィールド
2,000〜3,000	3	アバディーン、ノッティンガム、セント・アンドリューズ
1,000〜2,000	7	ダラム、エクセター、ハル、レスター、レディング、サザンプトン、科学技術王立カレッジ（グラスゴー）
1,000名以下	2	キール、ブライトン
大学として申請中の高等教育機関	6	カンタベリー、コルチェスター、コヴェントリー、ランカスター、ノリッジ、ヨーク
合　計	31	

註：ロンドン大学は、医学校を含む29のカレッジや研究所からなるが、この表では1校と換算する。
出典：Committee on Higher Education 1963: 25.

の増加をプライベート・セクターの枠内では望まなかったために、政府が管轄できるパブリック・セクターにおいてCATに代わり拡大する高等教育人口の受け皿となる大学に准ずる高等教育機関の設立が急務となった。

1966年の白書『ポリテクニクとその他のカレッジのための計画』において、政府は28校（後に30校となる）のポリテクニクの設立を明示した（DES 1966）。1968年に設置認可が下り、次々とポリテクニクが設立されることとなり、1973年には30のポリテクニクの中の最後の2校が創設された。これらポリテクニクは19世紀末から存在していたポリテクニクとは異なり[20]、新たなポリテクニクとして生まれ変わったといってよい。新ポリテクニクは、31のLEAの管轄下にあった50以上の既存の工科カレッジと教育カレッジが統合されたもので、最後のポリテクニクが創設された1973年には150,000人の学生を有することになった（Pratt 1997）。そして、これらポリテクニクが大学に次ぐ上級高等教育機関、すなわち准大学高等教育機関として位置づけられ[21]、大学と准大学高等教育機関との二元構造が誕生することになった。つまりイギリスの高等教育の二元構造とは、下構教育制度の最上位に位置する大学と上構教育制度の最上位に位置する准大学高等教育機関との二元構造を

意味する(「下構型」、「上構型」という教育制度の概念については、長井 1977 を参照)。政府は、准大学高等教育機関としてのポリテクニクを新たに設けることによって高等教育人口の拡大を支える選択をしたのであり、ジョウゼフ・ソアーズが述べたように (Soares 1999: 174)、高等教育の更なる拡大はプライベート・セクターの大学ではなく、パブリック・セクターにおいて起こったのであった。

3 プライベート・セクターとパブリック・セクター

高等教育の実施機関は、独立自治法人である大学と、地方当局により管轄され財政的に完全に国と地方自治体とに依存し、教育省の監査と管理を受ける非大学部門とに分類される。そしてアントニー・クロスランドの演説[22]以降、この2部門による二元構造 (binary system) が確立された(パーキン 1970: 32)。高等教育法では、大学と非大学高等教育機関が二元構造の構成機関となる (Fanington 1998: 5)。さらに非大学高等教育機関は、質的にも規模的にも大学に准ずるレベルにある准大学高等教育機関 (Quasi-Universities) と、教育や教員における質的にも機関の規模的にもそのレベルに達していないその他の高等教育機関に分類することができる (図1-2)。

そしてこれら高等教育機関の中でも、大学と准大学高等教育機関とが (図

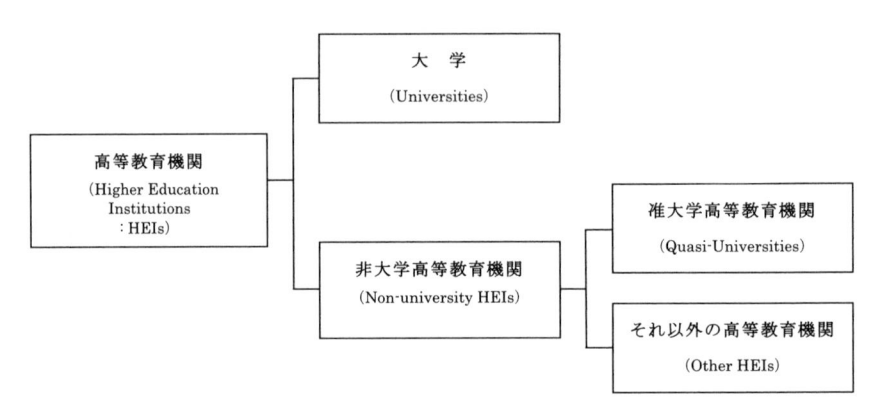

図1-2 連合王国の高等教育機関

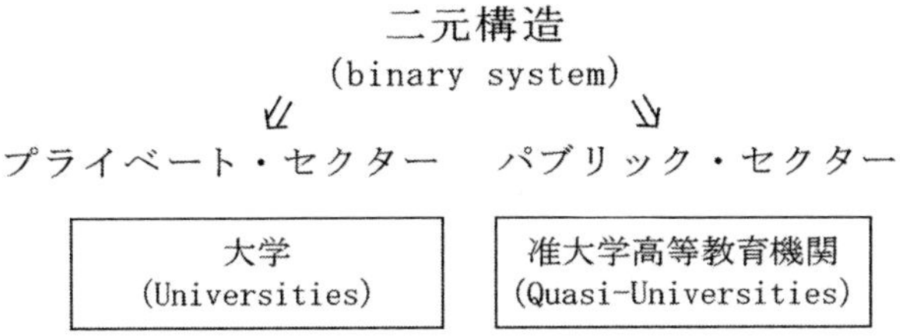

```
              二元構造
           (binary system)
          ↙           ↘
プライベート・セクター   パブリック・セクター
  ┌─────────────┐   ┌─────────────────┐
  │    大学     │   │  准大学高等教育機関  │
  │(Universities)│   │(Quasi-Universities)│
  └─────────────┘   └─────────────────┘
```

図1-3　二元構造

1-3）1960年代半ばから二元構造（binary systemまたはdual system）[23]を形作った（Gordon, Aldrich, and Dean 1991: 237）。ここで一点確認すべきことは、「二元構造」とは2種類の高等教育機関、すなわち大学と准大学高等教育機関による二元構造ということも意味するが、それ以上に大学と准大学高等教育機関それぞれが属するセクターの違いが二元構造を成立させる大きな要因となった点である。二つのセクター、すなわちプライベート・セクターとパブリック・セクターも二元構造を形成するのである（Birley 1990）。

　大学と准大学高等教育機関は、機関のミッションも、設置主体も、設立根拠法も、国庫補助金の配分機関も、配分経路も異なることから、プライベート・セクターに属する大学と、パブリック・セクターに属する准大学高等教育機関（ポリテクニク）に二分される（Lawton 1992: 73, 2005: 59）。そして、このプライベート・セクターとパブリック・セクターの区分けが二元構造を成立させた。

　イギリスの大学が、「プライベート・セクター」に属するということは、「大学が国庫補助金を受けなかった時代にできた遺産」（Birley 1990: 480）であり、プライベート・セクターとパブリック・セクターの二分法はイギリスの高等教育においては一般的ではあるが、他国のそれとは大きく異なっている[24]。そこで、大学をプライベート・セクターに、准大学高等教育機関であるポリテクニクをパブリック・セクターに属するとする英国特有の分類について説明を加える。

　連合王国の大学がプライベート・セクターに分類される理由は大学の設置

者が私人によるものであるという共通認識に基づいており、文書化された資料が存在するわけではなく、暗黙裡に広まったものであった。例えばオックス・ブリッジは、設置認可や設置基準が存在しなかった時代に形作られた教師や学生が自発的に組織した知的集団・ギルドであり、市民法あるいは慣習法 (common law) によって立つ法人である。オックス・ブリッジのような中世から存在した大学は、元来慣習や慣例の積み重ねで規約が定まるのであって、文書化された法律により明示されたものではなかった (The Law of Higher Education 1998: 39)。他に、旧市民大学のように市民が地元の医療や産業に役立つカレッジを設立した後、産業資本家や慈善事業家の手により大学運営に足る寄付金が集められ、設立勅許状が与えられた時点で大学に昇格したものもある。その他多くの旧大学は設立勅許状を得て、慈善法人である大学となった。ユニヴァーシティー・カレッジ・ロンドンとキングズ・カレッジ・ロンドンは株主により会社として設立され、その後設立勅許状を得ることになった。しかし、キングズ・カレッジのように1829年に設立勅許状を得たにもかかわらず、学位授与権を有さない高等教育機関もある。LSEは会社法のもと、有限会社として登録されている大学で、近年ではグリニッジ大学も会社法により准大学高等教育機関から大学に昇格した (The Law of Higher Education 1998: 23)。以上のように大学は、それぞれの大学がそれぞれの設置基準や法的根拠を有し、プライベート・セクターに属することになる。そしてプライベート・セクターの中の大学は政府の管轄下にない独立自治法人と呼称されてきたのであった。

『ロビンズ報告書』によれば、1960年代当時の大学は、「各高等教育機関の自由な発展が認めなければならず」、制限なく自由な試みが可能であった (Committee on Higher Education 1963: 9)。また、大学は「独立自治の機関であり、またそうあり続けるべきであり、完全なアカデミック・フリーダムを享受することが許されなければならない」、というのが「基本的前提条件」として存在していた (Mountford 1966: 148)。

ジェームズ・マウントフォードは、大学自治と大学に不可欠な自由(freedom)を六つ挙げている。この「自由」という語の意味することは、権利としての

自由と考えてもよい。そして、これら六つの自由を担保できた高等教育機関が「大学」であった。
1) 大学進学者の選抜の自由
2) 大学教員の任命の自由
3) 大学教育の内容や学位の水準の自由な決定権
4) 大学の規模や拡大を決定する自由
5) 教育、研究、高等研究と研究プロジェクトの選択との間のバランスの確立と出版の自由
6) 大学財政において多種の領域の歳出を考慮しての歳入の配分の自由
（Mountford 1966: 158-166）

つまり、各大学は独自の政策（学生の入学資格、教職員の雇用、教育課程の内容、学位の水準）を決定できる権利と学位授与権を有しており、そしてこの権利が設立勅許状により保証されていた（Mountford 1966: 148）。

英法上、大学[25]は教員・研究者集団による私的団体とされ、別の言葉でいえば法人格を備えた法人であり、独立した団体としての人格を認められており、国から独立した私人であると考えられる。そして団体や法人であるということは、その本質において独立的存在体であり、自治権を享受するということになる。このことは、国家・王権や地方政府から法制上ないし機構上独立しているということを意味する。つまり大学は、学長（Vice-chancellor）を業務執行の長とする独立的地位と独自の学位授与権を有するプライベートな高等教育機関と考えられる。

財源という観点から論ずるならば、大学は国有財産ではない固有の土地と建物を保有し、それらの売買も資金の借り入れも自由に実施できる。他に大学は教職員を直接雇用でき、教職員も公務員ではない。従来大学の財源は個人や市民団体からの寄付、地代、貸付利子等からの収入が主であったが、1889年からは初めて高等教育機関は政府から多額の国庫補助金を受けることになった（Birley 1990）。例えば1964年には、UGCから大学への補助金は50％を超えており、1935年と比較しても約20％の増加である。アメリカ合衆国と比較しても約2倍の政府支援を受けていることになる（**表1-6**）。

表1-6 連合王国とアメリカ合衆国の高等教育機関の収入源：1935年および1964年

(％)

財　源	連合王国1935年	連合王国1964年	US　1949年	US　1964年
寄付金、基金	17.0	11.5	6.4	7.2
地方の補助金	8.7	5.6	30.2	30.4
政府、UGCの補助金	34.3	52.7	28.3	27.5
学費	32.5	23.2	21.3	24.1
その他	7.5	7.0	13.8	10.7

出典：UGC 1948: 79, Bowen 1968: 2 をもとに作成。

　それにもかかわらず、連合王国では大学の財源の出処と設置者を今なお明確に分離しており、たとえ国庫補助が多額であったとしても設置者が私人であれば大学はプライベート・セクターに属することになる。すなわち高等教育機関は、設置者が公人か私人かによってパブリック・セクターかプライベート・セクターかのどちらかに分類されることになっているともいえる。
　他に大学は、チャリティー法[26]により認可された非営利機関であり、チャリティーで得た利益はその目的に合致した事柄にしか利用できない（田中 1991）。例えば、バッキンガム大学は政府からの財源は一切受けておらず、独自の資金源で運営しているために、まったく自立した私立大学とみなされ、また公的補助金を受けていないためHEFCEの管轄下にも置かれていない。しかし、設立勅許状により認可された独立法人であるので、他のプライベート・セクターに属するイギリスの大学と同じく非営利機関となる。
　一方パブリック・セクターに属する准大学高等教育機関は、設立当初より地方教育当局（LEA）[27]による設立あるいは技術・専門職団体による設立であり、LEAあるいは専門職団体の所管であった。准大学高等教育機関は、既存の技術カレッジ、商業カレッジ、芸術カレッジが統合されてできた機関で、FTと共にPT学生を数多く受け入れていたが、自らが学位を授与する権限は有していなかった。そのため、准大学高等教育の学生の学位はCNAAから、また准学位はBTECから授与された。
　1982年からは中央政府の政策決定に従うパブリック・セクター高等教育諮問機関（NAB）により教育課程や補助金配分が決定され、LEAを通して国

庫補助金の配分を受けた。准大学高等教育機関は独自の学位授与権を持たず、学位やカリキュラム内容もCNAAにより管理され、大学教員にはテニュア制度もなかった。また研究設備も整っておらず、教員の就業要件については教育業績のみで研究業績は含まれていなかった（Roff and Lusty 1996）。

したがって、プライベート・セクターの大学とパブリック・セクターの准大学高等教育機関との間にはかなり明確な境界線が引かれており、大学は「将校を養成する機関」であり、准大学高等教育機関はあくまでも「兵卒を養成する機関」（Cotgrove 1958: 64）にすぎなかった。いずれにせよ、「将校」を育成する機関である大学が一般大衆に門戸を大きく開くことによって進学者層の質の低下や異質な学生の流入が引き起されることを危惧した結果、高等教育人口の拡大は大学では起こらなかったのであった。

当時のこの状況に対してマーチン・トロウは、「高等教育の拡大を公言したロビンズ自身がその拡大を望まなかったのだ」と批判している（Trow 1964: 150）。トロウが指摘しているように、ロビンズが大学における学生数の拡大をさほど望まなかったことは、彼が報告書において「我々は大学の拡大をさほど勧告すべきではない」と記述している点からも自明である（Committee on Higher Education 1963: 269）。しかし彼は目標として、560,000人の高等教育人口の拡大を政府に勧告している（Committee on Higher Education 1963: 269）。つまりこの膨大な学生の学びの場は大学ではなく、パブリック・セクターの高等教育機関以外にはなかったことになる。

大学の拡大が望まれなかった根源的理由は、「社会を統率する支配者層は、大学が生み出すエリート層が最もふさわしい」との信念がこの時代に広く行きわたっていたことが挙げられよう。つまり少数精鋭のエリートこそ大学で養成すべきであるという考え方である。伝統的大学がどのような仕組みにより社会的支配者層を生み出してきたかを確認するための一例として、表1-7の『ロビンズ報告書』公刊当時（1963年）のオックスフォード大学学部卒業生の公務員への就職状況（括弧内は前年度の1962年の数値）を参考にする。書類での第一次選抜においてオックスフォード大学出身者が採用される割合は、1963年度は37％（57％）で、面接での第二選抜においては51％（56％）、全

表1-7 『ロビンズ報告書』当時（1963年度）の公務員新規採用者に占める
オックスフォード大学出身者の割合（括弧内は、1962年の数）

(単位：人)

職種	募集人員	全大学からの採用人員	第一選抜		第二選抜	
			全大学	オックスフォード大学	全大学	オックスフォード大学
外交官	24	20 (20)	5 (1)	2 (1)	15 (19)	10 (14)
行政官	75	62 (50)	20 (14)	9 (10)	42 (36)	21 (13)
事務官	80	36 (30)	16 (14)	4 (6)	20 (16)	8 (13)
合計	179	118 (100)	41 (29)	15 (17)	77 (71)	39 (40)

出典：University of Oxford 1964(a): 7.

体では46％（57％）の占有率となっている。1962年度に比べると減少しているものの、公務員の新規採用者に占めるオックスフォード大学卒業生の割合は高かった。

　しかし上記のような実状も、パブリック・プライベート両部門の高等教育機関間の役割分担が明確に区別されていた時代には問題はなかったが、准大学高等教育機関が学科数や学生数において、また教授する学習内容において大学とほぼ同等になるにつれて次第に両セクター間に潜在していた問題も顕在化することになり、最終的には二元構造の一元化に至ることになった。

3. 一元化以前の大学

　概略はすでに序章の第3節で述べたが、本節においては大学と准大学高等教育機関がどのように歴史的に変遷していったかについて詳述する。

1　伝統的大学[28]

　1826年にロンドン大学が、また1834年にダーラム大学が設立されるまでのおよそ600年もの間、オックス・ブリッジだけがイギリスの大学として屹立することになった。その歴史的経緯の中で、イギリスの大学の規範となるミッションや機能、教授内容、教授形態、あるいは理想とすべき大学像というものが形成された。この両大学（オックスフォード大学およびケンブリッジ

大学)は一般的に「伝統的大学」と呼称され、これら両大学がその後誕生した大学群に多様な影響を与えることになる。

　伝統的大学の設置根拠や管理運営の枠組みは、特定の法律や設立勅許状による認可ではなく両大学の大学規定 (statutes) により定められ、その存在意義は元来、国家に聖職者、教会法学者、学者、教職関係者を供給することにあった。つまり、連合王国の大学の原型ともいえるオックスフォード大学は、財政面では多額の寄付金寄贈者を多数有し、制度面ではチャンセラー (Chancellor：総長)[29] を頂点に、当時の聖職者、教会法学者といった教会が必要とする専門職者を養成し、教会が容認する王権を擁護する行政官吏や法官を社会に送り出す機関として11世紀に誕生した。伝統的大学は、その発足当時から国王の援助による特権を享受しており、そのため国王や教皇、司教等の影響を受けざるを得なかったものの、両大学はかなり広範な自治と管理運営面での決定権を保有していた (Ridder-Symoens 2004)。

　オックスフォード市は交通の要衝で、宗教団体の本山もあり、国王や大司教の援助のもとに国内外の学者が教鞭をとっていた。そしてこれら学者とその教えを請う学徒たちが、今日のオックスフォード大学の原型を形成した (Catto 1994, グリーン 1994)。1209年にオックスフォード大学から分かれて発展したケンブリッジ大学は、オックスフォード大学とは異なり自然科学分野に力を入れていたが、その組織形態、教育制度、教授形態はオックスフォード大学とほぼ同じであった (Ridder-Symoens 2004)。

　オックス・ブリッジが確立した制度としては、教養的要素の濃いカリキュラムと「選抜制の高い」(クラーク 2002: 76) 寄宿制学寮 (カレッジ) 制度が知られている。しかし本制度は大学誕生当初から存在していたものではなく、学生は教員が経営する宿舎に居住していたが、学びに適した学寮が広がり、学寮制大学となっていった。その後、カレッジは大学組織から分かれて個別の管理運営体系を育んでいくことになった (Tapper and Palfreyman 2000)。オックスフォード大学のカレッジの自治権について、オールソウルズ・カレッジの学寮長であるジョン・デイヴィスが以下のように要約している。

「カレッジは自治権を持っています[30]。カレッジ制度の中でカレッジとして存在していくための様々な規約があり、完全な自治とは呼べませんが、カレッジはカレッジ内行政については決定権があります。」(秦 2001: 47)

　各カレッジにおいて強い自治性を活かした特色あるシステムが採用されており、その結果カレッジに独自色が生まれた点が、学寮制をとらない他のイギリスの大学とは大きく異なっている。他の特色として、各学生には学問的指導を実施する学部の指導教員（テューター）のほかに、精神的訓育を行う所属カレッジの指導教員の存在が挙げられる。学問的のみならず精神的指導の相乗効果により学生の成長を促し、また学生は所属カレッジの伝統や気風を受け継ぐことでさらにカレッジの独自色をより強固なものとした。
　カレッジの独自性の例としてここでオールソウルズ・カレッジを挙げる。本カレッジは、博士課程進学者・在学者および研究者のみ入学が許される九つの大学院カレッジ（graduate college）の一つであり、フランスとの100年戦争による戦没者の慰霊のためにヘンリー6世とカンタベリー司教のカイチェル（Archbishop Chichele of Canterbury）により1438年に創設された。中世から国王との結びつきが強く、そのため現在もカレッジの財は非常に豊かで、大学からも政府からも補助金を一切受けておらず、逆に、大学を広範にわたって資金援助する立場にある。このことを可能にしているのが、カレッジが保有する土地と株と寄付金である（秦 2001: 47）。
　本カレッジは伝統的に試験により選抜される21のフェローシップ（特待生制度）があり、フェローシップの年限は7年間でそれ以降、2年ごとに更新が必要となっている。このフェローシップを獲得することは非常に困難で、学士課程の各学科の最優秀卒業生が選抜試験に召集される。最優秀卒業生以外の学部生がこのフェローシップを受験するためには、各学科の最終試験において上位5番内に入っていなければならない。このフェローシップに選ばれた学生はオックスフォード大学の中における最優秀卒業生とみなされ、将来の優れた研究者や公人の道を歩むことになる。カレッジのフェローとなれば

7年間の時間と給与が与えられる。最初の2年間は、カレッジから給与と無料の宿泊施設と食事が提供され、2年後に彼らは学問の道で生きるのか、他の職業に就くのかを選択しなければならない。約6割は学者に、そして残りの4割が外交官、法律家、政治家を選択している[31]。約80名からなるカレッジの構成員のほとんどが講師レベル以上の職階で、構成員の教育研究レベルの高さがカレッジの中のカレッジと呼ばれる所以ともなっている[32]。

　上記においてカレッジの自治を述べてきたが、大学が国外からの圧力を受けることなく、自らの意思で自由に学内自治を行うためには国家による保護も必要である。伝統的大学も宗教改革を経た16世紀には国王の保護下に置かれることになった。国内においては潤沢な資金源を担保することから一部の特権階級の閉鎖社会ともいえたオックス・ブリッジは、他大学の設立が王権により許可されなかった12世紀から18世紀末の間に、独自の学位授与権、カリキュラムやシラバスの作成権、学生の成績評価や学位試験の施行権、自らの組織や制度の設計および管理権といった既得権を行使することによって社会的支配者層を生み出し、質の高い学士課程教育を実施しつつ、独自の大学文化を築き上げていった[33]。

　両大学の財政基盤は、篤志家や慈善事業、聖職者や国王、そして貴族やジェントリからの寄付金から成り立っており、さらには荘園や教区の牧師所領あるいは森林権等により土地を確保することで、基本財産を増していったためにカレッジの財政は潤沢で、富裕層の子弟からは授業料も食費も全額受け取るものの、貧困層の学生からは授業料を徴収する必要はなかった。19世紀後半までは政府からの補助金を受けるという発想はオックス・ブリッジにはなかった（Shattock 1994）。しかし、将来的に大学に昇格させることも視野に入れて、イングランドの全ユニヴァーシティー・カレッジへの国家による補助金配分が1889年に始まり、1919年にはUGCが設置され、さらなる設備の充実や大学進学者希望者数の拡大のために伝統的大学もUGCを通じて政府の財源の配分を受けることになった。国庫補助金額は次第に増加しつつあったが、それでもなお伝統的大学では各カレッジへの私的寄贈がその額を上回っていた。大学自治に関しても、伝統的大学は大学規約に縛られるだけ

で中央政府からの統制はなく、充分に大学の自治が守られていた。

　その後、産業家や法曹家等による寄付が増えるにつれ、寄付金寄贈者の変遷が大学の授業科目に変化をもたらすことになった。例えば、従来の聖職者や行政官吏の養成から、次第に商人階層や中産階級の子弟の希望する実務能力の養成を担う学科が要求されるようになった (Jones 1988)。この要求に対してオックス・ブリッジでは、1850年代および1870年代には大学の近代化のための改革が進められ、オックスフォード大学は従来の古典学 (literae humaniores) や数学の優等学位 (honours degree) 課程以外に、法学、歴史、自然科学の優等学位課程を創設した。一方ケンブリッジ大学は数学以外に古典、道徳、自然科学の優等学位課程を創設した。

　第一次および第二次世界大戦を経る中で国力や経済力増強に資する科学者や技術者の養成が重視されることになり、自然科学や工学系の研究に多額の公的補助金が支給された結果、同分野での研究者や学生数が全大学において漸増していくことになるが、このことはオックスフォード大学においても例に漏れず、科学技術用の設備に投資する大学の資金は1956/57年度の18万3,000ポンドから1966/67年度の120万ポンドにまで増大し、自然科学部門に投資された大学からの資金は当時のハーバード大学やイェール大学に匹敵、あるいはそれらを超える額となった (Soares 1999)。また、それに伴い自然科学系や技術系分野を専攻する学部学生数も増加した (表1-8)。

　しかし、自然科学系の学科が多数開設されたものの基礎研究に限られ、実務あるいは工学系、あるいは経営学系の諸学科は大学において教授する正統な学問分野とはみなされず、排除され続けた (Morris 1978)。そのため、両大学が教授しない学問領域を提供すべく旧市民大学が設立され、またその後両

表1-8　オックスフォード大学の3分野における学部生の割合（1923年から1991年）

(％)

	1923	1938	1951	1961	1971	1981	1991
人文科学系	80	59.1	54.7	47.5	40.7	40.0	37.8
社会科学系	0	22.5	19.0	21.4	20.0	21.8	22.7
自然科学系	20	18.2	26.2	31.0	39.1	38.0	39.3

出典：Soares 1999: 112.

大学が受け入れてこなかった労働者層からの大学進学希望者を受け入れるために新市民大学の創設へとつながっていったのであった。

2　ロンドン大学

　本項では機関連合大学（ウェールズ大学とロンドン大学）の一つであるロンドン大学について論ずる。

　イギリスではロンドン大学（University of London）は学寮制を採用しない最初の大学で、カレッジや研究所やスクールあるいは CAT（バタシー・カレッジ）までも含む多様な機関で構成され、一元化以降は HEFCE より直接補助金を受けている。本大学は元来ロンドン大学に所属するカレッジや学位授与権を有しない高等教育機関の試験機関（examining body）として設立された。オックス・ブリッジにおいて最も重要な学問分野が人文科学や純粋科学であった時代において、両大学が提供できない分野、例えば応用科学教育や技術教育あるいは法律、医学といった学問を教授しようという動きが高まり、1827年にはロンドン大学の最初のカレッジであるユニヴァーシティー・カレッジ・ロンドン（University College London: UCL）が、非英国国教徒や当時の政権党のトーリー党に反対する集団により創設された。一方で、その進歩的革新性ゆえに UCL を危ぶむ国教徒の請願により、ロンドン大学にキングズ・カレッジが創設された。キングズ・カレッジは1829年に設立勅許状を得た後、1831年に開学した（学位授与権は有さず）。しかし UCL は勅許状を取得できず、法人格を付与するか否かの論議が1834年に枢密院で行われたが、1836年には個々のカレッジ、附属病院、学部にではなく、学位授与機関の総体としてロンドン大学に設立勅許状が授与されることになった。その結果、ロンドン大学はカレッジ連合と呼ばれ、カレッジの学生はロンドン大学に対して学位を請求することになった。

　UCL の重要性は、第一に、オックス・ブリッジに入学できない者に高等教育の機会を提供し、両大学が教授していないカリキュラムを実施したことであり、第二に、人種、宗派、社会階層とは無関係にすべての生徒に大学の門戸を開いたことである。特に非英国国教徒であるユダヤ教徒やカトリック

教徒も入学が認められたことは、大きな意味を持った (Dahrendorf 1995)。なぜならば、たとえ優秀な生徒であっても、英国国教徒でなければオックス・ブリッジのカレッジへの入学許可を得られず[34]、その結果、学位を取得できないために社会で要職に就けなかったからである。重要な職種に就くためには、英国国教徒であることが基本要件であった時代、つまり才能はあるがエスタブリッシュメント（establishment）[35]層に組み込まれていない生徒の大学進学が不可能であった時代には、UCLの存在は大きな意味を持っていた。

1858年以降ロンドン大学では連合王国出身者や通信課程で学ぶ学生（学外学生）[36]であれば誰でも試験に合格すれば学位を取得できるようになった。学位授与権を有しないカレッジで学ぶ人々[37]のために学外学位試験制度を設け、学外学位という形でロンドン大学の学位をイングランド国内のみならず世界中の学生に開放したのである。1898年には通信課程の学位の質が学務委員会でチェックされることになったが、大学規程により学内学生[38]と学外学生との試験は区別されている（ロンドン大学HP）。

現在ロンドン大学は、1994年のロンドン大学法 (University of London Act 1994)[39]に定められた手続きに従って作成された規約に基づいて治められている (Farrington 1998: 42)。

3　旧市民大学

19世紀初頭には、オックス・ブリッジへの入学許可が得られない非英国国教徒や医者、技術者、実業家といった新興富裕層がオックス・ブリッジの高等教育機関としての独占的地位に対して厳しい批判を向けた。彼らは大学を擁護する政権党であったトーリー党政治に対して反発する一方で、新たな大学やカレッジの設立を要求し始め、宗教に関係なく教養諸科を学ぶことのできる大学を大都市に求めた (Catto 1994, グリーン 1994)。

大都市では専門教育を求める声が強く、18世紀にはすでに非国教徒はそのための教育の場を設けていた。例えばマンチェスター、リヴァプール、バーミンガムといった都市では産業資本家が基金を集め、1757年にはウォリントン・アカデミーを設立した。同アカデミーの目的は、1) 専門職や実業界

に進む学生に教養教育を提供することと、2) すべての人々に門戸を開放することであった (三時 2001)。また、これら1)、2) はすべての旧市民大学と目的を同じくするものでもあった。その結果、バーミンガム大学の土台となったクイーンズ・カレッジ (1843年開学) は英国国教会により設立されたものの、その他の旧市民大学の前身校は実業家や専門職従事者をはじめとする市民のためのカレッジであり、産業資本家の資金を受け、市民により創設された

また、旧市民大学の設立には社会的背景も影響していた。人口の急増と産業革命を迎え、産業資本家は富を集め、市民意識も高まった。1867年のパリ万国博覧会後には競争が激化する世界市場で英国産業が優位を保つために、多数の熟練技術者や科学者を擁する必要性が繰り返し主張されるようになった。その結果、後に旧市民大学[40]に昇格することになる多数のカレッジが、重要な地方都市、とくに大規模な工業都市に誕生した (Bargh, Scott, and Smith 1996, Smith and Webster 1997)。これら19世紀後半に登場した一群のカレッジはすべて地元産業家の寄付金による設立であり、これらのカレッジの旧市民大学への昇格は、19世紀初頭の人口急増や産業資本家の台頭による社会からの大きな要請と、大学への富裕な資金提供者の出現によって可能になった (Sanderson 1972)。

表1-9は、旧市民大学がどのような経緯を辿り大学に昇格したかをまとめたものである。この表から判断すると、通常旧市民大学は大学の基盤となるカレッジが創設され、その後地元の医学校と統合され、20年から30年後に勅許状を取得し、大学に昇格するという形をとっている。これら医学校の創

表1-9 旧市民大学の基盤カレッジ開学年・医学校開学年・統合年・大学昇格年

大学名 (基盤となるカレッジ)	開学年	医学校開学年	統合年	勅許状取得年
マンチェスター (オウエンズ・カレッジ)	1851	1825	1872	1903
リーズ (ヨークシャー科学カレッジ)	1874	1831	1884	1904
ブリストル (ユニヴァーシティー・カレッジ)	1876	1833	1893	1909
シェフィールド (シェフィールド医学校)	1879	1828	1897	1905
バーミンガム (メイソン科学カレッジ)	1880	1841	1892	1900
リヴァプール	1881	1844	1884	1903

出典:HEFCE 1999(c) のデータをもとに作成。

設はまた、医学教育の統一制度を規定した1858年の医学法（Medical Act 1858）につながったものと考えられる。また、伝統的大学は学寮制度をとっており、パートタイム学生は存在していなかったが、旧市民大学ではフルタイム学生以外にもパートタイム学生が約2割を占めていることが特徴の一つでもある（HEFCE 1999）。

最初の旧市民大学はマンチェスター大学で、マンチェスター大学の前身校であるオウエンズ・カレッジは、市民の手により初めて設立されたカレッジとして先導的意味合いを持つ重要なカレッジとみなされた（Armytage 1955）。大学が数校しか存在していなかった時代に、為政者でも聖職者でもない市民が大学を創設したことの意味は大きかったと考えられる。マンチェスター大学を生んだマンチェスター市そのものが、地方の起業家や中流階級の非国教徒にとっての反王権の象徴都市になったのであった（Anderson 1995: 5）。

旧市民大学の重要な役割は、オックス・ブリッジが供給しようとしなかった新たな学問分野の開講にあり、設立以降理系の学生数は増え続け、1967年には約半数の学士課程の学生が理系に所属していた（**表1-10**）。教員に関しては、大学昇格以前のカレッジの教員は伝統的大学やロンドン大学出身者が多く（Halsey 1992: 141）、教員の能力は高いものの入学生の学力水準が低く、高度なレベルの教育は望めなかった。また、各カレッジには学位授与権がないため、学生はロンドン大学の学外学位を取得していた（グリーン 1994）。

オックス・ブリッジに比べ、旧市民大学は共通して資金や建物や設備の不足や学生の学力水準の低さといった問題を抱えながらも、従来にはない新学

表1-10　旧市民大学の理科系のフルタイム学生数[41]の割合（1967年当時）

(%)

大　学	全学生数の中の学部生数の割合	理科系の学士課程	文科系の学士課程
マンチェスター	84	51.1	48.9
リーズ	84	59.5	40.5
ブリストル	84	54.2	45.8
シェフィールド	86	67.5	32.5
バーミンガム	77	62.9	37.1
リヴァプール	83	68.9	31.1

出典：グリーン 1994をもとに作成。

部を立ち上げたこと、あるいは専門職教育を実施したこと、また社会が要請する新学問領域を伝統的大学に認識させたことで、その後の伝統的大学の大学改革を促す起爆剤となったことなどは評価できるものであった。しかし一方で、旧市民大学は、大学教育を希望するすべての人々に学ぶ機会を与えたとされているが (Armytage 1955, Snow 1964)、実際は旧市民大学で学ぶ学生の大半は富裕な貴族やジェントリや専門職、実業家の子弟であり、労働者層の子弟はあまり含まれていなかった。教養教育を重んじ、伝統的大学の教育制度を踏襲したにすぎず、そのために事項で論ずる新市民大学の設立が促されたのであった。

4 新市民大学

1945年以降の30年間は、飛躍的な経済成長の影響により高等教育機関が拡充された時期で、建物の造りから白タイル大学 (Beloff 1968: 19) と呼ばれる第二次市民大学、すなわち新市民大学が設立された (**表1-11**)。1944年および45年の教育法により、義務教育年限が引き上げられ、希望する者すべてに中等教育の機会が与えられ、奨学金の整備や学位取得者の雇用促進のための産業界への働きかけなどが積極的に推進されたため、大学入学希望者は飛躍的に増大することになり、この入学希望者の増加が新大学の設立につながった。しかし新市民大学の財源については、中央政府からの財源が不充分

表1-11 新市民大学の基盤カレッジ開学年・医学校開学年・大学昇格年

大学名（前身校）	開校年	医学校開校年	勅許状取得年
エクセター（芸術学校） エクセター（技術・拡張カレッジ）	1855 1922	1962	1955
サザンプトン （ハートレイ・インスティテューション）	1862	無	1952
ノッティンガム （ユニヴァーシティー・カレッジ）	1881	1970	1948
レディング	1892	無	1926
レスター（ロンドン大学学外学位授与機関） レスター（ユニヴァーシティー・カレッジ）	1921 1950	1974	1950（第一回目の勅許状） 1957（第二回目の勅許状）
ハル（ロンドン大学のカレッジ）	1927	無	1954

出典　HEFCE 1999(c) のデータおよび各大学のホームページをもとに作成。

であったため (Truscot 1943)、新興産業からの資金によって不足財源を補っていた (Sanderson 1972)。

　旧市民大学と比較し、新しいという意味での新市民大学は、第二次世界大戦後に大学としての地位を要求していた各ユニヴァーシティー・カレッジや地方大学の拡張センターやロンドン大学学外学位授与機関がカレッジに昇格し、その後大学に昇格したものである。またサザンプトン大学、ノッティンガム大学、レスター大学は勅許状を取得するまでの期間、学生はロンドン大学の通信課程により学位が授与された。つまり、ロンドン大学の学外学位を学生に授与するために用意された高等教育機関として機能していた (Committee on Higher Education 1963: 23, HEFCE 1999, 各大学のHP)。しかし大半の新市民大学は、勅許状を取得するまで近郊の大学から学位が授与されていた。

　レスター大学の前身校はロンドン大学学外学位授与機関として1921年に創設され、まず1950年に第一回目の設立勅許状によりユニヴァーシティー・カレッジに昇格し、1957年の第二回目の設立勅許状によって大学に昇格することになった。エクセター大学は元来芸術学校として1855年に創設されるが、1893年に技術・大学拡張カレッジとなり、1922年にはケンブリッジ大学の支援を受けてユニヴァーシティー・カレッジとなる[42]。その後1955年に設立勅許状を取得し、大学に昇格した。またレディング大学は1892年にオックスフォード大学の拡張カレッジとしてオックスフォード郊外のレディングという町に創設され、1926年に設立勅許状を受けて大学に昇格した (HEFCE 1999(c))。ハル大学は1927年にロンドン大学のカレッジとして創設され、1954年にロンドン大学から独立し、大学に昇格した。望めばどのようなカレッジでも大学に昇格できるわけではなく、アーミテージとチャップマンは、新・旧市民大学として大学に昇格する要件として次の4項目を挙げている。1) ユニヴァーシティー・カレッジとして設立勅許状が得られるまでに長期的に高等教育機関としての実績があること、2) 大学としての設立および運営資金が充分であること、3) 地域住民のための、また、地場産業や地域文化の振興のための教育機関であること、そして、4) 学位授与権を有する大学としてふさわしい内実と権威を有していることである (Chapman

1955, Armytage 1955)。

　新市民大学は従来の大学との差異化を試みた点に特徴があったが、第二次世界大戦直後にユニヴァーシティー・カレッジとして創設され1962年に大学に昇格したキール大学（設立年1949年、前身校はノース・スタフォードシャー・ユニヴァーシティー・カレッジ）の独自性は極めて異彩を放っていた。例えば、職業教育や自然科学系諸学科が軽んじられていた当時の大学において学生に職業教育の教授に努める一方で、人文学科系の学問の偏重を是正するために自然科学系の分野も並行して学ばせることでトータルな人間教育を目指した。そのために人文科学系と自然科学系の両方を取り込んだ初学者向けの基礎課程を取り入れ、文理融合型の優等学位プログラムを設けた（Kolbert 2000）。また当時としては珍しい社会科学や保健、教育、経営の領域での大学院課程の充実を図り、教員雇用の際にも研究よりも教育面での業績を重視する選考を実施した（HEFCE 1999(c)）。教員は研究業績により雇用や昇進が決まっていた当時としては異例のことであった。

　地方工業都市に設立された大学の重要な存在理由の一つは、働きながら通学できるという点であり、技術教育を受講する学生は職業を持つ労働者層の子弟が多く、パートタイムで入学した者の大半は就労しながら学ぶ学生であった。新市民大学は元来パートタイム教育を実施してきたカレッジが大学に昇格した例が多く、例えばノッティンガム大学は年齢に関係なくすべての人々に門戸を開いた成人学校から進展した大学であるので、開校当初から昼夜のパートタイム課程が主流で（Wood 1953）、教育面においてオックス・ブリッジの補完的役割を担っていることは旧市民大学と同じではあるが、伝統的大学とも旧市民大学とも異なり、労働者層から学生を集めた点も新市民大学の特色であった。

　旧市民大学が伝統的大学に近似するにつれ模倣大学[43]となることを回避するために、新市民大学は独自の大学としてのアイデンティティーを自ら求めると同時に、政府からも強く求められた（Barnes 1996）。しかし受講生は応用技術面での能力は優れているものの大学進学のための教育を受けてこなかったため、学術面において学生の質が劣っていると考えられていた。また

財源が不充分なために教授陣も充実することができず、伝統的大学と比較された結果、新市民大学は社会認識においても、大学間のヒエラルヒーの中においても、オックス・ブリッジやロンドン大学そして旧市民大学の下に位置づけられる一因となった (Truscot 1943, Shattock 1996)。そこで、新市民大学は高等教育界や社会での評価を高めるために、伝統的大学と同じくアカデミックな学問分野に力を注ぎ始めたのであった (Stewart 1968)。他に、ロイ・ローは、新市民大学の伝統的大学への近接を促した要因として次の2点を挙げた (Lowe 2000)。第一に、企業側が質の高い学生を求め始め、伝統的大学への進学者と同じくディプロマ以上の上級学位を取得したフルタイム学生の雇用が増加するといった外的要因である。第二に、各大学もパートタイム学生よりも学力の高いフルタイム学生を選択することで大学の評価を高めようとするといった内的要因である (Lowe 2000: 40)。つまり、外的および内的要因（産業界からの圧力と社会的評価）により新市民大学は伝統的大学に近似していくことになった。

　旧市民大学のみならず新市民大学も伝統的大学を模倣する方向に進み、両大学は授業形態、カリキュラム、教授法、そして管理運営方式においても伝統的大学をモデルとすることになった (Soares 1999)。両大学の教員が伝統的大学および旧大学出身者であったことを勘案すると (Halsey 1992: 141)、伝統的大学の模倣大学になっていかざるを得なかったことも納得のいく帰結である。また学界の勢力分布を考慮すると、英国学士院のメンバーの8割以上がオックス・ブリッジおよびロンドン大学で占められていたので（**表1-12**）、学問的優勢を求めたり学界の権威者を引き込むために、またヒエラルヒーの

表1-12　英国学士院フェローの出身大学

(%)

	オックス・ブリッジ	ロンドン	新・旧市民大学	スコットランド	ウェールズ
1910年	74	8	6	12	10
1930年	62	16	7	11	4
1961/62年	63	24	3	7	2
1989/90年	55	21	15	7	2

出典：Halsey 1992: 77.

中でより高い位置を目指すために、伝統的大学を模倣せざるを得なかったとも考えられる。

　他にも、政府からの補助金を獲得するためには、伝統的大学の仕組みに則った研究大学にシフトすることが必要になったことも伝統的大学模倣化の一因であろう。1944年および45年の教育法制定以後、UGCからの配分額の増額が進められていたが、各大学へのUGCの補助金配分の算定基準は伝統的大学の評価方法に準じていた。更なる内的要因（財源確保と教員の出身大学）からも、新市民大学は大学昇格以前から伝統的大学を倣うことが必要であったともいえる。

5　新構想大学[44]

　新・旧市民大学が伝統的大学を模倣する大学へと変容していったために、中央政府は新たに政府の意向に沿った学術科目を実施する機関であり、新・旧市民大学に入学できなった学生の受け皿として新構想大学の創設が期待されることになった。

　第二次世界大戦後には新たにサセックス大学（設立年1961年）、ヨーク大学（設立年1963年）、イースト・アングリア大学（設立年1963年）、エセックス大学（設立年1964年）、ランカスター大学（設立年1964年）、ケント大学（設立年1965年）、ウォリック大学（設立年1965年）、スターリング大学（設立年1967年）が設立された。これらの大学を、建物の形状にちなんで一般的に厚板ガラス（plateglass）大学と呼んでいる（Beloff 1968: 19）。

　新構想大学は、連合王国の中で極めて特異な大学群といえる。その理由は第一に、イギリスでは一般的に大学といえば、篤志家や篤志家団体、または国家以外の団体により設立される形態、あるいはLEAが財源を配分し管理運営したカレッジが大学に昇格する形態が大半を占める（パーキン1970）。しかし、これら1960年代に創設された新構想大学は、政府がUGCの意向に沿って設立準備を認可すると共に、設備・施設のための設置経費だけではなく運営費をも負担し、UGCとUGCが立ち上げた大学計画委員会（Academic Planning Boards）の計画のもと、国内各地に創設された。つまり国立の大学と

いえるからである。しかし、これら新構想大学も設立勅許状により大学の名称を得ており、プライベート・セクターに属し、独立自治法人で政府からの統制をまったく受けない。第二に、これら新構想大学は設立当初から学位授与権も有したことである (Committee on Higher Education 1963: 24)。つまり、設立と同時に独自のカリキュラムや評価方法、大学組織、制度、管理運営を自ら計画でき、自由に管理できた (パーキン 1970)。

「国家財政の支援を受けながら大学自治が守られ、独自の学位授与権を有する。そしてその中でこそ大幅な革新が生まれる」とパーキンが述べたように、新構想大学は伝統的大学や新・旧市民大学の亜流になることを避け、独自性を打ち出した。これら新構想大学を初めて世に紹介したマイケル・ベローフも同様に、この厚板ガラス大学こそが旧来の保守的な大学のあり方を一掃し、大学に新風を送り込むと考えていたのであった (Beloff 1968)。

一方で、新構想大学側はあらゆる分野において傑出することは不可能であると考え、また国庫補助金の削減も考慮し、教授する分野を特定分野に凝集し、その分野を重点的に伸ばす方向性を打ち出した。そこで、当該大学群では大規模な学部組織を立ち上げ、学部のもとに専門化した学科を設置する例が多々見受けられた。またすべての新構想大学において社会学部が設置され、従来の大学では一般的であった単一科目優等学位課程ではなく、新課程として複合科目優等学位課程を設けるといった試みがなされた。

二元構造が確立した後の1960年代後半には新・旧市民大学においても新構想大学においてもフルタイム学生が急増した。これは学力の低いパートタイム学生よりも、伝統的大学の学生層を形成していた成績優秀なフルタイム学生数を増やそうと試みた結果であった。学生を伝統的大学とは異なる社会階層から集め、従来の大学を模倣した大学となることを極力避けようと試みたこれら新・旧市民そして新構想大学も、結局のところ、伝統的大学に類似した高等教育制度と学生を求めていったのであった。

6　バッキンガム大学

　バッキンガム大学はアメリカの大学をモデルとしてオックスフォード大学

の教員や研究者により1967年に創設への布石が敷かれた。本大学の創設理由は、大学が独立自治の高等教育機関といわれながらも、政府の補助金額が多額になるにつれて次第に政府の政策に影響を受けるようになった結果、財源も公的権力からもまったく独立した私的法人の重要性が教員や研究者の間で説かれ始めたためであった。

建学の理念は、①公的財源や権力による支配から独立した私的法人の重要性を広く社会に知らしめることと、②入学要件の多様化である。旧大学では伝統的大学をならい、次第に厳格な入学要件が入学志願者に求められるようになっていたため、潜在的な大学進学希望者の拡大につながらなかった。また、③アメリカの私立大学のように私的な資金源による大学と公的財源に大きく依存する大学との共存共栄を図るということも目的の一つであった。

その後1973年にはユニヴァーシティー・カレッジ (University College of Buckingham) が法人化され、1983年には設立勅許状を受け、大学となった。また、他大学は大学になると同時に学位授与権を有することになるが、当該大学の学位授与権は1988年の教育改革法によって認可されることになった (Farrington 1998: 47)。

バッキンガム大学はHEFCEの法的管轄外にある唯一の大学であり、まったく政府からの国庫補助を受けていないという点において、連合王国において特異、かつ実験的試みを行った大学でもあった (秦 2001)。そのため、政府からの圧力を受けることなく、思いきった独自の大学経営、教育方法が実施できることを特色としている (バッキンガム大学、大学史のHP)。しかし、バッキンガム大学を「大学」と認めるには国内ではかなりの抵抗があるようである[45]。その理由をいくつか挙げると、まず、学生が学部生のみに限られており (2003年度599名)、大学院での教育が実施されていなかったこと (現在では修士課程および博士課程も開設されている)、なおかつ学生は2年という短い期間で学位を取得すること、また国庫補助がないため学生に政府からの奨学金が用意されていないことが挙げられよう。他にも、バッキンガム大学は政府による機関補助を受けていないため政府の管轄外にあり、国の高等教育政策に従う必要もなく、法的には教育評価 (TQA) を受ける必要もなく、研究

評価（RAE）にも参加していない。しかし、大学自治の根幹ともいえる学位授与権を維持するには教育評価が不可欠となるため[46]、高等教育水準審査機関（QAA）はバッキンガム大学を対象とした特別仕様の教育評価を実施している。学位授与に関してはQAAが責任を持つため、学位授与権に期限を設け、QAAの教育評価結果により授与権の更新を実施することが要件となっている。

　バッキンガム大学は大学昇格当初、学費、寄付金、そして企業からの献金による大学運営が期待されていた。国庫補助を受けず、大学として完全な独立を期してのことである。しかし企業献金が思うように集まらず、現状として大学運営は主として学生からの授業料と学外からの寄付金で成り立っており、国内学生が集まらないために経営戦略の一つとしてEU外からの海外留学生や社会人学生の獲得に注力している。

　　「私たちの大学は、政府からの（国庫補助金による）援助は受けていませんが、主に3つの資金源を基に運営されています。第一の資金源は学生の授業料です。……（中略）……他の大学と違ってすべての学生に同額の授業料を課しています。……（中略）……第二は借入金で、第三は寄付金と研究補助のために設立した基金です。新しい財源を確保するために個人や企業から1年に約50万ポンドの寄付金を集めていますが、それらのほとんどは学生への奨学金や学士課程の補助金に使われています（バッキンガム大学・テイラー学長[47]）。」（秦 2001: 171）

　一般に、英語圏外からの留学生の受け入れが過剰になると、生活・文化・習慣の相違や言語の違いから生じる問題を収めるために割かれる時間が増加するため、教員の研究時間が減少し、大学全体の教育の質が落ちる恐れがあると考えられており、イギリスの大学において海外留学生の受け入れはある程度（2001年度全大学平均7.3％）抑えられている。しかし、バッキンガム大学では全学生数の60％を海外留学生が占めており（Dudgeon 2004: 106）、留学生収入が大学の大きな財源となっていることは顕著な特徴でもある。また、

全学生の51.4%が成人学生であることも特徴の一つとして挙げられる（The Times 2006: 298-299）。

学生からの授業料収入が大学運営の基盤となるため、学生の立場や発言力が強く、学生による授業評価の持つ重みも大きい。学生を主体とした授業体制や学科科目構成、教育内容も特色である。大学は学生への配慮に傾注し、学生からの意見聴取を積極的に図っており、学生の意向はすぐに授業や学生生活に反映される。また設立当時から教員1人当たりの学生数（SSR）は低く抑えられ、この数値も2005/06年度には11名に達しているものの（**表1-13**）、全国で上位7番目の数値である（The Times 2006: 298-299）。また、このSSRは2014年度の全国ランキングでは、LSEに次いで第4位となった。

教員の雇用や昇進、給与の査定には、学生からの教員評価が重要な判断材料となる。大学教員の給与水準に関してはイギリスの他大学と変わらないが[48]、全教員が任期付き雇用で、大学側から毎年査定を受ける。バッキンガム大学の管理運営では学長や理事会の権限が強化され、対外的に大学自治は保障されているものの、教授会の権限はほとんどない。大学教員により構成される多数の委員会がなくなったため組織は簡素化されたが、大学教員の地位は低く、学内運営への参加権もなく、不安定雇用のため腰を据えての教育・研究は実施しにくいということを問題として挙げることができる。

表1-13　上位10高等教育機関における教員1人当たりの学生数（Student-to-Staff ratio）

順位	高等教育機関の名称	SSR比率（単位：人）
1	ロンドン大学・衛生学および熱帯医学校	3.6
2	クランフィールド大学[49]	5.9
3	ユニヴァーシティー・カレッジ・ロンドン	8.8
4	インペリアル・カレッジ	9.9
5	ランカスター大学	10.0
6	オリエンタル・アフリカ研究所	10.1
7	バッキンガム大学	11.0
8	オックスフォード大学	11.9
9	キングズ・カレッジ・ロンドン	12.0
10	ケンブリッジ大学	12.3

出典：The Times 2007: 6.

4. 一元化以前の准大学高等教育機関

1　上級工科カレッジ

　1940年には一般大衆も教育の拡大を望み始め、教育省も応用科学や技術・工学を専攻する学生数を増やし、教育・研究評価を高めるためには戦後のイギリス公教育の根本的改善が必要であると考え始めた (Richardson 2002)。その結果、上級工科カレッジ (CAT) の拡張が政府により促されるとともに、科学や工学系諸学科の拡大促進経費としての教育予算が増額されることになった (Dent 1962: 20-21, Barker 1972)。1940年代半ばには、当時の大臣であったチャーウェルとウルトンが、工学系の学部を既存の大学から独立させ、国庫補助金の配分を UGC とは無関係に実施できる充分な予算と教員が確保された工学系大学の設立が急務であると主張した。

> 「……（中略）……我々は、医者にとっての医学校のように、専門職を養成する工学系の大学を設立する必要がある……」(The Times, 7 November 1945: 2)。

　1960年代当時、約700もの継続教育機関においてエンジニアや労働者のための技術教育が実施されており、これらの機関は勤労者の教育に重要な役割を果たすものであった (黒柳 2002)。しかし、その大半がパートタイム課程として提供されていたため、応用科学や科学技術、また工学系のフルタイム学生数が1950年代には不足していた (Pratt 1997: 11)。また技術教育を担う継続教育機関である技術カレッジは、大学と比較して教授内容の質が劣るとされており、教育水準と質を上げるために、後に CNAA に引き継がれることになる工学学位全国審議会 (NCTA) が1955年に創設された。このように中央政府も継続教育機関の質を向上するための準備を行っており、『ロビンズ報告書』後の CAT の大学昇格やポリテクニクの創設といったパブリック・セクターの高等教育機関の格上げの方向性と、二元構造成立とが時期的にも一致していたことは見逃せない事実である。翌1956年の5月には技術カレッ

ジのディプロマレベルの課程に関する覚書が提出され、同1956年には政府白書の『技術教育 (Technical Education)』が公刊された。この白書においてイギリス国内の技術カレッジがそれぞれの階層に分類され、その最上層にCATが位置することになった (**表1-14**)。

その後、『ロビンズ報告書』の勧告により新たな大学の設立が早急に望まれた結果、当時レベル的にも規模的にも大学に準ずる機関となりつつあったCATを大学に昇格させることが、1966年の白書『ポリテクニクとその他のカレッジのための計画』において提案された (Gordon, Aldrich, and Dean 1991: 237)。1962年にCATはLEAから独立し、1964年には連合王国最初の工科大学であるストラスクライド (前身校はグラスゴー・ロイヤル・カレッジ・オブ・サイエンス・アンド・テクノロジー) 大学が誕生し、既存の大学数は凍結されたまま、1960年代後半には9つのCATであるヘリオット・ワット、アストン、バース、サリー[51]、ブルネル、シティー、ブラッドフォード、サルフォード、ラフバラが大学に昇格した (**表1-15**)[52]。ここにようやく念願の工科大学が出現し、そしてこれら工科大学は、パブリック・セクターからプライベート・セクターに移行することになった。また政府も社会も、工科大学 (旧CAT) が実学や応用面で特化した大学になることを、またその特質を活かした新たな職種の創出につながるであろうことを期待した。

表1-14 上級工科カレッジ (CAT) の高等教育課程を取るフルタイム学生数 (1962/63年度) (イングランドとウェールズ)

地　域	学生数 (人)
バタシー	1,300
ブルネル	550
チェルシー	800
ノーサンプトン	1,400
バーミンガム	1,250
ブラッドフォード	1,100
ブリストル	650
カーディフ	800
ラフバラ	1,250
サルフォード	1,200

出典：Committee on Higher Education 1963: 31.

表1-15　上級工科カレッジの開設・大学昇格年

大学名	開設年	勅許状取得年	大学名	設立年	勅許状取得年
ストラスクライド	1796	1964	ヘリオット・ワット	1821	1966
バース	1894	1966	アストン	1895	1966
シティー	1894	1966	サリー	1891	1966
ブルネル	n/a	1966	ブラッドフォード	1957	1966
ラフバラ	1909	1966	サルフォード	1896	1967

出典：HEFCE 1999(c) のデータをもとに作成[50]。

　CAT は大学に昇格したのであるが、大学に昇格させる際に受けるべき教育・研究の質の審査は実施されなかった (Shattock 1994)。このことは、大学と准大学高等教育機関の質の差を常に問題としてきた政府や UGC の姿勢と矛盾するものである。その理由として、『ロビンズ報告書』の勧告を受けての大学数の拡大が急務となったこと以外に、CAT で修学した学生に NCTA が授与する技術ディプロマ（Diploma in Technology: Dip. Tech.）が大学の優等学位と同等とみなされていたことが考えられる (Mountford 1966: 43)。また、財源節約の面においても、大学数の拡大を大学の新設ではなく CAT の大学への昇格という形で効率的に対処しようとした政府は、従来の大学とは質や教授科目の異なるパブリック・セクターに属した CAT の質を不問に付したのであった。しかしその反動から、18年後のサッチャー政権時には UGC による大学基準審査がこれら工科大学に対して行われ、バース大学とラフバラ大学を除く全工科大学の予算が大幅に削減されることになった (Shattock 1994)。

2　ポリテクニクの誕生

　戦後のパブリック・セクターに属するカレッジでは、社会的要請から工学系、経営系、芸術系の職業課程が急速に増加した (Argles 1964)。パブリック・セクターのカレッジは、継続教育行政規則に従い、財源も管理運営も直接的には LEA に任せられていたが、間接的には教育科学省 (DES)[53] やウェールズ局による中央からの管理も受けた。他にもボランティア団体が設立した教員養成カレッジもあり、それらのカレッジも DES からの公的補助金を受け、LEA が管理運営を行った。

1960年代に大学数は増加したものの、拡大する高等教育人口を受け入れる高等教育機関は未だ不足しており、大学の学籍数の不足からカレッジでの上級課程も多数開設された。しかし、政府は『ロビンズ報告書』以前から決まっていた新構想大学を除き、大学数の増加をプライベート・セクターの中で望まなかったため、中央政府が管轄できるパブリック・セクターにおいて、CATに代わり拡大する高等教育人口の受け皿となる大学に准ずる高等教育機関の設立が急務となった。設立のための準備の一環としてCNAAが創設され、継続教育機関もCNAAを通じて学生に学位を授与することが可能となった (Matterson 1981)。

　『ロビンズ報告書』当時、継続教育機関はCAT以外に20の地方[54]カレッジ、160の地域 (Area[55]) カレッジ、少数の地元 (Local[56]) カレッジ、165の芸術学校、少数の商業カレッジ、その他教育省から直接補助金を受ける少数のカレッジ (Royal College of Art と College of Aeronautics at Cranfield) と6校の国立カレッジ[57]が存在していた (Committee on Higher Education 1963: 31-32)。その継続教育機関の中の上級機械工学校や技術学校と教員養成カレッジが統合され、29の「ポリテクニク」が創設された[58]。そしてこれらポリテクニクが非大学高等教育機関の中でも大学に次ぐ上級高等教育機関、すなわち准大学高等教育機関として位置付けられ、大学と准大学高等教育機関との二元構造が誕生することになった (Lawton 1992: 73, 2005: 59)。

　大学生の90％がフルタイム学生である一方で、ポリテクニクのフルタイム学生は50％と約半数に減少し、残りの学生はパートタイム学生であった。また、ポリテクニクは技術教育、職業教育を実施するための教育機関であり、研究費用は配分されてこなかった。大学に比較して図書館も実験設備も劣っており、一教員当たりの学生数は多数である一方、教育支援の事務職員は少なく、ポリテクニクはLEAの管理下に置かれ、教育機関としての自律性もなかった (Henkel 2000: 31)。すなわち、大学と准大学高等教育機関の間には明確な線引きがなされていたのであった (Robinson 1968, Silver 1990, Ball 1997)。

3　二元構造の中でのポリテクニク

　高等教育の二元構造の背景には、イギリスの高等教育では19世紀中葉までは教養教育と純粋研究が最優先され、専門職養成は高等教育外縁部に置かれていたというイギリス独特の事情があった。また、ポリテクニクに進学する学生は技術教育を専攻しており、それらの学生は正規の大学への進学ルートにのれない学生群や社会的出自が低い学生群、つまり大学進学者とは異なる社会階層の出身者で占められており、階層間の格差からもポリテクニクは大学よりも低いレベルの機関とみなされてきた[59]。例えば、アーミテイジによれば、キングズ・カレッジの学寮長であったアーネスト・バーカーは、「大学と技術学校（ポリテクニクの前身）との相違を曖昧にすることは大きな間違いである」と言明したと記している (Armytage 1955: 267)。つまり、技術学校は大学よりも低レベルの学校で、その格差を公に明示しなければ社会に誤解を生ぜしめるということである。またアルバート・ホールジーの実施した面談調査の結果によれば、1992年の一元化直前の時期においても大学教員は一元化に対して否定的で、大学こそが高質の人材を育成し、高度な水準の研究を実施できる高等教育機関であると自負していた (Halsey 1992: 123)。そして応用科学や技術系の学問分野が不人気であった根本的原因は、生活の糧のためではなく、純粋学問を通じて真理を探究することが大学教育のあるべき姿であるという信念や、人格や精神の涵養に力点を置くあまり、教養教育が過度に重視され、応用科学や技術教育、工学教育、職業教育が軽視あるいは蔑視の対象となってきたことに尽きるのである。

　19世紀の思想家であったジョン・スチュアート・ミルは当時の一般認識として、大学の目的を以下のように整理していた。彼のこの認識はイギリス高等教育に対する社会通念を代表するもので、そしてこの認識が長期にわたりイギリス高等教育の二元構造を容認してきたのであった。

　　「大学とは生活の糧を得るための人間に育てるような特別な知識を教えようとしてはならない。大学の目的は器用な弁護士や医者や技術者を生み出すことではなく、有能で教養ある人々を生み出すことなのだ。」

(Mill 1984: 218)

　しかし、1900年代には専門職人口は拡大した。専門職の伸展は他の職業との差異化や社会的開放によるもので、社会での専門職の地位の向上と認知につながったとも考えられた (Heinz 1999)。しかし、専門職を育成するこれらの教育機関もポリテクニクに代表される准大学高等教育機関も共に「伝統的大学により排除された階層がより高度な資格を求めた場合に学ぶことができる機関」(Pratt 1997: 10) にすぎなかった。このような状況下において、二元構造を公けにしたクロスランドの演説は「高等教育界を大きく揺るがせた」としている (Pratt 1997: 7)。その理由としては以下の三つが考えられる。

　第一の理由は、1960年代までにエンジニアや若年労働者の育成機関として、700以上もの技術カレッジが存在していたにもかかわらず、政府があえてその中から30校を選別し、大学とは別種の職業訓練に適合した技術教育を中心とする高等教育機関を他機関と差別化し、大学と対置させたという事実である。1960年代というまだ象牙の塔として大学が隠然たる力を持っていた時代に、大学教育に対する批判を行い、社会の進展に歩調を合わせようとしない大学そのものの存在価値に疑問を投げかけたこと、すなわち従来の「大学」の存在価値を公に問うたことの衝撃は大きかったと考えられる。

　第二の理由としては、労働党[60]の立場を代弁するクロスランドはパブリック・セクターの准大学高等教育機関を、大学とは異なる学生集団を育成する社会的要請に直接応える存在とみなし、社会的要請に応じきれていないプライベート・セクターの大学に代わり社会において大学と対等の位置を与えるべきであると主張した点にあったと思われる。

　第三に、クロスランドは准大学高等教育機関の大学化を断ち切るために、公の場で政策的選択として両部門間の決定的な分断を社会に印象づけたことである。新・旧市民大学が伝統的大学に近づこうとした経緯と同じことが准大学高等教育機関においても起こりうることを予測したクロスランドは、准大学高等教育機関と大学との異質性を公的な立場から社会的に明示することで、准大学高等教育機関が従来型の大学になることを阻止したかったと考え

られる。ポリテクニクは、大学経営よりも低いコストでの運営が期待される一方で、教科では大衆の意見が反映された工学系と教育学系を折衷した学科を中心とした実学中心の授業が多く、基礎研究よりも応用研究が行われることが多かった（Lawton 2005: 69）。この学習形態は、一般庶民の基礎教育の延長上にある上構技術中等教育を実施していたテクニカル・スクールをさらに発展させた形態である。

クロスランド自身が、二元構造の必要性を下記四つの理由から強調していることからも、上記三つの理由の正しさは補強されよう。

・大学が対応しなかった職業教育や企業と直結した教育課程の需要の増加
・（大学）昇格志向はパブリック・セクターの准大学高等教育機関のモラル崩壊につながること
・高等教育の一部が政府の管轄下にあり、社会の要請に即応できること
・イギリスが海外との競争で打ち勝つためには、工業、化学、応用科学部門の質を高めなければならないこと（Crosland 1974）

その後も、ポリテクニクは拡張を続けた。ポリテクニクの合理的な点は、それらが多様な准学位コースを提供するものの、旧大学に対抗できない専攻分野、すなわち芸術、人文科学、社会科学、純粋科学、医・歯・薬系の分野にまでは手を広げなかったことである。しかしその後、ポリテクニクもまたアカデミックな科目を取り入れ、研究に邁進し、教育水準を上げるために進学者数の制限までも行うようになっていった（秦 2001）。ポリテクニクもその多くが、新・旧市民大学と同様に大学間のヒエラルヒーにおいてより高い社会的地位を獲得するために、大学と競合する方向に向かったのである。その理由については引き続き本書の中で明らかにしていく。

5. 結　語

本来ならば、パブリック・セクターやプライベート・セクターは単に名称の違いであって、両セクターは対等の立場にあり、セクター間による相違など存在するはずはなかった。しかしながらイギリスの高等教育において、両

セクターの高等教育機関の設立経緯や制度や機能の仕方（補助金配分機関、配分方法、総額、機関の自治、学位授与権等）がまったく異なっていたため、並置されるべき両セクターが上下関係を形成していた。プライベート・セクターの大学はパブリック・セクターの准大学高等教育機関と比べて、質的格差が公然と認められており、両者の社会的地位や名声は大きく異なっていた。そのため二元構造は、両者間の格差を温存したまま不平等なものであり続けた。しかし、准大学高等教育機関の内的条件（学位、教育課程、学生の質）および外的条件（設置形態、財務、管理運営機構）が大学に近づくにつれて、准大学高等教育機関は大学に昇格することを望むようになった。

　元来この格差は、両セクターに属する高等教育機関の成立および大学昇格までの歴史的経緯と社会階層に起因するものである。すなわち、高等教育機関はその名称により一括りにできるものではなく、個々の機関の成立過程の差異が当該機関のそれ以降の進展と社会的役割や社会での評価に影響を与えてきたのであった。そこで本章では一元化以前の大学の成立経緯や発展経過を確認した。要約すると、伝統的大学であるオックスフォード大学とケンブリッジ大学（オックス・ブリッジ）の存在意義は、広範な自治と決定権を有し、教養教育を教授することで社会の頂点に立つ人材を育成することにあった。

　ロンドン大学の重要性は試験機関であることに存在する。その教育機能は34の学部において実施され（1960年代当時）、学位授与権を有しないカレッジで学ぶ人々を対象に学外学位試験制度を設け、学外学位という形でロンドン大学の学位を連合王国内のみならず世界中の学生に開放したことは重要であった。他に、オックス・ブリッジにおいて最も重要な学問分野が人文学や純粋科学であった時代、両大学が提供できない分野を教授すると共に非英国国教徒に門戸を開いたことは高等教育史を考える上で画期的なことであった。

　旧市民大学は、大都市に少なくとも1大学を設立し、専門職と実業家に就く学生に教養教育のみならず、伝統的大学において教授されなかった自然科学や医学、法学、現代言語や科学・経済学の教育を提供することを目的としていた。しかし、旧市民大学で学ぶ学生層は富裕な貴族やジェントリ、専門職、

実業家の子弟であり、労働者階層の子弟はあまり含まれていなかった。そのために新市民大学の設立が促されることになった。

　新市民大学の存在意義は、働きながら通学できるという点にあった。伝統的大学とも旧市民大学とも異なり、労働者層から学生を集めたことが新市民大学の最大の特色である。

　新構想大学は、新・旧市民大学に入学できなかった学生の受け皿が必要となり、政府の意向に沿った学術科目を実施する機関として政府の企図を充分に反映して創設された。また、新構想大学は特定分野に選定し、その分野を重点的に伸ばす方向性を打ち出した。

　同じ時期に、『ロビンズ報告書』の勧告により新たな大学の設立が早急に望まれた結果、当時レベル的にも規模的にも大学に準ずる機関となりつつあったCATを大学に昇格させることが中央政府により認可され、10のCATが工科大学に昇格した。政府も社会も、工科大学が実学や応用科学で突出した大学になることを、またその特質を活かした新たな職種の創出を期待した。

　しかし、大学数は増加したものの、拡大する高等教育人口を受け入れる高等教育機関数は未だ不足しており、CATに代わり受け皿となる大学に準ずる高等教育機関の設立が急務となった。そこでポリテクニクが創設され、非大学高等教育機関の中でも大学に次ぐ上級高等教育機関、すなわち准大学高等教育機関として位置づけられ、大学と准大学高等教育機関との二元構造が誕生することになったのであった。

　伝統的大学から新・旧市民大学、そして工科大学に至るまで、イギリスの大学はそれぞれに歴史的経緯の中で固有の社会的要請のもとに生み出されるに至った。しかし、伝統的大学の持ち得なかった多様性を実現するために生み出された市民大学も、伝統的大学との「社会的評価、研究評価、補助金額の格差是正、優秀な学生」といった大学の顕在的、潜在的既得物を勝ち取るための「闘い」(Truscot 1943: 19)の中で伝統的大学を模倣する大学となっていった。とりわけロンドン大学や新・旧市民大学と伝統的大学であるオックス・ブリッジとの確執や大学間のヒエラルヒーの構成から生ずる問題は、旧大学と一元化後の新大学との間に通底する問題である。しかしこれらの問題に関

表1-16 プライベート・セクターおよびパブリック・セクター間の高等教育機関の移動

1. プライベート・セクター内の高等教育機関の大学昇格に至る過程

設立年	昇格前	昇格後
	プライベート・セクター	プライベート・セクター
1096年 1209年	ユニヴァーシティー・カレッジやカレッジ	オックスフォード大学 ケンブリッジ大学
15世紀初期以降 1410年 1451年 1495年 1583年	ユニヴァーシティー・カレッジやカレッジ	スコットランドの大学 セント・アンドリューズ グラスゴー アバディーン エディンバラ
19世紀前半	カレッジ・インティテュート連合体	ロンドン大学
19世紀後半	カレッジ連合体	ウェールズ大学
1900〜05年	ユニヴァーシティー・カレッジやカレッジ	旧市民大学
1948〜57年	ユニヴァーシティー・カレッジやカレッジ	新市民大学

2. プライベート・セクター内の大学創設

設立年	設立と同時に大学となる	プライベート・セクター
1961〜67年		新構想大学（7校）

3. パブリック・セクターおよびプライベート・セクター内の高等教育機関の大学昇格に至る過程

設立年	昇格前	昇格後
	パブリック・セクター	プライベート・セクター
1964〜67年	上級工科カレッジ（CAT）	工科大学（10校）
1966年	技術学校と教員養成カレッジ ⇩　（パブリック・セクター内の移動） ポリテクニク（30校）	
1992年	ポリテクニク	新大学

するこれまでの研究は、旧大学の視点や見解に終始してきたために新大学の特質を捉え損なう恐れがある。そのため、ヒエラルヒー問題を引き継ぎつつ今日的な課題を考える上では、大きな枠組みの中でイギリスの大学の全体像を眺めなくてはならない。

註

1 本書において「高等教育人口」とは、高等教育機関で学ぶ学生数を指す。

2　大学は、高等教育人口の拡大は認めるものの、学生の質の低下や各大学への予算配分の減少を恐れて大学教育を受ける人口の増加には反対であった。
3　*The Crowther Report Memorandum by the Chancellor of the Exchequer*: Her Britannic Majesty's Government. Available from http://filestore.nationalarchives.gov.uk/pdfs/small/cab-129-101-c-52.pdf; accessed 22 February 2009.
4　1967/68年度の197,000人から1973/74年度には217,000人まで、フルタイム学生の増加が目標として設定された (Committee on Higher Education 1963)。
5　本委員会は「国家の必要性と資源に鑑み、フルタイムの高等教育の形態や新たなタイプの高等教育機関について検討する」(Committee on Higher Education 1963: 1) ために組織された委員会であった。名称が示すように、ロビンズが委員長として選出された。ロビンズは、ロンドン・スクール・オブ・エコノミクス (LSE) の経済学の教授であり、かつ、当時の第二次保守党政権であるマクミラン (Harold Macmillan：任期1957-63) 内閣における経済問題担当顧問でもあった。LSEは、1895年にウェッブ夫妻 (Beatrice and Sidney Webb) により創設された。公益団体 (charity) であるが営利会社ではない有限責任保証会社 (company limited by guarantee) として法人の認定を受けたロンドン大学の一つのカレッジである。
6　シティー、アストン、バース、ブラッドフォード、イースト・アングリア、エセックス、ケント、ランカスター、ラフバラ、ニューカッスル、サルフォード、サリー、ウェールズ・ランピーター、科学技術研究所、ウォリック等が加わった。
7　独立行政法人国際協力機構 (JICA) 報告書『高等教育』2006による。
8　1999年にイタリアのボローニャで採択された「ボローニャ宣言」に基づく、ヨーロッパの高等教育の改革プロセスを指す。2010年までに「ヨーロッパ高等教育エリア (European Higher Education Area: EHEA)」を設立することを目指した。数多くの国際機関と46のヨーロッパ圏の国家が参加している (ヨーロッパ評議会公式HP)。
9　ボローニャ・プロセスの一つの課題として、欧州諸国内の全高等教育機関は大学教育において学士課程と大学院課程とに分けた2サイクル制度の確立と学位の統一を目指している (Benelux Bologna Secretariat)。
10　1930年代に設けられた審議会で、もともとはビジネス教育審議会 (Business Education Council: BEC) と技術者教育審議会 (Technician Education Council: TEC) の二つに分けられていたが、『ヘイゼルグレイブ報告書』後に統合された (BTEC. BTEC Home. Available from http://www.edexcel.com/quals/nat/Pages/default.aspx; Internet; accessed 17 June 2009.)。
11　現代ならば、SCE Highers, BTEC, SQAのサーティフィケイト、HNCやHND以外のディプロマ、またGNVQ,NVQ、あるいはSVQのレベル4以上の教育課程を指す (Farrington 1998: 3.)。
12　「教員養成カレッジ」は、1950年代から1960年代の間に「教育カレッジ」とその名称を変更した (Lowe 2000)。

第1章　一元化以前の高等教育機関の類別的考察　79

13　教員養成カレッジの中でも、1849年に設立勅許状を取得した教員カレッジ (College of Preceptors) は、1998年には College of Teachers と名称を変更した。
14　現在、継続教育機関（後期中等普通教育を提供するシックス・フォーム・カレッジを有するカレッジと、保持しないカレッジに分かれる）は、16歳の義務教育終了後に各種の教育や職業訓練課程を提供する教育機関である。継続教育機関には、高等教育課程を開設している機関と開設していない機関がある。継続教育機関の中で、高等教育課程を開設している場合でも高等教育機関とみなすことはできず、あくまでもこれらの機関は継続教育機関 (FEIs) と呼ばれる。高等教育課程を提供する機関は、大学 (universities) と非大学高等教育機関 (non-university higher education institutions) と継続教育カレッジ (further education colleges) である (Farrington 1998: 5)。ただし、高等教育を実施しているとみなされ、高等教育財政審議会 (HEFCs、第2章以降順を追って説明) からの補助金の配分が実施されることには留意すべきである。
15　バタシー・ポリテクニクはロンドン大学の学位につながる教育課程を提供していた（フレックスナー 2005: 237-238）。
16　表1-5参照。
17　ウェールズ大学のアバリス (Aberystwyth)、バンガー (Bangor)、カーディフ (Cardiff)、スワンジー (Swansea) の4カレッジ。
18　ウェールズ国立医学校 (Welsh National School of Medicine)。
19　アバディーン (Aberdeen)、エディンバラ (Edinburgh)、グラスゴー (Glasgow)、セント・アンドリューズ (St. Andrews) の4大学。
20　19世紀末に設立されたリージェント・ストリート・ポリテクニク (Regent Street Polytechnic) が、連合王国で初のポリテクニクである (Pratt 1997)。当時のポリテクニクは小規模で、パートタイム学生が大半を占め、教育レベルも学生の質も低く、職業訓練に特化された教育機関であった。
21　ポリテクニク以外に、パブリック・セクターには中級レベルおよび下級レベルの教育を実施する教育機関が約400校あった。大半は LEA か中央政府から直接国庫補助金を受けており、職業教育や職業訓練が実施され (Birley 1990)、大学とはまったく異なる教育機関であったため、准大学高等教育機関の中には入っていない。
22　1965年4月27日にウーリッチ・ポリテクニク (Woolich Polytecchinic) において実施された。
23　高等教育の二元構造に関しては、デニス・ロートン以外にも、多数の研究者が言及している。例えば、ジョン・プラット (1990) も言及している。
24　ロジャー・ガイガーは大学はパブリック・セクターに属するとし、政府の支援を受けない機関がプライベートであるとしている (Geiger 1986: 2: 5)。
25　大学に関しては、1992年の継続・高等教育法直後の1993年に出された教育委員会の報告書では以下のように定義されている。大学とは、「新たな知識を追求

したり転位したり、現代のコミュニケーションやITによりもたらされた国際的な知識の急増を管理したり応用したり、企業や経済社会に数多くの頭脳集団や中心勢力となる最も高度なレベルな人材を教育したり訓練するミッションを有する」機関である（Walton 1993: 289）。

26　1601年成立。
27　1902年の教育法（Education Act 1902）で初めて言及された。公立の初等・中等学校において国庫補助金の配分や学籍の配分、また、教員の雇用等に責任を持つ。
28　本書では伝統的大学とはオックスフォード大学とケンブリッジ大学（オックス・ブリッジ）を意味する。
29　総長（Chancellor）は、大学の長という名目ではあるが、仕事は式典、学位授与式、入学・卒業式といった行事を執り行う名誉職といえる（Birley 1990: 479）。例えば、イギリス王室の一員や、首相等が選出されている。実質的な大学の長は学長（vice-chancellor）であり、管理運営から教務事項に関する事柄全般の責任主体である。スコットランドの大学では、古くは総長は当該大学の卒業生から選出された。1992年以降に大学に昇格した新大学においては、大学のトップにプレジデント（President）やプリンシパル（Principal）の名称を使用する場合も出ている。
30　カレッジは、独自の規則（statute）を持っており、それにより拘束されている。
31　2001年当時では、最初の2年間はカレッジから年約11,000ポンドの給与と無料の宿泊施設と食事が提供される。研究の道を選べば、給与は増額され引き続き5年間の研究時間が与えられる。他の道を選べば、給与は年間1,500ポンドに減額されるが引き続き5年間の研究時間が与えられる（秦 2001: 47）。
32　「イギリス学問界の粋（cream of British Academia）」と呼ばれている（Oxford University Student Union, *Oxford University: Alternative Prospectus 1997-9*. Oxford: OUSU, 1997: 74）。
33　1992年継続・高等教育法以前から存続する旧大学の法的位置づけは、基本的には枢密院の審査の結果、各機関に国王から授与される設立勅許状により与えられており、勅許法人である。勅許法人は、勅許状および勅許状の附属文書により、個々の大学の管理運営に関する基本的枠組みや細則が定められていると同時に、基本的には教会等と同等の慈善目的を持つ慈善法人であることが1601年慈善目的附属文書に特定されている（Department of Education and Science; Scottish Office; Northern Ireland Office; Welsh Office 1991）。また、高等教育機関は、勅許状を取得して大学に昇格しなければ通常学位授与権がない。
34　ケンブリッジ大学のカレッジでは非国教徒でも入学は許可された（グリーン 1994: 67）。
35　既成社会とも訳される。元来は、トーリー党支配にある英国国教会を意味していたが、その後、支配的な文化や構造、また、国の政治・経済などを支配している政治家・官僚・財界人などの権力階級を特に意味するようになった（Coxall and Robins 1998）。

36 全世界にはイギリス連邦 (Commonwealth) に属する大学が520以上もあり、それらの大学はイギリス連邦大学連合 (Association of Commonwealth Universities) を構成しており、そこからの学生が主たる通信課程学生となる (ロンドン大学HP)。
37 この時点では女性には開放されておらず、ロンドン大学では、女子学生の入学が認められたのは1878年度であった。
38 ロンドン大学のカレッジや研究所や学部で学ぶ学生 (ロンドン大学HP)。
39 他にも、University College London Acts 1979 and 1996, Queen Mary and Westfield College Act 1995, Imperial College Act 1997, University of London Acts in 1898, 1899, 1926 and 1978, University of London Act 1854 といった個別のカレッジのための法律が存在している (Farrington 1998: 42)。
40 旧市民大学は非学寮制の大学で、建物が赤煉瓦で建造されていたために別名赤煉瓦大学とも呼ばれた (Schuller 1995, Bargh, Scott, and Smith 1996, Smith and Webster 1997)。訳語の「旧市民大学 (older civic universities) は、『ロビンズ報告書』(Committee on Higher Education 1963: 23) に基づく。
41 フルタイム学生には、サンドウィッチ・コースの学生も含む。
42 ケンブリッジ大学の支援を受け、カレッジとなる (エクセター大学HP)。
43 伝統的大学であるオックスフォード大学やケンブリッジ大学をあらゆる角度から模倣していったという意味で造語ではあるが「模倣大学」を使用した。
44 名称が類似しているため混同しやすいが、1992年以降に大学に昇格した新大学とは異なる。
45 1997年のトニー・クラーク、ロナルド・ドーア、ピーター・ケイブへの英国でのインタビューにおけるコメント。
46 大学自治の一つである学位授与権を維持するには、2004年9月までは教育評価が必須であった。学位授与権の申請機関が枢密院に申請し、QAAがその申請に基づいて審査を実施する。QAAはその結果を教育技能大臣に助言し、教育技能大臣はそれを受けて枢密院に助言し、枢密院が正式に認可する仕組みになっている。
47 1997年9月15日のバッキンガム大学・ロバート・テイラー学長とのインタビューにおいて。
48 教授の年間平均給与が約37,000ポンド、講師で17,000ポンドから27,000ポンドの幅となっている (2000年バッキンガム大学におけるインタビューにて)。
49 元来軍の宇宙開発のために1946年に航空学カレッジとして設立された。学生総数が500名程度であるため、SSR比率も低くなる。
50 秦 2004: 69 より転載。
51 創設は、バタシー・ポリテクニクから始まっている。
52 例えば、1896年にサルフォード労働者カレッジとペンドルトン技術カレッジが統合されてできたサルフォード技術カレッジは、ヨーク公により開学が認可さ

れ、後にジョージ5世やメアリー女王が財政支援する王立技術カレッジとなった。1956年には教育担当大臣（Minister of Education）により選考された上級工科カレッジ（CAT）の中の1校に指定され、後には『ロビンズ報告書』の推奨に則ったCATの大学昇格により、1967年にサルフォード大学となった（Salford University Archives HUB）。

53　教育科学省（DES）は1964年から1992年まで存在していたが、1992年7月に科学省（Department of Science）が科学技術部（OST）という別個の部署として独立することで教育省（Department for Education）と名称が変更され、1995年7月にはこの教育省が雇用省（Department of Employment）と合併され、教育雇用省（DfEE）となった。教育省と雇用省を合併した例としては他にオーストラリア政府があるが一般的ではない。「この非常に大きな二つの省を合併させた背景には教育、特に大学と雇用者との間により強固な関係を作り上げたいという政治的理由がある」（トニー・クラーク）1997年9月17日DfEEでのインタビューにおいて。

54　地理的、社会的に周りと区別される特徴を持つ地域（『ニューセンチュリー和英辞典』）。

55　特定の用途にあてられた境界の不明確なもの、広い地域も指すが、通常regionよりも狭い区域（『ニューセンチュリー和英辞典』）。

56　通常regionよりも狭い区域（『ニューセンチュリー和英辞典』）。

57　National College of Agricultural Engineering; National College of Food Technology; National College for Heating, Ventilating, Refrigeration and Fan Engineering; National Foundry College; National Leathersellers College; National College of Rubber Technologyである（Committee on Higher Education 1963: 32）。

58　最初の予定は28校であったが、その後1校増加された（Pratt 1997）。29のポリテクニクの名前は以下の通りである。ブライトン、ブリストル、シティー・オブ・バーミンガム、シティー・オブ・ロンドン、コヴェントリー、ハートフィールド、ハダーズフィールド、キングストン、リーズ・ポリテクニク、リヴァプール、マンチェスター・メトロポリタン、ミドルセックス、ニューカッスル・アポン・タイン、ノース・イースト・ロンドン、ノース・スタフォードシャー、オックスフォード・ブルックス、プリマス、ポリテクニク・オブ・セントラル・ロンドン、ポリテクニク・オブ・ノース・ロンドン、ポリテクニク・オブ・サウス・バンク、ポリテクニク・オブ・ウェールズ、ポーツマス、プレストン、シェフィールド・シティー、サンダーランド、ティーサイド、テムズ、トレント、ウルヴァーハンプトン。

59　多くのコースが地元の地場産業で働いている労働者を対象としていた（ロウ2000）。

60　労働党と保守党がいかに力が拮抗しており、互角に政権を取り合っていたかを知るために、1964年から92年までの政権党およびその党首を示しておく。

労働党：1964年10月ウィルソン（Harold Wilson）
労働党：1966年3月ウィルソン
保守党：1970年6月ヒース（Edward Heath）
労働党：1974年2月ウィルソン
労働党：1974年10月ウィルソン
労働党：1976年4月キャラハン（James Callaghan）
保守党：1979年5月サッチャー（Margret Thatcher）
保守党：1983年6月サッチャー
保守党：1987年6月サッチャー
保守党：1990年11月メイジャー（Jhon Major）
保守党：1992年4月メイジャー

第2章　高等教育の一元化に至る政策の変遷

1. はじめに

　教育問題を語る際には時の政治と切り離しては語れない。政府により提出された1988年の教育改革法（Education Reform Act 1988）および1992年の継続・高等教育法（Further and Higher Education Act 1992）により、准大学高等教育機関は大学に昇格することになり、高等教育の一元化に至った。しかしながら、この高等教育の二元構造の一元化という歴史的転換は突如生じたものではない。これは、大学と非大学間に存在していた確執の解消と両者間の公平を期すために両機関の協力を教育科学省が強調し始めた1970年代後半や行財政改革の一環として実施された1980年代の高等教育改革に連なる出来事である。

　そこで本章では、高等教育機関の一元化と深くかかわるサッチャー政権（任期1979-90年）前後を中心に、一元化に至る政策の変遷を中心に論ずる。マーガレット・サッチャーおよびその後のジョン・メイジャーによる保守党が策定した高等教育政策[1]は後続の労働党政権に引き継がれ、良い意味でも、悪い意味でも現在に至るまでイギリスの大学のあり方に影響をおよぼしていると考えられるからである。

　サッチャーが政権をとった1979年直後にイギリス政府は大学補助金を実額ベースで3.5％削減することを決定し、その後も政府は旧ポリテクニクの管理運営体制を例証しながら、大学の弱体化を推し進めた。サッチャーによる急進的な高等教育システムの改革は、比較的容易に大学に影響を与えることのできる財政問題を皮切りに次々と実施されていったといえる。これにより、1980年代には高等教育機関の財源への危機感が醸成されることになり、

その危機感は世界各国の大学や政府にも伝播した。

　サッチャー政権が教育政策に影響を与えてから30年後の現在、改めて前保守党の教育政策が残した潜在化、あるいは顕在化された正と負の遺産を示しながら、1) 1979年のサッチャー保守党政権確立に至るまでの経緯、2) 1988年の高等教育改革法を含むサッチャー政権以前と、以降にわたり実施された高等教育政策が高等教育に与えた影響、3) 1992年の継続・高等教育法を中心に、ミッションの異なる准大学高等教育機関として存在していたポリテクニクの大学昇格[2]に至るまでの経緯、そして4) 現在のイギリスの大学とこれら大学の将来を考える上で重要と判断される高等教育の一元化に至った根源的理由を政府の政策と関連させながら、三つのアクター（政府、ポリテクニク、大学）を中心に論ずる。

2. 高等教育における二元構造

1　二元構造以前の高等教育の状況

　1963年に公刊された『ロビンズ報告書』当時には、連合王国のフルタイムの高等教育機関在学生総数は216,000名にすぎなかった (Committee on Higher Education 1963: 15)。しかし一方で、同年大学進学資格を有する65％の若者が、大学進学条件を満たすGCE・Aレベル試験の結果を持ちながら大学進学を選択せずに離学していた。このような状況を憂慮したロビンズ委員会は、1973/74年度に390,000名の学籍の確保を計画し、大学補助金委員会 (UGC) は全大学に進学者の拡大に対する協力を求めた (Committee on Higher Education 1963: 277)。しかし社会の要請に基づいた政府からの要求に対し、高等教育の拡大に否定的な大学は2万人の学生の受け入れを受諾したにすぎなかった。

　大学側が否定的であった理由は、学生の質が低下すること、教員の研究時間が減少すること、新たな施設や学科の増設が必要となることにかかる費用の捻出等への懸念が考えられるが、その他に政府が大学にとった政策の「ずれ」もその一因である。すなわち、当時 (1950年代中頃から1967年まで)、大

学側は人文社会学系の学科を専攻する学生の増加を望んだ。しかし、政府が大学に求めたのは自然科学系あるいは工学系分野での学生の増加であった。

2 高等教育の二元構造の成立

1963年の『ロビンズ報告書』において工学系の学科増設や技術教育の必要性が勧告され、CATよりも高いレベルの高等教育機関である科学技術教育・研究のための特別研究所（Special Institutions for Scientific and Technological Education and Research: SISTERs）の創設を含め、新たに6大学の設立が政府に求められたが、政府はその要求を受諾しなかった。

『ロビンズ報告書』当時、すでにフルタイムで高等教育を専攻する学生の40％が非大学高等教育機関で学んでいたため、技術カレッジも既存の大学への統合か、あるいは独立自治の大学の地位を強く望んだ。しかし政府は拒否し、当時の政権党であった労働党の教育科学担当大臣クロスランドの1965年4月27日のスピーチにおいてポリテクニクを准大学高等教育機関として二元構造の中で大学と対置させ、二元構造を社会的に知らしめることになった。その後も中央政府は大学を創設せず、1966年にCATを大学に昇格させることによって、また技術カレッジを准大学高等教育機関のポリテクニクに格上げすることによって、工学系、技術系大学の不足を補填し、高等教育人口の拡大に応えようとした。この結果、イングランドに29校、北アイルランドに1校、合計30校のポリテクニクが誕生し、二元構造が成立することになった。

非大学高等教育機関にはポリテクニク以外にも、全国学位授与審議会（CNAA）との取り決めにより学士水準以上の高等教育課程を提供する継続教育カレッジや、個別大学との提携により学士水準以上の高等教育課程を提供する教員養成カレッジも存在しており、高等教育資格を授与する機関の多様性を考えれば、多元的制度であったともいえる（市川1981）。しかし、ポリテクニクの誕生で大学セクター（プライベート・セクター）と非大学セクター（パブリック・セクター）の二元構造を成立させた理由を、トムプソンは①質的、②制度的、③財政的、④管理運営的差異化を図った政府の政策意図によるも

のとしている (Thompson 1985: 86)。

　第一に、ポリテクニクと大学との質的差異化である。
　ポリテクニクは従来、大学レベルに達することのできない機関と考えられてきた。大学教育と比べてポリテクニクでの教育は、約31％の学生は第1学位を専攻するものの、残りの約30％がパートタイム課程を、約30％が准学位課程を、約5％が継続教育を、そして約4％が大学院課程を受講していた (Thompson 1985: 84)。この学生の構成比率を考慮しても、ポリテクニクと大学とでは異質の学生集団が育つであろうことが推察できる。
　教員に視点を移しても、ポリテクニクから大学への教員の異動は、ポリテクニクからポリテクニクへ、あるいは大学からポリテクニクへの教員の移動を含むこれら3種類の移動の中で3％にも満たず、教育機関間での双方向の交流はほとんどない。大学教員の42％が第1級優等学位を有しているのに対し、ポリテクニクの教員は16％しか第1級優等学位を持っていないこと (Halsey 1992)、また、給料の格差や、ポリテクニクの教員が研究に割く時間が極端に少ないこと等もポリテクニクと大学の質的差異を産む原因となった。
　第二に、ポリテクニクと大学との制度的差異化である。
　ポリテクニクを除く非大学高等教育機関の中で継続教育機関は准学位レベルの教育にとどまっており、高等教育課程を開設していてもあくまで生涯学習を提供する継続教育機関として位置づけられていた。そのため、継続教育よりも高度の教育を実施すると共に、大学が教授しない技術系の高等教育機関が必要となると共に、ポリテクニクの存在意義は、パートタイム課程やサンドウィッチ課程、准学位課程において職業訓練や職業関連科目を提供することで地場産業に貢献することにあった。
　第三に、ポリテクニクと大学との財政的差異化である。
　ポリテクニクは大学の約3分の1の予算で学生を教えており、政府による財源管理を強化するため、大学にはUGC、その後、政府による影響力の強いUFCからの財源配分がなされる一方で、ポリテクニクにはNAB、その後、PCFCからの財源配分が実施されることになった。

第四に、ポリテクニクと大学との管理運営的差異化である。

政府にとっては、教授内容や教育目的や社会的使命が大学とは異なっていたポリテクニクを大学と対置させ、政府の管轄下に置き、政策的にも財政的にも統治できることが重要であった。政府は、学術的な教育を行う大学と、地域社会の必要性に即応する高度なレベルの職業教育を行う総合高等教育機関、いわばコンプリヘンシブ・スクールの高等教育版に相当する准大学高等教育機関の二分法が国策に合致すると考えていた。

クロスランド自身も高等教育を民主化するための制度が二元構造であって、新たなセクターは大学と同格ではあるが大学とは異なる機関であるとした (Ribbins and Sherratt 1997)。つまり、質的にも制度的にも財政的にも管理運営的にも大学とは異なる准大学高等教育機関であるポリテクニクをパブリック・セクターに囲い込むことで、実質的には大学とは同格ではない機関をあたかも大学と同格であるかのように扱う。その上で、この准大学高等教育機関を統治する方法をとったのである。准大学高等教育機関側である技術学校教員連盟(Association for Teachers in Technical Institutions: ATTI)もまた、大学セクターの中でポリテクニクが大学に昇格するよりも、大学制度の外枠においてポリテクニクが拡大することを望んだ (Ross 2003: 48)。

このように、公の方針に従って運営される非大学高等教育機関が必要とされており、大学との差異化を図るために新たな大学の設立は否定され、代わりに、准大学高等教育機関であるポリテクニクの創設が求められたのであった。そしてクロスランドの発表以降、二元構造という概念が社会に定着していくことになった。

3. サッチャー保守党政権確立に至る経緯

1979年から90年までの10年以上にもおよぶサッチャー政権の出現を必然のものとしたのは、サッチャー政権以前のイギリス内外の経済情勢やその経済情勢に対する政策が混迷を極めたことによる。そこでまず、サッチャー保守党内閣以前のイギリスの政権を担ってきた政党とその諸政策を簡単に眺

める。

　第二次世界大戦終結を目前に実施された総選挙ではチャーチル保守党内閣が大敗し、住居、完全雇用、社会保障などの生活に密着した問題を取り上げた労働党が勝利を収めた。しかし、1951年には労働党の混合経済や福祉国家路線を継承しつつも、第二次チャーチル保守党内閣が労働党に取って代わったために両党間によるイデオロギー闘争は後退し、両党は一時期歩み寄る傾向にあった。ところが、この協調体制はイギリス経済がまだ安定している時代のことで、経済が低迷し始めると政府はその低迷から抜け出すために技術革新による生産性向上が不可欠であるとし、産業再編成に着手し始めた。その結果、1964年総選挙では技術革新や科学技術革命をスローガンに掲げた労働党を率いるハロルド・ウィルソンが勝利し、ウィルソン政権は産業拡大のための産業連盟 (Confederation of Industry) を設立した。その後、1967年からの深刻な経済危機にイギリスが陥ると、政府はデフレ政策への転換を図った。急激な政策の変転が1950年代から1960年代にかけて4回も繰り返され、この結果1970年代に入るとGNPや企業収益率は低下し[3]、物価上昇率と失業率が急増することになった。国際競争力も極めて弱体化し、経済沈滞を顧みない労働組合や組合のストライキを制御できぬ内閣を目の当たりにした大衆は、弱い国家と不安定な政策にいらだち始め、断固たる決定のできる政府を求める機運が広がった (Levitas 1986, Gamble 1988)。

　1972年には炭鉱労働者組合の全面ストライキとそれに連帯する運輸ストライキが起こった。ストライキが頻発する中、1973年には第四次中東戦争が勃発し、石油輸出国機構 (OPEC) の加盟国のうちペルシャ湾岸にある6ヶ国による原油生産の削減をきっかけに引き起こされたオイルショックから、イギリスではインフレが急速に進行した。インフレや経済沈滞の影響で失業率も上昇し、世界経済の中でのイギリス経済の相対的地位の低下が大きな問題として取り上げられることになった (Chitty 2004)。組合によるストライキ権の頻繁な行使は1970年代後半には多くの国民の批判を受け、労働組合はイギリス社会を崩壊に導くものとの認識から一般有権者や組合員までも保守党支持に向かわせることになった。

ハロルド・ウィルソン（任期1974-76年）もジェームズ・キャラハン（任期1976-79年）も社会情勢を改善できず、多くの問題に有効な政策を打ち出せなかった。そこで、労働党に代わり、1979年の総選挙でサッチャーを党首とする保守党政権が成立することとなった。ウィルソン内閣の福祉政策を批判し、競争原理を導入したヒース元首相のネオ・リベラリズムを引き継ぎ、彼以上に反労働党政策を積極的に進めていく彼女の政策は「敵対政策（adversary politics）」（King 1985: 108）と呼ばれ、保守党内閣が実施してきた福祉政策の縮小や自由主義市場政策の復活、公共支出の削減、地方行政への介入や教育に対する中央統制、労働組合の改革等の政策が保守党内閣において次々に実施されていくことになった。

4. 一元化に至る高等教育政策

政府は規制緩和を実施する一方で、市場原理を大きく取り入れた[4]。また、政府は公共部門の独立行政法人（エージェンシー）化[5]や地方自治体の弱体化、労働組合の権利の制限、国民の自助努力の推奨等による政府支出の削減と効率化を試みた。とくに、地方自治体の力を弱体化するために中央政府は地方自治体の公共支出を抑制し、1980年には強制競争入札制度（Compulsory Competitive Tendering: CCT）を導入した[6]。その結果、1979年から1987年までの間に電信・電話、自動車、ガス、航空機等の国有企業15社あまりが民営化されることになった（Butler and Butler 1994）。民営化がすぎる場合には批判も出てくるが、少なくともイギリスの労働組合の歴史を考慮すれば、保守党政権が行った改革は首肯しうる点がある。当時政府と労働組合との確執は深刻を極め、組合によるストライキを解決するには長時間にわたる話し合いと妥協が必要であった。何千もの職業別労働組合が存在し[7]、経営者側はその一つ一つと仕事内容や給与に関して細部にわたった交渉が必要であり、イギリスの工場経営者は非効率的な労働慣行を修正するよりも労組との妥協を選ぶという状況であった（ジャット 2008）。煩雑な作業を考えれば、巨大な労組が組織するストライキを抑制する手段としての民営化という選択肢を政府も

選ばざるを得なかったといえる。

　財源に関してサッチャーはキャッピング制度[8]により個別自治体の歳出総額を制限するといった、地方税の改革を通じて自治体財源の中央政府への移管を試みた。その結果、1980年代には地方自治体はますます弱体化されることになった（村岡・木畑 1999）。これら一連の政策は、政府に対抗する地方自治体の力が強かったために、それらの自治体を温存したまま中央政府の政策を実行に移すことは不可能であると政府が判断してのことと考えられる。地方自治体の力が強かった理由であるが、ビショップは以下のように四つ挙げている（Bishop 2008）。

1) 国家関与を危険視する政治思想
2) 教育に対する教会支配の思想
3) 政府の機能を限定する経済思想
4) ボランタリーの原則を支持する思想

　つまり、名望家の地方自治への尊重や信頼により地方自治権が拡大され、イギリス国教会は民衆教育を実施してきた事例に対する既得権を主張する一方で、非国教会は国家の関与が国教会による教育支配の独占になることを警戒していた。両者が互いに争った結果、地方自治体の力が強くなり、そのことがまた公教育の成立を遅らせる原因となった。さらには、あくまで政府の実施能力には限界があるとし、時代の流れに任せようとする中産階級のレッセ・フェール思想[9]が広く世の中に受け入れられていたこと、つまり政府による政治や経済の分野への介入が嫌われ、政府の仕事は国防と最小限度の公共事業とされた結果、地方自治体の力が強くなる結果となった（Bishop 2008: 1-4）。それと共に、為政者のボランタリー組織に対する強い信頼も根付いており、一方で、大学は 1) から 4) の思想に支えられていたからこそ、社会の中で象牙の塔として君臨できたともいえる。

　しかし、これら四つの理由がまた、政府の政策実施を困難にする原因ともなっていた。サッチャーは政策の遂行に当たり、政策導入の障害となる事項に対峙し、強力な政策を導入すると共に、小さな政府を標榜することで経済の立て直しを図った。小さな政府を望むならば、本来ならば地方分権を拡大

し、放任することが最適であるはずである。しかし、政府は地方自治体に権力の移譲を行わず、逆に地方自治体への統制力を強化することで1980年代の経済沈滞の時期を乗り越えようと試みた。外観はあたかも中央政府への権力の集中化を図っているようだが、実質は地方自治体から権力を組織や個人に移譲することで、脱集中化を行ったのである。そして、結果的には地方自治体の力は弱まり、政府の政策が大幅に推進されることになった。

　教育予算に関しては、1970年代後半までは就学前教育費、設備費、教員雇用費および高等教育費の増額に応えうるに充分可能な予算を政府は持っており、高等教育分野においても政府は学籍数の増加を図り、教員養成カレッジの多様化や大学における教員養成課程への予算増加も積極的に押し進めた。イギリスの高等教育の将来の方向性を決定づける重要な変革期であったと考えられるが、この時点においては高等教育の将来および高等教育を支える財源の確保は楽観視されていた（Barnett and Bjarnason 1999: 105）。また、伝統的大学を例に挙げれば、UGCが創設されたのが1919年であるが、1990年初頭には、高等教育予算の82％が公的補助金で補填されていた。（Williams 1992: 10）。大学自治とアカデミック・フリーダムは、政府の財源がまだ潤沢であった1970年代後半までは、オックス・ブリッジ両伝統的大学の影響力の強さとも相俟って、政府や産業界や教育省の影響をほとんど受けることはなかった。しかし、イギリス経済の地盤沈下により1970年代中葉から大学への補助金も削減の対象となり、その後、1970年代後半には社会福祉国家の危機が叫ばれ、公共費用の支出の厳しい管理と共に公的財源の有効利用や説明責任[10]が問われることになった。その内容とは、政府予算のうち社会保障と医療に次いで多額の経費が割かれてきた教育費の中でも、とくに高等教育予算の拡大により国家財政が圧迫されているが、それにもかかわらず高等教育が経済発展に必要な人材育成に失敗しているという批判である[11]。そしてこれら一連の動きを受けて、当時労働党党首であったキャラハンが1976年10月にラスキン・カレッジ[12]において教育全般におよぶ演説を行ったが、この演説が高等教育に関する多くの論議を引き起こし、高等教育は一層厳しい批判を受けていくこととなった（Budge, McKay, Bartle, and Newton 2007）。クラ

イド・チッティーが、「キャラハンの演説の意図は、産業競争力を高める教育を高等教育機関で実施することで産業の活性化を図ることにあった」と述べたように (Chitty 2004)、キャラハンの演説以降、経済効率という観点から教育政策が推し進められ、高等教育に大きな転換がもたらされることになった。政治面では、1975年以降のケインズ政策からの転換によるマネタリズムとNPM（New Public Management）の導入により、中央政府による強力な管理体制のもと、質の保証を担保した監査制度の確立、財政効率の向上、競争的配分、アカウンタビリティーや自己責任の要請、民間への権限移譲といった市場政策が求められ、社会保障制度は大きく後退した。教育も上述と同種の政策がとられ、競争的資金による公的補助金の獲得や授業料徴収、そして海外留学生の確保をも含む高等教育機関の自己資金調達が求められることになった。

　1979年の保守党政権成立後には、さらに教育の変革を求める気運が急速に高まった。政治、金融、産業界の圧力から教育を疑似市場モデルに同化させる動きが起こり、保護者の権利の強化や産業界に通じる職業教育の重視がサッチャーの教育政策の中でも主要な政策題目となった。とくに、保護者を消費者という立場からアリーナとして設けられた競争的市場に追い込み、政府は市場での個人的選択を増やすことが保護者の権利であると主張した。このレトリックは、個人にとって教育を身近なものに置くことになり、大学も市場での商品の一つになったのである。他にも、高等教育に多額の公的資金が投入されるという事実によって、政府は財政審議会に公的財源の配分額とその配分方法の適正化を示すことを求め、大学に対しては国民への説明責任や大学運営の効率化を要求した。また、社会に対しては多額の税金を公的財源として配分しているという現状を示すことで、日常生活の中で市民に大学を意識させるように方向づけた。

　つまり、サッチャー政権の出現により、イギリスの大学が長い歴史の中で培ってきた大学自治の伝統も、政治的、経済的側面から20世紀には変貌を余儀なくされることになったといえる。サッチャーが、費用対効果の観点から教育を商品とみなし、学生を顧客とする擬似市場主義の中で、効率性を求めた白書や教育法を次々と提出することで[13]、財政問題を中心とした政府の

介入が推し進められていった (Coxall and Robins 1998, Brooks 1991)。果たしてイギリスの政策研究者は、1979年から1997年の保守党政権時に「連合王国の政治的景観ががらりと変容した」と評している (Budge, McKay, Bartle, and Newton 2007: 64)。イアン・バッジらは、1990年代中頃までには大半の政治家が市場こそが教育を含むすべての質の向上に最適な仕組みだと認めるようになったと言及している。ロバート・コーエンは当時を概観し、「市場原理を通して高等教育を再構築すれば改善されると信じる「信仰心」が高等教育そのものを破壊しつつある」(秦 2001: 80) として、次のように批判した。

　「例えば学生に対し『顧客』や（教育に対して）『効率』といった表現がよく使われますがまったく馬鹿げています。私がスーパー・マーケットに行って10ポンドを渡し10ポンド分のスパゲッティを買うのなら私を顧客と呼んでも結構。しかし学生が1万ポンドを支払えば、私は彼に学位を渡すでしょうか。……（中略）……『顧客』や『効率』といった表現は教育という場において用いるにはまったく不用意な表現としかいいようがありません。」(秦 2001: 80)

政府は新しい教育政策や経済政策を相互に導入するという試みを行う一方で、高等教育領域における公共資本の投資を凍結し、大学への補助金を統一する方向に動き出した。1980年を境に大学と政府との関係は悪化していったが、その状況は当時のイギリス教育雇用省 (DfEE) の高等教育局部長であったトニー・クラークの言からもうかがわれる。

　「政府と大学との関係は悪化しています。……（中略）……政府は新たな資金協定を作成すると約束したので、今年度（引用者註：1997年度）中には包括的検討の一部として、将来の大学が必要とする予算額を検討することになります。そしてまた、大学と我々との将来の関係はこの検討から導かれる結論によって大きく変わっていくことと思われます。残念ながら、現在我々と大学との関係は前向きで健全な関係であるという

ことはできませんが、我々は公僕として、学長たちと非常に協調的な議論をしてきたことは認めたいのです。」(秦 2001: 224)

　大学と政府は緊張状態に置かれたまま、大学と政府との間の緩衝機関として機能してきた UGC は次第に無力化した結果、政府による大学の予算カットという事態を招き、UGC を通じて政府の補助金を受けていた大学にとって学位授与権よりも補助金獲得が重要となった。すなわち学生に教授するという大学としての第一義的任務よりも大学予算の獲得に主眼を移さなければ大学として存続できなくなったところに、大学の根本的脆弱さが隠されていたといえる。

　他にもいくつかの変革が大学に起こった。例えば、産学連携により大学での基礎研究を実用レベルにまで高め、その成果を市場に出すことで経済活動の活性化が促進されるようになったこと、あるいは大学を国家に繁栄をもたらす人材育成の場と捉えることで、有用性や効率性という側面において評価の低い学問分野がカリキュラムから外される可能性も生じたこと、さらには大学に多額の国庫補助金が投入されているために、国民への説明責任を社会への貢献度により評価する動きが出てきたこと等であった。

　1980年代には大学改革が急速に進められていったが、時代の要請を満たす必要性から起こる改革がその時代の要求には合致したとしても、次世代に適切なものであるかは不明である。ロバート・コーエンの言はその状況を的確に表現している。

　　「……学生の受講パターンというのも結局のところは、雇用者側の雇用パターンを反映しているに過ぎないということです。ある時期には社会学者、哲学者を求める気運が高まったとしても、またある時期には管理運営者が求められるのです。」(秦 2001: 77)

1　保守党の政策と一元化への流れ

　プライベート・セクターとパブリック・セクター双方の高等教育機関の学

科や課程、受け入れ学生の質等の区別が不分明になるにつれ、ポリテクニクを代表とする准大学高等教育機関は次第に地位を高め、旧来の大学群に伍して大学と同等の権利を得るために、「大学」という名称を要求するようになった。ポリテクニクの枠組み、教育制度、教育の質、教育課程等を認証するCNAA自体が大学関係者により構成されており、大学人によるピア・レビューであったため、自然な流れとしてポリテクニクは大学に類似した機関となったといえる。

　1980年代初期、ヨーロッパの高等教育機関進学者数は当該年齢の20～30％であったのに対して、イギリスでは大学進学者は1950年で3.4％、1970年で8.4％、1990年で19.3％にすぎず（NCIHE 1997: Table 1.1）進学率が低いため、高等教育人口の拡大は常に政治の協議事項であった。しかし大学への進学者数を増大させようとしていた時期であったにもかかわらず、1981年には初めて政府から大学への公的補助金が大幅に削減され、同様にポリテクニクへの補助金も減額された（Kogan and Hanney 2000: 85）。この補助金減額措置がとられたために各機関の受け入れ最大学生数（maximum student number: MaSN[14]）がさらに少なくなり、1970年代の半ばには14％で停滞していた進学率がさらに低下し、1990年に至るまで大学では進学者の減少傾向が続いた。1986年にはケニス・ベーカーが進学率を増大するという政府の方針を公に示したものの、政府の望むところの高等教育の拡大はポリテクニクにおいて実現されることになった。

　一方、1970年代初期からポリテクニクは拡大し始め、国家の公的教育機関としてその果たす役割が大きくなっていった。また、CNAAにより学術的な自治権が認められ、教授会も少しずつにではあるが強化され（Weaver Report 1970）、構造や管理運営面において上意下達式ではあるが、大学に近似した形式を持つようになっていった。財政面に関してはポリテクニクが公的財源の効率的活用により、政府が期待する以上の機能を果たしていたため、政府もポリテクニクを支援する側に回った（Henkel 2000）。さらに政府にとって都合の良かったことは、ポリテクニクとポリテクニクを管理するLEAとの対立が激化していったことであった。パブリック・セクターの財政管理を掌握

するLEAを排除し、パブリック・セクターの財源を中央政府のもとに集約することは高等教育政策を推進していく上で不可欠であったからである。ポリテクニクは高等教育進学者の増加を引き受け、また、労働市場に役立つ労働者を育成するための教育を実施することによって、地方においても国においても政治的に力を持つようになっていった。大学が労働に向けての職業教育に結びつかず、雇用政策とも噛み合っていないと考えられていた経済沈滞期には政府や社会から大学への不信が堆積し、職業に直結した技術教育を行っているポリテクニクの評価が高くなったのであった。

1986年には各政党により高等教育の二元構造を廃止するかどうかがさかんに議論されるようになり (The Times 1986)、1987年の教育改革法案が出される前には教育科学省 (DES) により協議文書が出された (DES 1987 (b), (c))。エリート教育の抑制や大学進学者の拡大、職業教育や専門教育の重点化といった事項は、通常ならば労働党が押し出すべき議論であった。しかし、保守党政府がこれらの議論を推し進め[15]、1987年の教育改革法案では、第一に補助金という概念が契約に置き換えられることになった。公的補助金の配分は当然のことではなく、説明責任と義務を負うものになったのである。第二に、政府および教育担当大臣に対する財政審議会への影響力が増大した (Education Reform Act, Section 1988: 134)。

大学を法的枠組みの中に収めたということは高等教育史において大きな出来事であった。なぜならば、1980年代まで大学に影響を与えることのできる国の法律はなかったからである。このように政府と大学との関係は、大学が政府よりも優位性を保っていた時代から、政府と対等あるいは大学が政府の影響を受けやすい時代へと移行していった。1980年代当初は、政府も機関のミッションが異なるとする見解を固持し、二元構造を維持することを望んでいたが、最終的には二元構造を解消する法制化を進めることになった。

スコットによれば以下の2項目を一元化への移行の理由として挙げている (Scott 1996)。

①大学進学希望者が増加したために、国策として大学数および大学進学者数の拡大を視野に入れる必要が出てきたこと

②機能的にも構造的にも、また、教育課程における教授内容にも大学に類似してきた准大学高等教育機関を大学に昇格することで、大学セクター内での機能分化を求めたこと

1960年代にクロスランドがポリテクニクに期待したこととは、別種のセクターに属し、所属するセクターも教育機能も大学とは異なりながらも、両機関が「等しく尊重」されることであった (Ribbins and Sherratt 1997: 158, Trow 1996: 210)。しかし、大学と比較し低コストの教育（学生1人当たりにかかる費用が安いこと）**(表2-1)** で、地方自治体からの圧力や政府の政策が容易に浸透するため機関自治も守られず、一方で社会からは大学よりも教育の質が低いと考えられていたポリテクニクが抱く不満は大きかった。つまりトニー・ビーチャーが述べるように (Becher 1989)、1992年以前の大学とポリテクニクによる二元構造の維持は、ポリテクニクにとっては社会的にも資源的にも不利なものであった。そのためポリテクニクはLEAからの独立と大学昇格を政府に訴え続けた。1988年の教育改革法の責任者であった当時の教育科学担当大臣のケニス・ベーカーも、ポリテクニクは自らの機関の拡大を実現するためにLEAからの独立自治を望んだと証言している (Ribbins and Sherratt 1997: 94)。しかし政府はポリテクニクの要望を聞き入れた結果として一元化を進めたのではなかった。1992年当時教育科学担当大臣であったケニス・クラークの言によれば、政府の政策転換の際、最重要視していたこととは財源配分機関の統一による財源の効率的運用と大学への影響力の強化だったのである (Ribbins and Sherratt 1997: 158)。

二元構造の問題点である存立形態、管理運営機構上の差異、財政負担のあり方の差異等の解決が大きな課題となってはいたが、1988年の教育改革法

表2-1　1962年から1992年一元化までの大学および非大学への補助金支給額の変化

（単位：100万ポンド）

年	1962	1972	1982	1992（統合）
大学	129	414	1,879	5,200
ポリテクニクおよび高等教育カレッジ	90	323	924	
合　計	219	737	2,803	5,200

出典：Scott 1995: 23.

および1992年の継続・高等教育法の二つの教育法を経て、イギリス高等教育界に存在していた二元構造は解消されることになった。

2 1988年教育改革法によりもたらされた改革

　地方教育当局（LEA）の権限縮小や教育への市場政策の導入といった政策を盛り込んだ1988年の教育改革法はサッチャー保守党政権の教育政策の総括ともいえるもので、政府は小さな政府を標榜する一方で、国内外の経済・政治および国力増強のために政府の統制力を強化する政策を採用した。

　1988年の教育改革法の大きな特徴は、教育とビジネスの結びつきを強化した点にある。ジョン・フィッツおよびブライアン・ビアーズによれば、1980年代にはイギリスやアメリカにおいて政府は、公共政策の破綻をビジネスの手法を取り入れることで立て直すことを試み、とくに教育面での改革を断行することになったと論じている（Fitz and Beers 2001）。教育をビジネスと捉え直すならば、資本の有効活用や、学生の成績によって測られる成果にも大学側に責任が生じることになる。教育評価による各大学の教育水準の見直しや成果が評価され、また、教育の民営化を図ることで税金を低く抑えることも考慮されることになり、学外からの外部資金獲得の模索に力を入れる必要も出てくるのである[16]。

　大学の外部資金獲得策としてヨーロッパ諸国がとってきた政策の一つに、私立高等教育機関の導入があった（金子 1993）。イギリスもその例に漏れず、私立高等教育機関が初めて創設された。政府からの補助金を一切受けない私立大学としてのバッキンガム大学である。1977年には3,000名の学生が期待されたが、結果は1989年においても学生は700名しか集まらず、しかも、彼らの3分の2は海外からの私費留学生であった。基金も1,500万ポンドを集める予定であったが、650万ポンド集まっただけで、企業からの献金も少なく、独立自治の私立大学としてのバッキンガム大学はイギリスでは失敗例とみなされた。義務教育後の教育への私的な支援は、イギリスの社会的、経済的構造にはふさわしくないという中央政府の判断から、以降近年に至るまで私立大学が開設されることはなかった（Shattock 1994）。そのため、私立大

学の設立によるマス型高等教育の拡大が望めなくなった政府にとって、拡大のための選択肢はポリテクニクの大学昇格が最も合理的な方法であった。

本教育改革法により、大別して三つの改革が断行されることになった。

第一の改革は、准大学高等教育機関が LEA の管理から脱し、大学と同じく自治権を獲得したことである。准大学高等教育機関は1988年教育改革法の規定（第121、122条）に基づき、LEA の管理運営から独立した高等教育法人[17]として法人格が与えられた。その規定とは、フルタイムに換算した上級継続教育課程の在学者数が350名を超え、かつその数がフルタイムに換算した総在学者数の55%を超えていること、あるいは、フルタイムに換算した上級継続教育課程の在学者数が2,500名を超えていることである。この結果、上記条件にかなう准大学高等教育機関であったポリテクニクと少数のカレッジ、高等教育カレッジおよびインスティテュートやユニヴァーシティー・カレッジは高等教育法人となった。1988年教育改革法は、LEA の管轄下にあったポリテクニクとカレッジを教育科学省（DES）の支配下に収斂した点に大きな意味があったと考えられる。

第二の改革は、UGC が消失し、教育科学省の管轄下に2種類の新たな国庫補助金配分機関が創設されたことである。2種類の機関とは、プライベート・セクターを担当する大学財政審議会（UFC）と、パブリック・セクターのためのポリテクニクおよびカレッジ財政審議会（PCFC）である。この2種類の機関によって、高等教育予算は政府の政策に従って厳密な配分がなされていくことになった。

第三の改革は、大学教授陣のテニュア制度の廃止である。契約は今や労働協約の枠組みの中にはめ込まれたことから、契約延長には教員と大学側が交渉を要し、教員の雇用条件を改善するためには一定の年月内に目に見える実質的な業績を挙げることが求められることになった。アトリーによれば（Utley 1992: 5）、大学講師の平均収入は他のホワイト・カラーと比較して激減していったとしている（**図2-1**）。他の職種と比較しても、大学教員の平均収入はかなり低い（**表2-2**）。

アルバート・ホールジーの調査結果（**表2-3**）と比較してみると、元来、20

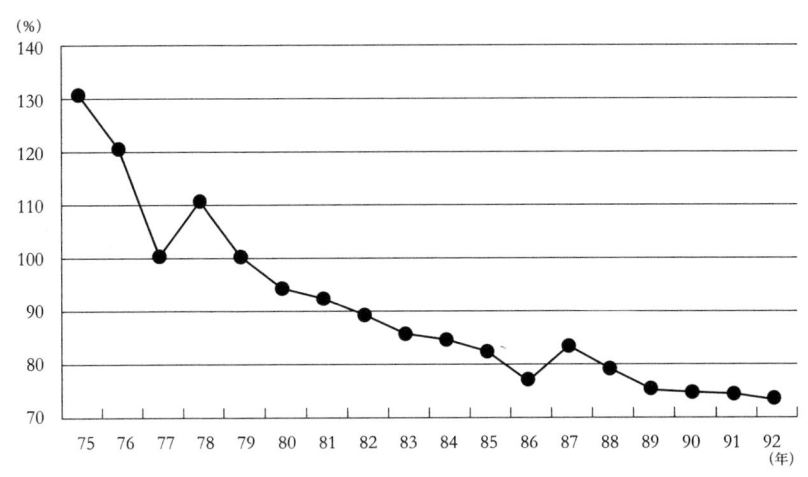

第2章　高等教育の一元化に至る政策の変遷　101

図2-1　1975年から1992年までの大学講師の平均収入の推移
註：他のホワイト・カラーの収入を100とする。
出典：Utley 1992: 5.

表2-2　2005/06年度における公的機関勤務者の給与表

(単位：ポンド)

旧大学	新大学	警察	教師	公務員	医者
講師A 24,352〜27,929	講師 24,352〜30,363	警部補 41,034〜	教師A 28,005	上級管理職 15,601〜40,721	上級 25,324〜35,511
講師B 28,829〜36,959	上級講師 29,211〜37,521	警部 〜44,405	教師B 30,339〜32,628	上級管理職 18,721〜42,431	特別監察医 28,307〜42,985
上級講師 38,685〜43,850	主任講師 35,254〜44,328	警視 45,417〜47,286	校長（初等学校） 45,816	7等級 24,720〜67,679	n/d
教授 44,818〜	教授 44,818〜	警視正 65,244〜68,961	校長 67,827	6等級 38,485〜69,325	コンサルタント 69,298〜93,768

出典：The Times 2006(b): 2.

表2-3　大学教員と製造業従事者の平均年収比率の推移

(単位：ポンド)

		1928/29	1938/39	1951/52	1956/57	1966/67	1988/89
A.	全大学教員の平均年収	584	612	1,091	1,328	2,368	18,470
B.	製造業従事者の平均年収	156	184	455	648	1,102	11,975
	A/B（倍）	3.7	3.3	2.4	2.0	2.1	1.5

出典：Halsey 1992: 131.

世紀初頭の大学教員の年収が比較的高収入であったために、次第に業種間の格差が減少していったとも考えられる。「全大学教員」という名目でくくられているために見落としがちであるが、1989年において教授クラスは研究者の2.74倍、講師の1.76倍、女性研究者の2.80倍というように、大学内での教員の給与格差は明白であった（Halsey 1992: 131）。

イギリスが行財政の改革の一環として実施した1980年代に始まる諸改革が、各高等教育機関のミッション、教育・研究プログラム、学部生および大学院生の質、機関の財政基盤といった制度的、構造的、さらには文化的な変容を余儀なくさせたとするならば、それはまたイギリス高等教育の質的変化にも連動するものであった。

3　1992年継続・高等教育法が与えた影響

継続教育機関に分類されていた教育機関の中で1966年から高等教育機関となったポリテクニクでは、高等教育において著しく増加した学生数の大半を引き受けることになった。その結果、1965/66年度と比較して1992/93年度には学生数は2.5倍に増加した（**表2-4**）。学生数の増加と共に、進学率も上昇した。『ロビンズ報告書』後の1979年と1988年教育改革法後の1992年を比較すると、18歳年齢の進学率は2倍強に達している（**表2-5**）。

1991年5月に政府は白書『高等教育—新たな枠組み』を発表し、30年間も続いた政策がついに変更されることとなった（DES 1991）。あくまでもパブ

表2-4　高等教育機関の学部学生数の増加割合

(単位：千人)

	フルタイム学生	パートタイム学生	OU	合計
1988/89	516	233	82	831
1989/90	551	242	85	877
1990/91	596	249	89	934
1991/92	673	257	92	1,024
1992/93	771	267	94	1,130
1993/94	853	288	97	1,238
1988/89〜1993/94　成長率(%)	65	24	18	49

OU：オープン・ユニヴァーシティー（Open University）。
出典：DfEE. 1995(b).

表2-5　高等教育進学率

(%)

	1979年	1992年
18歳年齢の進学率	12.4	27.8
21歳以上のフルタイムのイギリス人学生で学部1年生の割合	24.0	33.0
社会階層：事務員および労働者階級	37.0	42.0

出典：Watson and Taylor, 1998: 9.

リックおよびプライベート両セクターの高等教育機関のミッションは異なるとする見解を固持し、二元構造がイギリス高等教育の基本構造であるとして一元化を拒んできた政府も、白書では高等教育機関の一元化を提案し、翌1992年には継続・高等教育法（Further and Higher Education Act 1992）（第77条）により法制化の運びとなった。その結果、かつての二元構造の一端を担ってきたパブリック・セクターの高等教育機関が「大学」という名称を受けることが可能になったのである（表2-6）。

1992年の継続・高等教育法以前は、高等教育カレッジおよびインスティテュートやユニヴァーシティー・カレッジは高等教育法人としてLEAから独立したものの、独自の学位授与権を有していなかったために大学とは認められなかった。しかし、法人化の条件をクリアした高等教育法人の中で法令上の規定ではないものの一定の条件を満たした機関は、各機関が任意に行う申請に基づき枢密院での審査を経て、1992年の継続・高等教育法により学位授与権と大学の名称を受けられることになった。また、継続教育カレッジ

表2-6　1992年継続・高等教育法後の高等教育機関数（1996年8月1日）

	Universities*	University Institutions**	Colleges of Higher Education***	合計
イングランド	72	93	48	141
スコットランド	13	13	9	22
ウェールズ	2	7	6	13
北アイルランド	2	2	2	4
合計	89	115	65	180

註：* バッキンガム大学を含む。** 大学に相当するカレッジや高等教育機関で、ロンドン大学連合およびウェールズ大学連合を構成するカレッジも独立したものとして数値の中に入れている。*** 継続教育カレッジの中で高等教育課程を提供する機関。
出典：CVCP 1997.

も1992年の継続・高等教育法により、継続教育法人となった。

　イギリスにおいて大学という名称を受ける場合に備えなければならない条件が三点ある。第一は、当該高等教育機関に「研究学位（博士号等）課程」が設置されていること、第二は、審査基準にある11の学問領域の中で、少なくとも五領域において300名以上のフルタイム学生相当が在学していること[18]、第三は、最低4,000名のフルタイム相当学生が存在していること（そのうち最低3,000名は学士課程レベルに在学していなければならないこと）である[19]。

　1988年と1992年の二つの教育法により、従来大学として認可されてこなかった非大学は上記の三条件を満たした上で、各機関が望めば大学という名称を使用することが可能となった。これによって、1992年以前からの大学は旧大学（old universities）あるいは、1992年以前の大学（Pre-1992 universities）と呼ばれる一方で、1992年以降に大学という名称を受けた大学は、新大学（new universities）あるいは、1992年以降の大学（Post-1992 universities）と呼ばれ、旧大学と同じ大学という範疇に入ることになった。つまり、非大学高等教育機関を代表するポリテクニクが大学に昇格し、二元構造が一元化されたのであった。一元化の結果、高等教育機関数は増加し、それに伴い進学者の量的拡大も起こった。そして大学進学者数の増加は入学者の質の変化と共に学位の質と高等教育制度の変化を大学にもたらし、さらに、政府の高等教育予算にも影響を与えることになった。

　他にも、1992年の継続・高等教育法は多くの影響を高等教育機関にもたらした。中でも大きな影響が二つ考えられる。一方は、新大学が独自の学位授与権を持てるようになったため、学位授与のための新・旧両大学に共通の機構が必要となったことである。元来、パブリック・セクターの学位審査機関はCNAAであった。ロビンズ委員会の勧告で創設された機関で、地方のカレッジの水準を大学レベルに引き上げるために短期的に利用する予定であったが、異なる部門間で学位を認可する機関が必要となったために1992年まで存続することになった。しかし、1992年にはこのCNAAも消滅し、代わりに高等教育水準審議会（HEQC）がイングランド高等教育財政審議会（HEFCE）の中に設けられることになった。

また、UFCとPCFCが1992年の継続・高等教育法において消滅し、四つの高等教育財政審議会 (HEFCs) が連合王国の高等教育における政府補助金の配分の責任を担うようになったことである。高等教育財政審議会は四つの地域、すなわち、イングランド、ウェールズ、北アイルランド、スコットランドにそれぞれ設置された。各審議会の名称は、イングランド高等教育財政審議会 (HEFCE)、ウェールズ高等教育財政審議会 (HEFCW)、北アイルランド教育省 (DENI)、スコットランド高等教育財政審議会 (SHEFC) である。

　イングランド高等教育財政審議会は独立法人で、その管理運営は議長1名並びに最高責任者1名、そして委員13名で構成されており、委員全員の共同責任の形をとっている[20]。財政審議会は自らの活動方針を定めると共に、その活動方針が1992年継続・高等教育法の規定および教育雇用大臣の指針や通達に適合しているかどうかについての確認も行う。逆に、教育雇用大臣は財政審議会の活動について議会に報告する責任を負っており、政府議会はまた財政審議会を監督・検査する権限を有している。

　各高等教育機関へ振り分ける補助金の総額は中央政府が決定し、優先すべきものや勧告も政府が行うが、実際の配分に関しては財政審議会が全面的に責任を負っており、補助金の大半を教育および研究の種別や実績に従って各高等教育機関に配分する。財政審議会は審議会の基準に従って、自由に公的補助金を配分する権限を持っているものの、同時にその使途についての説明責任も有し、補助金配分の年次報告書を提出することになっている (HEFCE 2003)。

5. 高等教育の一元化

1　一元化の定義

　高等教育の一元化以前には、准大学高等教育機関と大学とが二元構造をなしていた。その後、1988年の教育改革法および1992年の継続・高等教育法の二つの法律によって、イギリス高等教育の二元構造は解消されることになった。ポリテクニクは大学に昇格し、准大学高等教育機関が大学に一元的

に統合される形で消失した。大学への昇格とは、パブリック・セクターからプライベート・セクターへの移行であり、学位授与権と大学自治を獲得したことを意味する。

本書で検討する「一元化」とは、基本的に上記の事態を指している。本節では一元化を推進した三つのアクターである政府、ポリテクニク、旧大学それぞれの立場から、なぜ高等教育の一元化が実施されたかについて明らかにする。

2　政府とポリテクニクはなぜ一元化を求めたのか

ここでは高等教育の一元化が推し進められた背景、つまり、政府およびポリテクニクが何を求めて一元化に動いたのかを整理する。

一方のアクターとしての政府が一元化を推進した背景には、大きく以下の四点の理由があった。

第一は、自国内の大学数および学生数を拡大することで欧米諸国の動きに追随しようとするイギリス政府の対応と、社会からの大学の多様化を求める声であった（Jary and Parker 1998）。第二は、増加する海外からの留学生の受け入れへの対応である。第一と第二は、高等教育の質的側面と量的側面に対する社会的要求の高まりから生じたもので、双方に応ずるには、新たな高等教育機関の創設が不可欠となる。しかし、短期間に大学を設立するには困難が伴う。そのため既存の高等教育機関であるポリテクニクを大学へと昇格させること（一元化）が最適の方法であった。

第三は、学生数の増加に伴う政府が負担する高等教育予算の増大から生じた問題である。高等教育機関への公的補助金が減額されていく中、1989年までに大学は大学運営のために国庫補助金以外の資金を集める方向に転換し、学外資金の獲得に乗り出した。卒業生からの寄付金徴収、企業との共同開発による資金援助、留学生からの学費徴収等である。一方で政府（サッチャー政権以降の保守党政権）にとっては、高等教育予算をいかに抑制するか、いかに大学運営を効率化するかが課題となった。そのため政府は、限られた予算で大学を効率的に運営するために、トップダウン式の大学経営の導入を試みた。

第四は、政府が企図した二元構造から生じた誤算である。その誤算の一つは、大学に昇格したCATが、新・旧市民大学と同様に、学問分野の多様性も産み出さなければ、進学者数の増加も産み出さなかったことである。CATも大学に昇格することで旧大学の入学基準を適用し、多様な学生よりもGCE・Aレベルに代表される質の高い学生の募集に注力した。そのことは、逆に従来のCAT進学者による学生数の拡大を抑制することになった。政府のもう一つの誤算は、クロスランドの予測に反して、准大学高等教育機関も大学とは別系列の機関として進展する施策をとるのではなく、大学への模倣を選択し、自らのミッションを変更していったことである (Shattock 1994)。その結果、労働者階層の学生数は伸び悩み、学生の構成層にも変化があまり見られないという結果が生じた。つまり、高等教育機関の多様化を求めた政府の政策的意図により大学昇格がかなったCATも、また大学への昇格を拒まれた准大学高等教育機関も共に、各機関の独自性を打ち出すのではなく大学への同格化の路線を進むことになり（終章参照）、多様化への起爆剤にはならなかったのである。1966年の白書『ポリテクニクおよび諸カレッジのための計画』(DES 1966) により二元政策の内容が開示され、二元構造により、多様なカリキュラムや多様な学位の選択が可能となり、社会人学生、パートタイム学生、夜間学生にも対応できる高等教育制度が誕生するとされたが、その内実は大学とポリテクニクとの境界線が曖昧化したにすぎなかった。

　このような試行錯誤を経て、政府は政策に従わない大学に対して管理運営面からの統制を試みた。しかし、このことは大学自治を侵害するとして、大学の強い抵抗を引き起こした。そこで政府が着目したのがポリテクニクである。ポリテクニクは大学に比して少ない予算で運営されてきた。つまりポリテクニクと大学とを同一の枠組みの中に位置づけることができれば、ポリテクニクの管理運営方式を大学に適用しやすくなる。そこで政府は有効な経営モデルとしてのポリテクニクを従来の管理運営方式を維持したまま大学に昇格させることで、大学の効率運営を促し、教育予算を抑制することを試みた。また、政府は大学自治が大学の効率的運営を阻害する要因と考え、これを弱体化させることを目指した。その際用いられた方法はポリテクニクを管理す

る際に用いた公的財源配分による統制であった。

次に、もう一方のアクターであるポリテクニクがなぜ一元化を求めたのかを考える。

ポリテクニクと大学との間にはさまざまな相違点があるが、一元化の過程を考える上で重要な点は、学生、教育制度、大学の財務、大学自治である。大学では、上位層で均質化した、すなわち質の高い学生層に対して非実学系の学問が学究的関心のもとに教育・研究されており、全体として比較的潤沢な予算と高い大学自治が保障されているのに対して、ポリテクニクでは、多様な階層からの学生に実学系の学問が実践的関心のもとに教育され、かつ少ない予算での運営と、地方自治体の強い管理下にあった。この相違点は、先述した四領域(学生、教育制度、財務、大学自治)における相違点であるが、これは水平的な相違としてではなく、大学を上位、ポリテクニクを下位として位置づける垂直的な相違、すなわち、上下間の格差として社会の中での暗黙知として存在してきたものである。大学とポリテクニクとの間の学生の質の差は、本来は上下間の格差ではないはずであるが、成績による振り分けが行われるために、格差として認識されてきた。しかし、1960年代以降、大学、ポリテクニク共に進学者が増加し、特定の大学群においては学生の質の差が縮小することになった(第8章3節参照)。ポリテクニクは、大学よりも多数の学生を受け入れ、学生の質の差の縮小、すなわち、教育の質における大学とポリテクニクとの格差の縮小に資するポリテクニクが現れ始めたにもかかわらず、大学に比べて配分される予算額が少なく、その上学位授与権も自治もなかった。このような格差に対し、ポリテクニクは大学への昇格(一元化)という形で地位の向上を求めたのである。

3　旧大学は一元化を求めたのか

二元構造の一元化に対する旧大学側の反応は、大学以外の機関が学位を授与することを嫌いながらも、社会的公正が図られ、職業課程の価値が評価されたとし、一元化を快く受け入れる少数派と、あくまでも一元化を拒む多数派の二つに分かれた。後者の立場にある者の意見を集約すると次の通りであ

る。大学進学者数の増加は大学の水準を落とし、中退者を増やすと考えられていたため高等教育進学者数の増加を大学は忌避していた。そのため、ポリテクニクが多数の進学者を引き受け、大学は従来の教育を維持するという二元構造は、「正当な学術的水準を犠牲にすることなく」(Ross 2003: 49) 大学を保護する役割を果たす構造として大学に益するものであるという意見である。つまり、二元構造における准大学高等教育機関の存在により、大学は自ら改革に向かうこともなく、学生の質の低下等による大学の社会的評価を下げることもなかった。ポリテクニクが存在することで、大学は、引き続き優秀な学生を集めることができ、伝統的な教育・研究のスタイルを維持することができたのである。大学セクターを守る立場にある者にとって、二元構造の維持は必須であり、大学側は一元化には消極的であったが、結果的に政府とポリテクニクに押し切られることとなった。

6. 一元化以降の高等教育機関

このように、イギリスの高等教育は従来の二元構造が解消され一元化された。しかし一元化は大学の均質化を意味していない。一元化以前から大学間には、伝統的大学、カレッジ連合大学、旧市民大学、新市民大学、新構想大学といった分類がなされ、その性格を異にしていた。一元化以後はこの分類に代わり、ラッセル・グループ[21]、1994グループ、CMU (Colleges & Modern Universities) といった大学群による分類がより強い意味を持つようになった。ただしこれらの大学分類は、各時代の要請により出現した大学分類とは異なる。主として研究評価に焦点を合わせた機能別、あるいは目的別大学分類といえる。またこのような分類は未だ流動的であり、一元化が新大学にどのような可能性を切り拓いたのかは、慎重に観察を続ける必要がある。1987年には研究審議会助言委員会 (ABRC) が大学を、研究大学、教育大学、そしてその混合大学の三層に種別化することを提案する報告書を提出した。この提案は反故になったにもかかわらず、類似の状態が生じてきているようにも思われる。この論点に関しては第8章で詳しく論ずる。

1 ポリテクニク

一元化後も、新大学と旧大学との間には厳然たる格差が未だ存在していた[22]。

ポリテクニクは新大学となり、学位授与権を獲得し、大学と同等の権限を有することができた。このことは画期的であり、その限りにおいて地位は向上したといえる。しかし、大学の象徴である自治が獲得されたという状況にはなく、学内行政に関しては理事会による管理運営が上意下達式で行われ、旧大学と比較しても部局の自律性が侵されていた。

大学・カレッジ労働組合 (UCU) の代表であるニール・ウィリアムソンは、旧ポリテクニクのデ・モントフォート大学の急速な変化を目の当たりにし、次のように述懐している。「LEAに管理されてきたポリテクニクは、新大学に昇格しても旧大学と比較するとはるかに管理運営が徹底されやすく、大学昇格後も政府の政策や高等教育市場に素早く対応することになった。その結果は、教員にかかる過重な労働負担と仕事によるストレスの増加であった」(The Times 2007)。

予算についても、旧大学と比べて基本財産が少なく、一元化以前も以後も教育スタッフに配分される予算額が少ない。また、地位は向上したとされるものの、教員1人当たりの学生数 (SSR) が示すように教員不足はさらに悪化している。適正規模の予算が与えられていないため、学生数に対して教員数が不足しており、学生数を減らすべきかどうかという問題さえも生じている。さらに、研究予算の獲得に当たって重視される研究評価に関しても、そもそも実践的な実学系の学問が中心であった新大学は、旧大学に比べ不利な位置にある。しかも各大学への予算は研究評価結果に基づき予算が重点傾斜配分されるため、評価の低い新大学に研究予算が配分される可能性は限りなく少なく、また研究評価結果は産学連携による外部資金導入の際の判断基準にもつながる。そしてこのような予算獲得のあり方が、元来教育大学であった新大学を研究に向かわせる要因となっている。

2　伝統的大学および旧大学

　それでは、一元化に消極的であった伝統的大学および旧大学は、一元化にどのように対処したのであろうか。

　一元化が始まった1992年からそれほど間を置かない1994年に、元来は大学学長委員会 (CVCP) により設立された学務監査室 (AAU) を吸収し創設された大学側の立場に立つ高等教育水準審議会 (HEQC)[23]は、『変化の選択：高等教育における進学機会、選択そして流動性の拡大』という報告書を公刊した (HEQC 1994)。多様な学生や課程が混在していた旧ポリテクニクが新大学に昇格することで、大学が量的に拡大し、大学の種別化や機能分化がある意味で実現されていた中での公刊である。高等教育機能の多様化という視点から一元化を考えるのであれば、准大学高等教育機関の大学昇格を求めずとも、すでに一元化の時点で多様な課程や多様な学生は高等教育機関に存在していた。しかし、准大学高等教育機関を大学に昇格させる中で旧大学はあえて「変化を求め」、その門戸を大きく広げようとしたわけである。もちろん、主な理由は学生の確保のためであり、報告書には旧来の学生とは異なる学生層に対応するための方策や政府の進める「高等教育機関進学機会均等」政策に沿った内容が盛り込まれており、旧大学も「変化」を選択したかのように思われた。ただし、多様化を求めた旧大学が行ったこととは、それぞれのミッションや社会の中での存在意義に基づき、あるいは学生や社会からの要望に応じて、同質の大学をグループ化したことであった。すなわち、ラッセル・グループ、1994グループ、シンク・タンクのミリオン・プラスグループといった大学群による大学の階層化の進展である。そして、この階層化で最も大きな特徴が、ラッセル・グループと他の大学群との間の顕著な格差である。例えば、1992年には新大学は旧大学とは別枠で研究評価が実施されたが、一元化後に旧大学と対等の立場で初めて実施された1997/98年度の研究評価の結果、旧大学2校を除き、評価の上位はラッセル・グループの高等教育機関により独占された。その中でHEFCEからの研究費補助金総額の91.5％を、上位2大学と二つのカレッジが占めた。さらに、研究評価の高さはイギリスの高等教育機関のリーグ・テーブル（ランキング）に大きく関係し、その高低が国内

外の研究者や教員、そして学生を惹き付ける大きな要因ともなる。このように一元化以後における旧大学の変化で最も大きな特徴は、大学群のグループ化によるランクづけが進んだことであった。

結果として、一元化により補助金配分も効率化され、また新大学で学位や課程の多様化が図られたことで、政府が推進する進学機会の拡大も実現されたと考えられるが、一方で大学間格差は広がり階層化が進んだ。しかし、それに対し政府は手立てを講ずることはなかった。なぜならば、政府も旧大学側も実質的なエリート教育の解体を望んではいなかったからである。

3 一元化がもたらした変化

以上で、イギリス高等教育における二元構造の成立から一元化への流れを高等教育の政策面から確認したが、この変化はイギリス高等教育界に大きな影響を与えた。高等教育機関とは認められてこなかった教育機関が昇格という形で大学となったことで生じた大学と大学進学者数の量的拡大は、量的変化にとどまらず、入学者の質の変化と共に学位の質と高等教育制度の変化、さらには、高等教育予算を支出している政府の方針にも影響を与えた。

予算を媒介とした政府との関連性は、大学の財政的な自律性の問題そのものであり、財政的な自律性の問題はひいては大学の自治、教員の自治という問題へと直結していることは容易に推測されよう。一元化以後の高等教育を検討するためには、これらの点も同時に進行していたことを理解しておかねばならない。

また、一元化後の高等教育界の状況を把握する必要がある。この一元化によって大きく影響を受けたのはやはりポリテクニクであった。ポリテクニクの中には「大学」という名称を受けることを潔しとしない学長もいた。例えば、コヴェントリー・ポリテクニクの学長であったマイケル・ゴールドスタインはポリテクニクから大学に名称を変更したものの、「名前は変わっても、そのスタイルは変わりません。中身はいまだ同じです」というスローガンを掲げることで、独自性を主張した。他にも、1992年当時ノース・ロンドン・ポリテクニクの学長であったレズリー・ワグナーも、ポリテクニクというブ

ランドを打ち立てることが、ポリテクニクの社会での存在価値につながるものと考えていた (The Times 2007)。しかし、大半のポリテクニクの学長は大学に昇格するや否や大学学長委員会 (CVCP、現 UUK) に入会し、ポリテクニクの看板を外し、「大学」という名称を付けることになった。

当時のポリテクニク機関長委員会 (Committee of Directors of Polytechnics) の最高責任者であり、前サザンプトン・ソレント大学の学長であったロジャー・ブラウンは、「新大学では学長のみならず教員も研究資金を得るためにあくせくし、中には旧大学の価値基準に極端に依拠したため、他大学との併合にいきついたところもあった」と回顧している (The Times 2007)。

1992年当時ポリテクニク機関長委員会の広報担当であったジョン・イズビキは、地域と地場産業との強い連携を強みとする新大学こそが経済問題を中心にイギリス社会が抱えている諸問題を解決し、階層化された社会を解放すると断言した。彼の主張は、旧大学側がポリテクニクの運営方法を取り入れつつあるのであって、ポリテクニクが今まで成功してきた、また、旧大学と対抗する中で蓄積してきた長年の大学運営をも含む教育・研究手法を変えるはずはないというものであった (New York Times 1992)。しかし現実は、新たな大学の地位を旧大学と肩を並べるための梯子として利用し、大半のポリテクニクが教育から研究に比重を移す努力にもかかわらず、従来の研究大学に研究補助金の大半が流れる構造を自ら目の当たりにしたということであった。

新大学でも成功例はある。オックスフォード・ブルックス大学である。2001年の研究評価では歴史学で最高評価の5*をとるなど、国内で高い評価を受け、学生の当該大学への進学者数も1992年度の10,000人から2006年には19,000人に増加した。しかし、新大学の最上位にある本大学でさえ、リーグ・テーブルの中では52位にすぎない (巻末の資料2)。

ロジャー・ブラウンがいみじくも述べたように (The Times 2007)、新大学はその存在に対し社会的認知を得るためにも、旧大学とは異なるまったく新しい組織として出発する選択肢もあったのかもしれない。

一元化から5年後の1997年には『ロビンズ報告書』と並び、イギリスの高等教育、とくにその転換を語る上で欠かせない報告書である『学習社会にお

ける高等教育』(通称：『デアリング報告書』) が公刊された (NCIHE 1997)。

『デアリング報告書』は、英国政府の諮問機関として発足した高等教育制度検討委員会 (NCIHE：全国高等教育検討委員会、通称デアリング委員会) が1997年7月に政府に提出した報告書で、1997年から20年間におけるイギリスの国家的必要性に適う高等教育のあり方を調査および検討した結果をまとめた報告書である。簡潔に要点を述べるならば、「国際的な経済競争の時代において、継続的な高等教育の拡充なしには連合王国の反映と国際的地位を確固たるものとなすことはできない」ということになろう (秦 2001: 240)。ただし、その拡充には「高等教育への経費抑制および質の維持を保持したまま」、という条件も付されていることを考慮に入れる必要がある (秦 2001: 240)。

デアリング委員会が組織された当時はイギリスの高等教育が危機的状況にあるという認識が社会に蔓延しており (Watson 2007: 1)、その状況を打開するための解決法を模索するために委員会が設置された。高等教育への政府からの補助金不足により政府と大学は緊張関係にあり、政府は、①高等教育政策の大幅な修正、②大学の管理運営および組織改革、③財政配分機関の国家レベルでの統一、という結論に達した (Watson 2007: 1)。その結果、『デアリング報告書』を受けて、政府は評価に基づいた補助金配分制度の強化、無償から有償への大学教育の転換、および学生ローン制度の導入、産学共同研究の促進、さらには中等教育と高等教育をつなぐ役目ともなる新たな学位である応用准学位 (第4章参照) の導入等を実施することになった。

7. 結　語

本章では高等教育機関の一元化に至るまでの政策の変遷および一元化以降の高等教育機関についても一部論じた。

サッチャー政権は、数多くの政策を導入すると共に小さな政府を標榜することで経済の立て直しを図った。また、政府は地方自治体に権力の移譲を行わず、逆に地方自治体への統制力を強化することで1980年代の経済沈滞期

を乗り越えた。地方自治体を超えて権力を組織や個人に移すことで、結果的には政府の権力の集中化が推進されることになったといえる。この市場政策は疑似市場と呼ばれる中央政府の管理下にある市場化であって、無制限な市場化を認めない政府の方針は、少数民族を含む社会的不利益層への支援や授業料の高騰を抑える政策の中にも表れている。

パブリックおよびプライベート・セクターの統一は、一部の少数者のための閉鎖的な特権社会としての大学が一般に開放されたこととまったくの同義ではない。しかし、「非大学」型であった高等教育機関に大学という名称を付けることによって、非大学は他大学との競争のもと、教育面のみならず研究面においても大学と対等に公衆の期待を担うものとなり得たともいえる。

高等教育政策という観点からサッチャー政権を考えた場合、サッチャーが政権をとるまでは高等教育政策を策定する委員会は超党派による委員たちで構成されていた (Shattock 1994)。つまり、このことは『ロビンズ報告書』が出てからも高等教育政策が実は政権与党がイニシアチブをとって実施されてこなかったことの証左である。そして、サッチャー政権によって初めて高等教育政策と呼べるものがイギリスに誕生したということになる。その後、中央政府によるイギリス高等教育政策そのものの大幅な変更が行われることにより、管理運営、組織改革、および財務改革が20世紀末から加速的に実施され、サッチャー政権以降には教育改革においては、自由と選択、公正、効率性、質という四つの側面が重視されることになった。

このことを踏まえ、第Ⅱ部においては、四つの問題領域である①学生の質、②学位の質と制度、③大学財政、④大学の自治が一元化後どのように変化したかを実証的に分析し、論ずる。

註
1 マーセンは「ヨーロッパにおいて、「政策」とは国の政策的課題の何をどのようにするかに言及するものであり、「改革」とは国と高等教育との関係を変化させることを意味する」と、政策と改革の相違を述べている(マーセン 2005: 108)。
2 確かに、ポリテクニクやカレッジが「大学」という名称を受けることを、果たして「昇格 (upgrade)」と呼称してよいものかについてはさまざまな意見が存在する

であろう。しかし、あえて本書では大学昇格と呼ぶこととした。プライベート・セクターに属する大学とパブリック・セクターに属する非大学との最大の違いは、非大学が学位授与権を有していないことであった。つまり、学位授与権は大学でなければ持つことのできない権利であって、授与権を獲得したことが昇格と呼ぶ理由の一つである。また、大学となることによって政府からの補助金交付面での旧大学との公正化が図られたこと、研究評価に参加する権利や教育評価で平等な評価を受ける権利を得たことなども「昇格」と呼ぶ理由として挙げられよう。

3 1971年のインフレ率は9.7%、74年には16%、75年には24.2%にまで上昇した（川勝1997）。

4 マーチン・トロウは、イギリスにおいても高等教育に市場原理を持ち込もうとしたが、真の市場が生まれるには至らなかったとしている（トロウ2000: 225）。

5 独立行政法人化とは、「巨大な官僚機構を分割し、……（中略）……、財政・人事のすべてをエージェンシーに移管し、エージェンシー自身が最良で柔軟に運営できるようにするもの」（竹下・横田・稲沢・松井 2002: 78）を意味し、エージェンシーにすることで、サービスを改善し、財源を効率的に使うことを目的とする。

6 CCTとは、横田によれば「（ある一つの）自治体が法令で定められた事業を実施したいと希望する場合には、入札に参加して民間企業や他の自治体に打ち勝たなければならない」（竹下・横田・稲沢・松井 2002: 169）という制度である。

7 1968年当時ブリティッシュ・レイランドの自動車工場内に、246の異なる組合が存在していた（ジャット 2008: 460）。

8 国が各自治体の歳出額の上限を設定し、上限額を上回った予算を組んだ自治体には歳出削減を指示するもので、その指示に従わない場合には財源を凍結するという強硬な手段にもおよぶ（竹下・横田・稲沢・松井 2002: 193）。

9 経済学で使用された言葉で、イングランドの経済理論家であるトーマス・マンの国家による統制的経済政策に対するフランスの重農主義者であるケネーが主張した経済における自由放任主義を意味する。無干渉主義とも呼ばれる。

10 外部への説明責任：社会一般に対して負う義務で、大学の使命が忠実に果たされていることや資源を誠実かつ責任を持って用いていることの説明義務。内部への説明責任：自大学を構成する全教職員に対する大学の改善を目的とする説明責任。法律・財政上の説明責任：資源の用途についての報告義務。学術上の説明責任：大学内外を問わず、他者に対して、資源がいかに使用されたか、その結果どのような効果があげられたかを説明する義務（トロウ 2000: 209-210）。

11 当時の状況は、望田（1996）において詳細に述べられている。

12 ラスキン・カレッジは、1899年に労働者、とくに労働者階級運動において指導的役割を果たす人々を対象に教育を提供するためのカレッジとして設立された。本カレッジは、労働者のためのカレッジであると共に、労働者が大学レベルの教育と学習を身に付けられるように、オックス・ブリッジ両大学と密接な関係を保つように工夫された（「オックスフォード大学と労働者階級の教育」安原訳

第2章　高等教育の一元化に至る政策の変遷　117

2006)
13　1944年から1976年までの間に出された教育政策に関する法律は、1944年教育法、1971年教育（ミルク）法（サッチャーが教育大臣のおり、学校への無料のミルクの提供を廃止した法）、そして1976年教育法（全公立中等教育学校の生徒受け入れにおける選抜の禁止）の三つの教育法だけであったが、それと比較して1979年から2000年までの間には30以上の教育法と多数の細則や法令が出された。

14　最大学生数（MaSN）は、法令により政府からの補助金援助を受けることのできるフルタイムの学部生、大学院教育証書（Postgraduate Certificate of Education: PGCE）課程の学生、そしてパートタイムの教員養成課程の学生数総数の最大人数を統制することを意味しており、1993年に初めて導入され、1994/95年度から適用された。イギリスではそれぞれの大学のフルタイム（イギリスの大学では、フルタイム学生数の中にサンドウィッチ課程を取る学生数が含まれる）学生の最小・最大入学者数をあらかじめHEFCEが決定する。最大学生数の設定は、高等教育への公的資金を制御する方法として考えられた。当時、全フルタイム学部生とPGCE課程、パートタイムの教員養成課程の学生の95％の授業料が公的資金でまかなわれており、日常経費も公的補助金から出されていたからである。そこで、政府は審議会に学生最大数を一定数内に抑えることを指示した。仮に大学がHEFCEの決定に反して、決められた入学者数を上回る学生を入学させた場合には、1％から4％の猶予はあるものの、超えた人数分の授業料を審議会に支払わなければならない。政府はLEAを通じて当該大学への学費負担分の交付金を最高45％まで削減可能としており、大学の不足分はHEFCEが補填しなければならず、その結果、翌年当該大学はHEFCEからの厳しい人数削減が要請される仕組みになっている。例えば学費は学期ごとに各大学へ学生の所属する地域のLEAを通し、課程の種類等を考慮に入れてまとめて政府から各大学へ支払われるのであるが、新入学生数をHEFCEが決定している人数に抑えるために、1994/95年度には学費補助金を45％削減するという方法が政府によりとられた。学生定員に達しない場合には金銭的制裁はないが、2％以上の学生数が学生定員に不足した場合には、翌年の募集学生人員が減らされることになる。1999/2000年度からは、この最大学生数は、法的に収入査定で公費援助を受けるフルタイム、パートタイムの学部生および大学院生に限定された。しかしこの入学者数の規制は、学費を自己負担している学生には無関係である。

15　セントラル・イングランド大学の学長であったピーター・ナイト曰く、ジョン・メイジャーは首相に選ばれた時に、「大衆受けがよく、かつまた安上がりの制度を一つ見つけてくれ」と教育省にメモ書きを送り、教育省の役人は、高等教育の二元制度の廃止を進言し、彼は即座にその案を受け入れたという（The Times 2007)。また、大学で教育を受けなかったメイジャーは、彼のマニフェストの一つであった「classless society」の達成の一環としてポリテクニクを大学に昇格した

ともいわれている（New York Times 1992）。
16　大学は、銀行からの借り入れも自由で、産学連携、企業との共同研究も実施し、会社も設立できる。しかし、経営問題も浮上した。1993年には、サウスウェスト・ロンドン・カレッジが負債を抱えて閉鎖になったため、高等教育財政審議会（HEFCs）が公的補助金のセーフガードとして監視を行うようになり、現在では経常経費の総額の7％以上は借り入れできないことになっている。
17　高等教育法人は、1988年教育改革法の規定（第125条）により、教育大臣が承認する管理運営規則が適用される。
18　パートタイム学生は、フルタイム学生の2分の1と換算する。
19　なお、この条件の中で第一の条件が2004年度以降変更となり、「研究学位（博士号等）課程」が設置されていなくても大学という名称を受けることが可能となっている（DfES, Press Notice 2004/0139 Final Decision on degree awarding powers and use of university title, 16 July 2004）。
20　1990年代当時のHEFCEの理事会を組織していた理事は実質15名で、最高責任者が元サザンプトン大学学長のハワード・ニュービーで、委員長はデヴィッド・ヤング、その他の理事は旧大学から3名、新大学から2名、カレッジから3名、他の政府外郭団体から1名、研究所から1名、企業から1名、研究審議会から1名、国民健康保険機構から1名となっている。
議長：David Young
最高責任者：Howard Newby
　　あとの評価委員やオブザーバーや理事会事務員を省いて考えれば、理事会メンバー総数は、議長も含めると15名で構成されている。
〈委員〉
① Stephen Bundred　開発庁長官
② Dick Coldwell　ノースロンドン大学理事会委員長（新大学）
③ Ron Cooke　ヨーク大学前学長（旧大学）
④ Jackie Fisher　ニューカッスル・カレッジ学長
⑤ Ann Lloyd　国民健康保険機構常務理事
⑥ David Potter　企業委員長常務理事
⑦ Sir Gareth Roberts　オックスフォード大学ウルフソン学寮長（旧大学）
⑧ Peter Saraga　フィリップス研究所前人事部長
⑨ Nigel Savage　法科カレッジ常務理事
⑩ Peter Scott　キングストン大学学長（新大学）
⑪ Richard Sykes　インペリアル・カレッジ（ロンドン大学）学寮長（旧大学）（大学、社会、政府に非常に大きな影響力を持つ人物）
⑫ John Taylor　研究審議会事務局長
⑬ Dorma Urwin　ユニヴァーシティー・カレッジ・ウスター前学寮長
　　大学関係者は、13人中8名である。その他には陪席員として、ニック・サンダー

スが教育技能省から参加している。また、オブザーバーとして、
① Steve Martin　　ウェールズ教育学習局常務理事
② Robson Davison　北アイルランド高等教育財政審議会局長
③ Roger McLure　　スコットランド高等教育財政審議会常務理事
④ John Harwood　　学習技術審議会常務理事
⑤ Simon Cannell　　書記
が参加 (HEFCE. HEFCE Board members. Bristol: HEFCE. Available from http://www.hefce.ac.uk/aboutus/board/; Internet; accessed on 12 December 2003.)。
〈付記〉
　ハワード・ニュービーは研究審議会の一つである経済・社会科学研究審議会 (ESRC) のメンバーで、縮小気味であった経済・社会科学研究審議会を立て直した成果が大きく認められ、サザンプトン大学学長に引き抜かれた。サザンプトン大学は、1862年に創設され、1952年に王立憲章で大学となっており、伝統的大学というよりは市民大学に近い。イギリスでは大規模な旧大学であり、現在ではエリート大学とみなされている。ニュービーの座右の銘は、「優れた研究が、優れた教育を生み出す」ということであった (秦 2001: 176-185)

21　ラッセル・グループはイギリスの20の主要な研究大学連合である。1994年に初めてロンドンのラッセルホテルで会合を開き、その際に創設された。2004/05年度の研究評価結果では、ラッセル・グループに属する大学がイギリスの大学の研究補助金収入の65％（約18億ポンド）を占めた。ラッセル・グループが組織されてから、大学のグループ化が目立った。なお、巻末資料1に詳細に記載。

22　公の立場にありながらも、イギリスの大学の階層化を肯定する大学教員もいる。
　「イギリスの高等教育界もエリート教育からマス化された教育へと移行しつつあり、（一元化）以前であれば大学はほぼ均質であり、また均一化すべきであるとされていましたが、高等教育を受ける層の拡大が大学の序列化を生み出しました。……補助金額も大学の地位も共に序列化が重要です。研究と教育が同等に評価されるなどということは幻想に過ぎません。研究評価の結果出された順位づけこそが、現在のイギリスの大学の序列なのです（ハワード・ニュービー）」(秦 2001: 177)。

23　大学教育における質保証制度の変遷についてまとめる。

評価制度の発展	高等教育関連機関	政府機関
第一期　高等教育界主導段階 （1980年代後期 ～1990年代初頭）	・UGCやNAB（National Advisory Board for HE）が廃止 ・CVCP（教育の質評価に注目） ・AAU設立（CVCPにより）	・LEA（弱化・非大学への財源配分） ・NAB→PCFC（1988） 　　　→CNAA（学位） ・UGC→UFC（1988）

第二期　高等教育機関と政府両者の共存段階 （1990年代初頭～中期）	・HEQC（AAUを吸収）設立	・UFC + PCFC → HEFCs へ ・CNAA と HE Inspectorate 消失（1990） ・RAE → HEFCs ・TQA → QAD
第三期　第三者機関導入期 （1990年代中期～2001年）		・QAA（QAD と HEQC を併合～1997）
第四期　質保証の緩和・転換期 （2001年～現在）		・QAA → institutional audit 中心のライトタッチ（2002） ・新教育評価と補助金配分方式を発表（2003）

第Ⅱ部　実証的考察

　第Ⅱ部においては学生の多様化に対応できない、またマス高等教育に対応できないイギリスの大学の根本的な理由を明らかにするために、第一の課題から第四の課題までが、一元化によりどのように変化したのかを第3章から第7章の各章で実証的に検証する。第8章では一元化後の全大学の特徴を変数化し、統計処理を加え、新たに連合王国の大学分類をする。その結果がイギリスの大学の現状と課題を示唆することになるからである。

第3章　一元化以降の大学進学者の質の変化

1. はじめに

　政府や社会そして高等教育界において、伝統的大学と1963年の『ロビンズ報告書』以降に創設された新・旧市民大学や新設大学間の高等教育の質に関する疑問の声は生じなかった。旧大学間には厳然としたヒエラルヒーが存在していたが、少なくともオックス・ブリッジやロンドン大学が授与する学位とレディング大学やリヴァプール大学の学位は同じ学位名称である限りにおいて同等とみなされていた。しかし、1992年以降ポリテクニクが大学に昇格したことにより、従来大学で行われてきたエリート教育は教育や学生の質からカリキュラム、講義内容に至るまで大衆化したと考えられ、高等教育の質という観点から学位と入学生の質が問題視されるようになった。継続教育の延長上にあるとされ、大学とは異質の機関として、かつまた明らかに大学より格下とみなされてきた准大学高等教育機関の大学昇格に伴い、新大学が授与する学位の質および新大学への入学者の質に対する疑義が呈されたのである。

　それぞれの高等教育機関の存在そのものが、機関構成員や地域、地域文化の差異からなり、時間の経過の中で質・量共に変容するものである。この高等教育の質と量に、強制的変化を強いる力として補助金配分が絡んできた時に、高等教育機関の間に新たなヒエラルヒーが生み出されることになった。

　本章ではまず、イギリスの高等教育制度を特徴づける四つの特質と、それらの特質を維持するために不可欠であった中等教育制度の三つの特徴について解説する。高等教育制度を特徴づける四つの特質とは、①中等教育と大学の学士課程段階の課程編成が高度に専門分化されてきたこと、②イギリスの

高等教育システムが少数のエリート育成を目的としてきたこと、③イギリスの高等教育機関がアメリカの大学と比較して学生数が少数であったこと、そして④大学教育を大学院ではなく学士課程教育の第1学位の取得に焦点を合わせていたことである。中等教育制度の三つの特徴とは、a) 中等教育制度と高等教育制度の連続性と非連続性、b) イギリスにおける中等教育修了制度または中等教育の特異な発達事情、そして c) 生徒の特殊な学習状況である。これら四つの特質と三つの特徴をとくに本章で取り上げる理由は、これらの特質や特徴を理解せずに、イギリスの新・旧両大学の位置づけや両大学の社会での役割を把握することは困難であるからである。

次に、高等教育制度を特徴づける四つの特質と中等教育制度の三つの特徴を踏まえ、一元化が高等教育機関に与えた影響を高等教育人口の量的拡大と大学入学者の質の変化の両面から明らかにする。量的拡大は従来の大学生の範疇に属さない学生の急増を生み出し、伝統的大学の入学資格であったGCE・Aレベル[1]資格外からの入学者数の増加を招いたのである。進学者の多様化は入学選抜制度にも影響を与え、その結果として進学率にも影響を与えた。これらすべてのことは、必然的に大学入学者の質の変化につながる。この入学者の質の変化をもたらした要因とその結果生じた現象を確認し、最終的にはエリート教育を特徴づけてきたイギリスの高等教育制度の四つの特質がどのように変化したかを解明する。

2. 一元化以前の高等教育制度の特質

本節では、トニー・ビーチャー、メアリー・ヘンケル、モーリス・コーガンが論ずる、高等教育の一元化以前におけるイギリス高等教育制度の枠組みを支えてきたとされる四つの特質とそれらを維持するために不可欠であったイギリス中等教育制度の三つの特徴 (Becher 1993, Becher, Henkel, and Kogan 1994) に批判的検討を加えた上で、それら四つの特質が一元化後にどのように変容したかを考察する。

第一の特質は、中等教育と大学の学士課程段階の課程編成が、高度に専門

分化していることである。パートタイム課程が並存しているが、学士課程はフルタイム課程が中心である。一部の大学を除き、日本やアメリカの大学のような一般教養課程はなく、学生は第1学年から専門コースを履修する。また、医学、歯学、薬学、工学、獣医学系の特定学部を除き、大学における学部教育は3年間で修了する。これらのことを容易にしている理由は、日本の大学における1、2年生の専門教育内容に相当する高度な専門教育を中等教育課程で行っているからであるといわれている。早期からの専門教育の結果、学士課程3年、修士課程1年、博士課程3～5年という他国と比べて比較的短い年数での学位取得が可能となるのである。

　中等教育からの専門性の確立にはイギリスの大学入試制度が深くかかわっている。各大学は独自の入学試験を実施しており、各大学によって入学要件は異なるものの、大学の学士課程に入学するためには通常義務教育最終段階の第11学年（16歳）に実施される中等教育修了一般資格（GCSE）試験の5～6科目においてC以上の成績をとっていることと、中等教育の最終段階の13学年（18歳）で実施される教育資格一般認定試験（GCE）・Aレベルの2科目から3科目に合格することが必要とされており[2]、この要件がフルタイム学部学生の入学資格の基本形態となっている。大学の入学要件において中等教育の教科が2科目から3科目に絞られていることで、中等教育からの専門化が促進されることになる。市民大学創設後には複数科目を平行して学ぶ複合学位コース[3]もできたが、学生にとっては単一優等学位課程を目指すことが最も一般的で、大学に入り一つの専門分野を究めることが標準的なイギリスの大学生であるとされてきた。

　第二の特質は、イギリスの高等教育システムが少数のエリート育成を目的としてきたことである。大学は大学という名称を持つ限りにおいて、博士課程を持つ研究大学であると同時にエリート育成に重点が置かれているとされた。1938/39年度において全大学のフルタイム学生数は約5万人[4]で、当該年齢層の約3％であった（University Grants Committee 1963）。

　「エリート」という点について付言するならば、例えば1835年から1860年までオックスフォード大学の学生は全員、地主や聖職者、上流階級の子息

であり、1900年当時においても80％以上がジェントルマンの育成を目的としていた(Stone 1974)[5]。しかしながら、本章でいうところの「エリート」とは、パブリック・スクールで「人々を統率し、自らを律する能力、自由と秩序とを結びつける才能、公共的精神、強靭な男らしい性格、確固とした卑屈ではない世論を尊重する態度、健全なスポーツと運動を愛好する態度」(Maclure 1969: 28-29)を学び、大学においては伝統的な教養諸科、古典語、古典文学、純粋数学を核とした教養教育を体得したとして他から選別された人々を意味する[6]。

　第三の特質は、イギリスの高等教育機関に在学する学生数がアメリカの大学と比較して少数であったということである。最も学生数の少ない大学であるクランフィールド大学は学生総数が500名程度で、他にも総数が150名程度の高等教育機関も存在している(HEFCE 1997)。1989/90年度においても46機関のうち7機関のみが1万人規模で、20機関が5千人以下の学生数となっていた(**表3-1**)。

表3-1　イギリスの学生数の規模による大学分類経年変化：1961/62年度から1989/90年度

フルタイム学生数	1961/62	1971/72	1981/82	1989/90
1,000人以下	1	1	1	1
1,000〜1,999	12	4	0	0
2,000〜2,999	4	15	6	0
3,000〜3,999	3	11	9	11
4,000〜4,999	2	2	9	8
5,000〜5,999	2	4	8	8
6,000〜6,999	2	3	2	3
7,000〜7,999	0	1	4	2
8,000〜8,999	1	2	2	5
9,000〜9,999	1	2	2	1
10,000人以上	0	2	4	7
平均規模（人）	4,040	5,000	6,390	6,238
高等教育機関数	28	47	47	46

註：上記表の中には、ロンドン大学、ロンドン大学ビジネススクール、マンチェスター・ビジネススクール、ウェールズ国立医学校が含まれておらず、1989/90年度に関してはマンチェスター工科大学も含まれていない。そのため表1-5（第1章）と比べ、1961/62年度の大学数が少ない。
出典：Halsey 1992: 94.

学生数の大規模な大学といっても、ロンドン大学やウェールズ大学、オープン・ユニヴァーシティーを除けば、学生総数は1万5千名程度で（HESA 1999, HEFCE 1999(c): 120）、このことが大学院教育における教育・研究の実施に際し、経済面や教育面で大きな影響を与えてきた。例えば学生数の少ない大学の場合、指導教員1人が担当する学生が少なくなるために、教員・学生共に設備面だけでなく精神的にも余裕のある教育が期待できる。一方で大学院では学生数が少ないため、教育訓練も個別授業あるいは小グループでの実施となる。

高等教育機関数も1960年当時の28校から、1971/72年度には47校となったが（表3-1）、それ以降高等教育機関数は一元化の直前までほとんど変化がなかった。しかし、一元化後の2001年度には、政府からの補助金を受けている高等教育機関数はイングランドで131機関（ロンドン大学は1機関と換算）、連合王国全体では168機関（ウェールズ大学連合に関しては各機関個別に換算）となった（HESA 2002(b)）。

第四の特質は、大学教育を大学院ではなく学士課程教育の第1学位の取得に焦点を合わせていたことである。イギリスの高等教育においては、何ごとにおいても常に学部学生が中心となり、大学院教育は学部教育の周縁に位置するものとみなされてきた。

上記四つの特質は、政府の補助金配分とも密接にかかわっていたとも考えられる。1997年までは第1学位を専攻するフルタイム学生の学費は無償であった[7]。政府は第1学位専攻の全フルタイム学生の学費を拠出してきたために、政府としては修業年限が短く、また、学生数も少人数のほうが財政負担も少なくなる。逆に、大学を短期間で修了するには中等教育のうちから高度に専門化しておく必要がある。

イギリス高等教育制度の四つの特質を生み出した要因は、初等・中等教育制度にも内在する。イギリスの中等教育制度における特徴を具体的に掲げると、第一に、イギリスの中等教育は大学とは別の教育体系にあり、大学は公教育の学校体系とは接続していない独立した教育制度を持った高等教育機関と位置づけられていたことである。中世の伝統的大学群が形成され、学校体

系的にはその下部に貴族的エリート形成の学校系統が伸び、やがて義務教育の普及に伴って下から上方に伸びてきた庶民教育系の学校系統が併存する複線型教育制度が成立した。すなわち、大学を頂点としその下に大学予備門であるパブリック・スクールやグラマー・スクールなどの伝統的中等学校が設立され、その下にさらに初等段階のプレップ・スクールやプレ・プレップ・スクールが配置された学校系統は、エリート教育を実施してきた下構型中等教育である。一方、庶民を対象とし、読み書き算数を中心とした基礎教育の学校である公立小学校の延長として、実用的な知識や技能を提供する学校がつくられていったのが上構型中等教育で、上構普通教育型と上構技術教育型に分けられ、上構普通教育型がモダン・スクールであり、上構技術教育型がテクニカル・スクールとなる。この上構型中等教育の頂点にあったのが、CATであり、その後のポリテクニクであった。

　この義務教育を特徴とする近代教育システムは、欧州諸国のほとんどの社会では19世紀初頭に実現されたが、イギリスでは1870年になってようやく発足した。当時、教育分野は政府が関与する領域とはみなされず、地方自治体の監督のもとで教会や民間が管理運営していた。つまり、大学が公教育の延長線上にないために、初等・中等教育の生徒を汲み上げて包含する必要がなく、独自の教育体系や制度で大学教育を実施することができたのである。

　第二に、イギリスにおける中等教育学校修了制度や中等教育学校の発達事情が挙げられる。イギリスでは中等教育学校卒業（卒業証書授与）制度がなく、義務教育修了年限である16歳に達した後、適宜学期末ごとに離学していく習慣になっている。本章第5節1項でも述べるが、これはパブリック・スクールやグラマー・スクールといった中等教育学校が、既存の大学入学への準備機関であったことに関係している。パブリック・スクールやグラマー・スクールにおいて生徒は正規の学課および課外学習の中で社会での支配者層の成員となるための教育を受け、大学入学への準備教育がなされていた。しかし、それ以外の中等学校からの大学進学への道は閉ざされていたのである。伝統的大学が、卒業後も続けて修学を希望するパブリック・スクール卒業生の受け入れ機関となっていた過去の歴史を考慮すれば、イギリスの大学とパ

ブリック・スクールの類似性が理解できる。伝統的大学の教育はパブリック・スクールで実施されていた教育の延長線上にあるものだと考えられるからである。

　上記第一と第二の中等教育制度における特徴が、高等教育制度の第三の特質である小規模な学生数を産み出し、学生数が少ないことが高等教育制度の第一の特質である学士課程段階の高度の専門化と第二の特質である少数のエリート育成の温存に役立ってきた。特に第二の中等教育制度における特徴は、高等教育制度の第二の特質と密接に結びついていた。

　第三に、生徒の特殊な学習状況が挙げられる。つまり、早期からの専門化である。生徒はGCE試験によって希望大学の必要資格を取得していくわけであるが、GCE試験ではアカデミックな学力試験が中心となっており、Aレベルにおいては二、三教科を集中的に学ぶことが通常である。16歳から18歳までの３年間同一科目を学ぶことにより、その結果、早期の専門化が始まる。この中等教育制度における第三の特徴が、高等教育制度の第一の特質である学士課程段階の高度の専門化を促進することになった。

　中等教育の三つの特徴は相互に影響を与えながら高等教育制度の特質を維持してきた。しかし、1992年の一元化後の高等教育機関数と学生数の急増は、高等教育制度の構造だけではなくその質にも大きな影響を与え、高等教育制度の四つの特質にも変化を引き起こしたと考えられる。

3．初等・中等教育と高等教育との接続

　イギリスの義務教育年齢は、1972年以降は満５歳から16歳までとなっている[8]。初等・中等学校もパブリック・セクターとプライベート・セクターに大別される。パブリック・セクターには公立学校のほか、国または地方公共団体から補助金を受け、その補助額に応じた管理を受ける任意団体が経営する学校も含まれている。

　プライベート・セクターは公的補助金を受けず、公からの管理も受けない独立学校によって代表される。パブリック・スクール[9]（序章註22参照）は独

立学校の中の代表的なもので、パブリック・スクール校長協会への加入が認められた学校が通常は正規のパブリック・スクールと考えられている。また、パブリック・スクールとグラマー・スクールとは本質的に異なっているわけではなかった (Green 1990, Lawton 1975, 空本 1969)。

創設当初、グラマー・スクールは教会の支配下にあり、学びを求める貧困層に開かれており、生徒は最終的に聖職につくことが求められていた。その後、ウィンチェスターの司教であったウィッカム (William of Wykeham) が、1382年に初めて上流階級の子弟を対象としたグラマー・スクールであるウィンチェスター・カレッジを設立し、当該カレッジの卒業生が大学に進学するために、1386年にはオックスフォード大学内にニュー・カレッジが創設された (Sabben-Clare 1981)。大衆からは乖離していたものの、ここにおいて複線化していた中等教育と高等教育に一つの接続の道筋がつけられたことになる。

また、初等教育から中等教育に移行する年齢に関しても、パブリック・セクターとプライベート・セクターでは相違がある。つまり、初等教育におけるパブリック・セクターの学校では11歳で中等学校[10]に入学するが、プライベート・セクターでは前期準備学校[11]に続く準備学校を経て、13歳で中等学校に入学する。初等学校から中等学校への接続の時点ですでに、パブリック、プライベート両セクター間に年齢差があることは大きな特徴といえる。中等教育は16歳の時点で前期中等教育と後期中等教育とに分かれており、16歳から18歳の後期中等教育段階は「シックス・フォーム」(第六年級) と呼ばれ、年齢的には日本の高等学校に相当する[12]。

第二次世界大戦後中等教育が全国民に開放されると同時に、大学進学に直結するグラマー・スクール、技術教育を行うテクニカル・スクールおよび大衆のためのモダン・スクールの3種類に中等学校は分類されることになった。このシステムは「三分岐制度 (tri-partite system)」と呼ばれ、子供たちは11歳になると11歳時の試験 (イレブン・プラス試験) を受け、その結果により上記3種類の学校に振り分けられる仕組みになっていた。この三分岐制度に対しては、まだ判断力もつかない11歳という早期に生徒の将来の進路が決

定されるという弊害が指摘され続けてきた (Dent 1955, Simon 1955; 1960; 1974)。問題点はテクニカル・スクールやモダン・スクールからは大学進学がほぼ不可能であり、実質的には生徒の大学進学およびその後の職業選択の可能性が、初等学校から中等学校へ進学する11歳の時点でほぼ確定されていたことである。そこで、労働党と保守党の間で中等教育に関する論争が展開され、1922年に労働党は歴史家でもあったリチャード・トーニーの編集した『すべての者に中等教育を』(Towney 1922) を公刊した。その中で初めて初等学校と中等学校の関係が連続的に捉えられたものであった。すなわち初等学校と中等学校の関係を連続する課程の中での前期課程および後期課程として位置づけた報告書であった。しかし、トーニーの持論は、「教育条件の平等ということは教育条件の同一ということではなく、中等学校には可能な限りのタイプの多様性があってしかるべき」(Tawney 1922: 66-67) というものであり、ここで述べる「すべての者に中等教育を」という文言は、三分岐制を容認した上での中等教育の多様化という意味であった。その後も1938年には『スペンズ報告書』(Board of Education 1938)、1943年には『ノーウッド報告書』(Board of Education 1943) が出されたが、両報告書においても三分岐制は維持され、3種類の学校の格差と質の不平等は温存されたまま中等教育の改革が進んでいくことになった[13]。

　幼少期の試験結果による早期の人生選択の弊害を是正するために、また、学校間のヒエラルヒーの撤廃、あるいは社会での3種類の中等学校への評価の平等を導くために、物理的環境条件の平等だけではなく質の平等という観点から大学受験の機会均等を目指して、政府はこれら3種類の中等学校にグラマー・スクールと同水準のカリキュラムを取り入れることと、モダン・スクールの生徒に対しては少なくとも16歳から開始されるGCE・Oレベル試験[14]を導入することを求めた (望田 1996)。

　1965年には労働党政権下で中等学校の総合制化への政策転換が打ち出され、現在では公立中等学校の大部分が総合制中等学校に変更された。その結果、1965年当時には92％の生徒が三分岐制度のもとで修学していたが、1976年には76％の生徒が総合制中等学校に学ぶことになった (Jones 2003:

71)。しかし、1980年代においてもパブリック・スクールへの進学は困難で、進学率は9歳時に6％、14歳時でも8％にすぎず、ウィッティらは、進学年齢の生徒の中でごくわずかしかパブリック・スクールに進学できないことは驚くべきこととしている（Whitty, Edward, and Fitz 1989）。しかも、依然としてパブリック・スクール卒業生が社会で占める地位は高かった。公務員、高位の外交官、大使といった公的機関にはオックス・ブリッジの卒業生が高い割合で就職するものの、大企業や銀行にはパブリック・スクールの卒業生のほうがオックス・ブリッジの卒業生よりも高い割合で高い職階に就くことを考えあわせると（表3-2）、オックス・ブリッジを卒業するよりも、パブリック・スクールを卒業することこそが社会での成功に直結すると考えた人も多数いたと推察される。

　社会的な階級差というものは、階級ごとの文化的あるいは精神的特性を醸成する。優秀な子供であっても特定の階級に生まれれば大学に進学することなど彼らの視野には入ってこない。その具体的な例証が、イギリスでは16歳までが義務教育年限となっているが、1970年においても16歳未満の生徒の44％が何一つ資格を得ずに離学していたという事実である（NCIHE 1997）。早期離学者は、親からの独立や自らの家庭を築くことを目的として早々と学

表3-2　1980年代のパブリック・スクールとオックス・ブリッジ卒業生が卒業後に占める役職　　（％）

職種もしくは役職	パブリック・スクール	オックス・ブリッジ
公務員	50	61
高等裁判所の裁判官	83	83
弁護士	89	89
イギリス国教会司教	59	71
大使	69	82
大手保険会社の取締役	92	50
銀行の頭取	70	47
銀行の会長	83	67
イングランド銀行の取締役	78	89
証券会社の会長	88	59
40大企業の取締役	66	40

出典：Whitty, Edward, and Fitz 1989: 17.

校を辞めて職に就いていた。このような早期離学者が多数生ずる背景としてイギリスではとくに、家族構成員の学歴と学校制度に起因するいわゆる文化資本の不平等な分配が考えられている[15]。つまり、この文化資本の不平等な分配により富める者と貧しき者の二極化が進んだというのである。一例として挙げると、夏期大学のコーディネーターのサラ・パイの言葉の中に、イギリスの堅牢な階級分化の存在が如実に現れている。

> 「自分たちの親や保護者がカレッジや大学へ行っていない青少年にとっては、進学という選択肢は考えないものです。夏期大学はそんな青少年達に向上心を持たせること、勉学を奨励すること、成績を上げること、そして広く彼らの教育と人生において適切な選択を行えるように支援することを目的としています。」(Halifax Courier 27 February 2008)

そのため、夏期大学の開講は高等教育への進学を諦めていた青少年に、再度進学を考える機会になるように設定された。この状況に対して他に福祉政策として政府がとった措置とは、社会政策や教育政策等を通しての平等化政策の展開であった。市場経済において生じた富裕階級と貧困層の格差が、政府による知識や技能を向上させる手段としての「教育」、すなわち、一種の公共政策により解決されるとの信念により、「高等教育機関進学機会均等」政策や、大学進学も可能な職業資格の導入が実施され、出自により大学進学が困難な社会において、政府の政策が大きな打開策となった。職業資格についても同様のことがいえる。これら離学者の中には仮に中等学校を卒業しても資格を取得できなかった生徒が多数であったため、離学者に対して資格取得を促すことを目的として政府は多様な資格制度を導入した。その結果、1992年には無資格離学者の割合が1970年に比べて格段に減少することになった（**表3-3**）。

しかし、11歳での試験による振り分けによって、早期に大学進学を断念せざるを得ない中等教育の複線構造の存在により、社会からの高等教育の拡大を求める気運は大きくはなかった。そのために、中等教育における改革も

表3-3　1科目以上の資格を取得／無取得で離学した生徒の割合

(%)

	Aレベル	Oレベル	無資格
1970年	17	34	44
1992年	30	64	7

出典：Mackinnon 1996: 171.

効果がなく、1980年代に至ってなお目に見える形での社会的機会の均等化が進まなかった。しかしその後、社会的、経済的発展のための人材育成を実施するという新たな目的も加わって、中央政府は政策の一環として高等教育の一元化を皮切りに、中等教育ではなく高等教育における改革に踏み切ったものと考えられる。

4. 高等教育人口の量的拡大

1　学生数の増加

　高等教育の拡大を論じた『ロビンズ報告書』以降、学生数の増加が顕著であった。例えば、フルタイムの学生数は1962/63年度の11万9千人から1989/90年には33万4千人と約3倍に増加した。1965/66年度の急増は、1963年の『ロビンズ報告書』の影響を受けCATが大学に昇格したことと、ケント大学やウォリック大学が開学したことが理由と考えられる。しかし一方で、1982/83年度から1984/85年度にかけてフルタイム学生数はマイナス成長であった(**表3-4**)。

　1982/83年度から1984/85年度は保守党政府がUGCへの補助金額を減額した時期である。フルタイム学生数が減少したのは、この補助金削減の結果と考えられる。同様に、景気の回復の兆しが見え始めた1986年からは補助金が増額され、フルタイム学生数も増加に転じた。『ロビンズ報告書』以降1992年の一元化に至るまでのポリテクニクの学生数の増加率も高い。保守党政府が高等教育予算を削減した時期においてもポリテクニクの学生数は一定の割合で増加した。この理由は、政府から予算削減を受けた大学が入学者数を抑えたために[16]、大学に進学できなかった生徒がポリテクニクに流れた

表3-4 大学におけるフルタイム学生数の変化：1962/63年度から1989/90年度

年度	数（千人）	増加率（％）
1962/63	119.0	+5.2
1964/65	138.7	+9.7
1965/66	168.6	+21.6
1969/70	219.3	+3.8
1974/75	250.6	+2.7
1979/80	292.7	+1.5
1982/83	295.4	-1.6
1984/85	290.6	-0.4
1989/90	334.5	+5.3

出典：Halsey 1992: 93.

ものと考えられる。

　また、ポリテクニクと大学の学生数の伸び率を1965/66年度と1991/92年度で比較すると、それぞれ4.9倍（378,769/76,920）、2.5倍（376,074/152,227）となった（Pratt 1997: 28）。

　表3-1で示したように、『ロビンズ報告書』後にはイギリス政府の施策の一環として高等教育機関数は増加したが、1970年代以降1990年代に至るまで、大学数の拡大は起こらなかった。職業的な専門性を高めることを目的としていた工科大学も、人文・社会科学系カリキュラムや教養教育を主とする旧大学モデルに回帰したため、旧大学と同様の大学入学要件と学問的高さを進学者に求めた。工科大学の入学基準が上げられたため、全大学の入学要件が高まった結果、大学進学への正規のルートとされていたGCE・Aレベルによる入学基準も上げられることになった。そして、旧大学の要求する入学レベルに達しなかった大学進学希望者はポリテクニクに入学し、1980年代にはポリテクニクの学生数が急増した。プラットが、ポリテクニクを高等教育人口拡大のための「拡大媒体（vehicle of expansion）」（Pratt 1997: 29）と称した理由も納得のゆくものである。1960年代の政府によるパブリック・セクターを利用しての高等教育拡大政策は有効であった。しかし、このことは、学士号を得ようとする学生を当時学位授与権のなかったポリテクニクが教育するという矛盾を引き起こすことにもつながった。

表3-5 連合王国とイングランドの高等教育機関における学生数
(1997/98年度、2005/06年度および2006/07年度)

年度	(単位:人)	連合王国	イングランド
1997/98	高等教育(HE)受講学生数	1,800,064	1,496,889
	継続教育(FE)受講学生数	42,268	40,471
	全学生数の中で継続教育受講学生数の割合(%)	2.3	2.6
	全学生数	1,842,332	1,537,360
2005/06	HE受講学生数	2,336,110	1,936,420
	FE受講学生数	123,785	115,205
	全学生数の中で継続教育受講学生数の割合(%)	5.0	5.6
	全学生数	2,459,895	2,051,625
2006/07	HE受講学生数	2,362,815	1,957,190
	FE受講学生数	115,610	103,210
	全学生数の中で継続教育受講学生数の割合(%)	4.7	5.0
	全学生数	2,478,425	2,060,400
	HEにおける1997/98から2006/07年度の変化率(%)	30	29
	HEにおける2005/06から2006/07年度の変化率(%)	1	1
	FEにおける1997/98から2006/07年度の変化率(%)	174	155
	FEにおける2005/06から2006/07年度の変化率(%)	−7	−10

出典:Universities UK 2008: 9.

『ロビンズ報告書』以降の1960年代からの高等教育人口[17]の急速な拡大は、1)政治・経済的要因[18]、2)文化的要因[19]、3)専門職の拡張、4)高等教育の多様化、そして5)社会的開放に起因すると考えられる。とくに、3)、4)、5)の伸展は新大学(ポリテクニクやカレッジ)の拡大に直結した要因と考えられる。高等教育のプログラムの多様化や労働者層からの高等教育進学等は、専門職のみならず就業中のキャリアを磨き伸ばすための、あるいは就職のための資格要件として、職業教育を受けようとする多くの人々をパートタイム・コースやサンドウィッチ・コースを提供するポリテクニクに進学させることになった。

戦後のイギリスの福祉政策は高等教育機会の保障と人材育成の二点において、高等教育拡大政策を理論的に正当化したと金子は論じた(1994: 24-25)。金子の指摘に照らしてみると、戦後の福祉国家政策の戦略的位置を占めた「社会的機会の均等化」と「社会経済発展の人材養成」(金子 1994: 24)の実現化

に向けて、拡大しないプライベート・セクターの大学に代わり、1980年代にはパブリック・セクターにあるポリテクニクがその役割を果たしたといえる。ポリテクニクの存在そのものが高等教育人口の拡大に資したのではあるが、ポリテクニクが提供した課程もその後の高等教育の発展に重要な意味を持っていた。つまり、高等教育の多様性に大きく貢献していたと考えられる。例えば、パブリック・セクターの高等教育において、「教育における革新」(Pratt 1997: 33)と呼ばれた課程が、サンドウィッチ・コースであった。このコースは1950年代および1960年代に上級工学カレッジ (CAT) において生まれ、その後、ポリテクニクで大きく拡大することになった (Burgess and Pratt 1970)。サンドウィッチ・コースを受講する学生数は、1965/66年度には11,000人弱であったが、1968/69年度には18,000人となり、1988年には53,000人、1991年には77,000人と急速に増加していった。

大学においてもサンドウィッチ・コースを学位課程の中に取り込もうとする動きが見受けられたが、3年間あるいは4年間集中して学業に取り組む伝統的課程が中心である大学ではサンドウィッチ・コースの形態そのものが適しておらず、サンドウィッチ・コースの学生数はポリテクニクに比較して増加しなかった (表3-6)。

また、表3-7が示すように学士課程以外の課程や大学院課程では、それぞれ73%、63%と、かなりの数の学生がパートタイム学生として高等教育機

表3-6 ポリテクニクおよび大学におけるサンドウィッチ・コースに在籍する学生数および全学生の中でサンドウィッチ・コースに在籍する学生が占める割合

年度	ポリテクニク上級サンドウィッチ・コース (人)	ポリテクニク全サンドウィッチ・コース (人)	ポリテクニク全学生の中で占める割合 (%)	大学サンドウィッチ・コース (人)	大学全学生の中で占める割合 (%)
1965/66	10,042	10,816	6.0	9,681	5.2
1970/71	19,799	20,123	16.0	13,665	5.3
1975/76	29,816	29,978	18.0	13,737	4.8
1980/81	41,506	41,634	20.0	15,155	4.6
1985/86	48,604	48,814	20.0	13,230	4.0
1990/91	66,739	66,837	20.0	15,813	3.9
1991/92	76,592	76,623	19.0	17,541	4.0

出典:Pratt 1997: 35.

表3-7　連合王国とイングランドの高等教育機関における学生数
（1999/2000年度および2004/05年度）

	レベル	学生総数	フルタイム学生	パートタイム学生
学部：学士課程	連合王国（1999/2000年度）	1,000,410	906,480（90.6%）	93,920（9.4%）
	連合王国（2004/05年度）	1,004,100	829,200	174,900
	イングランド（2004/05年度）	810,260	731,510	78,750
学部：学士課程以外	連合王国（1999/2000年度）	447,310	120,920（27.0%）	326,390（73.0%）
	連合王国（2004/05年度）	406,200	102,800	303,400
	イングランド（2004/05年度）	388,070	98,920	289,150
大学院	連合王国（1999/2000年度）	408,620	151,330（37.0%）	257,290（63.0%）
	連合王国（2004/05年度）	383,000	174,200	208,800
	イングランド（2004/05年度）	342,290	125,490	216,800
合計	連合王国（1999/2000年度）	1,856,330	1,178,730（63.5%）	677,610（36.5%）
	連合王国（2004/05年度）	1,793,300	1,106,200	687,100
	イングランド（2004/05年度）	1,540,610	955,920	584,700

註：括弧内は学生総数に対する割合
出典：HESA 2001 および DfES 2006(a) をもとに作成。

関に属しているが、1999/2000年度の学士課程におけるパートタイム学生数は学生総数の9.4%にとどまる。

　旧大学の学士課程においてパートタイム学生が少ない理由として二つのことが考えられる。第一に、学士課程やその他の高等教育課程の学生が政府から奨学金や生活費の貸与を受けるにはフルタイム学生でなければならなかったことである。パートタイム学生は、政府の日常経費融資の貸与対象から外れたり、公的補助金がなかったりと、資金面での扱いが厳しかった。大学は授業料、試験料、学生組合費用等の学生納付金を徴収しているが、フルタイム学生のみが、保護者の収入査定による授業料の減免措置や学生ローンによる貸与奨学金により日常経費の補助を受けることができた（第5章参照）。『デアリング報告書』において勧告され、政府が再考するまでは、パートタイム学生には奨学金制度が設けられておらず、フルタイム学生に比べてパートタイム学生は公的補助金制度の中で不平等に扱われていた。

　第二に、公的資金援助のための審査基準の一つである修了率において、パートタイム学生数が算入されないことである。イギリスでは地方教育当局が政府からの補助金を獲得するために1年ごとに各高等教育機関の公的資金補助の妥当性を評価することになっている。その評価には進学率の審査だけでなく修了率の審査も含まれている。つまり、修了率は大学の補助金取得額と強

い相関関係があり、修了者数が規定の割合に達しない場合には補助金が減額され、各大学の施策に大きな影響を与えた。しかしながら、パートタイム学生や准学位専攻学生は、修了率算定の際の対象となってはいなかった。このように大学においてパートタイム学生が増加し得ない条件が、大学の多様化の阻害要因としてすでに制度的に存在していた。

2　非正規学生の増加

　正規学生であるフルタイム学生以外のパートタイム・コースの学生、いわゆる非正規学生の増加が高等教育機関に与える影響は大きい。**表3-8**に示すように、准大学高等教育機関であったポリテクニクの上級レベルコースの学生数は76,920人から378,769人と約5倍に増加している。上級レベルのみならず下級レベルコースの学生も含めると、1965/66年度の学生数は169,741人で、1991/92年度にはその学生数も401,255人となる[20]。ポリテクニクはこれら多数の学生を受け入れ教育してきたが、ポリテクニクの大学昇格を機にこれらの学生が大学に進学することになった。

　ポリテクニクの大学昇格（新大学）に伴い、パートタイム学生は新たな大学進学者層としてその数を着実に伸ばしたといえる。とくに職を持つ学生は、1) キャリア・アップのため、2) 転職・就職・再就職、3) 現職に必要な他分野の技術獲得のため、フルタイムよりもパートタイムでの修業を選択する傾向が強かった。他にも、4) ポスドクが他の分野への転向を図るため、5) 主

表3-8　ポリテクニクにおける上級レベルコースの学生数：1965/66～1991/92年度

（単位：人）

括弧内はポリテクニクの数	フルタイム	サンドウィッチ	パートタイム（昼）	パートタイム（夜）	合　計
1965/66	21,788	10,042	23,169	21,921	76,920
1970/71 (26)	31,826	19,799	24,062	15,393	91,080
1975/76 (30)	62,281	29,816	37,282	16,312	145,691
1980/81 (30)	79,228	41,506	46,780	17,915	185,429
1985/86 (30)	105,563	48,604	52,337	19,395	226,799
1990/91 (32)	154,029	66,739	74,388	22,385	317,541
1991/92 (34)	187,668	76,592	87,394	27,115	378,769

出典：Pratt 1997: 27.

婦層を含む、年配者や社会人の進学のため、6) 大学入学資格を有しなかった人々の進学のため、7) 生涯学習として、8) 退職者の再学習といった理由でパートタイム学生が急増する下地は整っていたといえる。

　高等教育が拡大した別の要因に、女子の高等教育機関への進学率の上昇が挙げられる。1979/80年度の女子の進学率は進学該当年齢の約40％であったが、その後急速に増加し、1995/96年度には51％と2人に1人は大学に進学するようになった。さらには、21歳以上のフルタイム課程の成人学生[21]が在学生の全体に占める割合は1992/93年度において33％であったが（**表3-9**）、新大学ではこの数値は34.2％となる。また、パートタイム課程を専攻する学生の62％が31歳以上の成人学生であったことも従来の学生観を変える要因となった。また、社会的少数派の高等教育機関への進学率はおよそ13％であったが、その後、政府が推進する高等教育機関進学機会均等[22]政策により少数派の高等教育機関への進学率は28.6％に、また、進学者の少ない特定地域からの進学も13.9％にまで上昇した（DfES 2006(b): 61）。

　結果として、1) 職業科目の増加、2) 新大学の影響によるパートタイム学生の急増、3) 女子学生の増加、4) 成人学生の増加、5) 政府の進学機会均等政策による少数派や、進学者の少ない地域からの進学の拡大により学生数は大きく増加した。この学生数の急増と共に、それぞれがまったく異なった組織、管理・運営システムを持ち、なおかつ所属する教員、学生、教育課程、教育形態、入学方法も大きく異なっていた大学とポリテクニクが一元化されたために、入学生の質および学位の質が各大学間で同等と考えてよいのか、という疑問が生じることになった。

表3-9　『ロビンズ報告書』および一元化後の高等教育機関における学部生数の変化

進学率	『ロビンズ報告書』以降（1979）	一元化以降（1992）
進学率	12.4％	27.8％
21歳以上のフルタイム入学生の比率	24.0％	33.0％
フルタイム女子入学生比率	40.8％	47.3％
社会階級：事務職・労働者	37.0％（1978）	42.0％（1993）

出典：DfEE 1994.

5. 大学進学者の質の変化

1 高等教育機関入学選抜制度

　入試業務に関しては、大学・カレッジ入学サービス (UCAS[23]) が全国的に一括処理する機関となっている。UCAS は、1994年に大学入学中央協議会 (UCCA) とポリテクニク入学中央システム (PCAS) とが統合されてできた機構である。1995年からは芸術系の高等教育機関も傘下に入ったため、高等教育機関全体の入学を管轄することになった。この機構は政府からの補助金を受けておらず、入学情報の提供や入学手続き業務が主たる収入源である独立法人である。

　イギリスでは日本のように入学志願資格が国により法定化されておらず、例えば、大学入学のための最低年齢や最低学歴についても国としての一律の規定は存在していない。選考基準や入学要件は各大学あるいは学科ごとに決定されるが、各大学への出願から合格決定通知を出すまでの事務手続きは UCAS が管理しており、生徒が個人で希望する各大学・学科に直接送付する仕組みではない。流れとしては、UCAS に送られてきた志願書が UCAS から志望大学（最大5校まで）に送られ、各大学がその生徒に個別に入学選抜を実施する (UCAS 2008)。その選抜に際しては全国共通資格の成績結果が利用されるのである。

　イギリスでは生徒の到達度を評価すると共に、教育水準を維持するために、あるいは高等教育機関への進学のために、義務教育最終段階の第11学年 (16-17歳) において中等教育修了一般資格 (GCSE) 試験が実施される。これは外部試験であり、生徒は通常多数の試験科目の中から自分の進路に関連する5〜6科目を受験する。この試験は最高 A* から最低 G までの8段階評価になっており、G に達しないものは不合格となる。そしてこの GCSE 試験に合格し、高等教育への進学を目指す生徒はシックス・フォームへ進むことができる。シックス・フォームにおいて、大学進学のための中等教育修了上級資格の GCE・A レベル試験のための準備を行うのである。GCE・A レベルは A から E の5段階評価（それ以下は不合格）で、中等教育の最終段階の13

学年 (18-19歳) に実施される。合格すれば大学への入学資格を得ることになる。

Aレベル以外に各大学は独自の試験を実施しており[24]、合否の判断基準、募集人員数は各大学が決めることになっているが、選考基準として外部の試験機関が行う試験の成績を重視している。つまり、イギリスの大学入学者の選抜は、教育資格一般認定 (GCE) 試験での成績に基づき、各大学が独自に責任を持って受験者に学籍を与えていく方法がとられている。

以上のようにイギリスにおいては各学校が修了を認定するのではなく、義務教育においても、また中等教育においても、いずれも外部資格試験によって修了が認定される制度となっており、その修了試験で好成績を得ることが大学への進学要件となる。

イギリスの大学入学資格が、日本のように初等、中等、高等学校間の接続機能として学校制度内に法定化されず、各大学独自に規定される理由には、イギリスの大学教育が公教育の体系からは外れていること、そして、各大学の設置の起源に依拠するためと考えられる。つまり、1944年教育法 (Education Act 1944)[25] により、中等教育後の教育は継続教育と分類され、その中で大学は継続教育を担う他の高等教育機関の中の一部とみなされてはいるものの、各大学個別の法律や勅許状に基づいて成立してきた。そのため大学はイギリスの教育制度の中で、公教育の学校体系とは別個の独立した高等教育機関と位置づけられるのである。

入学選抜制度の問題点
公立学校から伝統的大学に進学する生徒数が少数であったために、社会問題として大きく取り上げられた。1999年には、公立学校出身のローラ・スペンスがAレベル試験において4科目でAを取得したにもかかわらず、彼女が希望していたオックスフォード大学のモードリン・カレッジへの入学が認められず、6万5千ドルの奨学金を受けてハーバード大学に進学することになった。この件に関して当時大蔵大臣であったゴードン・ブラウンは、オックスフォード大学を出身学校によって大学進学者を差別化するエリーティズ

ムの温床であると非難し (BBC News, 26 May 2000)、政治問題にまで発展することになった。身体化された、あるいは制度化された文化資本と、パブリック・スクールの学寮制度の中で寝食を共にすることで生徒が身に付ける社会資本によりパブリック・スクールと共通の文化が大学に持ち込まれ、パブリック・スクール卒業生特有の共有文化は、大学内でさらに沈澱し、差別機能を持つ場合が多い。オックス・ブリッジのカレッジは、ある特定の階級の集まる「クラブであり、暖炉の周りで学生と教員が高価なポート酒やワインやシェリーを楽しみながら、誰もがその一人一人を知っている」場所なのである。その中で大学の基盤を成す「カレッジ精神」が醸成される (Tapper and Palfreyman 2000: 68)。そのため、特定階級の枠組みに入ることのできない他の階級からの進学者はオックス・ブリッジから排斥されがちであることは、学内外で耳にすることである。そのため、状況改善に向けて、高等教育機関進学機会均等政策の拡大が求められ、この問題は社会的公正、階級差の是正といった側面からも社会的に大きな波紋を投げかけた。しかし、GCE・Aレベルの結果ではなく、仮に出身学校や話し言葉や政府の政策によって進学希望者の入学の合否が決まるならば、1940年代からの学力試験制度における改革は意味をなさなくなるだけではなく、GCE制度の存在そのものの根底が揺らぐことにもなる。

　イギリスの社会階級は現在でも大学進学に影響を与えている。**表3-10**は、各社会階級[26]が高等教育機関に進学した割合を示している。1997/98年度は1991/92年度と比較して、どの階級も高等教育進学率は増加している。しかし、社会階級Ⅰの専門職は1997/98年度には80％が進学しているが、社会階級Ⅴの非熟練労働者は14％にとどまっており、専門職との差が大きく、1991/92年度よりもその差は拡大している。しかし、専門職からの進学者数がほぼ飽和状態に近付きつつあるのに対して、労働者層からの進学者は少なく、今後進学率が上昇する可能性も残されている。

　政府も社会的公平を期すことを目的として、デアリング委員会の勧告を受け、四つの原則、すなわち、高度な質の教育と学習、学習機会の拡大、出自や経済状況による入学拒否の不許可、大学やカレッジは学生や地域社会に

表3-10　各社会階級の子弟の高等教育進学率（1991/92 〜 1997/98年度）(%)

社会階級	1991/92	1992/93	1993/94	1994/95	1995/96	1996/97	1997/98
Ⅰ：専門職	55	71	73	78	79	82	80
Ⅱ：中間管理職	36	39	42	45	45	47	49
ⅢN：非肉体労働者	22	27	29	31	31	31	32
ⅢM：肉体労働者	11	15	17	18	18	18	19
Ⅳ：半熟練労働者	12	14	16	17	17	17	18
Ⅴ：非熟練労働者	6	9	11	11	12	13	14

註：学生数は、21歳以下のフルタイムおよびサンドウィッチ・コースの学部生で、18歳から19歳以下の年齢層に対する割合とする。
出典：Greenway and Haynes 2000: 10.[27]

対して個別に対応するだけでなくより広範な説明責任を持つことを掲げた(Clark 2000: 3)。その一つである「学習機会の拡大」は、ブランケット教育担当大臣により積極的に推し進められ[28]、政府方針に則って、大学受験者において成績差が見られない限りにおいて私立学校出身者よりも総合制中等学校等の公立学校出身者を優先的に入学させる大学も出てきている[29]。

　大学進学者層の変化に関しては、公立学校からの進学是正問題に対する逆差別とも考えられる例も生じた。2002年ブリストル大学の入学を希望したある有名私立学校の生徒が、GCE・Aレベルの5科目でAを取得したにもかかわらず当該大学を不合格になった。ブリストル大学は、2006年にはイギリス全大学の中で17位に位置する著名な旧市民大学であり、また労働者階級出身の学生比率がイギリスで最も低い大学でもある(Leach 2005)。つまり、政府が進める高等教育機関進学機会均等政策があまり浸透していない大学ともいえる。そのため、政府からの政策的圧力が当該大学進学者の選考に影響を与えたと批判されており、この不合格は逆差別とも考えられたのである。

　大学進学に関する問題点は他にもある。前述のオックスフォード大学・モードリン・カレッジの入学者の予算は5名分しか学内で配分されていなかった[30]。通常ならば、進学希望者が多数であるならばそれに応じて門戸を開き、学籍を増やせばよいとも考えられるが、イギリスでは国家予算との兼ね合いでHEFCEの算定法に則った学籍配分となり、各機関の受け入れ最大学生数が決められている。政府がその上限を外そうとすれば、増加した学生に対してかかる費用（授業料では補填できない不足額）を高等教育機関自ら捻出

2 進学率および退学率

　イギリスの高等教育機関および継続教育機関への進学者数は、1982/83年度から1992/93年度の間に大幅に増加した。しかし、1992年以降は漸増傾向ではあるものの微増にとどまっている。また、第1学位を専攻する21歳以下のフルタイム学生の1年後の退学率は1998年に増加しているもののほぼ7％から8％の間に、また21歳以上の社会人学生の退学率も1998年に増加しているが15％から16％の間にとどまっている（表3-11）。職業を持つ社会人学生の退学率は21歳以下の学生の2倍となっているが、一方で継続して学修する学生は約65％と高い割合となっている。この就学率の高さには各大学が提供するサンドウィッチ・コースの存在が大きな影響を与えていると考えられる。

　21歳以下の学生の退学率が急増した1998年は、授業料の有償化が開始された年である。フルタイム第1学位課程の授業料が無償化されたのが1960年代であることを考えると、およそ40年もの間無償であった授業料の有償化は学生への影響が大であった。退学率がかなり減少した2000年度とは、高等教育機関への政府予算配分が増加し始めた年であり、学生への補助金や奨学金も増額された。その後、政府の高等教育予算は2001年度58億ポンド、2002年度61億ポンド、2003年度64億ポンドと、毎年5％の増加を示した（第6章参照）。このように、政府の高等教育予算に関連する政策と学生の高等教

表3-11　第1学位FTイギリス人学生の1年後の退学率（サンドウィッチ学生を含む）

(％)

	1997	1998	1999	2000	2001	2002
21歳以下						
連合王国	7.5	9.0	7.8	7.1	7.3	7.8
イングランド	7.5	7.9	7.7	6.9	7.0	7.3
21歳以上の社会人学生						
連合王国	15.1	16.0	15.9	14.5	14.9	15.4
イングランド	15.1	16.3	16.0	14.4	14.8	15.1

出典：Clark 2006: 73.

育機関進学率は密接にかかわっており、そのため、ブレア政権以降も政府は大学進学者の拡大のための基金を創設し、教育予算の増額を目指して多様な改善策を実施した[31]。

3 GCE・Aレベル資格以外の入学資格

学生数の増加は入学資格の拡大の影響も受けている。近年、GCE・Aレベル資格試験に代わる外部資格試験が整備され、伝統的大学や旧大学においてもGCE・Aレベル試験以外の資格による大学入学も可能となってきており、事実Aレベル以外の入学者が増加している。代替の資格は職業系資格、国際的な入学資格およびアクセス・コース修了資格の三つに大別される。

1991年5月に公刊された政府白書『21世紀のための教育と訓練』に対応して、1992年の継続・高等教育法 (Further and Higher Education Act 1992) 施行後、イングランド、北アイルランド、そしてウェールズに一般全国職業資格 (GNVQ) が導入された。この資格は幅広い教養をも含む職業能力に関する資格である。また、労働者階級には大学の第1学位課程に進学するため必要なGCE・Aレベル資格を持たない者が多いとされてきたため、高等教育機関進学機会均等政策を促進するためにも多種類の資格試験が2000年以降矢継ぎ早に導入された。2000年9月からは新たにGNVQが改変され、2002年9月より基礎、中級そして上級の3種類のコースを含む職業科目の中等教育修了一般資格 (GCSE) となった。実用面や実技面を重視した従来の職業教育資格試験での成績は、大学入学に際しても社会的にも評価が低かったため、職業面でも優遇されることが少なかったことから職業教育資格試験が改正される結果となった。職業系資格の代表的なものには「上級GNVQ（職業Aレベル）」[32]があり、大学によってはGCE・Aレベルと職業Aレベルの組み合わせを認めているところもある。

准大学高等教育機関では職業資格を入学基礎要件としていたが、大半の職業資格は限定された範囲の知識や技能・能力を評価するものとなっていた（柳田 2004）。そのため、基礎学力と職業上の技能や能力を組み合わせた職業資格であり、かつ、学力上のみならず社会的にも認知されるGCE・Aレベ

ルに匹敵する資格が必要となり、上級 GNVQ が導入された。上級 GNVQ は職に就くため、あるいはさらに上級の高等教育機関に入学するための資格で、義務教育修了後の2年間の職業教育課程修了に相当し、GCE・Aレベルと同等に扱われる。その結果、上級 GNVQ を入学要件として認める大学が増えている。例えば工学系科目や科学系科目取得の代わりに1科目でも上級 GNVQ を取得すれば、大学入学が認められるようになった。上級 GNVQ を取得する学生数も増加し、全体の約20%に達する状況になっている。

また、海外留学生向けの国際的な資格としては、国際バカロレアやヨーロッパ・バカロレアも GCE・Aレベルに代わるものとして認められている。それ以外に、21歳以上の成人志願者は審査に当たり、志願者の実社会での経験を考慮するなどして入学要件を緩和、あるいは適用しないといった特別の配慮がなされる場合も多い。

その他、GCE・Aレベル資格以外で大学進学要件となる資格としてアクセス・コースの修了資格がある。本課程は1970年代中頃に教育科学省（DES）の要請を受けて、全国学位授与審議会（CNAA）により開設された課程で、本課程を修了すると高等教育機関の入学資格を得ることになる。本課程は継続教育カレッジの学生で、経験や技術力はあるものの正規課程で GCE・Aレベルの資格を取得していない成人に用意されたコースで、GCE・Aレベルと比べるとかなり修了しやすくなっている。CNAA は潜在的大学進学者のための支援策となることを意図して本課程を開設したと述べているが（CNAA 1981）、大学入学が容易になった結果、アクセス・コースからの進学者が急増したため、勅任教育視学官（HMI）の勧告により正規の GCE・Aルート以外で高等教育機関に進学する進学者数を総進学者数の25％以下に抑えることが規定された（CNAA 1986）。

表3-12　1994/95年度のAレベル1科目以上の資格を取得して離学した生徒の割合

(％)

	総合制中等学校	グラマー・スクール	独立学校
一科目以上合格	12	63	61
三科目以上合格	6	14	11

出典：Mackinnon 1996: 173.

こうした規定が制定された背景には、学生の質の格差が顕在化したことが挙げられる。一元化直後の中等学校別のGCE・Aレベル試験結果の数値を比較すると、総合制中等学校の卒業水準がグラマー・スクールや独立学校と比較してかなり低いことが実証された(**表3-12**)。そしてまたアクセス・コースからの進学者の急増が示すように、大学進学への正規ルートとみなされていた従来のGCE・Aコース外からの高等教育機関進学者が学士課程に進学するならば、伝統的大学の学生の質に変化をきたすことは容易に理解される。

大学進学者の質の問題

GCE・Aコース外からの学生数の増加と共に大学進学者の質が問題として提示されることになった。過去においては各専門分野ですでに大学入学者の質は高水準に達しているといわれてきたが、高等教育機関への進学率が上昇した結果、入学者の水準が落ちてきたと指摘され(Bargh, Scott, and Smith 1996, Brooks 1991)、大学入学者の質が問題となってきたのである(**表3-13**)。

元来、オックス・ブリッジ、およびロンドン大学[33]の代表的なカレッジの入学は厳しい競争を伴い、大学間で厳然としたヒエラルヒーが存在している。その実態にもかかわらず、学位の水準、とくに修士課程や博士課程の水準は、アメリカや日本の大学とは対照的に大学間で極めて近似するとされていた。この学位水準の維持や均一性には制度化された学外試験委員制度が大きな役割を果たし、高等教育の質の維持に有効に機能しているとされた。アカデミック・スタンダードとは文書化されたものではなく、学生や学外試験委員や同僚の間で伝承されてきたものであり、大学自らが決める事柄として

表3-13 一元化以後の学位の水準

(%)

	10旧大学		14新大学		合計(24大学と4高等教育カレッジ)	
	外部評価	内部評価	外部評価	内部評価	外部評価	内部評価
上昇した	34.2	14.9	43.2	22.0	38.8	17.1
同レベルである	39.0	27.7	35.2	30.0	37.9	29.7
下降した	26.7	57.4	21.6	48.0	23.3	53.2

出典: Bargh, Scott, and Smith 1996: 187

理解されてきたのである。また、第1級優等学位においても、高等教育機関の間で、また異なる学科間でも同質の価値を持ち得たため、大学における質や水準についてはほとんど問題とされず、ロビンズ委員会では、高等教育人口の拡大に伴う学生の質の低下は生じていないとされた。しかし1990年初頭には、教育科学省長官であったケニス・クラークがポリテクニクに向けての講演の中で、学生数の増加につれてパブリック・セクターの高等教育機関の第1級優等学位および第2級上級優等学位を取得する卒業生数もかなり増加していること、そして、学生数の増加がGCE・Aレベルや卒業生の質に影響を与えていることに言及した (DES 1991)。また、GCE・Aレベルに対応した学びをしてこなかった生徒が大学に進学するようになった結果、従来の研究体制を維持できないといった状況も生じた。

アルバート・ホールジーは全国教育委員会 (NCE, 英国科学振興協会 (BAAS) とポール・ハムリン財団の後援で設立された委員会) の依頼により入学者の水準に関する調査を実施し、一元化直後の1993年においても入学者の水準は依然として過去の水準を維持しているという結果を出した。しかしながら、その調査結果にもかかわらず、入学事務局、大学関係者、指導教員、産業界からは「高等教育人口の拡大につれ、大学進学者の水準が落ちてきた」という批判が続いた (NCIHE 1997)。彼らの批判に応えるべく、NCEが中心となり、学校カリキュラム・評価機構 (School Curriculum and Assessment Authority: SCAA) および教育基準局 (Office for Standards in Education: OFSTED) が3教科を抽出し、過去10年間のGCE・Aレベルの水準調査が実施されることになった。その結果、調査結果は1989年は1971年よりも成績は高いものの、1984年や1988年よりも低く、1990年および1991年はさらに低くなっていることが示された[34] (表3-14)。

その後もGCE・Aレベルの質に関する問題は引き続き社会や政界、あるいは教育界で問題となり続けた。GCE・Aレベルや優等学位の成績結果が議会や社会において問題化するのは、イギリス特有の教育観が背景として存在するためであるともいえる。イギリスでは個人の能力にはそれぞれ差異があることが当然のこととして受け止められており、その個人の能力の差異は試

表3-14 大学入学者の3学科Aレベル合計スコアの全体に占める割合
(％)

	9～12点	13～15点（最高得点は15点）
1971	46.7	25.3
1976	43.9	26.2
1981	45.7	30.0
1984	49.3	35.7
1988	48.5	34.9
	16～25点	26～30点（最高得点は30点）
1989	54.2	33.2
1990	51.4	31.6
1991	51.0	31.2

註：1989年に採点方法が変更。
出典：Halsey 1993: 77-88.

験結果にも反映される。そこで、個人の能力の集大成である試験結果を単に合否として示すのではなく、質の違いが明確になるようにグレードで輪切りにして明示することが要求される。その際、成績結果にほとんど差異がなく上位のレベルばかりであったとすれば、公平に運用されるべき試験制度に問題があるのではないかという疑問と同時に、どの大学においても取得した学位レベルを同等、同質とすることで維持されてきた学位制度にまで問題があるのではという疑問が生じる。また、各大学はGCE・Aレベルの結果や個別大学での独自の入学要件や試験により当該大学での学習能力を備えているかどうかの判断がなされるが、個別入学者の能力が多様化すれば、大学で学習能力を高めた結果の証明となる学位の多様化ももたらすはずである。

　大学への進学機会という観点から、第1学位の最終成績の分布を眺めると、グラマー・スクールや私立学校から構成される独立学校[35]と、総合制中等学校およびその他の学校間での第1級優等学位および第2級上級学位を取得する学生の全体に占める割合には確かにほとんど差がない。しかしながら問題は、高等教育進学人口の約90％を占める公立学校出身者で第1学位を取得した者の総数が2000年度において1,212名であるのに比べ、残り10％を占めるにすぎない独立学校出身者で第1学位取得者の総数が1,395名におよんでいる点にある。

そこで、2001年には独立学校と公立学校出身者の質の差を調査する目的で、エバン・ハリスは公立および私立学校を含めた大学進学者を出身校ごとに分類し、出身校別に大学における成績を比較した。大学入学後の学生が第1学位を取得した際の最終成績の分布は、学生の出身学校に関係なくほとんど同じであった。すなわち、学業における能力に学校間の格差はなく、同程度であることをハリスは指摘した (Harris 2002)(**表3-15**)。

しかし一方で「グレードのインフレ」であるといった批判を解消するために、2002年には学校水準担当大臣のデヴィッド・ミリバンドと資格およびカリキュラム当局 (QCA) が圧力をかけ、採点者側である試験委員会に意図的に点数を抑えさせたのではないかといった憶測が国民に広がり、国民からのGCE・Aレベルに対する信頼が失墜するような事態も生じた (BBC HP, 24 September 2002)。さらには、すでに採点済の9万人の生徒の成績結果の見直しが委員会に求められ、点数が変更となる生徒や、その影響を受けて大学に入学できない生徒も出てくることになり、事態収拾のためについにはQCAの委員長であったウィリアム・スタッブズと教育行政事務次官のエステル・モリスが辞任に追い込まれるという事態が生じた (BBC HP, 23 October 2002)。

2004年10月にはGCE・Aレベルの調査結果を記した報告書である『トムリンソン報告書』(Tomlinson 2004) が提出され、その報告書の中でGCE・AレベルとGCSEを14歳から19歳までのディプロマ型教育制度に転換することが勧告されたが、逆に政府は2006年にA*グレード制度を2010年から導入することを発表した。

表3-15 学校種別ごとの第1学位最終成績分布 (2000年)

取得学位の等級 学校の種別	第1級優等 (1)	第2級上級 (2.1)	第2級下級 (2.2)	第3級 (3)	合 計
独立学校	291 (20.9%)	847 (60.7%)	229 (16.4%)	28 (2.0%)	1395
総合制中等学校	120 (20.9%)	327 (56.9%)	112 (19.5%)	16 (2.8%)	575
その他の公立学校	126 (19.8%)	397 (62.3%)	100 (15.7%)	14 (2.2%)	637
その他 (宗教法人による学校等)	49 (15.9%)	189 (61.2%)	68 (22.0%)	3 (1.0%)	309

出典：Harris 2002: 41.

GCE・Aレベルが取得しやすくなり、グレードのインフレが生じているという見解に対し政府はあくまでも反論しているが、多数の入学者が初年度の大学教育についていけず、第1学位課程で勉強する上で必要な学力を身に付けるためのサポートを各大学が新入生に実施していることは看過できない。例えば、義務教育後の教育、つまり、第3段教育を続けて受講することができない若者を対象にしたプログラムも開講された。2008年で13年目となるタワー・ハムレット夏期大学はその例で、単位認定されるにふさわしい特定の研究課題のない学生や大学の授業に備えて補修授業の必要な学生に対して、大学は学力不足を補い、大学での学習方法を教えるためのサマープログラムを開講している。サマープログラムでは授業に加えて在校生による新入生指導も実施される（UCAS HP, *Tower Hamder Summer University*）。「サマープログラムを修了できれば入学許可を出す」、あるいは「1年以内の補習を実施する」といった特別措置を実施する大学も出てきた。この現象は、GCE・Aレベル以外の経路からの大学進学が引き起こしたものと考えられる。

6. 初等、中等、高等教育の不連続性

　初等・中等教育の成立以前から存在し、大学進学に要する中等教育修了試験であるGCSEやGCE・Aレベル試験を統制した結果、初等・中等教育のカリキュラム内容をも統括する形で進展したイギリスの大学は、その成立経緯により公教育の学校体系とは別個の独立した教育制度を持つと同時に、組織としても国や地方政府の中に組み込まれることがなかった。それゆえ、政府からの干渉を受けることもなかった。元来、初等教育と中等教育は単一で、しかも連続した課程における二つの段階、すなわち、中等教育は青年期の教育として、また、初等教育はそれに対する準備教育として構成されてはいなかった。17世紀から18世紀初頭にかけての統治権力者であった地主階級であるジェントリや貴族は、それらの階級が必要としたパブリック・スクールや大学等の教育機関において自らの教育思想を実践していた。

　この初等、中等、高等教育の不連続性が大学の自治を促進することになり、

それぞれの大学は固有の教員を雇用し、固有の入学選抜を実施し、固有の授業科目を編成するといった自由と自治を享受していた。その後、産業革命によるブルジョアジーの興隆による多数の中産階級の登場や工場生産の発展による労働者階級の誕生により、新たなヘゲモニーを求めて初等、中等教育の改革が進んだが、高等教育においてはポリテクニクと大学による二元化された制度が温存されたまま20世紀に至ったといえる。

しかし、二元化された制度を支える階級に変化が見られるようになり、中産階級出身者の大学進学の割合が増加し、その中から大学教員や行政官僚になる者も多数となった。実業界や専門職において高い地位や収入を得るには大学進学が重要となり、また、大学はギルドや専門職養成機関に代わり高度専門職人材養成教育を引き受けることになった。ここにおいて大学は階級維持装置から社会移動の一つの経路とみなされることになり、中産階級の急激な増加を生むことになった。そして中産階級の増加と社会進出は、階級化されていた社会構造の上下間の距離を縮小し、社会階級が具現していた高等教育機関における上流階級と中産階級の間の境界線の曖昧化をもたらすことになった。

7. 結　語

一元化以前のイギリスの高等教育では、中等教育と大学の学士課程段階の課程編成が高度に専門分化していたため、中等教育との密接な接続がない限り大学進学は望むことができなかった。少数のエリート教育を実施してきたパブリック・スクールは自らの生徒を大学に進学させることで、少数のエリートを育成することが可能であった。しかしポリテクニクの大学昇格は、高等教育に多大な影響をもたらすことになった。従来のGCE・Aレベルには見られなかった多様な学生の大学進学である。

一元化を経て、大学入学者の質は変化したのかという問いに関しては、確かに変質したと答えざるを得ない。正規の大学進学ルートとされていたGCE・Aレベル外からの大学進学者は明らかに従来型の学生とは異なってい

る。しかしそれを大学進学者の質が低下したとみなすのではなく、従来の知性や批判力を現代の学生に求めること自体に無理がある、とする意見も多々見受けられる (THES 2008: 8-9)。また、学生の質の変化は高等教育機関の棲み分けを促進していることも事実である。

　イギリスの高等教育制度を特徴づける四つの特質の①中等教育と大学の学士課程段階の課程編成が高度に専門分化していた状況は、総合制中等学校の導入や多種の入学様式により、従来の学習課程とは異質の教育課程を通して多様化された生徒が多数生み出される状況へと変化した。その結果、大学における学士課程段階の課程編成も多様化された。また、②の少数のエリート育成を目的としてきた高等教育システムは、高等教育機関ごとに機能分化が行われ、エリート育成のための研究大学と多様な学生のための大衆教育を実施する教育中心大学との棲み分けが進んでいる。しかし、③のアメリカの大学と比較して小規模であった学生数も、一元化の結果、とくに新大学において学生数が急増することになったが、その後の増加はほとんど見受けられない。また、④の大学教育の焦点を大学院ではなく学士課程教育の第1学位の取得にあわせていた点に関しては、現在もほぼ同じである。つまり一元化後の高等教育の特質は変容した部分と変化しなかった部分とが混在していることになる。

　一元化後には、イギリスでは大学とは異質とされていたポリテクニクが大学として参入することで、高等教育はエリート教育から大衆教育へ移行したと一般的には認識されている。しかしこのイギリス高等教育の拡大は、エリートからマスへの発展的移行というものではなく、高等教育機関の間に隠然と存在していた二元構造に現されるヒエラルヒーが形を変え、一元構造の中に移し替えられたともいえる。つまり、一元化は大学が新たな学生層に解放されたことによる上流階級と新興階級との共存の結果、高等教育が拡大したかのような概観を持ちながら、拡大した高等教育の中では新たな二元化が生み出されたと考えられるのである。このイギリスの高等教育における変移は、一方では「エリート教育段階から大衆化教育への移行」と捉えながらも、他方においては「エリート教育温存のための大衆化教育への移行」にすぎなかっ

154　第Ⅱ部　実証的考察

たともいえる。

　天野はトロウの言を引用しながら、イギリスをはじめヨーロッパの高等教育がマス高等教育を機能させるための困難に直面していると述べ、そして、この困難を生じさせる原因に、イギリスやヨーロッパの①高等教育機関の多様性の不足、②公的資金以外の財源不足、③社会からの要請に対応できる高等教育機関の不在を挙げ (天野 2009: 174)、一方、アメリカでは、州立大学やコミュニティー・カレッジがマス型やユニバーサル型の高等教育機関として機能しているため、上記①や③の問題が生じず、エリート教育の危機が存在しなかったと論じている (天野 2009: 176)。しかし、アメリカにおける州立大学やコミュニティー・カレッジに相当するものは、イギリスでは新大学であり、また、継続教育機関に相当し、継続教育機関も含めれば、学生にとってすでに充分な数の第3段階教育機関が存在していると考えられるのである。前提となるマス型やユニバーサル型の高等教育への移行の必然性は疑問ではあるが、少なくともイギリスにおいても、マス型の生涯教育を提供できる高等教育機関は1970年代からすでに存在していたといえる。

　学生の質の変化に対応するように、学位や課程、あるいは制度も変化した。次章ではそれら学位や課程そして制度の変化を、新・旧両大学の存在意義と高等教育の中での両大学の位置づけという観点から論ずる。

註

1　GCE・Aレベルは1851年に導入された。標準受験年齢が18歳で、イングランドとウェールズにおける後期中等教育修了水準であり、また、高等教育機関の入学基礎要件となる資格である。成績の評定については、1961年よりAからEまでの5段階評価となり、Fが不合格である。大学の入学資格としては、上からA、B、Cまでが有効である。

2　GCE試験は、16歳時に受験する「普通レベル (Ordinary level: 通称Oレベル)」と18歳時に受験する「上級レベル (Advanced level: 通称Aレベル)」に分けられていたが、1997年を境に両レベルは大きく変更された (Gearon 2002)。GCE・Aレベルは、2000年のカリキュラム改革によりASレベル (Advanced Subsidiary) とA2レベルの2段階に分かれた。GCE・Aレベル試験に備えるために通常シックス・フォーム (Sixth form) に2年間 (16 〜 18歳) 在学するが、ASレベルはシックス・

フォーム1年目に、A2レベルはシックス・フォーム2年目に受験する。ASレベル試験では1年目の終わりに4〜5科目程度を受験し、A2レベルでは志望の専攻に関係する3科目程度に絞って受験する。
3　2分野を joint honours degree、3分野以上を combined honours degree と呼んでいる。
4　1949/50年度当時は85,421人、1953/54年度で80,602人であった（University Grants Committee 1963）。
5　本書では、階級とは社会的出自、資産、職業、学歴等の条件により形成された社会集団のことを指し、階級社会としてイギリス社会を捉え、大学もその階級社会の反映として論じている。苅谷(2001)によれば階層とは、「所得や職業の威信、学歴、権力などのさまざまな社会・経済・文化的資源と呼ばれるものを基準としてみた、社会的な地位やカテゴリー」としており、階層化社会とは、「そうした地位へと人びとを配分する結果としてできる、（不平等を含んだ）序列化した社会のこと」(苅谷 2001: 4) としている。社会学の分野では階級と階層を区別するが、本書の中では特に区別しない。
6　ジェントルマンの解釈にも多々あり、例えば、19世紀後半に新設されたパブリック・スクールでは、伝統的な人文主義教養による知育よりも、体育を重視する「反知性主義」的傾向が強く、「クリケットやフットボールの試合を通じて習得される勇気、忍耐、規律、共同、集団精神といった資質が賞賛された」(村岡・木畑 1991: 209)。
7　1998年の教員・高等教育法の成立後に学費が徴収されるようになった。
8　1918年に義務教育終了年齢は12歳から14歳に引き上げられ、1947年に15歳とされていたが、その後1972年に16歳にまで引き上げられた（Belton and Social General Statistics 2012）。
9　ザ・グレートナインと呼ばれる9名門パブリック・スクールはウィンチェスター・カレッジ (1382)、イートン・カレッジ (1440)、セントポールズ校 (1510)、シュルーズベリー校(1552)、ウェストミンスター校(1560)、マーチャントテイラーズ校 (1561)、ラグビー校 (1567)、ハロウ校 (1571)、チャーターハウス校 (1621) である（括弧内は創立年）。
10　パブリック・セクターの小学校は5歳から11歳の学童が就学する。中等学校は11歳から18歳の生徒を収容する。
11　前期準備学校は、5歳から8歳の学童が就学する。準備学校は、8歳から13歳の生徒が就学する。
12　大学入学資格試験である教育資格一般認定 (GCE) 試験の準備教育を主として行う学年で、一般に16歳でGCE試験普通レベル合格後、さらに2年〜3年の学習を続ける中等学校最上級学年のことを意味する。この期間に、高等教育機関進学に必要なGCE試験上級レベル受験のために3〜5科目を学習する。中等教育の最初の5年間は「学年あるいは年級 (forms)」と呼ばれ、生徒は入学最初の1年を1学年として始め、通常年齢は12歳である。16歳が第5学年で、この年齢

が義務教育終了年齢でもある。その後続けてAレベルを学ぶ生徒は、シックス・フォームつまり、第6学年に上がる。前半の1年間を Lower Sixth、後半の1年間を Upper Sixth として二分されており、生徒は前期後期を終了し、Aレベル試験を受け、大学へ進学する。しかし、1990/91年度からこの制度が変わり、小学校から連続した学年で数えられるようになった。Year 1 が小学校1年に相当し、中等教育は Year 7 で始まる。Lower Sixth は Year 12 で、Upper Sixth は Year 13 である。シックス・フォームに進級するための資格要件として、数科目のGCE試験普通レベル合格を課す中等学校も多い。しかし、近年、総合制中等学校の増加につれ、16歳を超えてシックス・フォームに進級しても、生徒は、必ずしもGCE試験上級レベルを受験しなくなり、さらには、シックス・フォームに進級するための資格要件も不要になってきている。また、高等教育機関の進学は希望しないものの、就職のためにシックス・フォームに進級して資格を取得する生徒が増加した。シックス・フォームのクラスの規模が拡大した場合には、独立してシックス・フォーム・カレッジとして設置される場合もある（Thylor, Reid, and Holley 1974, Macfarlane 1978）。

13 『スペンズ報告書』における重要な勧告とは、3種類の中等学校の維持である。能力別中等教育を推し進め、初等学校卒業試験、すなわち、イレブン・プラス試験により、学術的に優秀な生徒のためのグラマー・スクール、実学向きの生徒のためのテクニカル・スクール、その他の生徒は全員モダン・スクール、と生徒を振り分けた。古典教育中心で大学進学を目指す学校、実用教科や商業技術教育中心の学校、普通教育の学校の3種類の学校による3種類の生徒の分類を11歳の時点で行うことになった。

14 註2参照のこと。

15 代表的な論者は、ブルデュー（Pierre Bourdieu）: *Homo Academicus*. Paris: Minuit, 1984. 邦訳 ブルデュー、ピエール『ホモ・アカデミクス』石崎晴己および東松秀雄訳．東京：藤原書店、1997年、*Les heritiers, les etudiants et la culture*. Paris: Minuit, 1964. 邦訳 ブルデュー、ピエール『遺産相続者たち』石井洋二郎監訳、東京：藤原書店、1997、*La distinction*. Paris: Minuit, 1979. 邦訳 ブルデュー、ピエール『ディスタンクシオン（I・II）』石井洋二郎訳．東京：藤原書店、1990年．彼の論から帰納すると、パブリック・スクールからオックス・ブリッジに進学する層は、一つの階級ハビトゥスを構成していることになる。他に、アルチュセール（Louis Althusser）: *Montesquieu, la politique et l'histoire*. Paris: PUF, 1959. 邦訳 アルチュセール、ルイ『政治と歴史—モンテスキュー・ルソー・ヘーゲルとマルクス』西川長夫他訳、東京：紀伊国屋書店、1974年。*Pour Marx*. Paris: Maspero, 1965. アルチュセール、ルイ『マルクスのために』河野健二他訳、東京：平凡社ライブラリー、1994年、ラクラウ（Ernesto Laclau）: Ernesto Laclau and Chantal Mouffe. *Hegemony and Socialist Strategy: Towards a Radical Democratic Politics*. London and New York: Verso, 1985. 邦訳 ラクラウ、エルネスト・ムフ、シャンタル『ポスト・マルクス主義と政治—根源的

民主主義のために』山崎カヲル・石澤武訳、東京：大村書店、1992年。ラクラウによれば、自立した個人という概念に基礎を置く多元主義とエリート主義はコインの表裏となる。その論を突き詰めれば、エリート教育と多様性を基盤とする大衆化教育は、対照的な裏返しにすぎなくなるとしている。

16　イギリスでは、イングランド高等教育財政審議会 (HEFCE) が各大学のフルタイムおよびサンドウィッチ・コースの入学者定員数を決定し、授業料は学期ごとにコースの種類などを考慮した上で、学生の所属する地域の LEA を通して各大学へ一括して支払われる。しかし、大学が定員を上回る学生を入学させた場合には、その不足分は HEFCE が補填しなければならない。その結果、翌年当該大学は HEFCE から厳しい人員削減が要請される仕組みになっており、政府は LEA を通じて当該大学への政府支給の授業料を最高45％まで削減することが可能となっている。実際に、新入学生数をあらかじめ定員の枠内に抑えるために、政府は、1994/95年度の学費用補助金を45％削減するという方針をとった例もある（サルフォード大学）。しかし、この規制はパートタイム学生には関係しないため、1994年には49万4,400人、1996年には52万9,400人のパートタイム学生が、高等教育機関で学んでいる。

17　本書では、高等教育人口とは高等教育進学者を指す。

18　政治・経済的要因とは、①戦中・戦後の理工系の人材の需要の高まりと戦後の産業経済の進展による高等教育を受ける階層への富の拡大、また、②戦後、福祉国家に向かう中で官僚制度が強大化したことが、大卒者への需要を断続的にではあるが増大させ、③リテラシーの普及と初等学校教育および中等学校教育の拡大から、職業要件が学生の出自から専門的知識に移行したことにより、ある種の能力主義的競争をもたらしたといえる。②と③は、大学拡張に先行することもあれば、それに追随する場合もあろう。さらに、④技術産業の成長による技師、科学者等の需要増、⑤ビッグ・ビジネスの進展が大学教育を受けた被雇用者（新階層）の需要を拡大し、⑥新事業、IT 産業、グローバル化の影響による新たな職種の開発による技術者層の要請が挙げられる。学生供給が多方面に拡大されたことにより、政府機関や実業界において職務遂行上教育資格の重要性がさらに進展したと考えられる。

19　文化的要因とは、①非学術分野とみなされてきた分野の開発や応用的教育、技術的科目の分野、神学や哲学の限定的解放は教育機関内部の学部・学科間の緊張と外部の機関間の競争を増大する一方で、不平等を縮小する働きをもたらし、その結果、高等教育の拡大につながったとするもので、また、②富裕な中産階級の没落、新中産階級の高等教育機関への進学が増加した。ただし、この高等教育の下層階級への開放は階級社会における教育の平等の実現を意味するというよりは、むしろ補償的な意味合いが強く、その増大が労働者階級の子弟、マイノリティの子弟等にも同程度に見られるわけではないため、21世紀においても高等教育拡大政策は維持されているのである。③財政的に特権を剥奪された上層階級の教

養面での自己保存による高等教育の拡大であり、かつまた、私財を教育資格に転換することで社会異動を果たす中産階級による高等教育の拡大が起こったとも考えられる。
20　1970/71年度の夜間のポリテクニクの学生数が減少している理由は、1969/70年度から正式にポリテクニク（8校のポリテクニク）という名称による高等教育機関がイギリスで認可されることになり、ポリテクニク以外の継続教育カレッジの学生数が排除されているためである。
21　イギリスでは21歳以上を成人学生とみなし、mature student と呼んでいる。
22　いわゆる進学に不利な条件を持っている生徒の高等教育機関進学を支援する取り組みで、政府補助金により政府や LEA が、大学進学率が低い学校、例えば総合制中等学校や進学者の少ない地域、労働者階級、あるいはマイノリティからの高等教育機関への進学を促進する政策。
23　UCAS. HP, *Apply.*
24　イギリスでは全国統一的な大学入学資格要件はなく個別の大学が以下の①〜④のような入学要件を定めているが、とくに①および②はほとんど全大学が必要とみなす要件であるといえる。
　①学力要件　志望専攻の求める条件にかなった教育一般資格認定（GCE）試験等の資格試験への合格が必要で、GCE 試験の2〜4科目および中等教育修了一般資格（GCSE）試験の1〜3科目の C 以上の成績で合格していることが要求されるほか、先行要件として大学が GCE 試験の科目と成績に関して条件を提示する場合がある（例：オックスフォード大学—優れた GCSE 試験の結果、推薦状、少なくとも2科目の GCE・A レベルの A 判定と1科目の GCE・A レベルの B 判定の要求）。
　②コース要件　各大学は学力要件の他に、学科（コース）ごとの必要条件も満たさなければならない。これは、指定科目のうち何科目かを選択し、その科目が指定のレベルで合格していることが要求される。
　③年齢　入学最低年齢を17歳または18歳とする年齢要件を求める大学も多かったが、成人学生が飛躍的に増加し、また生涯学習の意図からも年齢要件を外す大学が一般的になっている。
　④その他の選抜要件
　　・学習状況や志望専攻への適性、および人物評価などを記した内申書（通常在学する中等教育機関の学校長が作成）
　　・自己推薦文
　　・在学中に作成した小論文・レポート
　　・面接
25　1944年教育法（Education Act 1944）は、今日のイギリス教育制度の根幹となった法律で、本教育法のもとで行われた勧告が現行の教育制度に深く影響をおよぼしている。勧告の作成に主に携わったシリル・バートは、子供の潜在能力を測る

試験は12歳までになされるべきである、という考えであった。本教育法による主な変更点は、
①地方自治体が地元の初等、中等、継続教育の管理運営をすること
②すべての子供に無償の中等教育を義務教育として提供すること
③能力と適性に応じて、5歳〜11歳の子供は初等学校に、11歳〜15歳の子供は中等学校に通うこと
④グラマー・スクールへの授業料としての補助金配分は廃止すること
⑤低所得層の5歳〜14歳の児童が進学する初等学校は、段階的に終了すること
⑥義務教育修了年齢を14歳から15歳に引き上げること
⑦地方教育当局（LEA）は、学校給食、無償のミルク支給および定期健診を実施すること
⑧教育省は、教育政策を立案・実施し、実施に当たっては指揮をとること
である (Chan, East, et al. HP, 2002)。

26　イギリスの国民統計に用いられる標準職業分類（SOC）を示す。
各職種を具体的に示すと、Ⅰ（専門職：医師、裁判官、大学教授、大企業重役、高級官吏等）、Ⅱ（中間管理職：航空操縦士、教員、企業の部長等）、Ⅲ（技能職 N 非肉体労働者：一般事務職、タイピスト等；M 肉体労働者：バスの運転手、コック、鉱山労働者、警官等）、Ⅳ（半熟練労働者：郵便配達、農業従事者等）、Ⅴ（非熟練労働者：臨時工場労働者、ごみ集収人等）となる。ⅠからⅢN を中流階級の職種として、また、ⅢM からⅤを労働者階級の職種としている。

27　デヴィッド・グリーンウェイとミッシェル・ヘインズは共にノッティンガム大学の教授で、前者は経済学者、後者は学長補佐である。本報告書はラッセル・グループからの依頼による委託研究で、大学予算を議論するための叩き台とする報告書である。

28　Speech by David Blunkett, Secretary of State for Education and Employment, February 2000.

29　イギリスでは、90％の生徒が全面的に政府の公的財政補助を受ける公立学校である「政府維持学校」においてナショナル・カリキュラムに沿った教育を受けている。公立学校の主なものは次の3種類である。①学業成績により生徒が選別されるグラマー・スクール（ここには優秀な生徒が集まるとされている）、②学力よりも実用的能力や職業に要する技能を学ぶ中等現代学校、③宗教法人や信仰集団による宗教学校（church and faith schools）である。その他に、④特別教育が必要な生徒のための特別学校、⑤全カリキュラムを教授するが、特定の分野における科目に焦点を当てた専門家養成学校、⑥科学、数学、工学を中心に教育し、職業資格を授与する都市工科カレッジ、⑦学校間の連携や再編成をし、新たな社会からの教育要請に応じられるような授業を実施する都市アカデミー、⑧適切な教育を受けていない義務教育年齢の生徒に、政府維持学校に入学できるための教育を実施する生徒委託部署（PRUs）が存在している（DfES 2007）。

30 モードリン・カレッジの学寮長であるアンソニー・スミスが、ブラウン大臣への反論（BBC Online News 2001(c)）。
31 2007年5月10日にブレア首相は退陣を表明したが、彼が教育を最重要課題の一つとしていたことから、ブレア政権10年の教育改革に対する意見が5名の教育関係者（中等学校管理職協会書記長、元主任勅任教育視学官、全国教員組合書記長、保守党の教育担当大臣、議会下院教育技能特別委員会議長）から提出された。彼らは押し並べて、教育に関するブレア政権の第一の評価として、教育財源の拡大を挙げていた（BBC Online News, Blair's Classroom: the Verdict, 10 May 2007）。
32 2000年までは上級GNVQ (Advanced General National Vocational Qualifications) と呼ばれた。2000年秋から上級GNVQは職業中等教育修了上級資格（AVCE）に代わった。
33 これら3大学は優れた研究大学であることと、また、その位置を結ぶと三角形となることからゴールデン・トライアングルと呼ばれている。
34 1989年以降、高等教育が普及したことにより大学入学者の学力に格差が見られるようになったと言及されている。幼少時の認識能力、両親の学歴、高等教育への進学率の相関関係の調査では、1958年生まれと1970年生まれを比較すると、1958年生まれの男子では、幼少時（11歳）の認識能力が平均をはるかに上回る男子を除いて、高等教育を修了する確率は非常に低かった。一方、1970年生まれでは、平均レベル（もしくは平均以下）の男子が高等教育の資格を取得する確率が大幅に増加している。ただし、こうした現象は主に収入が高い家庭に見られる。こうした結果を総合すると、1979年から1991年の間に、高等教育への進学率が倍増し、また進学した学生の学力にも格差が見られるようになっているという（Weko 2004）。
35 10％の生徒が独立学校に学ぶ。政府からの補助金を受けておらず、一般に各学校が設定する授業料や寄付金、資産運用により運営されている。とくにオックスフォード大学やケンブリッジ大学への進学率の高い学校は、ザ・プレート・ナインである（註9参照）。

第4章　一元化以降の学位の質と制度の変化

1. はじめに

　1998年5月にフランス、イタリア、イギリス、ドイツの教育担当大臣が集まり合意に至った「ソルボンヌ宣言」および翌1999年6月に欧州29ヶ国の教育担当大臣が決議した高等教育に関する共同宣言である「ボローニャ宣言」を受けて、欧州諸国は2010年までにボローニャ・プロセス[1]に則った「欧州高等教育圏（EHEA）」を構築する運びとなった。欧州諸国内の全高等教育機関は大学教育において学士課程と大学院課程とに分割した2サイクル制度の確立を図り、学位の統一を目指した。学位統一への動きはイギリスの高等教育機関にも影響を与え、最初の試みとして同じ名称の学位に対する複数の評価基準が統一されることになり、高等教育資格の枠組みが形成された（QAA 2008）。しかし、学位統一の動きの中でイギリス国内では別の問題が提起された。旧大学主導で大学教育の多様化政策が進められたことから生じた学位の質や教育の質の差の問題である[2]。

　一元化当時、教育の質評価に関しては1992年にイングランド高等教育財政審議会（HEFCE）がパイロット・スタディーを実施し始めた。また一方で、1994年1月には旧大学が中心となって組織する高等教育水準審議会（HEQC[3]）が、HEFCE と両機関の役割分担を明示する質の保証に関する共同声明を提出した[4]。HEQC は1990年に創設された大学学長委員会（CVCP、現イギリス大学協会（UUK））の学務監査室（AAU）が発展的に解消され、生まれた機関である。同年1994年に HEQC は高等教育の質を一方で担保する制度を構築しながら、高等教育の多様性を図るために報告書『変化の選択：高等教育おける進学機会、選択そして流動性の拡大』を提出した（HEQC 1994）。高等教育

の多様化の推進である。この実施主体が CVCP であったこと、すなわち旧大学が主体であったこと、そして一元化後の新大学での大学や学生数が急増していたことを考えあわせると、高等教育における多様化を推進することの意義を高らかに唱道したというよりもこの時点で、旧大学側は研究大学と教育大学の棲み分けを念頭に置いていた可能性も考えられる。

そこで、本章では一元化により新・旧両大学がどのような影響を受けたかについて、次の3点を中心に論ずる。第一に、一元化以前の大学と准大学高等教育機関を弁別していた学位授与権の意味を確認することである。第二に、第1学位を中心に学位や課程の多様化について論ずる。イギリスの大学では第1学位の持つ意味は大きく、第1学位でどの等級の成績で卒業したかが大学院への進学においても、就職においても重視される。他に、新大学の入学者の多くは旧大学の伝統的入学資格とは異なる資格で大学に入学することになった。このことは一元化後の学位の質に大きな影響を与えたはずである。第三に、第1学位取得者数の変化から導き出される結論について論ずる。新大学の出現と共に第1学位取得者数は増加し、一元化前後での第1学位の同質性が問題となった。一方、新大学では新たな学位である応用准学位[5]が発展した。応用准学位は新大学が中心となってとり入れたため普及した学位で、職業教育に偏見を持つ旧大学では伸び悩んだ学位であった。本章でとくに応用准学位を取り上げた理由は、この学位が一元化以降も存在したアカデミックな学問と職業教育との溝を埋めるための橋渡しの役割を果たす学位、つまり、旧大学と新大学との学問的異質性を解消するために有効な学位と考えられるからである。それと共に、本学位を取得する学生が増加したために学生の質にも変化が生じたとも予測されるからである。

入学資格の拡大により、各大学、とくに新大学においては制度面での変化が起こった。単位互換制度の導入、優等学位と普通学位との間に置かれた中級学位の開発、複合課程の設置、3学期制からセメスター制あるいは4学期制の導入等が試みられた。とくに旧大学では拡大し得なかった単位累積互換制度の進展も、新大学を中心に見られることになった。

第3章でも述べたように、学生の質が多様化したため、学位制度それ自体

にも変化が促された。その状況をデヴィッド・ワトソンは「高等教育の一元化後には学位の質も変化し、その結果、確実に大学が変化した」と述懐した(Watson and Taylor 1998: 47)。確かに、一元化後には多様な試みがなされ、通常ならばその結果イギリスの高等教育における多様化は促進されたと考えられる。しかし、多様化は実現されたのであろうか。本章ではこの問いかけに応えることを意図している。

その意図に沿って最終的に高等教育機関の多様性がどの程度浸透したかを測るために、高等教育統計局(HESA)が全高等教育機関から集計している「修了率」を測定基準として選び出し、多様化の様相の解明を試みた。イギリスの大学が内実共にエリート型からマス型の高等教育に転換したかどうかを確認するためである。イギリスの大学では一元化以前は各大学の学生の「修了率」は非常に高かった。しかし、マス型の高等教育に移行した場合には、多様な学生に対応するために各機関はパートタイムやフルタイムの学習に応じた課程や学修体系が必要となるであろうし、また、個別学生が学ぶ課程や教育機関の変更も頻繁に生じるに相違ない。その結果は、一元化以前には高かった「修了率」に反映され、その低下が予測されるからである。

一元化後のイギリスの大学の鳥瞰図ついては、新・旧両大学の存在意義と両高等教育機関の位置づけと共に結語で述べることとなる。

2. 学位授与権

ボローニャ・プロセスが進展する以前のイギリスには学位制度に関する全国共通の基準は存在していなかった。それぞれの高等教育機関によって学位の種類、名称、取得要件などが異なっており、学位授与が認可されている大学や機関は、基本的にどのレベルの学位でも授与できた。そのため現在に至るまで学位授与のための制度や用語のみならず、評価方法までも統一されていない。例えば、イングランドとスコットランドでは普通学位の社会的評価が異なる。イングランドでは普通学位は優等学位を取得できなかった学生に与えられる学位とみなされており(優等学位についていは第3節1項で詳述する)、

2001年度に優等学位を専攻する者の割合も、フルタイム学生の93.1％、パートタイム学生も含めた全学生の92.3％と高く、社会の中での優等学位の評価も高い。ところが、スコットランドでは普通学位も優等学位と同等の高い評価が与えられており、この学位を取得し、卒業する学生は全体の約30％を占める（HESA 2002(b)）。イングランドとスコットランドにおける普通学位の評価の違いは、スコットランドでは普通学位が最初から資格枠組みの中で、3年間で学修する学位であるのに対し、優等学位が4年で取得する学位と差異化されて設定された学位であるからである。つまり、普通学位と優等学位は元来異なる資格なのである。一方、イングランドでは優等学位も普通学位も同じ就学年数で取得するものであり、修学後の試験結果はそのまま修学成績の質を示すものとなっている。これを吉本はスコットランドとイングランドの学位の「積み上げ思想の違い」（吉本2003: 61）と評している。そして、この「積み上げ」という考え方がヨーロッパ諸国と学位制度の枠組みにおいて足並みをそろえていく場合には不可欠であり、ディプロマや学位が取得できる修学年限の統一は、ヨーロッパ全体の共通枠組みの中では必須の要件となる。一方国内事情としては、優等学位を3年間から4年間に長期化して統一するのか、あるいは修士課程を1年から2年に延長するのかについては海外留学生の受け入れ国としてのイギリスにとっては非常に大きな問題となってくるのである（表4-1）。

各大学の学位授与権の独自性、あるいは独立性は、各大学が自ら授与する

表4-1　高等教育における学位・資格[6]

学位の名称	レベル	相当学位（英語表記）	目安とされる習得年限
准学位：証書 (Certificate)	C	Certificates of Higher Education	1
准学位：中級 (Intermediate)	I	Foundation degrees, ordinary (Bachelors) degrees, Diplomas of Higher Education & other higher diplomas	2
優等学位 (Honours)	H	Bachelors degree with Honours, Graduate Certificates & Graduate Diplomas	3, 4, 5
修士 (Masters)	M	Masters degrees, Postgraduate Certificates & Postgraduate Diplomas (Research & Taught)	1, 2
博士 (Doctoral)	D	Doctorates (Research & Taught)	3

出典：Clark 2006: 22.

表4-2　資格の枠組み

レベル	資格の名称	相当する全国職業資格
H8	博士号（Doctorate）	Level 5
H7	哲学修士（MPhil）	Level 5
H6	修士号（Masters degree）	Level 5
H5	大学院相当ディプロマ	Level 4/5
H4	優等学位（Honours degree）	Level 4
H3	学士号（Bachelors degree）	Level 4
H2	ディプロマ	Level 4
H1	サーティフィケイト	Level 3/4

出典：NCIHE 1997: 150.

学位に責任を負うことに依拠している。そして、その基盤の上に教育界全体が学位の水準と教育の質について連帯責任を負うことがイギリスでは最良であると考えられてきた（Brown 2004）。学位授与権は国王による設立勅許状であれ、個別法であれ、会社法であれ、社会的に認知されたものであり、大学が有する特権、かつまた他の教育機関と一線を画する大学固有の権利であった。しかし、高等教育の一元化後には学位水準の低下が危惧され、政府や諸機関による学位水準の調査結果に基づき教育課程やカリキュラムの統一が提案された。この全国基準の導入を視野に入れた政府の提案に対してデアリング委員会は、各機関が教育の質と水準の維持および向上を独自に追求する中で得られる活力や刺激、そして向上心を失う恐れがあるとの見解を示したために（NCIHE 1997）、政府は部分的には取り入れつつも、全面的に採用する予定はないとした（DfEE 1998）。部分的に取り入れるということは、例えば、医師や教員の養成などの分野に限って全国統一基準を設けるといった類である。しかし、学位の質という問題をそのまま等閑に付すことはできず、デアリング委員会は**表4-2**に示すような学位の枠組みの設定を勧告することになった（NCIHE 1997: 18）。

3．学位・課程の多様化

1980年代後半までは高等教育進学者のための授業料や日常経費は、ほぼ

全額を保障する奨学金という形で政府から支給されていた。政府からの奨学金給付を可能にしていたのは、対象者数が18歳人口の約6.5％に相当するわずかな受給対象者数に限られていたからである。しかし高等教育の一元化に伴ってフルタイムおよびパートタイム、そしてサンドウィッチ・コースの学生数の増加を生み出し、学生人口の増加は進学者や高等教育入学資格試験の多様化、そして課程の多様化をもたらした。ポリテクニクの大学昇格は、「一定の範囲において」確かに高等教育に多様化をもたらしたと同時に、学位の質に対しても変化をもたらしたと考えられる。ここで「一定の範囲において」と留保した理由は、旧大学、とくにラッセル・グループに代表される研究大学に多様化が生じたか否かが判別できないと考えたからである。一方で、これらの変質ないし変化を学生および学位の質の低下とみなすのか、あるいは学生と学位の多様化による公的平等の実現ととるのかは、立場や観点によって異なる。

　旧大学の伝統的な学位がイギリス社会で今なお高く評価される一方で、社会や雇用者側が、学力面よりも技術力や社会性がすでに身に付いた即戦力としての人材を求めることが多い状況下では、新大学の誕生は社会の要請に即したものであったともいえる。新規雇用よりも現存の雇用者のスキルアップや再訓練に力を入れる傾向が強くなったために、中級技能者のレベルアップや高度の技術を習得するために企業側から高等教育機関に接近する機会も増した。企業側からの要求も考慮されて2001年から導入された応用准学位は約2,000人の履修者から始まり、2006年度には6万人を超えるに至っている (HEFCE 2007(a))。

　応用准学位のように第1学位以外の新たな学位の創設が新大学で多数散見され、それに準じて課程も多様化している。それでは、従来の学生の大半が取得すると考えられてきた第1学位の取得者数は減少し、その質は変化したのであろうか。このことに関しては次項で論じる。

1　第1学位

　イギリスの高等教育機関が授与する資格は、学位と高等教育資格 (diploma

や certificate により証明される資格)に分けられる。学位には第1学位と上級学位があり、第1学位取得者には通常、学士の称号が与えられる。上級学位取得者には修士あるいは博士の称号が与えられる。学士の学位である 'Bachelor of Arts: BA' の 'Arts' とは、19世紀当時の優等学位試験制度においては、古典学、数学、法学、近代史、神学、東洋学、自然科学の7学問分野の知識を意味していた。そして、学位制度における学士の学位は、医学、法学、神学の3学問分野において授与される上級学位取得の前提基礎要件であり、上級学位の前段階で取得しておくべき学位ということで第1学位と呼ばれた(安原1998)[7]。このことからも理解されるように、'Arts' である教養諸学を学ぶことが大学教育の必須条件であった。

　大学において社会に送り出す学生の教育に当たっては、重層的な質の管理がなされている。とくに、①入口の入学資格において GCE・A レベルの試験により高度の質の管理がなされており、次に②大学の課程において細分化された専門分野について深く学習した結果が各年度の進級試験で測られ、最終的に学生は、③出口において一定の学習レベルに到達したかどうかが最終年度の学位試験で判断され、学位を受ける。学位とは、①〜③全過程を通して当該大学が指定する到達点に達した学生に授与される証明書であった。しかし、①の入学資格では、従来は GCE・A レベル資格試験の結果によって入学資格が管理されていたが、入学資格の拡大、GCE・A レベルの平均点数の上昇およびパートタイム学生の増加による履修形態の多様化で間口が広がったために入口において質の管理が不可能になってきている。また、②の大学での学習に関しては、新大学の出現と共に深く専門分野を学習するという学生のほかに、職業教育を受ける学生も増加した。単一優等学位ではなく複合学位や学際課程を選択する学生も増加し、パートタイム学生の増加によりモジュール制度で学習単位を積み重ねていく学生も増大した。さらに、③の出口に相当する試験では、第1学位における高度な質とされてきた優等学位取得者数の増大と学外試験委員制度の信頼性が大きな問題となってきている。そして、これら高等教育における変化は高等教育の一元化と密接にかかわっているのである。

以下、上記三層の質の管理の問題について詳細に眺めていく。

①入学資格の拡大

イギリスの学年歴は、本章の4節1項で説明する単位累積互換制度やモジュール制度が普及するまでは伝統的大学が実施してきた制度に準じていたため3学期制をとる大学が大半であった[8]。最初の学期は9月下旬から10月上旬に始まり、最終学期は6月下旬から7月上旬に修了する形である。1学期当たり約12週間が授業期間となっている。一方で、新大学を中心に単位累積互換制度やモジュール制度をとり入れた2学期制（セメスター制）が普及しつつある。学年制をとる大学では年度末に各科目の進級試験が実施され（大学により第1年次のみに実施する大学と第2年次にも実施する大学とがある）、卒業に当たっては卒業試験が行われる。教育課程の編成では各学部に複数の専攻が設けられており、学生はこれら課程の中の通常一つの分野を専攻する。

イングランドの大学の学部教育の第1学位課程では、学生は出口の成績によって優等レベルと普通レベル[9]に分けられる。前者が優等学位課程(honours degree course)と呼ばれるイギリスの大学においては伝統的な履修課程である。優等学位は資格水準であり、試験結果に従って第1級優等学位(first class honours)、第2級上級優等学位(upper second class honours)、第2級下級優等学位(lower second class honours)、第3級優等学位(third class honours)に分類される。例えば、第1級優等学位は、1）広範囲にわたる知識と正確さ、2）議論と表現の明確さ、3）多様な素材を有益に活用できること、4）幅広い読書量、5）理論面での洞察力の深さという、五つの観点において際立って優秀な学生が受ける学位となっている(QAA 1997)。

各等級を示した学部の最終成績は、卒業後もあらゆる場面においてどこの大学の卒業生であるかということと共に明示されることになる。大学院への進学にもどのレベルの優等学位を取得しているのかが選考における判断材料となる。また、産業・高等教育協力審議会(CIHE)のリチャード・ブラウン会長は、就職に関しても伝統的大学以外の旧大学については大学名よりもどのレベルの優等学位を取得したかが重視されると述べた[10]。しかし、新大学

第4章　一元化後の学位の質と制度の変化　169

の参入と共にこの第1学位課程に量的変化が生じることになった。1991/92年度の一元化直前のプライベート・セクターの大学では、フルタイム学生でGCE・Aレベル以外からの第1学位課程への進学者の割合が27.7％（**表4-3**）となっており[11]、この割合は毎年ほぼ変化がない。一方、パブリック・セクターのポリテクニクでは、GCE・Aレベル以外の資格で第1学位課程に進学する者の割合が52.5％にまで増加することになった（**表4-4**）。

表4-3　大学の第1学位課程に進学する学生の入学資格の割合
（1988/89年度から1991/92年度）

	1988/89		1989/90		1990/91		1991/92	
	合計	%	合計	%	合計	%	合計	%
GCE・Aレベル（3科目以上）	52,484	69.3	57,252	69.2	59,993	69.8	64,472	69.0
GCE・Aレベル（2科目以上）	2,486	3.3	2,637	3.2	2,874	3.3	3,042	3.3
SH（5科目以上）	5,707	7.5	5,839	7.1	5,703	6.6	5,937	6.4
SH（3、4科目）	1,081	1.4	1,998	2.4	1,046	1.2	1,227	1.3
HNC/HND/ ONC/OND	2,958	3.9	3,302	4.0	3,031	3.5	3,919	4.2
その他	11,021	14.6	12,706	15.4	13,362	15.3	14,859	15.9
合計	75,737	100.0	82,744	100.0	86,009	100.0	93,456	100.0

註：SHG は、Scottish Highers、HNC は Higher National Certificate、HND は Higher National Diploma、ONC は Ordinary National Certificate、OND は Ordinary National Diploma の略称である。
出典：Pratt 1997: 85.

表4-4　ポリテクニクの第1学位課程に進学する学生の入学資格の割合
（1988/89年度から1991/92年度）

	1988/89		1989/90		1990/91		1991/92	
	合計	%	合計	%	合計	%	合計	%
Access	1,141	2.4	1,878	3.0	2,238	3.0	3,329	3.4
教員／教師	919	2.0	1,167	1.9	1,488	2.0	2,018	2.1
GCE・Aレベル（3科目以上）	15,815	33.9	22,095	35.2	25,590	33.8	29,922	30.5
GCE・Aレベル（2科目以上）	10,391	22.3	13,131	20.9	14,714	19.4	16,718	17.0
HNC/HND	3,587	7.7	5,200	8.3	6,307	8.3	8,793	9.0
ONC/OND	4,567	9.8	5,972	9.5	7,201	9.5	9,923	10.1
その他	8,202	17.6	10,670	17.0	14,801	19.6	20,562	20.9
無資格	1,986	4.3	2,578	4.1	3,359	8.3	6,034	6.1
合計	46,608	100.0	62,691	100.0	75,698	100.0	98,210	100.0

註：Access とは、アクセス・コースからの進学を意味する。
出典：Pratt 1997: 85.

一元化後にはこれらGCE・Aレベル以外からの大学進学者が新・旧両大学の第1学位課程に在籍することになったが、従来の第1学位課程はGCE・Aレベル資格での入学者を対象とした学習内容であったため、GCE・Aレベル外からの大学進学者の多数は第1学位課程での学習レベルに達しないことが充分に予測された。また、新大学のGCE・Aレベル外の入学者の増加に伴い、第1学位課程の試験結果も必然的に変わってくるはずであった。しかし、予想に反して、第1学位取得者数は急増する結果となった。つまり、卒業時には全卒業者211,841名中194,275名が第1学位を (HESA 1996(b): 164)、すなわち91.7％の学生が第1学位を取得することになったのである。

②第1学位取得者数

一元化以前の第1学位専攻学生数の経年変化を辿ってみると、大学では1975年の55,600人から1987年には71,600人と約1.3倍の増加である一方、ポリテクニクでは10,500人から52,700人と約5倍の増加になっている（**表4-5**）。

フルタイムの学士課程[12]で第1学位（パートタイムでも取得可能）を専攻する学生数は、1975年から1987年にかけてフルタイムで1.6倍、パートタイムで1.7倍となった（**表4-6**）。2001/02年度には全学部生1,616,225名中、第1学位を専攻する学生はフルタイム学生が1987年度の約2倍となる939,890名、パートタイム学生は約1.1倍の108,940名となり、それぞれ学部学生総数の71.6％と6.7％に相当する (HESA 2003(c): 9)。

重要な点は自国内において第1学位という名称である限り、その学位は大学に関係なく同質であると判断されることにある (HEQC 1996)。かつまた、その学生の卒業レベルの学力水準の同質性の維持が大学の社会的信用の源でもあった。そのため、授与数の急増とその質が問題となった。毎年公表されるリーグ・テーブルや教育・研究評価等で第1学位取得者の割合は重要な指標とされており、学生募集や外部からの競争的資金を獲得するためにも、各大学は第1学位取得者の割合を増加する努力が必要となる。その影響を受けて「グレードのインフレ」が生じているとも考えられた。

表4-5 第1学位および高等教育資格の機関別授与数

(単位:千)

	1975	1979	1980	1982	1983	1984	1985	1986	1987
大学									
第1学位	55.6	66.0	67.4	71.9	74.0	73.0	71.9	69.9	71.6
高等教育資格	15.8	18.4	18.9	20.1	21.3	21.6	23.5	24.6	26.6
ポリテクニク									
第1学位	10.5	32.0	30.7	36.5	40.0	45.2	49.6	51.5	52.7
高等教育資格	0.5	1.0	0.9	1.2	1.4	1.8	2.0	2.4	2.3
オープン・ユニヴァーシティー									
第1学位	5.5	6.3	6.3	6.4	5.6	5.9	6.7	6.6	6.4
全学位									
第1学位	71.6	103.8	104.4	114.8	119.6	124.1	128.2	128.0	130.7
高等教育資格	16.3	19.4	19.8	21.3	22.7	23.4	25.5	27.0	28.9

註:高等教育資格とは、准学位とも呼ばれており、全国高等ディプロマ(HND)や全国高等サーティフィケイト(HNC)、あるいは高等教育ディプロマ(DipHe)の課程があり、修業年限は1年から2年で第1学位取得課程よりも修業年限が短い。
出典:Squires 1990: 14.

表4-6 第1学位課程専攻学生数

(単位:千人)

年	1975	1979	1980	1982	1983	1984	1985	1986	1987
フルタイム	287.3	376.9	386.9	416.5	420.9	428.4	432.2	441.2	454.7
パートタイム	60.0	80.4	79.8	88.9	90.8	93.8	94.4	97.7	103.2
合計	347.3	457.3	466.7	505.4	511.7	522.2	526.6	538.9	557.9

出典:Squires 1990: 14.

③評 価

　試験の成績評価は絶対評価で、一般的な基準として試験において第1級は70％以上、第2級上級は60から69％、第2級下級は50から59％、第3級は40から49％の正答率が求められている(QAA 1997)。第1級優等学位を取得する学生の割合は下記各大学において全体の約4.4％から31.2％となっており、イギリスにおいて研究大学と呼ばれている大学ほどその割合は高い(**表4-7**)。

　研究大学の方が第1級および第2級上級優等学位の取得率が高いという予測は、マンツ・ヨークが実施した大学進学者の入口および出口調査によっても実証された。一元化直後の1994年と8年後の2002年の第1級および第2

表4-7 第1学位の成績別取得割合

(%)

優等学位の種類	全国	グリニッジ	オックスフォード	ケンブリッジ	マンチェスター	ウスターUC
第1級	9.6	10.4	22.5	31.2	14.8	4.4
第2級上級	44.2	36.7	61.3	53.1	49.9	38.6
第2級下級	31.6	39.0	10.9	10.1	20.0	44.9
第3級（合格）	7.1	10.4	1.9	0.4	6.8	10.8
非分類	7.5	3.0	3.2	5.3	8.6	1.3

出典：HESA 2003.

級上級優等学位の取得率の変化を比較すると[13]、旧大学では17科目中7科目が1.19倍から1.76倍に増加しているのに対し、新大学では17科目中3科目（工学、建築学、教育学）しか増加しておらず、14科目において減少している（Yorke 2007: 91）。つまり、第1級および第2級上級優等学位の取得率は新大学ではなく旧大学において増加している。

さらに、細かな括りで第1級および第2級上級優等学位の取得率を調べると、旧大学の中でも研究大学で構成されるラッセル・グループに属する大学の学生とそれ以外の旧大学の学生を対象に、入学時のGCE・Aレベルの平均点数と学部課程修了時の第1級および第2級上級優等学位の取得割合を比較したところ、圧倒的にラッセル・グループに属する学生の成績がGCE・Aレベルの平均点数においても、また、修了時の第1級および第2級上級優等学位の取得割合においても高いことが判明した（Yorke 2007: 94）。このことは、ラッセル・グループに属する学生の質が高いのみならず、Aレベルの取得点数と学部課程修了時の成績には密接な関係があることの証左ともなった。

次に、グレードのインフレ問題について第1学位上位成績取得者数から論じる。つまり、大学の学士課程修了時の第1学位の最終成績において第1級優等学位、第2級上級および第2級下級学位を取得する学生数を統計学的に調査した結果からグレードのインフレが生じているのかどうかを判断する。ゲラント・ジョーンズは、1973年から1993年までと1995年から2000年までのイギリスの大学における学士課程卒業時の第1学位の最終成績で第2

級下級学位以上を取得した学生数を集計し、グレードのインフレの有無を統計的に調査した。その結果は、1973年から1983年まではインフレは見られなかったが、1984年から1993年まではインフレが見られた (Johnes 2004: 479)。しかも統計上の有意性が1984年から急に高い数値で現れた。しかし、その理由についてはジョーンズは言及していない。1983年、1984年という時期はサッチャー政権時で、前述したように保守党政府がUGCへの補助金額を削減した時期である。1985年には『ジャラット報告書』が公刊され、大学の効率的運営が求められ、1989年からは研究評価が導入された。すなわち1984年から1993年までのインフレが見られた時期は保守党政権の隆盛期である。つまりこの時期は、保守党の教育への市場政策の導入期であり、大学への補助金の投入は公共投資の一環とみなされ投資に対する成果と説明責任が大学に求められた。旧大学は成果指標の一つとして学生の優等学位の取得者数を増やすことが求められ、その要請に応えるべくグレードのインフレが生じたとも考えられるのである。そのため、政府の政策がグレードのインフレに影響を与えた可能性が高い。

　しかし、その後の1995年から2000年まではインフレが見られなかった (Johnes 2004: 478)。1995年は保守党の終盤期である[14]。1992年には一元化が起こり、新大学が大学として参入したにもかかわらずインフレは見られなかったことを考慮すると、新大学の大学昇格がインフレを引き起こしているのではないことが理解される。そしてまたこの結果は、ヨークの調査結果とも合致するのである。

2　質と水準

　准大学高等教育機関の大学昇格を機に、第1級優等学位や第2級上級優等学位を取得する学生の比率が急増した。そのため「学位の水準は低下した」という意見が多く聞かれるようになり、高等教育における水準の向上と質の維持に大きく焦点が当てられることになった。しかし、第1級および第2級上級優等学位の質に関しては、本章の3節1項③で述べたHESAやヨークの調査結果 (HESA 1996(a), Yorke 2007) が示すように、優等学位取得者の増加は

旧大学の中でもとくに伝統的大学において見受けられ、質の低下は生じていないことが判明した。ただ、新大学において実施される学位取得のための試験方法は、高等教育機関の中で大きな問題となっている (The Times 2008: 8-9)。学位の取得方法の問題点に関しては、優等学位の評価方法が甘くなったというわけではなく、モジュール課程が導入されたことで試験に合格しやすくなったことが挙げられており、全国レベルでの学位試験の実施を求める声さえ出てきている。ロンドン大学のケビン・シャープ教授は、「我々の学位はもはや知性や批判力を測る試験結果によって取得されたものではない」(The Time 2008: 8) と批判しており、学位の取得方法のみならず、学位そのものの捉え方の問題にまで発展している。新大学での学位取得者が示す能力が従来のGCE・Aレベルで示された能力とは異なり、応用力に富む、あるいは職業に直結した能力であるため、少なくともそれらの能力を測るには従来とは別種の評価基準が必要になったと考えられる。

　高等教育の「質」は高等教育プログラムや高等教育機関内部の組織の到達可能な目的や目標を示しているが、それとは対照的に「水準」あるいは「成果」とは学生の卒業資格に関する各高等教育機関の現実的業績に向けられている。大学間で学位に質の違いが存在していることは、古くから言われてきたことである。ロビンズ委員会もまた大学間で成績と名声に格差がある現状を無視することは不可能であると述べつつ、現存する格差はその大学の使命と機能の違いに基づくものであることを強調した (Committee on Higher Education 1963: 8-9)。大学間での質の格差に関しては、吉本の大学教育と職業への移行に関する日欧12ヶ国での比較調査においても、イギリスにおける卒業生の学業成績の大学間格差が12ヶ国中最大となっていることが証明された (吉本 2001: 123-124)。

　また、デアリング委員会の調査に回答を寄せた教員の多くが高等教育入学者の知的能力に関する懸念を表明している。担当している学科の新入学生の質が高等教育の一元化を境に低くなってきていると考える教員が全体の半数近くを占めており、『デアリング報告書』はこの懸念に対し、①多様化した資格を取得して入学した学生に帰すべきものであるのか、②従来の資格を持

つ学生の質低下によるものであるのかは明確ではないとまとめた。報告書ではとくに工学部と初等・中等学校教員志願者の学生の質を疑問視しており、上級のディプロマ・レベルの多数の学生が現在では工学部の学位を目指していること、また教員養成課程の受講者の多くが大学での成績が中程度であったことが指摘された。一方、連合王国産業連盟 (CBI) は、過去10年間の大学進学者の増加が高等教育の水準の低下をもたらしたと断じると共に、連盟は大学進学者の拡大を支持してはいるものの、新大学（旧ポリテクニク）の卒業生は一般教養の知識が不充分であるとし、旧大学の卒業生は応用力が欠如していると批判した (CBI 1989)。

卒業水準プログラム (Graduate Standard Program: GSP) の報告書においても、現行の優等学位の成績分類は時代に適応していないとして、①第2級下級の学位を学士号の識別水準（資格を授与するか否かの判断基準）として優等学位の教育内容を再編成しなおし、②現在の優等学位を、a）優等学位水準、b）水準以上で、かつ修士への進学に価する水準、c）卓越した独創的な高度な成績で、大学院における研究（博士レベル）に参画できる水準の3種に分類し、③標準的な3年間の優等学位を4年間に置き換え、a）満足できる水準とb）顕著な水準の2分類とするという新制度の提案が行われた (HEQC 1995)。

高等教育として認められるべきものは何か、またその質はどのようなものであるべきかといった高等教育の質についての批判や議論は、高等教育に対する要求を掲げる集団や高等教育から何かを得ようとする集団が増加することで加速された。例えば、急速に多様化しつつある職種に敏感である実社会は、高等教育を社会に不可欠な技能を育成する手段とみなす一方で、中小企業から高等教育へ向けられる期待と、大企業からの期待とでは異なってくる。高等教育の学費を自己負担する学生たちは、学費に見合う能力の獲得を望んだり、収入の高い労働市場での就職に直結することを期待したり、あるいは、人間的成長の機会を高等教育に求めたりもする。他に、高等教育に多額の財源投資を行っている国家が、教育の収益率の観点から教育を眺めるという状況も生じる（シュルツ 1963, 矢野 1996）。各高等教育機関や機関が提供しているプログラムが、成果と投資に見合う経済効果を保証していることを証明する

必要も出てきたのである。

　このように高等教育とその質に対する要求および質の定義はさまざまで、それぞれの要求が競合する場合もある。競合関係は、同様の利害関係者と目される集団内においても生じうる。例えば、高等教育機関内部においても機関構成員の志向の相違は存在しており、種々の専門分野でまったく異なった高等教育への理解が生まれ、また、望ましいとされる学生像や質の定義も異なる。こうした状況こそが今日の高等教育の置かれている現状なのである。高等教育に向けられる価値・期待・定義・要望も対立状態を形成しており、質に関する合意などほとんど不可能ともいえる。しかし、高等教育システムの多様化が進む中で、多様性を追求することが必然的に質の低下につながる理由にはならない。質の低下を引き起こさぬためにも各高等教育機関は多大な努力を払うことが求められており、そのためにイギリスでは国家的質保証制度として高等教育水準審査機関（QAA）も存在している。

　一方で、水準に関する意見はさまざまで、全国均一の水準を設定し、かつ維持すべきであると主張する機関も多いが、一部、とくに1992年以前からの大学（旧大学）の多くは高等教育において水準は異なるべきであり、大規模システムの中での水準の差は不可避であるという立場をとっている。イギリスの大学では入口である入学時の選抜が厳しく、また出口である卒業時には学位取得が可能かどうかではなく、どれほど高水準の成績で卒業するかが問題であったために識別水準にはあまり関心を払ってこなかったというのが実状であろう。

3　新たな学位

　与党であった労働党の当時の教育担当大臣デヴィッド・ブランケットが2000年2月15日にグリニッジ大学において行った演説では、国際化の結果引き起こされた経済および社会状況の急速な変化がイギリスの高等教育界にも多大な影響をもたらしたこと、また、経済的・社会的変化に対応できる産学連携の研究をも含めた研究の発展がイギリスの大学に必要とされていることの2点が強調された。そして、新たに「応用准学位（foundation degrees）」の導

入が提言された (Blunkett 2000)。イギリス高等教育の学士課程においては一般に優等学位の取得が重視されているが、優等学位の下位に位置づけられた技術者を対象とした学位の創設で、従来の労働力よりも高いレベルの労働力を確保するための、また、その労働に必要な学業や技術を保証するための学位である。そして、2001年からディプロマ・レベルに相当する応用准学位が教育雇用省 (DfEE) により導入された。応用准学位は年齢に関係なく学修可能で、政府が目標として設定した50％の高等教育機関進学率を達成するための一つの方策でもある。応用准学位は2年間の課程で、希望者は課程修了直後に応用准学位の学位を受けることも、さらに1年4ヶ月の教育を受けた後、最終試験に合格すれば優等学位取得も可能となっている。本学位取得後、取得者の54％が第1学位課程に進学したことも報告されている (HEFCE 2006(b))。

他にも、応用准学位では中堅技術者養成のために多種類の学科や課程が創設されており、これらの課程で習得する技術とは職場で実践的に使える技術とされている。一方で、常に基幹となる技術の習得と雇用者側が必要とする能力を発展させる点に注意が払われ、学業と労働体験との連携強化を図りながら、学生のための労働市場の確保や次の教育段階に学生が移行できる方策が考えられている。また、学生の状況を考慮して、フルタイムでも、職業に就きながらのパートタイムでも受講できる非常に柔軟性のある履修方法が用意されており、学位取得は継続教育カレッジ、高等教育機関どちらにおいても可能となっている。本学位を取得するための要件として、職業資格が積極的に認められていることも特色である。専門分野としては主に情報、金融、その他基幹産業に応用できる領域とされており、対象者は学生に加え、すでに教育の場を離れている就業者や新たなキャリアの開拓を希望する社会人等も視野に入れられている (HEFCE 2006(b))。

2001/02年度から応用准学位を開設する高等教育機関や本学位を支援する雇用者側である企業、そして継続教育カレッジの公募が始められ、最初の年である2001/02年度には約2,000名の学生が応用准学位課程で学ぶことになった。HEFCEの報告書によれば、2006年には大学を含む約80の高等教

育機関と約250の継続教育機関が本学位の課程を開設しており、受講学生の6割は成人学生となっている (HEFCE 2006(b))。

　2006/07年度の登録学生数は2001/02年度の約14倍にまで増加しており、応用准学位を受けるパートタイム課程の学生数は全体の38％、女子が全体の57％、21歳以上の成人学生は全体の65％となっている。また、修学者総数の15％が遠隔教育を受けている。学位取得率もフルタイム課程、パートタイム課程共に約半数ずつで、本学位取得後には卒業生の50％が就職しており、最終学年の学生の76％が本学位課程の質に満足しているという結果が出ている (DfEE HP, *Education Degrees Q&A* 2006)。応用准学位は内容や履修課程のあり方を弾力化し、1) フルタイム、パートタイムのどちらの選択も可能で、2) 遠隔地や職場での訓練を補足でき、また、3) 雇用者がプログラム策定へ参加でき、4) 学歴不問であるために高等教育拡大に貢献しやすい、といった点において評価されたといえる。

　イギリスでは長年にわたり中堅技術者や熟練技術者の不足が問題となってきた。そのため、雇用者側が必要とする技術や基礎学科を提供できる中級レベルの実務能力をも含む応用准学位課程は、労働力不足に充分対応できる多数の技術力を持つ高等教育卒業者を育て、社会に送り出すことができる課程であると考えられた。先述の3) のように応用准学位課程では雇用者側との話し合いにより、雇用者の要望を積極的に取り入れ、雇用者がプログラム策定に共同参画する新たな課程も設けられている。履修に非常に融通性があるために職を持つ学生が受講しやすく、雇用者側からの理解も得られ、学生は雇用者から修学支援としての休暇を取って学ぶことも可能である。雇用者側からの要望が本学位導入の要因でもあるため、雇用者側の理解が得られることは当然であり、修学者の授業料を負担する企業例も多々見受けられる (23％から26％のパートタイム学生の授業料を雇用者側が負担)。

　応用准学位は経済効果が期待できると共に、GCSEやGCE・Aレベルと比べて社会的認知度や社会的評価が低かった過去の職業資格 (NVQやGNVQ) の反省から生まれた学位であり、学生からの期待にも応え、雇用者側の要望にも沿うものと考えられる。従来の職業資格と大学の学位との間に存在して

いた格差や溝は、受講生が応用准学位課程を修了後には優等学位課程に進学できる道が開かれたことにより縮小された。

　応用准学位は、産業界、また、本課程がなければ大学進学を選択しなかったであろう社会階層、そして高等教育へのアクセスを拡大することを企図している政府の三者にとって大いに益するものであった。政府も力を入れており、受講学生を支援するための HEFCE からの補助金以外にも DfEE から HEFCE に 500 万ポンド[15]が拠出された[16]。イギリス大学協会 (UUK) も高い技能が雇用につながる可能性を与えるものであるとして本学位を歓迎し、高等教育機関側も応用准学位課程の開発とその定着に積極的役割を果たしたいという姿勢を示したのである (DfEE HP, *Foundation Degrees Q & A,* BBC HP 2001(b))。

　ただし問題点がないわけではない。それは、学生からの希望が多い、つまり人気の高い専門分野が人文社会学系 (教育、ビジネス、アート＆デザイン) に偏っていることと、本課程卒業後の就労から得られる年収があまり高くないことである。これらの点は本学位に関して考慮されるべき今後の課題と考えられる。さらに、高等教育機関の多様化と関連しての問題点もある。応用准学位課程が旧大学よりも継続教育カレッジや新大学において実施されることが多いという点である。応用准学位課程は新・旧両大学が中心となってそれぞれ独自の課程を設定し、学位を提供することが期待された。しかし、応用准学位は創設当初から優等学位の下に位置づけられており、学位を取得するための必要な要件も、従来の GCE・A レベル資格以外の職業資格となっているため、現在、約 80 の高等教育機関で開講されているが、優等学位課程を中心とする旧大学での本課程の提供は新大学と比較して少ない。しかし、応用准学位の取得者を積極的に受け入れる旧大学もある。例えばシェフィールド大学では将来性のある学生を探し出し、応用准学位取得後に当該大学に進学を勧めている。

4　新大学の課程における問題
①学問領域の多様化の問題
　コンピューター関連科目はとくに新大学で拡大している科目で、1989 年

には本科目を履修した学生の約半数が旧ポリテクニクの学生であった。コンピューター・サイエンスを第1学位として専攻した学生の卒後6ヶ月以内の就職率が89％であり、政府もその成功を評価した (HMI 1990)。他にも、新大学で伸展した学科に現代英語がある。現代英語学科で学ぶ学生の中には旧大学で見受けられるような一つの専門分野で優等学位を専攻する者はほとんどおらず、言語と並行してビジネス科目や人文・社会科学系科目を専攻する。例えば、新大学のノース・イースト・ロンドン・ポリテクニクは、社会学学士として、福祉とマネジメントといった専門職資格とアカデミックな学問を組み合わせた課程を開発している (McDougall 1973)。このように、学術的学問と職業につながる学問を組み合わせて学生に教授する課程も新大学の大きな特徴となっている (Brook and Parry 1985)。つまり、学際的というよりも学際的分野に職業科目を組み合わせて、職・学融合分野に進展させていった点に新大学の特質があった。

　その他、裁判官や警察官、保険業、造船業、あるいは銀細工師育成、飾り棚職人育成のための課程や陶芸課程等、従来の大学では開設されることのなかった教育課程が新大学では取り入れられた。地元の教育カレッジと統合された新大学が多いため教育関連科目の開講比率が高く、設備費用がかからない人文・社会科学系の科目数の増加が著しい。医・歯・薬系および農・獣医学系は元来開講することのなかった領域であるため新設には困難が伴い、低い比率となっている。その結果、従来型の学問領域が引き続き教授されることになり、**表4-8**が示すようにポリテクニクと旧大学における教育内容の相違を際立たせることになった。

　一部の大学を除き、大学では第1学年から専門科目を履修するのが一般的であったが、とくに新大学に多く見受けられるが、補講を兼ねたサマー・プログラムや大学初年次に導入教育を実施する大学や、学生の希望に合わせた複合学位課程を実施する大学も増加している[17]。複合学位課程はポリテクニクが実施していた特色ある教育課程の一つで、多数の教科群から学生が主専攻と副専攻を選択することができる。斎藤 (1993:67) が現地調査した結果によると、新大学であるハートフォードシャー大学の複合学位は、第1学年で3

表4-8 大学とポリテクニクが教授する学問領域：1976〜1989年度

(単位：％)

	大学		ポリテクニク	
	1976年度	1989年度	1976年度	1989年度
教育	4.3	3.4	7.2	7.3
医・歯・薬学	13.7	17.4	2.6	3.2
工学	12.9	8.3	20.5	14.2
農・獣医学	2.5	2.2	0.0	0.5
科学	31.3	26.6	18.5	25.6
社会科学・経済・経営	17.7	21.6	27.9	30.9
建築・専門職・職業関連科目	1.7	1.0	7.3	5.9
言語・文学・地域研究	9.4	10.3	5.6	5.0
その他の人文科学	6.4	9.3	10.4	7.4

出典：Halsey 1992: 119.

教科[18]を選択し、最終学年（第3学年）でその中の2教科を改めて選択することになっている。学生は2教科のうち、一方を主専攻とし、他方を副専攻にすることも可能で2専攻を共に主専攻とするツイン方式も選択できることになっている。

　旧大学とは異なり、新大学で経営関連の学位が急増したこと（DFE 1994）も大きな特徴といえる。経営関連の学位は高等教育においては新学位とされているが准学位としての歴史は長く、『クリック報告書』(Advisory Group on Citizenship 1998) の影響を受けて、1965/66年度にはイギリスで初めてポリテクニクにおいて経営学の高等教育課程が開講された。本課程は旧大学ではほとんど関心を持たれることはなかったが、ポリテクニクにおいて急速に拡大した（Silver 1990）。しかし、工学系の学位と同じく、現在に至るまで正当な学位としての地位を得ているとはいい難い（ESRC 1994, Weiner 1996）。その理由は、経営学が応用的価値を追求する学問分野であり、また市場経済をその基礎に置く学問分野は学問的価値が低いとする批判的な研究者や学会が今なお存在しているからである（Dearlove 1995, Russell 1993）。このように学問分野間、専攻学科間にも格差が存在する限りにおいて、それらの学問や学科を教授する教員、学習する学生にも格差が付いて回ることになる。そこから生ずる問題点とは、新大学が生み出した多様化が旧大学や社会全体に広がらず、新大

学内の多様化にとどまることである。

②新大学への予算の問題

　旧大学では減少傾向（31.3％から26.6％）にある純粋科学系の学問分野が新大学において急増していること（18.5％から25.6％に増加）は注目すべき点である。純粋科学系の学問分野に関する限り旧大学と新大学での開講率はほぼ同率である。旧大学の新大学化および新大学の旧大学化を論ずる研究者が増えているが（Walford 1990, Barnett and Bjarnason 1999）、旧大学が開講科目を科学系から職業関連科目に移行する傾向も見受けられない（表4-8）。しかし、新大学が教育中心から研究にも力を入れだしていることにより、新大学の旧大学化の傾向は否めない。この傾向が今後も続くならば、新大学は多様な学生に対応するために学習科目を多様化する必要性が生じると同時に、旧大学と同質のアカデミックな学問にも力を入れなければならなくなる。その結果、新大学への負担は増大することになる。

　学生数は増えているものの、入学志願者が減少している学部もあり、そういった学科の閉鎖やカレッジの統合もある（ロンドン大学・キングズ・カレッジの化学科が閉鎖、ウェストフィールド・カレッジ、ベッドフォード・カレッジ、その他カレッジが統合）。一方で、大学の予算の潤沢なオックスフォード大学においては人気のない学部も、質の高い研究が行われていれば予算を補填する仕組みになっている。

　　「学部間で学生数の問題が生じており、物理学や物質工学等の自然科学分野は人気がありません。……オックスフォードには多額の研究費補助金や外部資金が入ってきますので、それらの資金で学生数が足りない学部の経費もまかなうことができるのです。……ある学部の学生数が前年度は300人で、翌年200人となったとすると（引用者註：政府からの教育費）補助金は減るかもしれませんが、……、もし質の高い研究をしているのであれば、（引用者註：学内の配分で）学生数の減少を埋め合わせることもできるのです（ジョン・クレメンツ・オックスフォード大学・会計主

監)。」(秦 2001: 192)

　しかし、学内で予算の補填が可能な大学は旧大学の中でも一部であり、新大学においては困難である。この新・旧両大学間の、あるいは旧大学間の財務の格差が、一元化後も大学について回ることになる。
　ポリテクニクは政府からの公的補助金額は旧大学よりも低く抑えられていた。しかし、新大学となり、彼らに課せられた教育的使命のみならず、旧大学と同じく研究面での役割も担う必要が出てきたとするならば、それはまた、政府からの公的財源の配分にも連動されなければならない。

③大学での「学び」における問題

　大学と経済界との連携の強化や実学中心の新大学の進展と共に、学ぶ目的に関する議論が引き起こされることになった。科学、技術および芸術のための国家基金財団（NESTA）と高等教育アカデミー（HEA）[19]が報告書『起業家精神の創造』を2007年に提出した。本報告書の中では、全高等教育機関の建築学、音楽系学科、写真工学、芸術関連科目の学生が卒業後のビジネスに励むことを良しとする教育が大学で実施されることの重要性が力説された。前述の2機関は学生時代から学生には収入に直結する学問に意義を見出し、学ぶ資質を育てておくべきだと主張するのである（The Times 2007; 4）。その主張の背景には、才能ある卒業生が公共利益のために働くことには意義を見出すが、「金儲け」のためにビジネスに入ることに非常に躊躇するという状況があった。また彼らの主張は、大学教育において何を教え、学生は何を学ぶべきなのかという根本的な問いかけにもつながる。確かに報告書に述べられた四つの創造的分野に関連した職業は個人の利益のみならず、国家経済の増収にもつながり、世界規模での収益も見込めるものである。ロンドン芸術大学の学長であるマイケル・ビチャードも、イギリスにおいても職業教育に価値が見出されつつあると述べた。しかし彼の意図するところは、単なる技術屋を育成するのではなく物事を一般概念の中で把握でき、既成概念に挑戦する人間を育てることの重要性であった（The Times 2007: 4）。

労働とは、「社会に対する貢献の機会であると同時に、人々は社会からそれに対応する地位そして報酬を与えられる」（金子 2003: 5）ことである。しかし、市場原理による「学校教育制度と労働市場のリンクにおける制度的役割の弱体化」（金子 2003: 21）が、教育の目的を市場原理に沿ったものに変えつつあると仮定するならば、現時点においてこそ高等教育機関は学生に対して何かを獲得するために学ぶのではなく、学ぶことに喜びを見出し、また、自らの人生を豊かなものとするために学ぶことの必要性を説く必要があるのではなかろうか。職業に直結する学問分野を尊重すること自体に問題はない。だが、人間は教育を通して変化していく可能性を秘めており、教育する側が一歩間違えば教育される側の人間を精神的貧困に導く危険性もある点について想起されるべきである。

美術館、博物館などの公益にかかる施設は無料で開放するといった、社会資本の充実の中にも潜在する教養のための教育を重視してきたイギリスの高等教育機関が、実益重視にその軸足を移しつつあるとすれば、少なくとも10年後の卒業生が保持する資質は過去の学生のそれと大きく異なったものとなるに相違ない。濱中と苅谷が論じた「実力としての学歴」（濱中・苅谷 2000）は、ポリテクニクの大学昇格によって、イギリスにおいても次第にその重要性が認識されるようになってきたが、その「実力」の内容が意味する多様性の議論がイギリスでは未だ進展しているとはいえない状況である。

4. 学位制度面での変化

新大学は教育課程において次の二つの制度変化をもたらした。第一に、職・学融合課程を数多く生み出したことである（Pratt 1997）。第二に、1970年代に単位累積互換制度（Credit Accumulated Transfer System: CATS）およびモジュール・コースをとり入れ、発展させていったことである（**表4-9**）。第二は、第一の職・学融合課程とも深くかかわっている。つまり、新大学に多く見受けられるパートタイム・コースやサンドウィッチ・コースを履修している学生は修学時間に制限がある。そのため、単位積み上げ制度であるモジュール制度は、新大

表4-9　機関別にみた学位プログラム（1994/95年度）

	旧大学	新大学	高等教育カレッジ	平均値
モジュール・コース	44.1%	77.5%	58.8%	58.4%
伝統的課程	55.9%	22.5%	41.2%	41.6%
プログラム数の合計	229	169	51	449

出典：Bargh, Scott, and Smith 1996: 186.

学に適したシステムであった。また、旧大学と比較して教育にかける資金面・施設面が共に劣っている新大学にとっては、単位累積互換制度は後述するように資源の効率的活用に大いに役立った（Murray 1999）。

　プライベート・セクターでは、ロンドン大学が1960年代後半から単位累積互換制度を導入していたが、他の旧大学では実質的にこの制度が拡大していくことはなかった（HMI 1991）。しかし、一元化後は、フルタイム学生に加えてパートタイム学生が急増し、フルタイムで受講できない学生のために、また、単位累積互換制度（CATS）の基盤として単位累積互換制度とモジュール制度が導入されたために、またボローニャ・プロセスに歩調を合わせていくためにも、新大学のみならず旧大学においても両制度が広く取り入れられることになった。

　次項から、両制度の伸展の経緯および問題点を詳細に眺めていく。

1　モジュール制度と単位累積互換制度

　イギリスの大学教育および学習の枠組みは、1990年代以降大きな変化を遂げた。とくに一元化後の変化は急で、現在ではほぼすべての大学においてモジュール制度と単位累積互換制度が採用されている。

　モジュール制度と単位累積互換制度の歴史は古く、両制度の導入は『ロビンズ報告書』において提案された。その後本格的に活用され出したのは、ロンドン大学と1969年に設立されたオープン・ユニヴァーシティーにおいてであった（Bell and Tight 1993）。1970年代初頭は依然として大半の学生が単一学位課程を専攻していたが、パブリック・セクターでは教育システムに柔軟性を持たせる制度としてCATSの導入が試みられ、結果としてポリテクニク

の学生数がさらに増加することになった (Stoddart 1972)。そして、このCATSの導入が学生の質、学位の質、機関の質の格差を拡大することにつながった (Bell and Tight 1993)。

　CATSは一つの課程をいくつかの単位 (学期またはセメスター単位) に分け、単位ごとに異なる教育内容を選択して学ぶ制度である。この制度はポリテクニクではモジュール・コースとして拡大した。モジュール・コースではコース・ユニットであるモジュールが700以上用意されており、各モジュールは1学期の3分の1から4分の1に相当する。学生はモジュールを加算して単位を得る。一般的に10のモジュールで証書が、20のモジュールで高等教育ディプロマが、28のモジュールで普通学位が、そして30のモジュールで優等学位が受けられることになっている (Watson 1989: xvii)。モジュール・コースでは、大半の学生が法学や心理学といった異なる専攻を組み合わせて学んでいる。モジュール制度は、表4-9からも理解されるように旧大学よりも新大学で多く実施されている。そこで、新大学の一つ、ナピア大学を例として取り上げ、モジュール制度が新大学で伸展した理由を考えることにする。

　1964年に開学したエディンバラ市にあるナピア技術カレッジは、1992年に大学に昇格し、ナピア大学となった。大学と名称変更した当初、取り組まねばならなかった教育上の課題とは、施設や人的・物的資源の不足であった。施設や人員の不足のために新たな学士課程を導入することができず、効率化を図るためにモジュール・コースが積極的に取り入れられることになった。また、パートタイム学生が多数である新大学ではモジュール・コースで単位数を積算していくことが最も効率よい教育方法でもあった。モジュール・コースとは教員数の不足に対応しやすい教育方法であり、新大学ではモジュール・コースに配置されている教員数は少なく、例えば、オックスフォード・ポリテクニク (オックスフォード・ブルックス大学) では、1988/89年度には年43の教科数に対して2.5名のモジュール・コース専任教員が担当した (**表4-10**)。教育の質的側面から考えると、満足のゆく授業が実施できるとは考えにくい。

　単位の組み合わせは大学が定めたプログラムの範囲で行われ、CATSとし

表4-10 オックスフォード・ポリテクニクでのモジュール・コースに所属する学生および教職員数

学年歴	FTE 学生*	教科数	モジュール・コース専門職員	モジュール・コース専任教員	上級指導教員
1978/79	1,088	29	6	1	8
1980/81	1,569	33	6.5	1.5	8
1982/83	1,980	35	6.5	2	9
1984/85	2,180	36	6.5	2	9
1986/87	2,381	36	6.5	2	9
1988/89	2,857	43	7	2.5	11

註：＊フルタイムに相当する学生でサンドウィッチ・コースの学生を含む。
出典：Watson 1989: 35.

ばしば併用されることがある。また、CATS はアレンとレイヤーが提示する四つの原則が守られてこそ有効に機能する（Allen and Layer 1995: 25）。その四原則とは、①学習の場は制限されないこと、②全学習は査定され、その結果により単位が得られること、③単位は移転可能でなければならないこと、④単位換算表により国内外で互換可能でなければならないことである。CATS は、1990年代に本格化した高等教育の大衆化の制度改革の中心となる制度とみなされ、1980年代後半以降には数多くの大学に CATS が広がった（Scott 1995, Allen and Layer 1995, 池 1996）。

イギリスにおける CATS は、日本においても池（1996）や森（2003）の研究によって知られている。池は CATS の進展を「現場実務家による実践の試み」と下記4条件が複合した結果としている（池 1996: 105）。すなわち、a) 若年人口の相対的減少を背景に、准大学高等教育機関の間で学生獲得競争が激化したこと、b) 経済的効率性の点で有用性が注目されたこと、c) 高等教育機関での学問教育と専門職業教育との連携を確立するための手段とみなされたこと、そして d) ボローニャ・プロセスの中で、学位や単位の互換性が求められたことである。四条件の中の a)、b) および c) の理由で、旧大学よりも新大学を中心に CATS の採用が増加しており、仕事と並行しながら学ぶ学生にとってはモジュール制と CATS を組み合わせて受講することが修学上不可欠となりつつある。高等教育の一元化によりパートタイム学生の増加が著しい

が、生涯学習を視野に入れた高等教育の社会への開放や高等教育の大衆化のためには、モジュール制とCATSは必須要件であったと考えられるのである。さらには、欧州連合諸国が取り組んでいるボローニャ・プロセスの中で伸展している欧州共同体単位互換制度（ECTS）にイギリスの高等教育機関が歩調をあわせて、学生の流動化を促進するためにも、モジュール制とCATSは不可欠で、今後も進展していくとの見方が大半である。

しかし、一方ではこうした変化は新大学のみにみられる現象にすぎないとも考えられる[20]。なぜならば、フルタイム学生の継続率や転学率を調べてみても、モジュール制やCATSが採用されているにもかかわらず、休学率(2%)もフルタイムとパートタイムの登録変更率(3%)も非常に低いからである。他大学からの転入率や課程や専攻の変更もわずか5%にとどまっている（表4-11）。この数値は、未だに多数のイギリスのフルタイム学生が、同一の教育機関で同一の課程を、設定された期間だけ修学していることを示す。モジュール制とCATSが活用されているならば、これらの数値はもっと上昇していなければならないからである。

もっとも、CATSを活用する学生の多くは新大学のパートタイム学生であり、CATSはフルタイム学生が多数属する旧大学ではなじみにくい制度である。CATSが旧大学において機能しにくい最大の原因は、イギリスの学位が通常学士課程が3年間という年限に縛られているためである。例えば、吉本・小杉・稲永が実施した日欧の比較調査の中で、イギリスの高等教育機関における在学期間は平均値が3.3年であった（吉本・小杉・稲永 2000: 206）。これは、学士課程の修学年限である3年間をほぼきっちり守った年限である。政府からの補助金交付年限が学士課程年限と一致するためその期間を分断したり、

表4-11　イギリスの大学における最初の教育課程におけるフルタイムの変更および学習の中断

他大学からの転入	5%
休学	2%
FTおよびPTの登録変更	3%
課程や専攻の変更	5%

出典：Weko 2004: 62をもとに作成。

延長することが困難なのである。政府からの補助金との兼ね合いで就学年数が区切られ、そのためにモジュール制や単位互換制とは相容れないシステムとなってしまう。

　第1節で述べた『変化の選択』の中でもCATSを活用しての「高等教育における進学機会、選択そして流動性の拡大」が推奨されていたが、制度の多様化は新・旧両大学というよりも新大学で求められたものにすぎない。旧大学は自ら変化を求める姿勢をとりながらも、『変化の選択』が推奨した諸点が実施されることはなかった (Bekhradnia 2004)。イギリスの大学教育の制度面での変化がどういったものであれ、モジュール制度や単位累積互換制度は、少なくとも研究大学における学生が学業を継続していく上でほとんど影響を与えておらず、そのため、今なおイギリスの高等教育においてはエリート型の大学教育が維持され続けていると考えられるのである。

　他に、イギリスの旧大学においてCATSが拡大しないと推定される根拠は以下の3点である。
　①課程の修了を重視する文化があること
　②企業も課程の未修了者に対しては否定的な見解を持っていること
　③CATSが全国統一の制度とはなっておらず、全国レベルで統括する機関
　　が存在しないため、形態や内容に関しても各高等教育機関の裁量に任さ
　　れていること
とくに①および②は、イギリスの高等教育機関では学位を分割して考える文化がなく、修了することが今日も重視されていること、そして課程とは、モジュールや単位の中の別個のスキルや能力の積み重ねではなく、分けることのできない単体と捉えられていることを意味している。このために教育機関の変更や未修了に対して否定的な見解が生じることになる。このような社会的、文化的理由により、CATSの文化は未だにイギリスの高等教育、労働市場、政策立案の現場に浸透していないものと判断されるのである。また、①と②の理由により、充分に大学で修学できる能力を持ちながらフルタイム課程に在籍できない人材の排除にもつながってきたとも考えられる。高等教育や労働市場や政策立案の現場で大学での単位への認識が変わり、旧大学や

労働市場でモジュール制やCATSの文化が広まらない限り、イギリスではこうした看過された有益な人材の育成にはつながらないであろう。

2　修了率

イギリスの高等教育機関での修了率は、世界各国のそれと比較しても高い（**図4-1**）。

パートタイム学生の修了率を測定することは困難ではあるが、フルタイムの学部課程学生の修了率は、DfES[21]によると1996/97～2002/03年まで7年間において約84％から86％の間で推移している。1992年の高等教育一元化の前後も修了率に大きな変化は見られなかった（**表4-12**）。アメリカでの大学生の修了率が約66％から67％であることと比較すると、アメリカを大きく上回る数値である（Weko 2004）。

イギリスでは大学と後期中等教育の間にかなり強い連携が見られ、大学進学者の学力にも大きな格差はないとされてきた。しかし学生の質の多様化が大学内で現実に生じているならば、おそらく学力差も生じるはずであり、修了率もそれに対応して低下するはずである。しかし、現実には修了率の低下

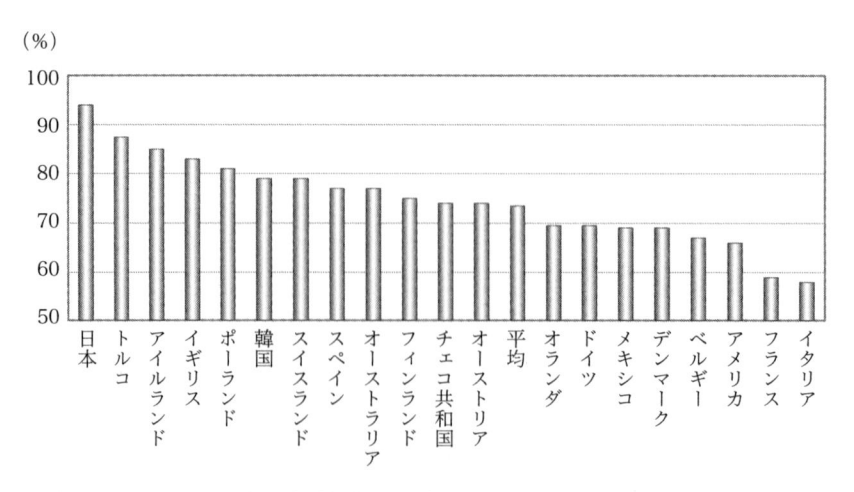

図4-1　修了率（卒業者数／卒業者の入学時の入学者数）

出典：OECD 2002, Table A2.2.

表4-12　フルタイム第1学位課程専攻学生の修了率

(単位：％)

入学年度	修了率
1996/97	84.3
1997/98	83.9
1998/99	84.2
1999/00	84.1
2000/01	85.0
2001/02	86.2
2002/03	86.1

出典：DfES 2006(a): 57.

は起こっていない。イギリスの大学で修了率が高い理由は何であるのか、また、その修了率の高さがどのような影響をイギリスの高等教育に与えているのかを、高等教育の一元化と関連させながら以下に論ずる。

3　高い修了率

　HEFCEは毎年補助金を支給しているすべての高等教育機関のデータをもとに、学士課程に入学したフルタイムのイギリスに在住する全学生の修了率の予測データを算出している。高等教育機関の成果測定にはフルタイムで優等学位の取得を目指して入学した学生を対象としており、パートタイム学生[22]や准学位専攻学生は修了率の算出対象外となっている。また、修了率がHEFCEから補助金の支給を受ける高等教育機関の成果指標として利用されるため、修了者数が規定の数値に達しない場合には、補助金が減額される事態も生じる。そのため各大学は修了率を上げることに注意を払う。

　しかし、問題は修了率を上げることが、多様性を切り捨てることにつながっているのではないかという点である。イギリスではほとんどの学生が、一つの専門分野を同一の教育機関で一定期間修学する。また、イギリスでは学生が別の教育機関から移籍することや学期の途中で転入学することが非常に少ないため、退学した学生による空席を転入した学生で埋めることも困難である（Weko 2004）。

　アメリカでは課程や教育機関を変えたり、フルタイムからパートタイムに

変更したり、学業を一時中断したりする学生が多い。そのため、柔軟性のある学習環境を提供することで、こうした学習条件の設定が自由にできる環境がなければ大学進学できなかった学生が大学で学べることになり、入学後も一時学業を中断して仕事に復帰するといった選択も可能になる。しかし一方で、学習者にとって柔軟な学習環境を提供するということは、一つの教育機関で継続してフルタイムで修了する学生数の減少や修了率を下げる危険性も内包することになる。また、非伝統的な学生を大量に受け入れることから、学生が標準的な学業スタイルを逸脱することにもなる。その結果、アメリカでの学部教育では、各教育機関で教育の質において並びに分野ごとの継続率において大きな格差が生じてきている(Weko 2004)。

　それに比較し、イギリスでは通常学生はパートタイムもしくはフルタイム課程のいずれかを入学前に登録しなければならない。その理由は、公的資金援助を1年単位で評価するために、学年途中でパートタイムとフルタイムの登録を変更することが不可能となるからである。また、変更するには大学側の許可が必要となり、学生は個人的な事情により、学習スタイルを変更することが困難な仕組みとなっている。他にもパートタイムの学位プログラムが限られていることによって、自らのニーズに合わない学習スタイルの選択を学生が強いられており、政府の政策は教育機関の柔軟な学習環境を取り入れる動きを阻害するものとなっている。

　イギリスの高等教育における高い修了率は大きな長所とみなされてきたが、この修了率の高さを維持するための制度の固定化が逆にイギリスの大学の多様性を阻害してきたと考えられるのである。制度面では変化したといわれながらも、根本的な側面においてほとんど変化しなかった、あるいは変化できなかったのではないかとさえ考えられる。従来にはないタイプの学生の要望に応えようとイギリスの各大学が試みたとしても、結局は、旧大学文化の枠組みの中でエリート型の学業スタイルを支持し、維持しようとする限りにおいて、その試みは学生に負担を強いることになる。

5. 結　語

　本章では学位授与権の意味を、また、学位や課程の多様化を確認した。『ロビンズ報告書』以前には大学の学位取得方法は、高等教育機関間の差異はほとんどなく、フルタイム学生が優等学位または普通学位を3年から4年で取得するという形が大半を占めていた。しかし、報告書以降は新科目も増加し、学際的課程や複合科目、あるいは複合優等科目を設定する大学も現れ、1970年のオープン・ユニヴァーシティー創設後にはパートタイム学習の可能性も大幅に広がった。その後の高等教育の一元化後には、新たな制度が次々と導入され、それら新制度を利用する学生数も増大した。第1学位取得者数の急増や新大学入学者の入学資格の多様化は、確実に学生の質の多様化を引き起こしている。しかし果たして学生の多様化、あるいは学生の質の多様化にイギリスの高等教育制度は対応できているのであろうか。

　旧大学は変化を選択すると公言しつつ、学士課程3年、修士課程1年という制度やカリキュラムの内容、学生の就学形態、教授方法、学生と教師との関係、学生の選抜方法等の改革が困難な状況にあるために、新・旧両大学の制度的外枠は固定化されたままである。この固定化された外枠を取り外すことが政府や各大学により試みられなければ、学生が望む実質的な学習形態ももたらされないことは明白である。大学間での卒業レベルの水準が同質に維持された環境の中で、厳選された大学入学者が厳格かつ公正な試験を受け、学位を授与された時代と異なり、学生の質も多様化が生じたとしながらも、新大学は旧大学の制度を模倣する選択をせまられるといった時代に逆行する状況も生じている。この状況は、予測された一元化以前には高かった「修了率」の低下が生じていないことによっても明らかである。

　中産階級の増加と社会進出は、階級化されていた社会構造の上下間の距離を縮小し、階級が具現していた高等教育機関におけるヒエラルヒーは一元化により消失した。これは上級階層の包含を経た新興階層からの進学者の増加による高等教育の拡大のような概観を持つ。しかし、これはまた、マスとして存在していたポリテクニクの大学への移行といういわば旧大学領域への浸

食による高等教育の拡大である。いい換えると既存の大学が高等教育の拡大への取り組みを実施しなかったために誕生したポリテクニクの機能変容ともいえる。だが、新大学は旧大学との棲み分けをする一方で、旧大学が固持する制度を模倣せざるを得ない状況に追いやられ、新大学の旧大学化も同時に引き起こされているのである。

最後ではあるが、大学関係者が認識すべき重要な点は、学士課程修了時の上位成績のインフレは、一元化後の新大学の学生の第1学位取得者数の急増が引き起こしたものではなかったことに触れておく。上位成績のインフレは、研究評価を高め、補助金額の増額を目する旧大学において起こっていた。大学教育の効率化を進めようとする公費を通じての政府の大学への干渉が、旧大学の教育ですら容易に歪めてしまう、そのことに我々は留意すべきであろう。

註
1 1999年にイタリアのボローニャで採択された「ボローニャ宣言」に基づく、欧州諸国の高等教育の改革過程を意味しており、2010年までに「欧州高等教育圏」を設立することを目指している。2007年において47の欧州諸国圏の国家（アイスランド、アイルランド、イギリス、イタリア、エストニア、オーストリア、オランダ、ギリシャ、スイス、スウェーデン、スペイン、スロバキア、スロベニア、チェコ、デンマーク、ドイツ、ノルウェー、ハンガリー、フィンランド、フランス、ブルガリア、ベルギー、ポーランド、ポルトガル、マルタ、ラトビア、リトアニア、ルクセンブルク、ルーマニア、キプロス、クロアチア、トルコ、リヒテンシュタイン、アルバニア、アンドラ、セルビア、モンテネグロ、バチカン、ボスニア・ヘルツェゴビナ、マケドニア、ロシア、アゼルバイジャン、アルメニア、ウクライナ、グルジア、モルドヴァ、モンテネグロ）が参加している（'What is the Bologna Process?'. Available from http://www.coe.int/t/dg4/highereducation/EHEA2010/BolognaPedestrians_en.asp; Internet; accessed 18 August 2009.）。
2 イギリスで問題として取り上げる学位の質の学位とは、第1学位を指す。
3 高等教育機関が共同で設立。CVCPが設置した大学監査委員会の機能を引き継ぎ、内部評価を中心とする機関レベルの評価活動を実施する。
4 HEQCは監査を担当し、HEFCEは評価を担当する。
5 「応用准学位（foundation degrees）」の訳語は、篠原（2004: 67）に準拠する。
6 例えばオックスフォード大学を例にとるならば、第1学位（first degrees）には、

第4章　一元化後の学位の質と制度の変化　195

Bachelor of Arts (BA), Bachelor of Fine Art (BFA), Master of Biochemistry (MBiochem), Master of Chemistry (MChem), Master of Earth Sciences (MEarthSc), Master of Engineering (MEng), Master of Mathematics (MMath), Master of Physics (MPhys), Bachelor of Theology (BTh) があり、上級学位（higher degrees）には、Doctor of Philosophy (DPhil), Bachelor of Civil Law (BCL), Bachelor of Divinity (BD), Bachelor of Medicine (BM), Bachelor of Surgery (BCh), Bachelor of Music (BMus), Bachelor of Philosophy (BPhil), Master Juris (MJur), Master of Business Administration (MBA), Master of Letters (MLitt), Master of Philosophy (MPhil), Master of Science (MSc), Master of Studies (MSt), Master of Theology (MTheol) といった種類の学位がある。

7　ヴィヴィアン・グリーン（1994）も参照のこと。
8　バッキンガム大学は、1年4学期制度である。
9　合格レベルと呼ばれることもある。
10　1997年9月CIHEロンドン事務所においてのインタビュー。
11　高等教育統計局（HESA）の調査は、第1学位はフルタイム学生を基本としているため、パートタイム学生の状況を把握することは困難である。
12　第7章の政府予算との関係でも述べるが、学士課程が3年となっていたのは、もちろん中等教育が狭く深く専門性を高める教育であった結果にもよるが、フルタイムの学士課程で第1学位を専攻する学生への補助金総額にも関係している。
13　一般に、イギリスでは第1級および第2級上級学位レベルが大学院進学にも、また就職を成功させるためにも必要とされる。
14　1997年には労働党政権が誕生した。
15　1ポンド200円として換算（2008年3月当時201円/£1）すると約10億円。
16　HEFCEの2000年7月10日のプレス・リリース。
17　2分野が joint honours degree course、3分野以上が combined honours degree course と名づけられている。
18　学科の下に24の教科が配置されている。
19　高等教育アカデミーの開設に至るまでの経緯は次の通りである。高等教育における教授・学習の質の向上（QE）に対する政府や高等教育関連機関の関心が高まり、2002年2月にイングランド高等教育財政審議会（HEFCE）、イギリス大学協会（UUK）、高等教育カレッジ長会（SCOP）は、QEのために「教育の質向上委員会（Teaching Quality Enhancement Committee: TQEC）」を立ち上げた。2003年1月、白書『高等教育の将来』（DfES 2003(a)）が政府によって発表された直後の2003年5月には、TQECは調査に基づく報告書『高等教育における教授・学習の質的向上のために今後必要な取り組みと支援に関する委員会最終報告書』(*Final Report of the TAEC on the Future Needs and Support for Quality Enhancement of Learning and Teaching in Higher Education*) を公表し、その中で「高等教育アカデミー」の設立を提案した。TQECは『デアリング報告書』の勧告に従い、高等教育教職員の専門性向上を図るためにすでに設立されていた①高等教育教員職能開発機関（Higher Education

Staff Development Agency: HESDA)、②高等教育学習・教授開発研究所（ILTHE）および③教授・学習支援ネットワーク（LTSN）の3機関を統合し、2006年に新たに高等教育アカデミーを開設した。

20　スコットランドにおいても、CATSを利用したカレッジ修了者を大学編入学で受け入れている大学は、「圧倒的に1992年以降の新大学が中心」である（吉本2003）。

21　その後2001年には、雇用部門が、新たに創設された労働年金省（Department for Work and Pensions）に移動し、DfEEは、教育技術省（DfES）と名称が変更された。2007年には、労働党の新首相であるゴードン・ブラウンのもと、DfESは、さらに、2部門、「子供・学校・家庭省（DCSF）」と「改革・大学・技能省（DIUS）」、に分かれることになった。

22　オープン・ユニヴァーシティーやロンドン大学バークベック・カレッジのようにパートタイムに特化している教育機関も一部には存在している。

第5章 一元化以前の補助金配分機関の役割と政策

1. はじめに

　イギリスでは高等教育分野において、水平方向には多様化の様相を呈しながら、垂直方向では新・旧両大学内での序列化が進んでいるようである。つまり、各高等教育機関内部においては、学部・学科、コース、課程等の多様化が著しいが、垂直方向では研究大学と教育大学といった大学ごとの棲み分けによる種別化が進み、研究評価 (RAE) や教育評価 (TQA) 結果の公表とも相挨って、各大学のランク付けの固定化が見受けられる。またその一方で、政府の高等教育機関への影響力が増大しており、政府が公刊した2003年の白書『高等教育の将来』(DfES 2003(a)) の中では、イギリスの高等教育が教育・研究面で世界レベルを維持し、経済力を増強するための知識基盤を整備することによって、国家に貢献する必要性が強調された。両者の動きはそれぞれ単独の動きではなく、前者すなわち新・旧両大学での種別化は、後者すなわち政府の政策により導かれたものにほかならない。

　高等教育の有用性を認識し始めた政府は提言にとどまらず、機関に対して社会や経済への貢献度を高めることや国政の目的に適う人材育成の具体的な実現を求めた。しかしながら、高等教育機関の中でも大学は、政府の政策が学内で実現されるに至るまでのプロセスが重層化しており、かつ決定に至るまでの時間も通常長くかかる。また、たとえ政府の提言が学内で議題として挙がったとしても、実施されるに至るかどうかも不透明である。

　そこで本章では、政府が推し進める改革を学内で実質化するために政府が高等教育機関に対してどのように対処したのかを知る手段として、1970年代以降の政策を中心に、その変遷と実施過程を辿った。パブリック・セクター

とプライベート・セクターの補助金配分機関による分配制度とその制度と深く結びついた政策の変遷を検証することにより、政策実現に向けて政府が実施した方策と背後に在る政策目的が浮かび上がってくると考えたからである。この検証はまた、一元化以降の旧大学と新大学の位置取りを我々に再認識させてくれると同時に、両者の果たすべき将来の役割も予見させてくれよう。確かに、政策の変転を辿る中で、公的予算の配分を競争的環境下で実施することにより、政府は大学を政府の管轄下に置くことを企図していたことがわかる。つまり、政府は高等教育機関への公的補助金の配分方式を通して、政策の実現を図った（Shattock 1994, 1996; Williams 1992）。

1980年代までの大学は、政府から多額の公的補助金を受けながらも大学補助金委員会（UGC）に守られ、大学の自律性は拡大される方向にあった。一方、ポリテクニクは政府からの少ない財源で、パブリック・セクター高等教育諮問機関（NAB）による補助金の配分や競争入札制度を活用しつつ、高等教育人口の拡大を支えるという面において政府が期待する以上の機能を果たしていた。その結果を受けて政府は公的予算の効率的な財源運用を促すために、ポリテクニクに用いた補助金配分方法を、一元化後の新たな補助金配分機関である高等教育財政審議会（HEFCs）を通じ、プライベート・セクターの大学にまで応用しようと試みたと考えられる。

高等教育機関は、直接的には①高等教育機関数の増加、②大学一元化による学生数の増加によって、また間接的には、③公的財源の配分額とその配分方法、④中央政府の政策決定が影響をおよぼす範囲、⑤学生のタイプやレベルに応じた学費とその返済方法、⑥中等教育および中等教育後のカリキュラムや資格の枠組みの進展等により大きく影響を受ける。また、この6項目は相互に影響を与えあっているが、②および⑥に関しては、すでに第3章および第4章で論じた。そこで、本章では①、③および④の一部に焦点を絞る。また、③の残部と⑤に関しては、次章において述べることとする。

2. 背景

　高等教育人口の増大と共に高等教育にかかる費用が増加している。政府はプライベート・セクターの大学に対して、大学が国家に経済繁栄をもたらす人材育成の場であるという側面を強調することによって、政府の介入に正当性を与えようと試みた。また、高等教育機関の管理運営面においては、政府がパブリック・セクターを担うポリテクニクが公的財源の効率的活用に適していることを明示することで、大学に運営の効率化を求めることを可能とした。

　ポリテクニクの効率的運営とは、ポリテクニクが大学に配分される2分の1から3分の1程度の補助金額で大学が引き受ける学生とほぼ同数の学生（第3章参照）の教育の実施が可能であったという事実である（**表5-1**）。この事実が、高等教育の拡大と同時に公的財源の縮小を目指していた1980年当時の政府にとっては重要であった。

　ここで述べる「同数の学生」とは、教育する学生総数が大学とポリテクニクで同数であるという意味であり、大学に比較して教員数も少なく、施設も小規模であるポリテクニクがこれら学生を教授するとなれば、必然的に学生対教員比率（SSR）は高くなる。事実、一元化直前の1991/92年度当時ポリテクニクの学生対教員比率は、大学よりも約3割高かった（**表5-2**）。また、教員数に限りがあるため、教授する科目数にも制限が生じた。大学において費用のかかる資産とは教員であるため、教員1名に対する学生数が増加すれば

表5-1　一元化以前の旧大学とポリテクニクの財務実績

（単位：百万ポンド）

年度	旧大学	ポリテクニク
1982/83	1,634	615
1983/84	1,643	557
1984/85	1,667	591
1985/86	1,670	656
1986/87	1,750	735
1987/88	1,722	900

出典：Williams 992: 6-7 をもとに作成。

表5-2　ポリテクニクと大学における教員1人当たりの学生数

(単位：人)

年度	ポリテクニク	大学（イングランド）
1978/79	8.3	9.4
1984/85	11.6	10.3
1987/88	12.8	11.3
1988/89	13.6	11.8
1989/90	14.5	12.2
1990/91	15.5	12.4
1991/92	17.2	13.2

出典：Pratt 1997: 167 の表をもとに作成。

確かに経済効率は高くなるがその一方で、教授する高等教育の質の低下をリスクとして負うことになる。

　一元化後も、新大学のみならず旧大学においてもSSRは上昇した。例えば学寮制を敷く旧大学であるダラム大学では学生数の増加にもかかわらず教員増員は行われず、SSRが40対1にまで上昇し、その結果、多くのコースでテュートリアル制度の廃止が報告された（The Times 2007: 6）。大学とは研究の成果を教育において実践する場であり、教育と研究は大学を前進させる両輪であると考えられてきたが、教育の実施にあたってはSSRは低ければ低いほど教育効果が上がると考えてきた大学[1]も政府の効率化の方針を受け入れざるを得ず、財源と効率性の観点から大学教育が見直されることになった。

3. 一元化以前の財政配分機関

1　プライベート・セクターの補助金配分機関

①大学補助金委員会の役割

　1919年に大学補助金委員会（UGC）が設立された。UGCは施策を立案する機関ではなく、基本的には補助金配分機関として創設された。UGCが設立されるに至った理由は、第一次世界大戦中に政府から大学への補助金の停滞や多額の不足が生じたために大学が困窮し、その財源確保に奔走しなければならなかった経緯にある（Ashby and Anderson 1974, Shattock 1996）。同様の事

態に陥らぬように、リチャード・ホールデインを中心とした政治家や官僚が主軸となって UGC が設立されたが (Shinn 1986, Jones 1988, Shattock 1994, Vernon 2004)、政府が率先して UGC を創設し、大学を保護しようとした点に意味があった。

UGC 構成委員は基本的に大学教員であるが、職員は財務省からの出向で、設立当時の UGC は財務省下に置かれ、政府は UGC に政府と大学との間の自律的緩衝機関としての役割を求めた。すなわち、教育省 (Ministry of Education) や会計委員会 (Public Accounts Committee: PAC) からの影響を受けずに、できる限り大学側の立場に立つ緩衝機関としての役割を全うすることが UGC には求められていた (Shattock 1994: 6)。

その後、大学学長委員会 (CVCP) は、UGC が活動範囲を広げ、補助金配分の職務だけではなく大学の制度改革や大学行政にも中心的役割を果たすべきであると政府に進言した (CVCP 1957)。UGC の活動に関しては、1946年にはすでに財務大臣も UGC に大学への助言やコンサルティング、大学の規模拡大のための計画執行を求めていた。当時 UGC の会長であったジョン・ウルフェンデンも財務大臣の要請を受け、緩衝機関から政策策定機関へと UGC の機能を拡大するための基盤として、1953年には22名であった職員数を1963年には50名、1968年には112名にまで増員した (Shattock 1994: 3)。

UGC の機能拡大に準じ、1967年に初めて UGC は「指導定款」を各大学に送付した。このことは画期的であったと考えられる。なぜならば、国が各大学に種々の提案を提示する指導書を配布するということは、自律性が尊重され政府から干渉されることのなかった大学への政府介入ともとられかねないからである。しかし、本定款を大学に宛てて送付したにもかかわらず、一方で UGC は大学が本定款に則った大学改革を実施する必要などなく、各大学が政策立案し、各大学の優先事項を考慮しながら大学運営することが重要であるという立場を表明した (Moodie 1983)。形式上政府の意向に沿うことで、UGC の地位を温存しようとしたものとも考えられるが、UGC のこの二律背反的な言動は政府、大学双方にとって理解し難い、意図の見えない動きであり、UGC は政府からの信用だけではなく、最終的には大学からの信頼をも

失う結果となった。

1960年代後半までは政府も大学もUGCとの協力体制にあり、政府がUGCに期待するものも大きかったが、UGCの活動が大学の将来的発展につながるものではないとし、次第にUGCに対する政府の評価が低くなった結果、1960年代末にはUGCの役割は政策策定機関ではなく緩衝機関として固定化されることになった。

②大学補助金委員会の権限の変化

1970年代までは大学への補助金総額は政府が決定するものの、補助金配分方法を決定する権限はUGCに完全委譲されていた。UGCは公平性に配慮しつつその補助金を5年一括の助成金として各大学に、ニーズに応じて配分していた。しかし1973年のオイルショックと続く深刻な経済危機の影響を受けて高等教育経費の再検討が政策面での論点となった。1970年代末にはUGCの補助金配分方法が透明性を欠くとする疑念が政府と社会双方に広がり始め、1979年の保守党政権成立後には教育改革を求める気運が急速に高まった。サッチャー首相はインフレ抑制と効率化を推し進め、高等教育界においても「効率性」や「市場主義」という言辞が前面に押し出される（DES 1972, Williams 1984, 望田 1996）と同時に、学生数の拡大、生産性、合理化、財政管理が重視されることになった（Shattock 1994: 9）。これら政府の政策転換に対して、ロンドン大学のロバート・コーエンは、以下のように述懐している。

「……『質の管理』という政府が掲げた言辞は、逆に大学からレトリックを奪い去ったのです。誰も『質の管理』という言葉には逆らえません。『正義』と同じようなものです。誰も『正義』に対して逆らうことができないのです。『効率性』、『顧客』、『水準』、こうした言葉を政府は巧みに遣いながら大学を統制することに成功しています。大学は政治的な戦いで完全に敗れたのです。」(秦 2001: 88)

自らがそれぞれの言葉の持つ意味内容を正確かつ細部にわたって確認することなく、共通の理解も持たずに、異なる立場にある人々が独自の見解と意味づけに従って、しかも社会的に肯定的なイメージをそれぞれの言葉に付与しながら用いる中で、大学のみならず社会までもがレトリックに絡めとられたわけである。

　UGCが創設された1919年当時には、UGCを通して各大学に配分される公的資金の総額は平均で各大学の総収入の30％以下であったが、1980年代初頭にはその比率が64％にまで増加し、公的補助金への依存度が非常に高まった（Williams 1992）。そのため政府は高等教育における公的財源の配分額の削減を試み、国庫補助金額は1982/83年度当時と比較して1987/88年度には1割程度の減となり（**表5-3**）、また、1986年以降からは公的予算の約7割が教育費補助金という形で、各大学の学生数を基準として配分されるようになった。政府からの補助金配分の公正さが求められる一方で、1980年代まではUGCから優遇されていた研究大学もUGCとの間で、さらには、UGCと政府の間で軋轢が生じることになった（秦 2001: 223）。

　当時、UGCが各高等教育機関に割り当てた公的補助金削減率の決定には、各機関の離学者数、入学者のGAE・Aレベルの点数、研究成果（具体的には研究審議会から獲得した補助金額）の3点が判断基準として用いられていた。数値的には大きな変動がなかったにもかかわらず、1981年には大学への補助金が平均6％減となり、3年間で平均17％の削減となった（Shattock 1996: 13）。

表5-3　一元化以前の大学の財源

（単位：百万ポンド）

年度	国庫補助金	学費	研究審議会	他の省庁からの補助金	海外留学生の学費	産業界	その他	合計
1982/83	1,049	131	103	47	71	23	210	1,634
1983/84	1,015	126	111	51	76	27	237	1,643
1984/85	989	124	114	54	82	37	267	1,667
1985/86	955	121	116	59	91	43	285	1,670
1986/87	963	123	128	64	100	48	324	1,750
1987/88	942	115	118	64	100	50	333	1,722

出典：Williams 1992: 6.

各大学の削減率は一様ではなく6％減の大学（ヨーク大学）もあれば、44％もの削減に至った大学（サルフォード大学）もある。削減率の高い大学は旧上級工科カレッジ（CAT）が多く、伝統的大学であるオックスフォード大学も13％の削減、ケンブリッジ大学も10％の削減となった。その中で、唯一ロンドン・ビジネス・スクールだけが11％の増加であった（Shattock 1996: 15）。削減の対応策として UGC は大学運営資金を担保するために、1）大学入学者数の5％削減と、2）生産性を上げるための効率化を大学に助言したが、大学側は UGC の提案を受け入れず、進学者数の少ない学部・学科を閉鎖するという措置をとったのであった（Williams 1992, Shattock 1996）。

　政府の意向に沿わないプライベート・セクターの大学に対して、1980年代に入ると当時の政権党であった保守党は、研究補助金の配分方法を明示することで配分方法に透明性を持たせるよう UGC に対して圧力をかけた（Kogan and Hanney 2000: 96）。UGC の補助金配分方法は基本的にはシステム化された機械的配分であったにもかかわらず、公表されていなかったために一般に「UGC ブラック・ボックス」と呼ばれており（Shattock 1994: 10）、政府は UGC に対して公的補助金配分の公式かつ公平な方法の提示を要求し始めた。それに対して1983年からは UGC 側もまた、UGC が実施する個々の大学への研究および教育費用の配分方法の正当性について政府に弁明を試みた（UGC 1984）。

　大学数が30校程度であった1963年当時には、UGC の配分方法も円滑に機能していると考えられたが、プライベート・セクターの高等教育機関数が増加することで、また、パブリック・セクターの学生数が急増するにつれて公的補助金を増額する必要性が高まり、一方で不透明な配分を行っているとされた UGC への批判が増大し、補助金の効率的活用という側面から、パブリック・セクターの NAB と非大学型高等教育機関、そして、プライベート・セクターの UGC と大学の補助金使途の比較がなされ、大学側の非効率な管理運営への批判がパブリック・セクター側からも起こった（Ashby and Anderson 1974）。NAB については次節で詳述するが、NAB の構成員が UGC のそれと比較して財政専門家を擁していたことも（Shattock 1994）、ポリテクニクの効

率的運営に大きな影響を与えていた。この NAB と NAB による補助金配分方法が効率的な機関運営を生み出していると考えた政府は、プライベート・セクターにも同様の補助金配分機関の導入を試みることになった。

UGC の補助金の配分方法に関して、1980年当時 UGC の委員長であったピーター・ダイアーは配分方法を公開する方針を打ち出し、1984年には「我々（UGC）は、研究資金が最も有効に使われることを保証するために、大学への研究支援に関しては競争的な資金配分方法を採用することを発議する」(UGC 1984: 9) と提言した。そして、この UGC の提言から2年後の1986年には UGC はこれまでの慣例を廃し、競争原理に基づく研究資金の配分を実施した。研究評価（RAE）の始まりである。そして、1985/86年度および1988/89年度の RAE の実施以降、RAE の評価結果に従って機関ごとに補助金配分額に格差が付けられることになった。この競争的資金配分において最も特徴的な点は、補助金の有効利用という観点からの特定大学への補助金の集中化であった。

一方、UGC は1980年代の政府の公的補助金の削減に対して有効な対抗策を打ち出せず、大学の立場に沿った改革がほとんど実施されなかった。そのため、UGC は大学への発言権が弱くなっただけではなく、大学間の補助金獲得競争を収めることもできなくなった。政府からの信頼を失ったことに加えて UGC は大学との間に確執を生み、次第に大学に対する影響力を失っていき、その結果、大学と政府から UGC の体制についての批判が高まることになった (Barnes and Barr 1988)。

UGC の影響力が弱くなった理由としてシャトックやオウエンは、設立当初の UGC は財務省の管轄下にあったが、1964年には教育科学省（DES）の傘下に入ったため、UGC は高等教育という分野での発言権が増したものの DES からも圧力を受けることになり、大学への影響力が弱くなったという見解を示した (Shattock and Rigby 1983, Owen 1980)。別の観点から眺めると、この所管の移動はまた、UGC も他の公的機関と同様に財務省に対して予算を請求する立場に置かれたことを意味しており、そのため予算の獲得に力を持たなくなったと推察できる。UGC が財務省下に置かれていた時代は、強い

財務省を盾として政治面や政策面でも保護され、政府からの補助金の配分にも直接的な影響力を持てたであろう。しかし、UGC の秘書をしていたジョン・カーズウェルによれば、1950年代には財務省職員は UGC の委員をあたかも大臣であるかの如くに扱い、UGC の申し出にはすべて対処しなければならない状況にあった (Carswell 1985: 12)。公的予算の獲得力の低下に伴い、UGC は大学への影響力を失っていったものと考えられるのである。

UGC の弱体化の歯止めとして、1985年に出された『大学の効率性の研究のための運営委員会報告書』[2]の中の補足説明（巻末資料1）『データ研究』[3]において能動的な UGC の職務内容が明示された。UGC の職務とは、1) 大学教育に必要な経費の調査、2) 大学や他の高等教育機関への助言や支援、3) 大学への適正な公的補助金配分に関する政府への助言、そして4) 連合王国の大学に関する有益な情報の調査・収集と規定されている (CVCP 1985: 18)。UGC 自らは単なる補助金の配分機関にとどまるつもりはないことが本報告書の中で記されてはいるものの、内容に関する限り従来の職務の再確認の感が強い。

政府も UGC の存在意義を充分に認識しており、本報告書の勧告を受けて UGC の果たすべき役割を再考するためにダグラス・クローハムを委員長とするクローハム委員会を立ち上げた。そして、1987年2月には報告書『大学補助金委員会の再検討』(Lord Croham 1987) (UK Parlidment Report HP, 1987)、通称『クローハム報告書』が提出され、政府と UGC の関係の確立、大学への財政配分システムの明確化、大学からの情報収集、年次財務監査申告書および実用会計基準規格の提出等が提言された。要約するならば、クローハム委員会による提言は、UGC の存続を前提とした UGC の機構および機能の改善と刷新を求めたものであった。本報告書に応えるという形をとりながら1987年の4月に出された白書『高等教育―挑戦への取り組み』(DES 1987(a)) において政府は『クローハム報告書』に準拠するとしつつも、UGC の解消と新たな大学財政審議会 (UFC) の設立が提示されることになった。そして翌1988年の教育改革法により UGC はついにその任を終え、代替機関として3年間という短命ではあったが大学財政審議会 (UFC) が誕生することになった。

UGC の消失と UFC の成立には、以下の三つの事柄も大きな影響を与えたと考えられる。

第一に、『ジャラット報告書』の影響である。本報告書では、大学の財政と直結した学内の戦略的な意思決定や長期目標の重視、学長の最高執行責任者としての役割の明確化、理事会等への学外者の参加といった管理運営面での大学改革が強調された。

第二に、上院での UGC に対する議員たちの発言である (UK Parlidment Report HP, 1987)。例えば、スワンは、大学にビジネスと同等の効率性を求める場合に、UGC はその任を果たすことが困難であることを示唆した。他に、クウィントンは、困難な時代にあって UGC は大学を失敗に至らしめたことや各 UGC 委員は自らの大学の利権代表者であるために自己が所属する大学に財政面で便宜を図ったこと等に言及した。また、ロックウッドは長期的展望に立った補助金配分と、国家および地域レベルでの政府と補助金委員会との協力体制の構築を求めた。上記報告者や議員たちの挙げた問題点に対処するには、現行の UGC のままでは力量不足であったと考えられる。

そして第三に、サッチャー政権が財務省に公費に関する二つの目標を設定するよう指示したことである (Shattock 1994)。二つの目標とは、当時インフレ率が非常に高かったために公費支出の増加をインフレ率の範囲内に抑えることと、公的資金を受けるすべての機関が効率性を高める中で公的資金の有効利用を促進することであった。UGC は両目標に対して解決策を持たず、大学側も大学の経済的効率性とその効率化を促す大学の管理運営のあり方が問われることになった。その結果、政府が UGC の抜本的な改革あるいは新たな委員会の設立を求めたことは自然な流れであったと考えられる。

③大学自治と大学補助金委員会

1919年に設立され1989年に廃止されるまでの70年間、UGC は政府と大学の間の緩衝機関として存立しており、大学を支援する側に立ち、政府の攻勢から大学を保護していた。そのため、大学内構成員の立場は UGC と大学により二重に守られる位置にあった (**図5-1**)。大学の自治という観点から

図5-1　1919年から1989年までの政府、UGC、大学との関係図およひ大学構成員との関係図

　UGCを評価し直すとするならば、UGCは政府の圧力から大学構成員および大学を保護するために大きな役割を果たしていたといえる。

　組織としての大学は、自らの活動の諸目的と意義、価値を社会に説明し、政府から公的財源を受け、その財源を大学構成員に配分する。それにより教育・研究活動を支援し、大学構成員を保護するのである。金子によれば、大学が媒介としての機能を「独自の一貫した論理によって支えている状態を、自律的と定義することができる」(金子1991: 94)と述べているが、イギリスでは大学の自律性は1992年までは第一にUGCによって、第二に大学自身によって二重に保護されてきた。デュガルド・マッキーらは、UGCは大学の自律性こそが高い質の教育と研究を保証するものだと考え、公的資金に対する説明責任はUGCが大学の自律性を担保することで果たせると論じた(Mackie, Martin, and Thomson 1995)。しかし、高等教育の拡大により増大した公的予算に見合うだけの役割を大学が社会の中で果たしているかどうかをUGCと大学が証明できなくなったために、「大学自身が活動成果の価値を判断するのではなく、大学の活動それ自体を市場での評価に任せる方向に向かわせた」のである(金子1991: 94)。

　市場での評価といっても、その評価は同時代の経済と経済を成り立たせている社会が決定していることにほかならず、大学の活動成果を評価する社会

は時代と共にその評価対象への評価基準を変えることになる。それゆえ、学内の合議体制は、たとえ結論に至るまでに長い時間がかかったとしても、大学自治の象徴としても、また、大学の自律性をその根底に置くロビンズの原則を維持するためにも重要であるといえる。そういう意味において、UGCに代わり今やコンセンサス・リーダーシップをとるオックス・ブリッジは、政府や社会といった外界と各大学との間に屹立する緩衝機関としての役割を負わされつつあるのである。

結果的に、サッチャー政権が始まった1979年からすでに政府は直接高等教育機関の管理運営に乗り出す意思を持っていたため (Wolfenden 1970)、UGCの機能不全という状況は、政府の大学への直接的影響力を増大させることを一層容易にすることになった。

2　パブリック・セクターの補助金配分機関
①パブリック・セクターの財源

パブリック・セクターの准大学高等教育機関の社会的評価は低く、報告書の公刊当時、政府は新大学の創設や工業カレッジの大学昇格などは視野に入れておらず、教育カレッジも地方教育当局 (LEA) の管理下に置く方針をとっていた。当時すでに准大学高等教育機関では学生数において大学と同規模の学生を有していたが[4]、ロビンズ委員会は政府と同様に大学偏重の姿勢をとっていた。

「ポリテクニク」の名称が明文化されたのは、1966年度に公刊された白書『ポリテクニクとその他のカレッジのための計画』(DES 1966) においてであった。元来ポリテクニクは政府の所管で、財源は政府からLEAを通して配分されていたが (**表5-4**)、系統立った組織を持っておらず、例外的にではあるが初等教育の延長線上に位置づけられる場合もあったが (Pratt and Locke 1994)、この白書によってポリテクニクが高等教育機関として公的に認められることになった。

一元化以前のポリテクニクは、中央政府とパブリック・セクターの高等教育機関との利害関係を調節する役目としてLEAがその任に当たっていたた

210 第II部 実証的考察

表5-4 一元化以前のポリテクニクの財源

(単位：百万ポンド)

年度	AFEの補助金	学費	研究審議会	LEAからの補助金	海外留学生の学費	短期コース等からの授業料	その他	合計
1982/83	434	92	3	65	9	6	6	615
1983/84	445	97	4	45	n/a	2	9	557
1984/85	450	87	n/a	39	n/a	1	14	591
1985/86	486	95	3	42	11	2	19	656
1986/87	532	117	4	43	12	2	26	735
1987/88	694	126	5	40	18	3	33	900

註：AFE = Advanced Further Education
出典：Williams 1992: 7 をもとに作成。

め、LEAを通して1）教育水準の規定、2）財源の認可、3）提供するコースの認可を受ける必要があった。

　ポリテクニクの教員は教育職として雇用され、研究に対する要請は雇用条件の中に入っていなかった。そのため、研究成果も大学教員と比較してかなり少なく（**表5-5**）、ポリテクニクに対しては特定のプロジェクトに限ってのみ、政府からLEAを通じて研究予算が配分された（Polytechnics and Colleges Funding Council 1989）。ポリテクニクを前身とするポーツマス大学のジョン・クレイブン学長も当時の状況を的確に述べている。

　　「1992年の大学昇格後、我々にとっては非常に大きな意味を持つ研究評価を通じて初めて財政審議会に関係することになったため、相当な混乱がありました。というのも当時の（教員の）雇用契約には研究に関する査定項目などはなく、教員の半数が研究の経験などまったくなかったからです。」（秦 2001: 154）

　研究成果が少なかった原因は、一元化までポリテクニクが研究機関として存在してこなかったことがまず挙げられる。そのため、ポリテクニクの教員には研究が義務づけられてこなかった。また、元来政府から研究施設や設備への投資がほとんどなかったため、研究資金の蓄積も少なかった。例えば、

表5-5 研究成果

(%)

	1976年		1989年	
	大学	ポリテクニク	大学	ポリテクニク
現在、論文につながる研究を実施している	93.0	60.0	95.0	60.0
一度も論文を出したことがない	12.0	50.0	3.0	60.0
論文を20本以上出した	26.0	2.0	53.0	60.0
出版した学術研究書の数（平均値）	0.8	0.3	2.4	0.7
過去2年間に出した論文数（平均値）	3.5	0.9	6.3	2.0
過去2年間に論文を出していない	23.0	68.0	9.0	46.0

出典：Halsey 1992: 187.

政府からの研究補助金額に関して表5-3と表5-4を比較すると、保守党政権時の緊縮財政のために大学への補助金が削減されていた1982年から1988年の間でさえもポリテクニクは大学の20分の1から40分の1程度しか研究補助金を受けておらず、准大学高等教育機関においては研究とは名ばかりで、満足に研究できる環境にはなかったことがうかがわれる。

例えばオックスフォード大学において学長ピーター・ノースが語るように、科学研究費を多額の寄付金によって補填することは可能である。しかし、研究基盤のないポリテクニクではそれも困難であった。

> 「（オックスフォード）大学は、科学分野（医学、生命科学、自然科学）での研究のために多くの基金を集めています。1996年度の外部資金での大学収入は1億400万ポンドで、大学の1年間の研究資金としては大きな額といえましょう。……科学分野には多額の資金が必要です。」（秦 2001: 140）

自然科学系の研究には多額の研究費が必要となるが、新大学の研究環境に関してはクレイブン学長の言葉がその実態を如実に現していた。

> 「……どの大学も補助金を喉から手が出るほど欲しがっていますが、スタート・ラインが問題です。つまり旧大学はすでに過去25年間も研

究補助金をもらって研究を続けてきました。研究第一でやってきたわけです。そのような大学と研究補助金を受けて、やっと今年（引用者註：1997年）で5年目になる新大学とが、どうやって競争できるのでしょうか。私の方が教えてほしいくらいです。優れた研究を行うためには、それ以前に基盤を作るための資金が不可欠でしょう……」(秦 2001: 159)

さらには、旧大学が引き受けなかった学生を受け入れてきたことがポリテクニクの教員の負担を増し、学内業務や教育のための時間の増加をもたらした結果、教員の研究時間を減少させるに至った。ポリテクニクの教員は、1976年には労働時間の27％を学部教育に充ててきたが、1989年になると入学者数の増加から労働時間の43％を学士課程教育に費やす結果となり(Halsey 1992: 186)、ポリテクニクの教員が研究に充てる時間は圧縮され、在宅時間を研究時間に充てるといった環境の悪化も指摘されるところである。

1986年に第1回RAEが大学において実施された直後の1989年のホールジーの調査によれば、ポリテクニクでは論文を提出しない教員数も増えると同時に、研究を重視する教員も増えた (Halsey 1992)。論文を執筆する教員としない教員との分化は、ポリテクニク内で自らを教育専門の教員と再定義する者が増えたことをも意味した。つまり、研究と教育を共に実施する教員と、研究のみに専心する教員と、教育のみを行う教員という3種類の教員の棲み分けである。この棲み分けは、ポリテクニク内部での士気の低下につながる危険性も孕んでいる。研究評価に参加することによって補助金増額の可能性が見込まれ、研究大学としての公的評価を受け、さらに研究評価結果が大学の国内ランキングを示すリーグ・テーブルにも大きく影響し、その結果が学生募集に大きくかかわってくるとすれば、それに参加できる教員は、参加しない、あるいはできない教員よりも重用される事も充分に起こり得るからである。

②パブリック・セクターの財務状況

中央政府は、ポリテクニクに「高等教育機関」という格付けをすることで

大学に準ずる立場にあることを公的には示しながら、大学に相応するだけの額の予算配分もないまま、急増する学生を引き受けさせた。プラットは、クロスランドが推し進めた高等教育人口拡大への対応策であったポリテクニクは低予算での高等教育を目指す政府の財政措置として利用されたにすぎないと批判している (Pratt 1997: 237)。「ポリテクニク実験」(Pratt 1997: 1) とも呼称されていたポリテクニクを通しての中央政府による高等教育政策は、1960年代の高等教育拡大期においてエリック・ロビンソンが論ずるように正当とみなされていた (Robinson 1968)。高等教育人口の増加分を受け入れるためには大学だけでは不可能であったし、また、公的財源を抑えながらその増加を受け入れるには、安価な教育機関であったポリテクニクの存在が不可欠であったからである。政府がポリテクニクに大学よりも少額の公的資金を投入することで、高等教育の拡大を実現できるかどうかの実験を試みたとするならば、その試みは成功した。しかし、その成功により導かれた高等教育の一元化は、後述するように、成功以上により深刻な問題を生ずることになったともいえる。

　ポリテクニクに対する補助金総額を大学と比較すると、1971/72年度の1,503万9,000ポンドから1986/87年度の4,475万1,000ポンドと3.2倍になっているものの、その額は1986/87年度においても大学の約3分の1に相当するにすぎない (**表5-6**および**表5-7**)。1987/88年度にはポリテクニクへの補助金総額は7億ポンドにまで増額されたが[5]、この額も大学の2分の1に満たなかった。

　配分方法に関しては、大学は5年ごとの一括補助金として総額が決定される以外はその使途はまったく大学の自由裁量である。しかし、ポリテクニクやカレッジは単年度会計である上に LEA は初等学校や中等学校も管轄しているため、高等教育機関への財源は初等教育および中等教育に配分される財源との兼ね合いで決定された。そのため、財源の配分額が一定ではなく、財源確保のために LEA は教員養成カレッジを1981年までに3分の1に減らす一方で、ポリテクニクを教員養成カレッジと統合することで教員や学生、土地・施設等を拡充するという施策をとった。以上の事柄を考えあわせると、

表5-6 大学への国庫補助金の内訳（繰越収入は含まず）

(単位：千ポンド)

	設備費	建設費	土地購入経費	専門経費	附属病院経費	合　計
1971/72	29,721	24,664	1,672	5,172	10,484	71,713
1974/75	24,885	28,315	2,562	4,328	11,289	71,379
1979/80	55,772	12,234	1,944	1,987	16,718	88,655
1984/85	91,740	7,234	322	2,493	10,947	112,736
1986/87	119,060	12,320	320	2,869	8,353	142,922

出典：Pratt 1997: 241をもとに作成。

表5-7 ポリテクニクへのLEAからの補助金の内訳

(単位：千ポンド)

	建設費	設備費	土地購入経費	交通費	その他	合　計
1971/72	7,507	6,573	950	1	8	15,039
1974/75	13,971	5,896	3,638	5	3	23,513
1979/80	11,973	9,802	1,442	69	0	23,286
1984/85	13,882	18,663	4,006	108	158	36,817
1985/86	15,165	30	1,080	27,932	26	44,233
1986/87	17,623	25,106	1,384	638	0	44,751

出典：Pratt 1997: 240をもとに作成。

　高等教育の拡大期に学生に高等教育を提供するという大きな役割を果たしながら、大学と比較して政府からの予算が少なく、社会的評価も低かったパブリック・セクターが大学と対等の地位を要望し、大学に昇格した後には公的補助金格差の是正を要求したことも自然な流れといえる。LEAに管理され、地方政府により規制されるパブリック・セクターの高等教育機関は、自律性の少ない状況から脱したいと考えたのであった（Pratt 1997）。

　ポリテクニクと大学の補助金、学費、研究審議会からの収入、海外留学生（本章末付記参照）の学費等を比較すると、大学の総収入はポリテクニクの総収入の約2.7倍となる。

③パブリック・セクター高等教育諸問機関

　プライベート・セクターの大学とは異なり、パブリック・セクターの高等教育機関は銀行に自らの決済用口座がないために、事業拡大を試みよう

しても銀行から借り入れできず、財産運用や教員の雇用に関してもLEAの管轄下にあった。1958年に地方自治体により創設され、LEAが自由に配分していた上級継続教育（Advanced Further Education: AFE）用の合同資金も、サッチャーが政権をとった1979年以降は、中央政府により総額が決定された後でなければLEAが配分できない制度に変更された。その結果、LEAのパブリック・セクターに対する権限も制限されることになった。政府はまず、LEAの権限を抑制した上で、プライベート・セクターのUGCに相当する機関をパブリック・セクターにも創設したいと考え、1982年にはパブリック・セクター高等教育諮問機関（NAB）が設立された。

1980年代初頭にはNABからポリテクニクへの配分額がポリテクニクの総収入の72％にまで増加しており、ポリテクニクにおいても大学に劣らず公的補助金への依存度がかなり高くなった。政府予算の増額により、政府は一段とポリテクニクの管理運営に対する圧力を増した。地方分権を維持し、中央政府に対しても強力な影響力を持つとされていた地方自治体も、またその管理下にある准大学高等教育機関も、共に政府の影響を直接被る立場に置かれることになり、その意味においてはサッチャー政権時には政府への中央集権が強化された。

元来NABは、AFE予算計画を教育担当大臣に進言することが主要な役目であったが、1985年にはポリテクニクやカレッジの基本財源に関する助言、上級コースの認可、パブリック・セクター間の取り決めおよびパブリック・セクターと大学との間の取り決めの調整、そして政策が履行されているかの監査結果を政府に助言する権限が付与された（Pratt and Lake 1994）。この機関はLEAの対抗機関とみなされていたが（Pratt and Lake 1994）、プライベート・セクターからパブリック・セクターを保護する役割も担っており、政府の政策に全面的に従うわけでもなかった。例えば、サッチャー保守党政権時には、ポリテクニクの予算が1979年度から毎年平均19％削減された。この削減率は他のパブリック・セクターの教育機関（カレッジや継続教育機関）と比較するとかなり厳しいもので（Pratt 1997: 255）、そのため、1986/87年度の政府案である再度の17％の予算削減の際には、財源を維持するためにNABは非大学

高等教育機関への入学者数の大幅な削減を決定した (Pratt 1997)。この NAB の独自の判断による入学者数の削減は、それまでの政府の高等教育人口拡大政策を引き受けてきたパブリック・セクターからの政府の圧力に対する抵抗とも考えられた。

4. 高等教育財政に関する政策決定の背景
―― UFC と PCFC の施策が高等教育機関におよぼした影響

　1980年代初頭の大学とポリテクニクとの基本財源に占める公的補助金の割合はそれぞれ64％と72％とになり、1960年代と比べて補助金への依存度が非常に高くなった。また、パブリック・セクターとプライベート・セクターの学生数がそれぞれ約36万人と約28万人にまで増加した。パブリック・セクターの学生数はプライベート・セクターの学生数の約1.3倍であるにもかかわらず、補助金額はパブリック・セクターはプライベート・セクターの補助金額の約40％にすぎなかった。

　DES は大学と准大学高等教育機関との間に存在していた確執の解消と、両者の公平を期す目的から、両機関の協力体制を強調し始めたが (Shattock and Rigby 1983)、この DES の政策が高等教育の一元化につながり、1988年の教育改革法によってポリテクニクや大半のカレッジが LEA の管轄から独立することになった。LEA の管理運営から離れたために、LEA から配分されていた公的財源は新たな公的機関から配分される必要が生じ、パブリック・セクターのためのポリテクニクおよびカレッジ財政審議会 (PCFC) が設置されることになった。わずか6年でパブリック・セクターの NAB は廃止されたことになる。この組織は15名の委員から構成されており、1987年当時 PCFC にはイングランドのポリテクニク29校を含む83の高等教育機関が所属していた。PCFC は DES とは関連のない独立機関で、高等教育財源の効率的活用を目して産業界の強い後押しで創設されたものである。そのためポリテクニクは、科学や工学系諸学科の定員増加や産学連携の促進が課せられると共に、高等教育進学者数の拡大のために旧大学に入学する学生とは異なる資格で入学する多様な階層の学生やパートタイム学生、そして海外留学生

の獲得が目指された。PCFCは高等教育機関の将来構想を企画する機関ではなく、補助金を配分する機関であり、国の社会的・経済的要請に合致する補助金の配分が仕事とされていた (PCFC 1989)。そのため、PCFCは独立性を保持しつつも、公的資金に対しては政府への説明責任も果たさなければならず、政府からの補助金の効率的運用とその補助金に見合った成果を挙げていることを政府や社会に証明する必要があった (Abramson, Bird, and Stennett 1996)。

　「高等教育に資金を出す側の人間は支払った額に見合う教育というものにこだわるのです。そのため出来る限り学生の要求をのもうとし、教職員だけではなく、大学や高等教育機関全体にも圧力がかかってくるのです (ロンドン大学教育研究所・バーネット学部長)。」(秦 2001: 66)

　PCFCの施策の特色はその競争入札制度で、補助金は政府との契約によって決まるのではなく、学籍に値をつけて、ポリテクニク間で競争入札する方法がとられた。学籍の競争入札とは、政府からLEAに配分された教育用の資金により枠が決まっている学籍数をパブリック・セクターの非大学高等教育機関が1年ごとの入札によって獲得する方法である。LEAは学籍数に応じて各機関に教育費を配分することになるため、各機関は過去の入学者数のデータから進学者数を予測し、競争入札により一人でも多くの学籍を獲得しようと試みた。この競争入札による補助金システムは非大学高等教育機関では効率的に機能した。つまり、中央政府は一定額の国庫補助金をポリテクニクが競争によって抑制することで政府の公的補助金を抑えることが可能だと考えたのである。

　PCFCによるポリテクニクへの管理も強化され、PCFCが設置された1988年から3年以内に経済効果を上げることも要求された。PCFCはまた、学費を607ポンドから1,675ポンドに上げることで財源の不足を補填する必要が生じ、学生確保に努めざるを得なくなった (PCFC 1989)。

　1988年から1994年にかけてポリテクニクの学生数が急増し、学生1人当たりにかかる政府の補助金の効率化が進んだ。すなわち、学生1人当たりの

予算がポリテクニクでは37％減少したにもかかわらず（表5-8）、ポリテクニクへの進学率は上昇し、学生は増加していった。GCE・Aレベルの試験結果により大学進学を断念した生徒がポリテクニクに流入した結果、1990/91年度には29のポリテクニクにおいて約1万8千人の学生増となったが、これは1989/90年度と比較すると40％の増加で、大学よりも学生1人当たり約3,000ポンドも低い教育費用で大学よりも多数の学生を教授できたポリテクニクの存在は、政府にとって経済的観点からも重要な存在となった。高等教育人口の急速な増加の結果、政府は一元化後も大学に競争入札制度を導入することで、高等教育予算の大幅な拡大に歯止めがかかることを期待した。しかし拡大傾向が続いたために1994年には競争入札制度は廃止となり、学生数に応じての国庫補助金の配分および学生数上限制度が取り入れられることになった。一方でSSRを下げることを重視し、費用のかかるテュートリアル制度をあえて取り入れている大学や、ポリテクニクを大学と認めない大学も存在しているプライベート・セクターにおいては[6]、ポリテクニクの教育システム自体が受け入れ難く、また、雇用者側からの偏見も存在していた。

　　「……（この学生の卒業校は）ポリテクニクだ。だから余りよくない、と考える者（雇用者）もいるのです。このような意識は簡単に取り除くことはできません。……（中略）……概して雇主はポリテクニクの卒業生にはさほど注目していません……（CVCP政策担当顧問ブロウズ）。」（秦2001: 202-203）

大学はエリートを養成する場所であり、ポリテクニクは「優等学位以下」

表5-8　高等教育機関に配分された公的財源からの教育費用

	1979/80年（単位：ポンド）	1992/93年（単位：ポンド）	減少率（％）
大学	7,858	6,400	-19
ポリテクニク	6,170	3,870	-37
継続教育カレッジ	3,780	3,060	-19

出典：Williams 1996: 10.

の技術者や職人を育成する場所である（Cotgrove 1958: 204）という1950年代にすでに社会に蔓延していた社会的通念は、容易に払拭されることはなかった。しかし政府はSSRが上昇することへの懸念よりも、一定財源に対して効率的な教育を可能とする高等教育機関としてのポリテクニクを高く評価するようになった（DES 1991(a)）。学生1人当たりにかかる費用の少ない、安価な高等教育機関としての評価である（Layard, King, and Moser 1969, Pratt and Burgess 1974, Pratt and Hillier 1991, Pratt 1997）。

　ポリテクニクでは中央政府の政策に従って、大学で不足している自然科学系や工学系諸学部の学生数の増加を目指したものの、学生数の伸びが顕著な学部はフルタイムでは経済および経営学部であり、パートタイムでは社会学、人文学、芸術、デザイン学部等であった（Pratt 1997）。研究設備のための投資がなかったポリテクニクにとっては当然の結果ともいえる。自然科学系諸学部を教授するための施設や器具等の基盤が整備されていなかったポリテクニクが、当該学部の学生を募集すること自体に無理があった。

　最後に、プライベート・セクターのための補助金委員会である大学財政審議会（UFC）について述べる。UGCの構成委員や委員長は大半が大学教員であったが、UFCでは教員は少数で委員や議長までもが企業や財界関係者で構成されていた。

　新たな機関であるUFCは、補助金の配分機関としての役割を果たすことになった（DES 1987(a)）。財源額を決定する機関は政府である。委員会の名前を「譲渡財産（grants）」から、あえて配分する役割を意味する「資源配分（funding）」という名称にこだわった政府の意図もここにあろう。また、白書では政府が提示する計画過程が一定期間ごとに定められ、それに基づいてUFCと大学双方の実施内容が明示されることになった（DES 1987(b): 4; 40）。この結果、UFCは補助金配分機関の役割に限定されたパブリック・セクターのPCFCと同等の位置に置かれることになった。ハロルド・パーキンが指摘したように、UFCは大学を市場経済に誘導される客体とみなして評価を実施し、その評価結果に応じた補助金を大学に配分する機関となった（Perkin 1991）。

　UFCによる大学側に立った施策の実施は少なくなり、UFCは政府に依存

する形をとりながら大学への管理を強化していった。政策の策定は DES に移り、UFC は政策を大学において実行に移す役割が政府から求められた。個々の大学への補助金配分には関与しないとしながらも、UFC を通しての補助金の配分額の決定や入札による契約制度の導入等によって政府の大学への関与は増大した。また、UFC は公的補助金の使途や補助金使途の説明責任の所在を明らかにすることを目的として設立された機関でもあり、問題が生じればすぐに対応し、解決策を講じることも求められた (Shattock 1994)。以上のことは UFC が根本的に UGC と立場が異なっていることを意味しており、教育および研究補助金を掌握し、政府から独立性を保っていた UGC と比較すれば、UFC の権限は政府に対しても大学に対しても格段に弱くなったことは明らかであった。

5. 結　語

　安価な高等教育機関として管理運営されてきたポリテクニクは公に統制されたセクターに位置しており、政府の管轄下にあった。「安価」が意味することとは、ポリテクニクの効率的運営を意味する。つまり、ポリテクニクは大学に配分される2分の1から3分の1程度の補助金額で、大学が引き受ける学生とほぼ同数の学生を教育することが可能であったという事実である。つまりパブリック・セクターの PCFC がとった施策とは、最小のコストで最大数の学生を教育することであった。さらに重要なことは、高等教育機関の管理運営面において、高等教育人口の拡大を支えてきたパブリック・セクターを担うポリテクニクの公的財源の効率的活用を大学に明示することによって、政府が同様の効率化を大学に求めることを可能としたことであった。
　しかしその一方で問題も生じていた。大学に比較して教員数も少なく、施設も小規模であるポリテクニクがこれらの学生を教授するとなれば、必然的に SSR は高くなる。事実、一元化直前の1991/92年度にはポリテクニクの SSR は大学よりも約3割高かった (Pratt 1997: 167)。教員数が少なければ教員1名に対する学生数が増加し、経済効率は高くなるが、教授する高等教育の質

の低下をリスクとして負うことにもなる。また、教員数に限りがあるため、教授する科目数が減少し、パブリック・セクター内の競争入札制度の結果、最大の学生数を獲得するために高等教育機関間での競争が激化したり、大学において費用のかかる資産である教員数が減らされる事態も起こった。しかし、政府の管轄下のポリテクニックにおいて政府の施策の実施が補助金配分や競争入札制度の導入により円滑に進むことが証明されると、政府はあえてプライベート・セクターの大学にまでその適用範囲を広げ、ポリテクニックで証明された施策を大学に試みたのであった。高等教育の拡大と同時に公的財源の縮小を目指していた1980年代当時の政府にとっては必要不可欠な試みであったと考えられる。

UFCとPCFCの両審議会の誕生と時を同じくして、両審議会をDESが管轄したということは、政府が自治権のある大学とLEAの管轄下にあったポリテクニック双方をDESの支配下に収束したことを意味すると筆者は考えてきた（秦2001）。確かに、例えば競争入札制度を持つPCFCと同様の仕組みを持つ機関としてUFCを生み出すことによって、政府は政策の実現を可能とした。しかし、DESもUFCも次の政策実施機関を生み出すための過渡的な機関でしかなく、DESはその役割を終え、教育と雇用とを結びつけることを念頭に置いて組織された教育雇用省（DfEE）に移行し、政府は補助金配分機関の統一を企図し、連合王国4地域（イングランド、ウェールズ、スコットランド、北アイルランド）の高等教育財政審議会（HEFCs）を設立し、一元化後の大学での政策の浸透を図った。少数の大学に研究費用を集中的に配分するといった補助金の集中化は高等教育財政審議会（HEFCs）に対しても引き続き要求され、1992年に実施されたRAEとその評価結果に基づく研究資金（quality-related research funding: QR）の重点傾斜配分制度として結実することになった。

HEFCsの誕生により、大学がUGCに、また、ポリテクニックがNABやPCFCに保護される関係にあった1970年代の後半と比べ、中央政府の管理体制は強化されたのであった。これは政策・財政両面からの政府による統制を図ったものであり、政府の政策を大学に反映させるためのエージェンシー

としての役割への変更を意味すると共に大学の公的機関としての役割が私的機関としての役割[7]を上回ったとも考えられるのである(Neave 1988)。しかし、大学が公的役割と私的役割の比重をどの程度に設定し、社会に示すかは各大学の具体的な行動によって異なってくる。そして各大学の具体的な行動を方向づけるものが各大学の歴史であり、組織文化であり、外圧としては政府の教育政策であり、補助金配分となる。

一元化は多くの変化を大学にもたらしたが、一元化後の管理運営の強化に驚きを隠せない大学教員や大学関係者もいた。

> 「現在では(引用者註:1997年)、高等教育機関の財政構造だけではなく、学生に提供するカリキュラムをどのように編成するかということでさえも行政からの管理が強まってきている状態です。こういったことは旧大学の領域では異例のことです。イギリスでも新大学ではトップダウンの管理は存在していましたが、旧大学ではまったく異例のことです。その管理権は単なる権利ではなく、戦略を立て、実行するという決定権をも含むのです(ロンドン大学教育研究所・バーネット部長)。」(秦 2001: 66)

> 「(高等教育財政審議会は)大学に対して友好関係を保つ機関から政府の道具のような存在になってしまいました。1988年から中央政府は今までにないほど多くの指示を、財政審議会を通じて出すようになり、審議会は、ますます立案企画部のようになってきています(CVCP政策担当顧問ブロウズ)。」(秦 2001: 205-206)

本章では、パブリック・セクターとプライベート・セクターの補助金配分機関の制度的変遷と中央政府の政策の変遷を検証することで、一元化以降の旧大学と新大学が担う役割がどのように変化するかの予測を試みた。新・旧両大学での種別化は後者、すなわち、政府の政策により導かれたものであり、国庫補助金配分が生み出したマス高等教育は、その結果として研究機関として存在してこず、研究資金の蓄積も少なかったポリテクニクを教育大学に移

行せざるを得ない状況を作る一方で、研究大学としての生き残りも求められている。職を持ちながら高等教育機関で学ぶパートタイム学生を重んじ、職業教育と雇用に直結する教育を優先してきたポリテクニクの伝統でもあった教育方針が守られるのか否か。また、新・旧市民大学と同じく伝統的大学と変わってゆくのか、選択が政府の財源との兼ね合いから迫られているのである。

付記

　海外からの留学生の学費に関して説明を付加すると、1980年まで、海外からイギリスに留学した学生はイギリスの学生に比較すると多少金額は低いものの、イギリスの学生と同様に公的資金による多額の補助金を受けていた。その後1987年には、イギリスの学生よりかなり高額の授業料を支払うことが義務づけられたが、それでもその経費は学生1人当たりの平均コストをはるかに下回る金額であった。

　1970年代には留学生の数が急激に増加し、1979年までに、留学生に対する補助金額が1億ポンドを超えたため、1979年の11月に政府は、「1980年10月より新たに登録した留学生は、自分のコースの平均コストに相当する経費を支払うものとする。また、各教育機関に対する補助金を3年間凍結し、1983年までにはEU圏外からのすべての留学生は経費を全額支払うものとする」と発表した。しかし、この発表は大いに論争を招くところとなった。大学やポリテクニクは、留学生の数が劇的に減少し、その結果、自分たちの収入も激減することになると考えたためである。さらにイギリス連邦や発展途上国に対してイギリスが負うべき義務についても検討されると共に、イギリスが留学生を受け入れることによって生じる教育的、政治的、そして商業的利益が強調された。そして諸外国の政府からは、イギリス以外のヨーロッパ諸国では、国籍などに関係なく、高等教育を受けるすべての学生に補助金を給付し続けているのに、イギリスでは経費の全額支払いが急遽決定されたことに対する反対の声もあがった。その結果、イギリスでは留学生の数が急激に減少した。1979年から1983年における大学、ポリテクニク、カレッジの留学生数は、6万1千人から4万8千人へと28％減少した。そのため1983年には、いわゆる「ピム・パッケージ」による補助金の増額が発表され、3年間で奨学金が4,600万ポンド増額された。また、外務省の奨学金に新たなプログラムが導入され、マレーシア、香港、キプロスからの留学生には特別な援助が与えられた。さらに「海外研究留学生奨学金計画」により研究系の留学生の奨学金が増額された。しかし1983年以降は、留学生に対するイギリス政府の方針に大きな変化は見られない。「留学生全員に分け隔てなく補助金を給付する」という1980年代以前の方針を改め、特定の分野の留学生や特定の国々からの留学生を対象とした奨学金制度

とあわせて、経費全額支払制度を実施するという方針が、1980年代の半ばまでに確立されたわけである。経費全額支払制度が1980年に初めて導入された際に、教育科学省 (DES) では教育機関が留学生に請求すべき最低限の経費を推奨金額として発表した。その金額は大学の人文・社会科学系で2,000ポンド、科学・エンジニア系で3,000ポンド、医学系で5,000ポンドというものであった。また、ポリテクニクおよびカレッジでは、授業履修型のコースで2,400ポンド、研究中心型のコースで3,300ポンドであった。その後、UGCや地方教育当局審議会 (Council of Local Education Authorities: CLEA) なども最低限の経費レベルの推奨金額を毎年発表するようになった。

1985年の緑書における政府の発表では、「留学生に対する請求金額は、各学生の状況を考慮の上、教育機関や各地域の当局が決定する」となっているものの、ほとんどの教育機関が前述の「推奨金額」を採用し続けたというのが実情であった。しかし1989年以降、これらの推奨金額の影響力は大きく影を潜めることとなった。1989年には、大学学長委員会 (CVCP) が、大学に対して (それまではUGCが実施していた) 推奨金額を発表し、ポリテクニク機関長委員会 (Committee of Directors of Polytechnics: CDP) がポリテクニクに対するガイドラインを発表した。ただし1990年以降、ポリテクニクに対する推奨金額の設定は実施されていない。しかしながらCVCPでは、発表している推奨金額とは「ちょっとした希望小売価格のようなもの」にすぎず、「推奨金額を下回る金額や上回る金額を設定するのも大学の自由である」としている (THES 30 December 1988: 4)。経費全額支払制度の導入とその後の展開、すなわち、「価格統制」の緩和 (最低限の経費が推奨金額として提示されながらも、教育機関が自由に請求金額を設定できる) や、ターゲットを絞った補助金の給付 (一部の留学生に対して奨学金を給付するプログラム) により、1980年代には高等教育における留学生市場が確立された。この市場の規模は、政府の方針、大学やポリテクニクのマーケティング活動、為替相場 (高等教育における外国とイギリスとの相対価格を決定する)、そして国際競争力の成長度 (アメリカ、オーストラリア、日本といった留学生の受入国での市場のシェアとの兼ね合い) といった要素に左右されることになった。

註
1 企業、運動チーム等を対象とした研究結果では、集団が機能するための理想的な規模とは8名から12名ということである (ホール1993)。この規模が最も生産的であり、効果的であることが裏づけられている (Antony 1971)。
2 通称『ジャラット報告書』。
3 クウェンティン・トムプソンに依頼し、まとめられた報告書である
4 1965/66年当時、大学の学生数が152,227人で、ポリテクニクやその他のカレッジの学生数が149,720人 (Pratt 1997: 28)。
5 例えば、1991/92年度には規模的に最大のポリテクニクであるマンチェスター・

ポリテクニクは、総額4,700万ポンドを超える補助金を受けていたが、学生数の少ないボーンマス・ポリテクニクは、総額1,200万ポンドである。
6 2007年6月12日に下院において開催された高等教育調査委員会報告に陪席した際に、新大学学長のピーター・スコットの講演の中で、「我々は、旧大学とは違いますから……」と、自らが新・旧大学の格差を意識した発言を行った。高等教育の一元後16年経っても、未だ旧・新の障壁は取り除かれていないようである。
7 大学の自治や学問の自由に支えられて教育と研究の伸展を図る大学としての役割。

第6章　一元化以降の大学における財務と財務政策

1. はじめに

　高等教育の一元化は高等教育機関に数多くの変化をもたらした。その中でも大学の財務に関しては、パブリックおよびプライベート両セクターのための新たな補助金配分機関（HEFCs）の創設が意味することは大きい。一元化以前は、大学と准大学高等教育機関の社会での役割、目的、規模やレベルの違い等によって、両高等教育機関の補助金配分額の格差は当然のこととして学内外で受け止められていた。しかし一元化後の補助金配分機関の統一は、この格差が撤廃されたことを意味する。そのため一元化以前に存在していた配分額の格差を是正し、公正かつ公平な配分を実施すること、また、補助金配分[1]に関する透明性と説明責任が配分機関に求められることになる。

　そこで本章では、両セクターのために統一された補助金配分機関を第一の検討課題とし、まず、この新機関の機能および設立目的を紹介する。次いで、その新機関が行った補助金配分が新・旧両大学に与えた影響を論ずる。これには、研究費補助金と教育費補助金が両大学の財務上に果たす役割も含まれる。というのも、両補助金が両大学の役割分担にも影響を与えているからである。

　第二の検討課題は、授業料徴収が大学にもたらした変化である。高等教育人口の量的拡大による公費負担の増加に対する方策の一つとして、政府は授業料の徴収を開始した。この授業料徴収が学生に与えた影響を明らかにすると共に、さらなる高等教育人口拡大のための政府による学生支援策を紹介する。以上を受けて、学生から徴収する経費との関連で予測される将来起こりうる問題についても言及する。

第6章　一元化以降の大学における財務と財務政策　227

2．高等教育拡大による一元化と公的財源のあり方

1　高等教育機関の補助金配分機関

　まず高等教育機関の財源問題および高等教育機関の管理運営を分析する際に必要となる高等教育機関とそれ以外の機関との相関関係を示す図を提示する（**図6-1**）。高等教育機関はこれらすべてのステークホルダーと関係し、相互に影響を与えあっている。

　本節では、図中の機関の中でも＊印をつけた機関である改革・大学・技能

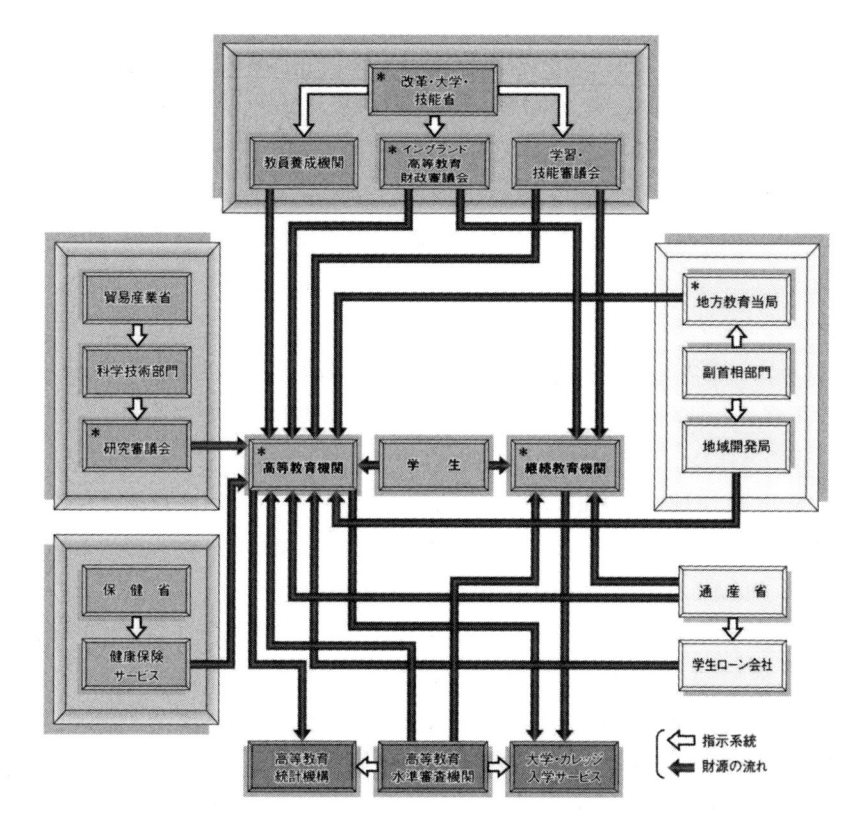

図6-1 高等教育機関と他機関との組織相関と財源の流れ

註：副首相部門（Office of the Deputy Prime Minister）は、住宅、地方行政、地方自治体、地域振興に関する責任部署である。また、＊の機関が財源配分に関係する主要なアクターである。

省 (DIUS)、高等教育機関 (HEIs)、継続教育機関 (FEIs)、イングランド高等教育財政審議会 (HEFCE)、研究審議会 (RCs)、地方教育当局 (LEA) を中心に論ずる。なお、黒の太字の矢印は財源の流れと方向性を示し、白抜きの矢印は指示系統を示している。枠で囲った部分は、それぞれ同系列の関連部署を意味する。例えば、一番上の枠の機関は改革・大学・技能省の管轄下にある機関で、他の枠で示された機関も該当する枠内で相互に深く関連している。英語名称についてはvi頁の略語・単語リストに記しているので参照されたい。

　パブリックおよびプライベートの両セクターは、一元化以前はそれぞれ独自の補助金配分システムで動いてきた。研究費補助金に関しては、大学への補助金額がポリテクニクのそれに比べて多額であり、学科間での配分比率も両セクターでは著しく異なっており、一元化後の配分比率も含めた補助金額の統一に際しては容易に妥協点が見出されなかった。そのため、統一後の補助金機関を組織化する際には困難を伴った (Williams 1992)。しかしながら、1992年の継続・高等教育法後には4地域の高等教育財政審議会(HEFCs)が新・旧両大学の補助金配分を実施する任を負うことになり、またパブリック・セクターにあった高等教育課程を提供する継続教育カレッジ (FECs)[2] も、直接HEFCsから補助金配分されるか、あるいは高等教育機関が継続教育カレッジと契約し、期間限定のフランチャイズという形で政府からの補助金が配分されることになった。

　本章では、4地域の HEFCs の中でもとくにイングランド高等教育財政審議会 (HEFCE) の構成、設立目的、研究費補助金および教育費補助金の配分等を中心に論ずる。

　HEFCE は独立法人で、その管理運営は議長1名と最高責任者2名を含む委員13名 (そのうち企業家は1名から2名) に委任されており、委員全員の共同責任の形で運営されている。HEFCE は自らの活動方針を定めると共に、その活動方針が1992年継続・高等教育法の規定および教育雇用担当大臣の指針や通達に合致しているかどうかについての確認も行っている。HEFCE の活動は教育雇用担当大臣から議会に報告され、議会より監督・審査される。各高等教育機関へ振り分ける総額や配分領域の優先順位は中央政府が決定す

るが、配分額や配分方法に関してはHEFCEが全面的に責任を負っている。HEFCEは補助金の大半を教育および研究の種別や実績に従って各高等教育機関に分配する。4地域のHEFCsはそれぞれの審議会の基準に従って自由に公的補助金を配分する権限を持っているが、同時にその使途についての説明責任も負っており、補助金配分の報告書を年に一度提出することになっている（HEFCE 1996(b)）。

　HEFCEの主要な役割は各高等教育機関に対する国庫補助金である教育および研究活動資金（経常経費）の配分である。配分は3分野、すなわち研究、教育、特別領域に対して行われ、教育に対する支出が総費用の約7、研究が約2、特別領域が約1という割合で毎年配分されている。各機関への配分額は高等教育機関側代表との協議を経て決定されることになっており、配分の方針と方式は公開が原則である。補助金は115の大学と17の高等教育機関、そして高等教育レベルのプログラムを提供している221の継続教育機関に配分されることになっており、使途は各高等教育機関の自由裁量となっている。HEFCEが政府や議会に説明責任を有するように、各高等教育機関もHEFCEと議会に説明責任を負っている。

　1996年当時、HEFCEの使命は「国家の必要に鑑み、財政的に健全な範囲で、質が高く費用効率のよい教育・研究活動を促進する」（HEFCE 1996(b): 1）ことであり、また、遂行のための職務内容は、下記の5点であった。

1) 教育および研究のために補助金を配分する
2) 質の高い教育と研究を追求する
3) 必要に応じて政府に助言する
4) 高等教育の質について学生に情報を提供する
5) 公共資金の公正な使用を確実なものとする

　また、上記の職務を遂行するために、高等教育における多様性を奨励しながら教育・研究活動の質を評価し高めること、各高等教育機関の自治を充分に認識しつつ各機関の共同活動を促進すること、地域的、国家的、国際的役割を拡大すること、学生からの要求に機能的に応えること、各高等教育機関の財務管理能力を高めること、財源並びに施設設備が効果的かつ効率的に使

用されているか、そして公的財源の投入に見合った成果が得られているかについての確認が勧告された (HFECE 1996(b): 2-3)。

　1996年当時は高等教育を受ける人口の拡大、高等教育の機会均等や多様性、各高等教育機関の経営戦略の向上等が主眼点であり活動内容に具体性が欠けていた。しかし、次第に教育よりも研究に焦点が当てられるに従ってHEFCEの活動範囲も拡大され、研究評価 (RAE) に結びついた研究大学への補助金の集中化が政策的にとられるようになった。さらに、科学技術力や国際競争力の強化等が盛り込まれた結果、科学技術関連への配分も増額された。また、1992年以降の新大学に多く見られる応用分野への補助金配分も明示された。他に、政府や社会への説明責任と地域社会への貢献や財源の有効利用にも重点が置かれ始めた (HEFCE 1999(a))。

　2007/08年度に高等教育機関に配分された総額160億9,500万ポンドのうち、HEFCEからの交付金は総額71億ポンド (全体の約44％) となっている。その内訳を示すと**図6-2**のようになる。

　2001年のRAE実施後には、教育技能省 (DfES) が高等教育白書である『高等教育の将来』(DfES 2003(a))を発表した。ウェールズとスコットランドでは補助金をすべての高等教育機関に均等に配分するという平等主義を維持する政策がとられているが、白書の中では「高度の研究を実施していると評価さ

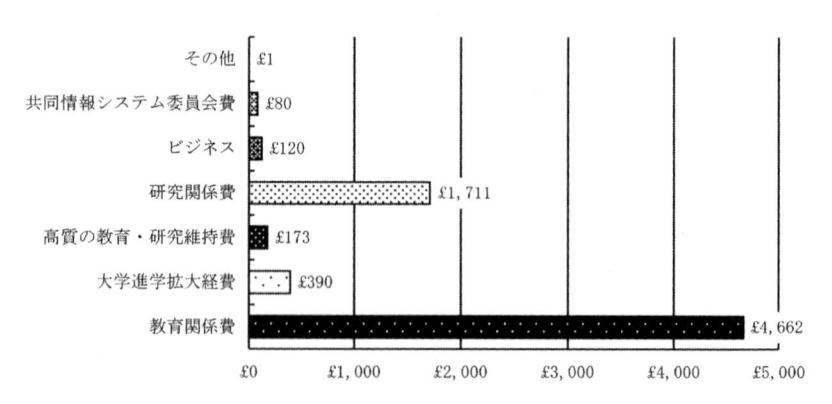

項目	金額
その他	£1
共同情報システム委員会費	£80
ビジネス	£120
研究関係費	£1,711
高質の教育・研究維持費	£173
大学進学拡大経費	£390
教育関係費	£4,662

図6-2　HEFCE 交付金（2007/08年度）（単位：100万ポンド）
出典：HEFCE 2007(c): 6.

れた高等教育機関に研究費補助金を集中させ、それらの機関を国際的に極めて高いレベルの機関になるよう支援する」ことが建議された (DfES 2003(a): 23-24)。HEFCE は政府からの通達を受けてこの提案に即した高等教育機関への配分方法の開発に着手した。効率性や対価価値を求めた結果が上位研究大学への研究費補助金の集中化であったとするならば、研究分野で後れをとっていた新大学にとって研究費補助金の獲得は厳しく、国難を伴うものであったと考えられる。

2 高等教育財政審議会からの研究費補助金

表6-1は、上位10大学の2008年度における研究評価 (RAE) 結果である。この評価結果をもとに競争的資金である研究費補助金の重点傾斜配分が行われる。2008年度は、2001年度と比べ、実働研究者 (RAS) 数の増加が目立つ。ヨーク大学とエセックス大学[3]を除き、例年通りラッセル・グループの大学が上位を占める結果となった。新大学の名前がリストに現れるのは54位のハートフォードシャー大学である。

新大学であるポーツマス大学の副学長のジョン・クレイブンは、新大学の研究費補助金の獲得状況が芳しくないこと、また研究施設、設備や研究資金の不足がその状況を招いていることを例証しながら次のような意見を述べた。

> 「……(高等教育) 機関の教育・研究の質が良いと判定された場合に、その機関はさらに補助金が必要なのでしょうか。……(中略)……(それよりは)あまり質が良くない機関に、教育・研究の質を向上させるための補助金を与えて支援することの方が重要なのではないでしょうか。」
> (秦 2001: 158)

研究評価単位 (UoA) である専門分野では、伝統的学問分野である理論科学や古典が中心となるので、旧大学が強い。応用系に分類される分野、例えば会計学や財政学、あるいはコミュニケーションなどに代表される新分野では

表6-1 2008年度のイギリスの大学研究評価結果（1位から10位まで）

大学名	評価の平均	5,5*取得割合（％）	3以上取得割合（％）	2,008年度実働研究者数	2,001年度実働研究者数	RAEを受けたUoAの総数
ケンブリッジ	2.975	32.0	71.2	2,040.39	1,826.10	48
オックスフォード	2.959	31.8	70.3	2,245.83	2,023.83	48
LSE	2.957	34.9	68.4	490.36	431.57	14
インペリアル・カレッジ・ロンドン	2.943	25.8	72.9	1,224.57	1,171.28	21
ユニヴァーシティー・カレッジ・ロンドン	2.844	26.6	65.8	1,792.68	1,745.70	47
マンチェスター	2.823	23.1	65.4	1,824.34	1,204.14	53
ウォリック	2.799	21.3	64.9	966.35	714.33	28
ヨーク	2.780	22.6	62.0	653.87	554.06	25
エセックス	2.772	22.1	62.9	322.02	313.87	14
エディンバラ	2.747	22.5	62.8	1,639.81	1,365.29	39

註：研究評価結果は最低1から最高5＊までの7段階である。
出典：Guardian HP, 2008.

ラッセル・グループ以外の大学も上位を占めるが、その数は少ない（例：マンチェスター・メトロポリタン）。また新分野でも、資本力のある研究大学でなければ研究できない分野も多数あり、その場合は旧大学が上位を占有することになる。発展途上国に関する学際的な研究分野である開発研究はその一例として挙げられる。

1992年には初めて新大学において研究評価が実施されたが、研究基盤が確立されておらず旧大学とは別の基準で評価が行われた。新大学が旧大学と同じ基準で初めて研究評価を受けた年は1997/98年度で、その評価結果に基づく研究費補助金の配分は**表6-2**で示す通りである。上位20位までの高等教育機関は、マンチェスター・メトロポリタン（旧ポリテクニク）およびストラスクライド・ウルスター（どちらも旧大学）を除き、すべてラッセル・グループ所属の機関であった。

表6-2の上位5つの高等教育機関がHEFCEからの研究費補助金総額の

表6-2　1997/98年度の研究評価による研究費補助金総額のトップ20高等教育機関

	高等教育機関	研究費補助金総額（単位：百万ポンド）
1	オックスフォード	89.0
2	インペリアル・カレッジ・ロンドン	88.5
3	ケンブリッジ	87.5
4	マンチェスター	87.4
5	ユニヴァーシティー・カレッジ・ロンドン	87.0
6	エディンバラ	86.3
7	グラスゴー	81.6
8	リーズ	75.5
9	バーミンガム	73.5
10	マンチェスター・メトロポリタン	68.3
11	シェフィールド	62.5
12	リヴァプール	60.6
13	サザンプトン	59.3
14	ニューカッスル	58.1
15	クイーンズ・ユニヴァーシティー（ベルファスト）	57.9
15	ブリストル	57.9
17	ストラスクライド	57.7
18	ノッティンガム	56.1
19	ウルスター	55.5
20	キングズ・カレッジ・ロンドン	52.6

出典：HESA, *Resources of Higher Education Institutions 1997/1998*. Cheltenham: HESA, 1999.

51.4％を占めており、研究費の集中化が図られる限りにおいて新大学が多額の補助金を獲得する可能性は少ない。旧大学が参加しない特殊な分野で新大学が補助金を獲得することは可能であるが、研究参加人員の総数が少ないために多額になるとも考えられない。しかし注意すべき点は、1997/98年度のHEFCEからの補助金総額42億1,600万ポンドの内訳は教育費補助金が29億1,600万ポンド、研究費補助金は8億5,500万ポンド（そのほかに4億3,500万ポンドが算定外補助金で1,000万ポンドは配分調整費）と、研究費は総額の20.7％にすぎないことである。政府は研究偏重の弊害が進むことを懸念し、教育費補助金に関しても補助額を増額し、補助金の適用範囲を広げた。例えば、優れた教育を支援する目的で導入された新大学を中心としたアクセス・ファンドや職員の資質向上を目指す訓練も含めた人的管理への補助金等であ

る[4]。この種の非競合的教育費補助金が、少なくとも新大学にとっては必要となってくるはずである。

3 高等教育財政審議会からの教育費補助金

　18年間続いた保守党政権からブレア労働党政権に交代する直前に公刊された『デアリング報告書』(NCIHE 1997)は、英国政府の諮問機関として発足した高等教育制度検討委員会(NCIHE)が1997年の時点で、今後20年間におけるイギリスの国家的必要性に適う高等教育のあり方を調査・検討した結果をまとめたものである。この報告書はイギリスの高等教育に大きな転換をもたらし、『ロビンズ報告書』以降に提出された報告書の中でも最重要のものと考えられている(Watson and Taylor 1998, Watson 2007)。

　『デアリング報告書』の結論を要約するならば、「国際的な経済競争の時代において、継続的な高等教育の拡充こそがイギリスの繁栄と国際的地位を確固たるものとなす」ということになろう。本報告書が提出された背景には、高等教育への公的財源が今後も不足するであろうという共通認識がある。そこから、高等教育を受ける学生数の増加の結果、高等教育を維持する財政面での余裕がなくなり、学生1人当たりの教育予算が大幅に減額されるであろうという認識も生じる。しかし、政府からの補助金額の抑制が迫られながらも政府からの予算が配分される限りにおいては、大学は世界最高水準の研究を行うことで国民に恩恵をもたらすと同時に国に貢献する責任があるという発想が、本報告書の基調となっている。

　高等教育機関におけるフルタイム学生の過去の増加率は、一元化直前の1990/91年度から一元化後の1994/95年度の増加率は1.54倍(海外留学生も含む)となり、1994/95年度から1997/98年度の増加率は1.46倍であった(Office for National Statistics 1997: 64, UUK 2008: 9)。**表6-3**では物価指数調整済みの学生1人当たりのユニット・コストが一元化直後から1997/98年度まで示されているが、学生数の増加に伴う財源の不足により、フルタイム学生1人当たりに支出する政府予算が年を追って減少している。2000年度にはユニット・コストが30％も減少することになった(Jackson 2001)。

表6-3　学生1人当たりに支出する政府予算

(単位:ポンド)

	1993/94年度	1994/95年度	1995/96年度	1996/97年度	1997/98年度
ユニット・コスト	5,545	5,390	5,145	4,815	4,720
変化率(%)	100	97	93	87	85

註:変化率は1993/94年度を100として換算する。
出典:DfEE 1999: 114.

『デアリング報告書』では高等教育の発展のために93の勧告が挙げられている。その中で主な勧告は以下の9点とされている(Watson 2007: 5)。

1. 高等教育人口の拡大促進
2. イギリスの学位水準の質と保証
3. 情報技術の活用
4. 短期的観点による公的予算配分に対する警告
5. 教授法の高度化
6. 研究のための新たな資金源の獲得
7. フルタイム学部生からの授業料1,000ポンドの徴収
8. 地域と政府での高等教育の役割分担
9. 産業界における高等教育機関の役割強化

『デアリング報告書』の勧告を受けて、政府は評価に基づいた補助金配分制度の強化による補助金の集中化、無償から有償への大学教育の転換、学生ローン制度の導入、産学共同研究などを実施すると共に、学生の就職に有利な技能証明となることを目的として応用准学位を導入した(DfEE 1998)。

イギリス国内の全高等教育機関の財務収入の内訳を詳細に比べると**表6-4**となる。HEFCsからの補助金の内訳は**表6-5**となる。

2003/04年度においてHEFCsからの総額の68.4%に相当する43億9,379万ポンドが教育費補助金額で、それぞれの高等教育機関はこのHEFCsからの補助金に加えて授業料37億7,216万ポンドを教育費として受け取ることになる。つまり、教育のための公的資金の総額は、研究費補助金の総額の3.4倍で、RAEが導入されたといってもそのRAEに連動した競争的資金の総額は2004年度では全体額の約2割(18%)にとどまる。そして、教育費補助金

表6-4 高等教育機関の収入

(単位：千ポンド)

	2003/04年度	全体の中での割合(%)
①HEFCsからの補助金	6,427,994	39.0
②授業料および委託教育費	3,772,166	22.9
③研究審議会(RCs)および委託研究費からの補助金	2,714,591	16.5
④その他収入	3,320,439	20.2
⑤寄付および投資による収入	236,438	1.4
合計	16,471,628	100.0

出典：HESA 2005:10.

表6-5 HEFCsからの補助金の内訳

(単位：千ポンド)

	2003/04年度	全体の中での割合(%)
教育費補助金	4,393,791	68.4
研究費補助金	1,300,488	20.2
その他	575,226	9.0
建造物補助金	85,962	1.3
設備補助金	72,527	1.1
合計	6,427,994	100.0

出典：HESA 2005: 11.

は学生数をもとに配分されるが、各大学への配分は各高等教育機関の在学生数、就学形態、専攻分野、機関の性質等を総合して決定された配分算定式に従うことになる。研究費補助金を除く残りの約18％は算定外補助金で、特別補助金や特別資本経費補助金がそれに相当する(**表6-6**)。大学では学生数に応じて予算を得て初めて教育が機能していくことになるため、この教育費補助金の果たす役割は大きい。

　その一例として、学生総数約4,000名の小規模大学であるハーパー・アダムズ・ユニヴァーシティー・カレッジを挙げることができよう。当該大学は運営費の55％をHEFCEから教育費補助金として、18％を授業料から得ており(Harper Adams University College 2008: 4)、政府からの財源率が高い。2007/08年度の教育評価ではケンブリッジ大学を抜いて第1位の評価を獲得している。機関が小規模である場合、規模の経済が働かないというデメリットが容易に予測されるが、「中・小規模大学において政府からの予算は充分

表6-6　HEFCEによる国庫補助金の内訳（1997年および2004年）

（単位：百万ポンド）

	1997年	2004年
教育費補助金	2,380（69.9%）	3,286（54.8%）
研究費補助金	704（20.7%）	1,081（18.0%）
教育特別補助金		486（8.1%）
特別資本経費補助金	321（9.4%）	584（9.7%）
予備費		16（0.3%）
合　計	3,405	5,453

出典：HEFCE 1999 (b), 2006(a).

であるのか、また、他大学との統合は考える必要がないのか」という問いに対して、教育学部長補佐のエマ・タッピンは、大学収入内訳の約50％がHEFCEからの補助金であり、教育のための資金は潤沢にあること、また統合や学部縮小も考える必要がない、と答えている[5]。

　教育予算への配慮は政府の関心事の一つでもある。『デアリング報告書』では、少なくとも補助金の60％は「機関への一括補助金配分システムから学生数を中心に配分されるシステムに移行する」(NCIHE 1997: Recommendation 72)ことが勧告された。勧告を受けた政府も学生数を基本とした財源配分の重要性を認めており、その結果、高等教育予算の約6割が学生数をもとに教育費補助金として各高等教育機関に均等に配分されることになった。『デアリング報告書』に集約された高等教育機関の総意が、政府の政策の方向性を決定づけたことになる。

　他に教育特別補助金として、学生数が増加している特定学科には、その学生数に応じて補助金がさらに加算されることになり、高額の運営資金が必要な研究大学以外の高等教育機関にも補助金が重点配分されることになった（表6-6）。『デアリング報告書』の勧告に従い、教育費補助金の重点化が進んでいる。

　教育費補助金の中の算定外補助金として配分される教育促進特別経費の0.9％、研究促進特別経費の0.4％、大学進学促進特別経費の0.4％が、教育評価結果を基に配分額が決定されていることも看過することはできない。1993年にHEFCEにおいて初めて教育評価が導入された時点では、教育を

評価することの困難さゆえに教育評価と教育費補助金配分は連動しないとされており、政府も教育評価に教育費補助金を直結させないと明言していた[6]。それにもかかわらず、総額中1.7%とわずかにではあるが、教育費補助金においても競争的資金が導入されたのである。この比率は年を追って上昇しており、それに伴って額も増加し、ついに2004年には教育費補助金の中の特別算定補助金や特別資本補助金が、研究費補助金（10億8,100万ポンド）を上回る額（10億8,600万ポンド）となった。1997年の3.4倍の額である。

4 高等教育機関における公的補助金

労働党が政権を取った後である2000年以降の政府予算を支出分野別に調べると、政府予算が最も配分されている分野は社会保障で、次いで医療、そして教育であった。2000年はこの3分野で総予算の54.9%、2006年は62.7%を占めている（表6-7）。また、教育に支出された経費を取り上げると、2000年は12.4%、2006年は13.2%と増加している。

2005/06年度の高等教育機関への配分総額は160億9,500万ポンドで、その内訳は74%が教育・学習活動費用と研究のための整備や施設維持費用

表6-7 支出分野別政府予算（国と地方の合計）

（単位：十億ポンド）

	2000年	2001年	2002年	2003年	2004年	2005年	2006年
教育	46	50	54	59	63	68	73
社会保障	103	122	130	150	160	169	177
医療	54	59	65	72	81	90	96
国防	23	24	24	26	27	28	29
産業・農業等	15	16	17	16	20	20	21
住宅・環境	14	18	20	20	17	16	19
運輸	9	10	14	15	16	20	21
法令・保護関連	20	23	24	27	29	31	32
債務利払い	28	23	21	22	25	26	27
その他	59	49	49	47	49	49	57
合計	370	394	418	456	488	519	552

註：1　教育費用は、雇用訓練関連予算を含む。
　　2　社会保障は、2003年から項目名が社会保障（social security）から社会保護（social protection）に変更された。
出典：HM Treasury. *Budget Summary Leaflet*（2000～2006）HMSO.

であり、10％が研究審議会（RCs）を通して配分される研究費用、16％がフルタイム学部生の授業料支援費用であった。高等教育機関の収益部分としては総額46.4億ポンドの授業料が挙げられる。そのうち15億ポンドは海外留学生の授業料で、この海外留学生の授業料の総額は機関の全収入の23.7％に相当する。他に、高等教育機関は継続的な専門資質向上（CPD）や継続教育（CE）のために機関外部から4億ポンドの補助金を得ている。そのうち2億8,500万ポンドは雇用者である企業から、そして残りの1億1,500万ポンドは個人からの寄付によって得ている。しかし、この4億ポンドは2005/06年度の全収入の6％にも満たない（HEFCE 2007(b)）。雇用者側からの資金援助は今後もあまり期待できず、海外留学生からの授業料の重要性は高まるものと考えられる。一方で、HEFCEからの研究費補助金（前年比の3.7％増）や、科学技術部（OST）からの研究費補助金の大幅な増加（前年比8.8％増で、HEFCEからの補助金9億9,000万ポンドに対し、OSTからの補助金は6億6,400万ポンドにまで増加）、知識移転のための補助金の拡大、そして政策的に計画された教授・学習に対する補助金額の増加が見られる。

新・旧両大学や高等教育カレッジ・研究所が収入総額の中で公的補助金に何パーセント依存しているか、あるいは何パーセント外部資金を獲得できて

表6-8　各高等教育機関の合計収入内訳合計（1994/95年度および2001/02年度）
（単位：千ポンド）

	HEFCEからの補助金	授業料	研究費補助金／委託研究費	その他	施設賃貸料／食費	寄付金／投資	合計
2001/02							
旧大学	2,707,272	1,707,976	1,833,284	1,073,698	540,517	192,233	8,054,980
割合	33.6%	21.2%	22.8%	13.3%	6.7%	2.4%	100.0%
新大学	1,631,637	1,022,188	146,657	328,369	227,321	25,474	3,381,646
割合	48.2%	30.2%	4.4%	9.7%	6.7%	0.8%	100.0%
1994/95							
旧大学	1,880,032	993,639	973,620	213,968	678,240	140,129	4,879,628
割合	38.5%	20.4%	19.9%	4.4%	13.9%	2.9%	100.0%
新大学	1,234,178	695,438	97,270	82,873	237,322	38,163	2,385,243
割合	51.7%	29.2%	4.1%	3.5%	9.9%	1.6%	100.0%

出典：HESA 1996(a)および2002(c)を旧大学と新大学に分類し、集計。

いるかを調べることは、大学と政府との関係性や大学の自治を考える上で不可欠である。そこで、2000/01年度のイングランドに限った旧大学と新大学の財源の内訳を比較する (**表6-8**)。

　新大学はどの収入源からの収入も旧大学より少ない。そのうえ約50%をHEFCEからの補助金に頼っており、公的補助金への依存度は高い。それに比べて旧大学では公的補助金の占める割合が33.6%と、64%であった1980年代と比べて依存度が低くなっている。このことは大学の自律性を考える上で大きな意味を持つ (第7章参照)。

　HEFCEと教員養成機関 (TTA) からの補助金は政府の政策の変更に伴って今後も変動するであろう。そのため、公的補助金以外からの大学運営資金を獲得する方策を各大学が模索している。公的補助金外からの資金源の獲得が、各大学の将来的な発展につながると考えているからである。その中でもとくに大学に直接かかわってくる収入源としての学生からの授業料が重要な意味合いを持ってくるのである。

3. 学部学生の収入および支出

1　1970年代末までの学生への公的財政支援

　1938/39年度当時の学生総数は5万人程度であったが、第二次世界大戦中の1944/45年度には37,839名にまで減少した。その中でも政府からの奨学金を受けていたのは年間360名程度のフルタイム学生にすぎず、寄宿生に対する奨学金も少額であった。寄宿生のためのLEAの奨学金は、中等教育修了成績が優秀かつ大学入学が決まっている学生に対して主に配分された。しかし、政府からの奨学金だけでは授業料は支払えるものの日常経費までは賄えず、学生は主に卒業後就職した後に返還するローンで学生生活を送っていた。1946年からは優秀な成績で大学入学資格を得た学生の多数に授業料と日常経費に相当する政府の奨学金が配分されることになった (Gordon, Aldrich, and Dean 1991)。この時に至って、教育省の助言のもと、LEAが適正かつ公正な審査により奨学生を選抜するシステムが整うことになった。フルタイム学

生でかつ第1学位専攻の学部学生を対象に授業料と日常経費の両面が支給され、1951年までには奨学生の約80%に対して日常経費全額の給付も実施された。また、学生の財政支援制度を長期的観点から考える委員会であるアンダーソン委員会[7]が1960年5月に設置された。アンダーソン委員会の勧告は、大学入学を許可されたフルタイムの第1学位課程の学生に対して、授業料だけではなく日常経費も全額保障するということであった。その提案を受けて、1962年の教育法では国家政策の一環として第1学位課程のフルタイム学生で大学入学資格である2科目以上のGCE・Aレベルの取得者に対する奨学金制度が導入された。この奨学金制度は授業料および日常経費のための制度で、保護者の収入をもとに実施された家計資産評価による年収総額の査定結果により補助額が決められ、従前通りLEAを通して配分された(Education Act 1962)。一方で、奨学金の受給対象学生を除く大部分の学生は、その大半はパートタイム学生であったが、依然としてローンで授業料や日常経費を賄っていた。公的補助金と授業料に関する政府と大学の関心は、「大学で学ぶ」学生で、「フルタイム」、かつ、「第1学位専攻」の学生に限られていたわけである。

費用のかかる寄宿生の奨学金制度は学生が少数であった時代の産物で、1970年代初頭までは機能していた。しかし、その後の学生数の増加に伴い無償奨学金制度も実施が困難になっていった。

2　1980年代以降の公的学生補助金制度

①教育費用有償制度の導入

高等教育を受ける学生数の増加につれ、高等教育予算が国家財政を圧迫するようになり、1994年には各学生の教育費用として少なくとも平均2,877ポンドの国庫負担が必要となった(**表6-9**)。2,877ポンドはあくまでも全学部にかかる費用の平均で、例えば、医学部生が増加することになれば政府予算は大きなマイナスを生じることになる。

1997年当時で新・旧両大学進学人口の約37%に相当する学生が高等教育機関に在籍していたが、大学進学者数はその後も拡大していくと予想されると同時に(NCIHE 1997)、政府の目標であった高等教育への進学率を50%に

表6-9 第三次教育を受ける学部学生1人当たりの教育費用と教育費用の総額(1994年)

	学部ごとの学生1人当たりの教育費用（単位：ポンド）	教育費用の総額（単位：百万ポンド）
高等教育機関		
フルタイム		
医学部	10,151	257
工学部	4,912	462
その他の自然科学系学部	4,623	1,063
教育	2,900	157
その他の人文社会学系学部	2,600	1,167
パートタイム		
医学部	4,337	0
工学部	2,904	46
その他の自然科学系学部	2,751	132
教育	1,513	23
その他の人文社会学系学部	1,400	255
継続教育カレッジ		
フルタイム	3,050	869
パートタイム	1,600	0
合　計	2,877	4,432

註：小数点以下は切り捨て。
出典：Williams 1996: 38-39.

まで高めるためには、学生から授業料を徴収すると共に、貧困層への授業料支援や、成人の技能水準向上のための施策を促進することも視野に入れる必要が生じた。そのため、政府はデアリング委員会の勧告に従って1998年の教員・高等教育法（Teacher and Higher Education Act 1998）施行後、授業料や日常経費の公的援助を完全に廃止し、全高等教育機関で統一された授業料徴収制度を導入した。1960年代以来40年近く、国が奨学金を保障する形で学生の授業料を負担してきたが、1998/99年度からはイングランドと北アイルランド（2007年からはスコットランドとウェールズは除く）およびEU諸国からの第1学位専攻のフルタイム学部生から授業料を徴収することになった。

　授業料徴収制度の導入の理由は、第一に、高等教育を受ける人口の拡大による高等教育費用の負担額が増加した結果、公的財源が圧迫されたことが挙げられる。学生1人当たりに支給される公的資金の減少は、大学へと進学する学生が増大した結果である。この学生数の増加には理由があった。この学生数の増加について、教育雇用省のトニー・クラークは次のように述べてい

る。

「……供給側の大学がビジネスを始め、教育提供の場を増大したことが、大学に行くべきかどうか迷っていた人々の認識にインパクトを与え、高等教育の需要が拡大したのでした。」(秦 2001: 215)

クラークのこの言葉には、補助金獲得を目当てに学生数を増やした大学が多数現れたという事態も含意している。

第二に、高等教育を受けることのない納税者側からの批判である。その結果、受益者（大学生・保護者）負担が求められた。その背景には、利益を得ていない納税者からの大学生の一方的利益に対する反感が起こったことによる。

2003年1月に公刊した白書『高等教育の将来』では、政府は1989年から1997年の間に学生への補助金を36％減額したことを報告する一方で、学位保持者が非保持者よりも生活レベルが高いことに言及することで、受益者負担を正当化した（DfES 2003(a)）[8]。しかし、高等教育を受けた人材から便益を得るのは大学生や保護者に限らない。広い意味で社会や政府も恩恵を受けるはずであるが、そのことは議論にはならなかった。

第三に、経済的観点から授業料が教育市場を活性化させるという議論である。各高等教育機関は数多くの学生を集めるために、教育・研究の向上を目指して高等教育機関間で競争を行う。その結果、教育面においても研究面においても高等教育機関のみならず広く社会に良い影響をもたらすというのである。

第四に、保護者が大学にかかる費用への支払いを意識することで、大学改善に積極的に参加するようになること、あるいは大学自らも授業料の拠出者に対して対応が迅速になるということが考えられる。

第五に、かつてならば国の行政範囲内で徴収が可能であった税金も、民営化やグローバリゼーションによる国家という枠を超えた企業の成立により簡単に徴収できなくなったことが考えられる。

表6-10 高等教育機関（類別）が募集できる最大学生数[9]の上限の経年変化
(1994/95年度から2000/01年度)

年度	1994/95	1995/96	1996/97	1997/98	1998/99	1999/00	2000/01	1994/95～2000/01年度の変化率
旧大学	274,060	278,851	278,130	278,751	281,256	320,246	329,402	20%
新大学	333,223	339,925	335,083	332,925	335,120	385,007	386,707	16%
高等教育カレッジ	61,980	63,047	63,508	63,961	64,980	73,751	75,753	22%
専門家養成高等教育カレッジ	26,171	26,632	27,923	28,072	29,053	32,228	33,479	28%
合　計	695,434	708,455	704,644	703,709	710,409	811,232	825,341	19%

出典：HEFCE 2002(b): 67 をもとに作成。

　次に、授業料徴収と密接な関係を持つ高等教育人口の拡大と大学自治について論じる。経済産業省（CIPS）の管轄下にある教育機関に通う学生への補助金枠が決まっているために、学籍数の上限は補助金額をもとに決定される（表6-10）。そのため、学生数を増やすことで授業料の増額を図ることもできず、政府による学籍数の縛りは高等教育人口の拡大や大学自治を抑える働きをしている。

　そこでロンドン大学のニコラス・バーは緩和策として、第一に公的補助金は現状のまま配分しながら大学受け入れ学生数を拡大すること、第二に私的補助金を拡大するためのメカニズムを構築することの2点を政府に提言した（Barr 1989, 1991）。しかし、授業料徴収と公的補助金の配分に関しては、中央政府によりバーの提言に一部修正が加えられることになった。政府からの学生支援策に関しては、1990年の教育法（Education Act 1990）により国の出資で設立された学生ローン会社（SLC）による所得連動型返還ローンと呼ばれる学生ローン（貸与制奨学金）の導入が認可され、1991年から開始された。家計の支援策としては、家庭所得基準が17,500ポンド以下の場合には、給付制奨学金が全額給付されることになった（DIUS 2007）。

　授業料徴収に関しては、1998年にはイングランドの高等教育機関では学生1人に要する経費の約25％に相当する1,000ポンドの授業料が学生ローン会社を通じて徴収されることになった。その後、1999年にはインフレ率が反映されて1,025ポンド、2001年は1,075ポンド、2003年は1,125ポン

表6-11 フルタイム学生の授業料の減免基準とそれを受ける学生数およびその割合

保護者の年収	減免措置	学生数(単位:千人)	割合(単位:%)
20,480ポンド未満	全額授業料免除	323	43
20,480～30,501ポンド	一部授業料免除	109	14
30,502ポンド以上	全額授業料負担	321	43
合　計		753	100

出典:篠原 2005: 58.

ドの授業料が各学生に課せられた(HEFCE 2003)。授業料徴収により政府の決める学籍数の上限も上がり、高等教育人口は量的に拡大し、その意味では社会的公正は進んだといえる。しかし一方で、授業料の徴収はその費用を払えない学生の学修期間の短縮を引き起こし、大学進学者数を減少させ、優秀な学生の進学機会を阻むことも予想された。このことは、また新たな不平等をもたらすことを意味する。そこで、支援策として低所得者層の子弟への支援のためにLEAによる保護者の収入審査が行われることになり(表6-11)、受給学生数も増加することになった。加えて政府は、大学進学人口の拡大のためにフルタイム学生を対象とするアクセス・ファンドを高等教育機関に導入した。その結果、2004/05年度で学生ローンの総額約30億ポンド、2005/06年度には総額32億ポンドがフルタイム学部生に充てられることになった(SLC HP. *Student Leans Company Limited, Facts & Figures*)。

2003年に公表された政府の高等教育白書である『高等教育の将来』の提言(DfES 2003(a))に基づき、2006/07年度の入学者からは減免措置がなくなると共に、授業料のローンの返済は原則的には卒業後の4月から始まるが、卒業生の年間所得が1万5,000ポンドに達しない間は返済が猶予されることになった。そして、所得がこの額に達した時点から超過分の9%を雇用主が税金と共に源泉徴収し、歳入・関税庁に納付する方法がとられることになった[10]。実質利率は0%で、卒業後25年間で残債務が消滅する計算である(芝田 2008: 91)。

1980年当時は大学とポリテクニクそれぞれの授業料収入による追加財源は総額の18%と12%であったが、2000/01年度の学部生と大学院生の授業料の合計が大学収入に占める割合は、旧大学で59%、新大学で33%となり

高等教育機関の授業料への依存度が高まった。それに対応して、新・旧両大学の政府の公的補助金に依存する割合は80％から47％に減少した。授業料は公的補助金の減額を補填し、その占める割合は高等教育機関の収入の中で政府の公的補助金に次ぐものとなった。そのため、授業料にかかわる諸事がイギリス高等教育の将来を検討する上での問題点として1980年代より政府（DES 1988, 1989, 1991）や研究者（Bar 1991）により頻繁に取り上げられることになった。

②パートタイム学生への経費支援

授業料問題には、パートタイム学生への資金援助という別の争点も潜んでいる。無償奨学金は、教員養成を含めた高等教育のフルタイムおよびサンドウィッチ・コースに在籍する学生（サンドウィッチ・コースの受講学生はフルタイム学生とみなされる）に給付される。問題は、年々その数が増加するパートタイム学生への支援対策を構築することであった。パブリック・セクターの高等教育機関に占めるパートタイム学部生の割合の高さにもかかわらず、1980年代まではパートタイム学部生への公的補助金が考慮されてこなかったことが問題として顕在化してきたのである。サンドウィッチ・コースを受講するパートタイム学生には職場から授業料の支援がなされている例もあるが、一般にパートタイム学生への公的資金援助は非常に限られていた。パートタイム学生の所属する高等教育機関は大半がパブリック・セクターに属しており、HEFCEから一括補助金という形で定額補助を受けているものの、パートタイム学生は授業料も自ら支払い、フルタイム学生ならば公的補助金を受け取ることができる日常経費も、失業中でない限り捻出する必要があった（NCIHE 1997）。

また、1980年代はプライベート・セクターの大学への公的補助金は増加傾向であったが、パブリック・セクターの高等教育機関への補助金額は減額が続いていた（Watson and Taylor 1998）。その結果、パブリック・セクターはプライベート・セクターの大学が受け入れない学生を引き受ける役割を担いながらも、教育の質を維持するために学生数を抑えることで、学生にかかる諸

経費を一定枠に収めなければならない状況に陥った。

　『デアリング報告書』によれば、パートタイム学生の授業料をフルタイム学生と同程度のレベルで政府が負担することを避け、たとえ融資という形でも雇用主に補助金の分担を望みたいという点がデアリング委員会の意向であった（NCIHE 1997）。全学生の中でパートタイム学生数が占める割合は31％と高く、パートタイム学生も含めた学生全員に補助金を配分することは政府としては不可能だと考えたからである。また、プライベート・セクターの高等教育機関やCVCPも、パートタイム学生への公的補助金に関しては非協力的であった。

　しかし一元化後、フルタイム学生に加えて成人学生やパートタイム学生が増加し、またモジュール制度が大学において広く取り入れられたために（第4章参照）、フルタイムとパートタイム学生の境界線が不分明になってきた結果、1996年に政府はHEFCEを通してフルタイム、パートタイムにかかわりなく教育費補助金を配分することを決定した。その後、1998/99年度から各高等教育機関ではフルタイムおよびパートタイム両学生に教育費補助金が配分されることになった。これにより、1992年の一元化によるパブリックおよびプライベート・セクターにおける高等教育機関の名称による社会的格差の解消に続き、フルタイムとパートタイムの学生間の公的補助金の格差も消失することになった。

表6-12　26歳以下の学生1人当たりの平均年収の内訳

収入源	1988/89年度 ポンド	%	1992/93年度 ポンド	%	1995/96年度 ポンド	%
公的補助金	1,159	38	1,300	38	1,063	23
保護者からの援助	955	32	902	26	1,002	22
学生融資金	0	0	291	8	628	14
アルバイト収入	187	6	237	7	621	14
贈与	268	9	235	7	494	11
銀行からの借入	108	4	146	4	278	6
貯蓄からの引き出し	124	4	80	2	284	6
その他	230	8	269	8	205	4
合　計	3,031	100	3,464	100	4,575	100

出典：Watson 1998: 88.

3 学生からの学費徴収とその影響

1998年の入学者から年額1,000ポンド（約18万円、1998年当時）の授業料の徴収が実施された。次にそのことによる影響を論ずる。1988/89年度、1992/93年度、そして1995/96年度における26歳以下の学生1人当たりの年間収入は、**表6-12**が示す額となっていた。公的補助金が増額されない中、保護者からの援助は減少しているが、学生融資金、アルバイト収入、銀行からの借入、そして貯蓄の引き出しが軒並み増加している。政府からの学生支援となる公的補助金が占める割合が23％で、1988/89年度および1992/93年度と比較しても15％減少している。授業料の支払いのために勉学よりもアルバイトを優先せざるを得ない学生が増え、1995/96年度にはアルバイトからの収入は1988/89年度の3.3倍となっている。

それに伴い、学生融資の利用率も1994/95年度は1990/91年度の約2倍にまで上昇した（**表6-13**）。イギリス大学自治の数少ない柵の一つである授業料問題に関しては政府のシンクタンクであるLSEと政府を中心に1980年代後半より議論され続けてきたが（Barr 1991）、解決策は未だ見出されていない。

1990年代後半には、有力な研究大学の集まりであるラッセル・グループは年5,000ポンドの授業料の値上げを要求した。そのため、政府や教育雇用省は討議を重ね、2000年2月にはブランケット教育雇用担当大臣は各大学が国の規定する額以上の授業料をトップ・アップ・フィーとして課すことの有効性を示唆した[11]。その後ラッセル・グループは、高等教育法案の修正を求めて政府に圧力をかけたが、後任の教育雇用担当大臣のアラン・ジョンソンは、各大学での1,000ポンドから3,000ポンドの間での自由な授業料設定を容認する立場を表明した（*The Daily Mail*, 11 September 2003: 15）。そして、2003年に公表された政府の白書である『高等教育の将来』の提言に基づき、

表6-13 連合王国における学生融資利用率とその総額

	1990/91年度	1991/92年度	1992/93年度	1993/94年度	1994/95年度
利用率（％）	28	36	41	47	55
総額（単位：100万ポンド）	83.5	157.3	246.2	333.2	555.5

出典：Office for National Statistics 1997: 69.

最終的には2004年の高等教育法（Higher Education Act 2004）により、国が授業料の上限を設定するものの、定額方式から各高等教育機関が独自に授業料を定める個別対応方式に変更された。これ以降、2006年9月から各高等教育機関が学科ごと、あるいは専攻ごとに最高額3,000ポンド以下の幅で任意に授業料を設定することが可能になった（DfES 2003(a)）。白書では、授業料引き上げにより各大学が追加財源を増加することで、大学が将来戦略や財政について自ら責任を負えるような自由度を増すべきであるという論点を強調している。

日本の新聞報道（『読売新聞』2004年1月28日付け朝刊）の中には、「『英大学授業料値上げ』採決へ」といった誤解を招く記述もあったが、この表現はあくまでも政府見解の一部分にすぎない。上限3,000ポンド内での授業料設定とは、大学ごとに設定するという意味ではなく学科やコースごとであるため、他大学との差別化を図ることが可能となる。

フルタイム学部生の授業料は増額すべき（例えば、5,000ポンド）とする意見もあるが（Bennett, Glennerster, and Nevinson 1992）、高等教育修了生が社会に還元している多大な利益を考慮するならば、卒業生からの寄付や雇用者側からの研究助成金支援も充分に考えられることである。

1989年の授業料導入に対する学生への授業料支援策としては学生融資制度の拡大政策がとられたが、授業料の導入および日常経費支援の完全廃止は貧困層からの学生の進学を阻害するという議論があり（Bennett, Glennerster, and Nevinson 1992）、再度日常経費のための補助金の導入が試みられている。しかし、少なくとも給付制および貸与制奨学金、あるいは授業料の所得連動型返還方式の実施は、高等教育機関進学機会均等政策と同じく、過去においては大学進学を視野に入れてこなかった階級や層の高等教育進学を促すための特別な配慮が政府によりなされていると判断し得るものである。

4．大学の財務

大学の視点で考えると、政府からの補助金なくして大学は存在しうるので

250 第Ⅱ部 実証的考察

あろうか。例えば、旧研究大学は資産運用や学外資産の増加に努めており、HEFCEよりも研究審議会 (RCs) 交付金の割合が高く、授業料収入が低いといわれている (吉田 2003)。

吉田の説を検証するために伝統的大学2校とウォリック大学 (第二次世界大戦後の新構想大学) やバーミンガム大学 (旧市民大学) を比較する。授業料収入額には大差がないが、吉田の説を裏付けるようにウォリック大学やバーミンガム大学は総収入に対する授業料収入への割合がそれぞれ27.1%と20.4%、オックスフォード大学が12.2%、ケンブリッジ大学が12.4%となり、ウォリック大学やバーミンガム大学は伝統的大学よりも授業料収入への依存度が約2倍になっている[12]。とくに、ウォリック大学はHEFCEからの補助金額が少ないことに反比例して授業料収入が総収入に占める割合が高くなっている。また、研究審議会の補助金への依存度に関しては、ウォリック大学やバーミンガム大学の依存度は、5.4%と8.6%で伝統的大学 (11.4%と13.3%) の約半

表6-14 イギリスの4研究大学の学生数と収入・支出 (2002/03年度)

	オックスフォード		ケンブリッジ		ウォリック		バーミンガム	
学部生	11,563		12,375		10,346		16,469	
大学院生	6,598		6,361		3,962		7,064	
単位	千ポンド	(%)	千ポンド	(%)	千ポンド	(%)	千ポンド	(%)
収入								
HEFCEからの補助金	133,415	(29.1)	145,400	(31.3)	55,545	(26.1)	95,867	(32.8)
授業料	55,653	(12.2)	57,700	(12.4)	57,706	(27.1)	59,557	(20.4)
FT (国内学生)	17,591	(3.8)	19,800	(4.3)	33,793	(15.9)	22,720	(7.8)
FT (海外留学生)	21,050	(4.6)	22,600	(4.9)	17,768	(8.4)	16,179	(5.5)
PT	14,038	(3.1)	13,600	(2.9)	4,468	(2.1)	18,906	(6.5)
補助金	2,974	(0.6)	1,700	(0.4)	1,677	(0.8)	1,752	(0.6)
研究補助金および研究契約	162,894	(35.6)	162,200	(34.9)	30,357	(14.3)	70,673	(24.2)
研究審議会	52,134	(11.4)	62,000	(13.3)	11,555	(5.4)	25,147	(8.6)
公益法人からの補助金	61,118	(13.3)	49,000	(10.5)	4,271	(2.0)	17,225	(5.9)
その他	49,642	(10.8)	51,200	(11.0)	14,531	(6.8)	28,301	(9.7)
その他の運営収入	68,925	(15.1)	73,200	(15.7)	67,531	(31.7)	62,047	(21.3)
寄付収入および受取利息	37,045	(8.1)	26,300	(5.7)	1,643	(0.8)	3,709	(1.3)
収入合計	457,932	(100.0)	464,800	(100.0)	212,782	(100.0)	291,853	(100.0)
支出								
職員給与	233,991	(52.6)	250,800	(53.7)	109,463	(52.6)	163,067	(58.4)
減価償却費	21,534	(4.8)	26,500	(5.7)	8,973	(4.3)	24,669	(8.8)
その他の運営費用	189,479	(42.6)	189,700	(40.6)	87,887	(42.2)	89,050	(31.9)
支出合計	445,030	(100.0)	467,000	(100.0)	208,051	(100.0)	279,227	(100.0)

出典: *Financial Statement 2002/03* at Oxford University, Cambridge University, Warrick University, Birmingham University.

分となっている（**表6-14**）。他方、4大学のHEFCEからの補助金収入が総収入に占める割合はそれぞれ、29.1％、31.3％、26.1％、32.8％とウォリック大学は少し低いものの、他の3大学はほぼ30％と同じ割合を占め、HEFCEからの補助金額は研究審議会からの補助金額の、伝統的大学で約2.5倍、ウォリックやバーミンガムで約5倍となっている。HEFCEからの交付金の割合は研究審議会からのそれよりもかなり高い。つまり、研究大学ほど授業料収入は少ないが、HEFCEよりも研究審議会（RCs）交付金の割合が高いともいえない。

　また、これら4大学の中で伝統的大学は外部資金の獲得額が多いというのが一般的なイメージであるが、例としてオックスフォード大学単独での財務状況をいま一度検討してみると、以下のことが判明した。

　2006年度のオックスフォード大学を例とすると、総収入額は6億870万ポンドで、収入の大枠は、1）HEFCEからの補助金が1億6,590万ポンド、2）学校教育養成・開発機構からの補助金が90万ポンド、3）授業料徴収等が8,730万ポンド、4）研究補助金や委託研究費からの資金が2億1,340万ポンド、5）その他の運営収入が1億1,300万ポンド、6）寄付収入および利息からは2,820万ポンドとなっており、1）から5）のそれぞれが全体に占める割合は、27.3％、0.1％、14.3％、35.1％、18.6％、4.6％となる（**表6-15**）。そのため、伝統的大学であるオックスフォード大学においては、研究審議会（RCs）からの補助金がHEFCEからの補助金を上回っているかのように見える。しかし

表6-15　オックスフォード大学の財務状況・収入内訳（2006年）

	単位：百万ポンド	％
1）HEFCE	165.9	27.3
2）学校教育養成・開発機構からの補助金	0.9	0.1
3）授業料徴収等	87.3	14.3
4）研究補助金や委託研究費	213.4	35.1
5）その他の運営収入	113.0	18.6
6）寄付収入および利息	28.2	4.6
合計	608.7	100.0

出典：University of Oxford 2007(a): 14, 17.

表6-16　前表3)から6)までの収入の内訳

(単位：ポンド)

3) 授業料徴収等	自国学生の授業料 1,930万	海外留学生の授業料 3,680万	パートタイム学生からの授業料 140万	諸課程からの授業料 1,890万	試験費用 30万	研究訓練支援補助金 1,060万
4) 研究補助金や委託研究費	研究審議会 7,060万	公益法人からの研究補助金 7,600万	諸団体からの研究補助金 6,680万			
5) その他の運営収入	学寮費、食事、会議賃貸料 580万	サービス経費 2,280万	健康保険サービス 570万	寄付金 1,020万	OUP 3,520万	その他 2,390万
6) 寄付収入および利息	基本財産からの収入 1,800万	スピンオフ 170万	投資や利息 850万			

出典：University of Oxford 2007(a): 14, 17.

ながら、オックスフォード大学の財務3)から6)の内訳を詳細に細分化していくと、**表6-16**となり、研究審議会からの交付金(7,060万ポンド)はHEFCEからの交付金(1億6,590万ポンド)よりも低く、授業料収入の方(8,730万ポンド)が研究審議会交付金を上回っている。このことは研究大学ほど財政審議会交付金の比率が低く、研究審議会交付金の割合が高い傾向にあるという吉田の説(吉田 2003: 244)を覆すものである。

さらには、HEFCEや公的資金以外の民間資金の合計は2億5,090万ポンドとなり、全体の41.2％相当にすぎない。学外資産が集まりやすい研究大学のオックスフォード大学においてすら外部資金の依存度が41.2％の状況では、他大学においては一層依存度は低くなるものと考えられる。つまり、伝統的大学においてさえ自己資産で大学運営を実施することが厳しい状況の中で、他大学が自立的運営を行うことはまず不可能であろう。大学が自立した運営を実施できないとするならば国に依存するしかなく、その結果は、社会からの要請を受け、政府からの公的予算に見合った、また、効率性の高い政策や管理も部分的に受け入れることが必要となる。

オックスフォード大学もケンブリッジ大学もその収入合計は他の2大学の約2倍であり、また、他の2大学とほぼ同数の学生数であるにもかかわらず(表6-14)HEFCEやTTAからの補助金も約2倍となっている。これは、オックス・ブリッジがカレッジ制度とテュートリアル制度を採用しているための補助金

が加算されているからで、両大学には両制度用の多額の補助金が従来から政府より支給されてきた経緯がある。

オックスフォード大学の教育費用を例にとると、テュートリアル制度を支援する費用をも含む教育費用の総額は1年に2,500万ポンドを要し(2005年)、たとえ各学生から3,000ポンドの授業料を徴収したとしても1,200万ポンドにしか達しないとされている (Lambert 2003)。単純計算でも、毎年1,300万ポンド不足することになる。また、教育の質を落とさないためにSSRを現状と同様の低い状態で維持しようとすれば、そのためにかかる教職員雇用費用には、毎年1億ポンドから2.3億ポンドが必要となる。

研究大学における研究審議会からの交付金の割合の高さは研究大学としての使命を果たした結果であり、研究大学は自らが生み出した研究成果を社会に還元することで、研究大学としての社会に対する説明責任を果たしているものと考えられる。しかし、伝統的大学で実施しているテュートリアル制度といった特質ある教育を実施しつづけるためには、授業料収入のみでは充当できず、教育費用をその他の収入から補填するしか方法がない。そこで、卒業生等からの寄付金や利息収入が重要な意味を持つことになる。伝統的大学では、慈善団体や寄付金による収入の比率が他大学よりも高く(オックスフォード大学13.3%と8.1%、ケンブリッジ大学10.5%と5.7%、ウォリック大学2.0%と0.8%、バーミンガム大学5.9%と1.3%)、その額が研究審議会からの補助金よりも高額である点が、特徴的だといえよう。

支出に関しては、各大学で教職員の給与が占める割合はそれぞれ、52.6%、53.7%、52.6%、58.4%と6割弱で、減価償却費が占める割合はそれぞれ、4.8%、5.7%、4.3%、8.8%となっている。ケンブリッジ大学とバーミンガム大学は共に理工系の大学であるので、減価償却費が占める割合が高くなると考えられる。その他運営費用が占める割合はそれぞれ、42.6%、40.6%、42.2%、31.9%となっている(表6-14)。

オックスフォード大学とケンブリッジ大学は極めて似通った財務構造になっており、収入についてはHEFCEからの補助金が約30%、授業料収入が約12%、研究補助金および研究契約収入が約15%で、支出については職員

表6-17 教育経費の内訳

(単位：百万ポンド)

	1970/71	1980/81	1990/91	1994/95
初等学校経費	5,169	6,495	7,908	9,611
中等学校経費	5,983	8,394	8,838	9,439
高等教育経費	5,642	6,729	7,934	9,314
その他教育経費	766	1,112	1,584	1,026
合計	18,038	23,724	27,607	30,877
関連経費	2,951	3,243	2,854	3,627
税金	729	400	572	639
総額	21,718	27,366	31,033	35.144
GDPにおける教育総額の割合（％）	5.2	5.5	4.8	5.2

出典：HESA 1982, 1992, and 1996をもとに作成。

給与が60％弱、減価償却費が5％、その他の運営費用が35％となっている。

なお、高等教育一元化の時期はサッチャーおよびメイジャー政権期であり、一般には大幅な教育予算の削減がなされたと認識されている。この点については少し補足しておきたい。1980年代、大学への補助金額は大きく削減された。しかし、注意が必要なのは、サッチャーが政権をとった直後の1980/81年度から政権終局時1990/91年度までの10年ごとの経年変化を辿ると、GDPと教育経費総額とを対比させた割合はほぼ増減がない（総額に占める割合が25％から27％）点である（表6-17）。

では、教育経費は充分であったのかといえば、そうともいえない。高等教育を受けている人間の数は1960年代後半から1990年代後半の間に約3倍になった。それにもかかわらず、高等教育予算のGDP比に大きな変化がないということは、学生1人に対してかける費用の割合が低下していることにほかならない。また、割合だけでなく実際の学生1人当たりの経費も1976年当時と1995年当時を比較すると約42％減少していた（NCIHE 1997: Table 3.15, 3.16）。補助金の削減と、学生1人にかける費用の低下、この二点から考える限り、一元化前後の時期における新・旧大学の財政的環境は厳しかったといわざるを得ない。

研究とは国からの社会的・経済的要請に合致する目的のみにおいてなされるものではない。大学とは政治的に、また経済的に利点がない研究を行うに

最もふさわしい場所ともいえるのである。オックスフォード大学長であったピーター・ノースの言葉を引用することで、国庫補助金の使途に関する中央政府の政策への警鐘とする。

「政府は政治的な利点がないことには反対し、政治的に人気があることには賛同して資金を回すという傾向があります。しかし、大学とは政治的な利点がないことを行うに最も相応しい場所でもあるのです。……人類の一般的な利益になるかどうかわからないことに時間とお金を費やすことも必要なことであるといえるのです。科学者の続けてきた小さな歩みの繰り返しによって人類の技術の進歩も始まるのです。政治家はこの重要性を理解できていないのではないでしょうか。」(秦 2001: 138-139)

5. 結　語

　高等教育予算に関しては、自国学生数の増加が政府の高等教育予算を逼迫させつつあるという問題を本章において明示した。その一方で、有名な高等教育機関ではなく、リーグ・テーブルの中ほどに位置する機関では学生は減少し、地方の高等教育機関や、労働者層から学生を集めている機関も規模的に縮小傾向にある。現行の研究評価制度では結果を出すために充分な研究者がそろっている学部が評価されやすく、小規模の大学で高い評価を出すことは困難となる。そのため、現行の研究評価体制は政府の補助金が有名機関に集中するという事態を招いている。それゆえ、例えばマンチェスター大学が2004年に行ったように、統合により規模を拡大し補助金の獲得を目指す大学も出てきた[13]。ロバート・アスピノールも、小規模大学が教育大学ではなく研究大学として残るためにはマンチェスター大学のような大学の合併が一つの戦略とならざるを得ないと論じている（アスピノール 2005）。

　本章では、新大学の出現に対応してパブリックおよびプライベート両セクターのために統一された補助金配分機関を第一の検討課題とし、まず、この新たな補助金配分機関の機能および設立目的を紹介し、次いで、その新機関

が行った実際の補助金配分が両セクターの大学に与えた影響を論じた。第二の検討課題は、授業料徴収が高等教育機関にもたらした変化であり、学生から徴収する経費との関連で予測される将来起こりうる問題について論考した。

　第一の検討課題について考察結果を述べる。本章で取り上げてきたように、HEFCEおよび研究審議会の補助金やその他官庁からの融資や学生への奨学金を通じて予算を配分している政府からの資金が、過去においても、また現時点においても高等教育部門の最大の財源であることは明らかである。しかし本章で述べたように、将来的にその役割を担い続けられるかどうかは予測がつかない。そこで、高等教育機関への公的財源の将来的展望を考えるために、以下の四つの観点からの考察が重要となる。

　①卒業生からのローンの返済は可能か
　②公的補助金と学生からの授業料の額の変動はあるのか
　③雇用者側からの補助金額の増額は期待できるのか
　④政府は公的財政支援を拡大する方向、それとも縮小する方向にあるのか
　上記それぞれの設問に対する2009年時点での解答を以下に述べる。

　①に関しては、バー（Barr 2001）によれば所得連動型返還方式では、所得の一定割合が源泉徴収の形で回収されるため卒業生の支払能力に応じた返済額になり、生涯所得が低い卒業者も25年間で債務が消滅する。そのため、高等教育への投資効果の不確実性から生じるリスクが抑えられるとしている。

　②に関しては、すでに1998年度から1,000ポンドを徴収していたが、2006年度には3,000ポンド以下の範囲で授業料を徴収する制度に変更された。しかし、政府は授業料の自由化までは視野に入れておらず、自由化を実施するのであれば、まず高等教育機関における学籍数の自由化が図られねばならない。しかし、学籍数の自由化を実施するということは、政府から学籍数に応じて配分されてきた補助金の削減あるいは廃止にもつながり、中小規模の教育に専心する高等教育機関にとっては学籍数に応じた補助金の削減自体がその機関の存廃をも決定づける。また、現状において大学グループごとの棲み分けが国際競争においても充分に機能していると考えられるため、今

第6章　一元化以降の大学における財務と財務政策　257

後の授業料の額の変動はほぼないと予測する。

　③に関しては、過去の例から鑑みても雇用者側からの支援は期待できない。しかし、雇用者側からの支援の増大こそが、イギリスの高等教育機関の次段階の発展のためには不可欠なものと考えられる。

　④に関しては、高等教育統計局（HESA）の公的記録によると毎年大学の収入は増大している。その内訳は全高等教育機関の平均で、HEFCEからの補助金が占める割合は全体の35％、そして他の公的機関からの補助金が占める割合は全体の25％となり、合計60％が公的補助金となる（Clark 2009: 14-15）。また、これら補助金は政府からの直接配分ではないため、各大学への政治的介入の危険性が最小限に抑えられているとしている（Clark 2009）。また、法的にも授業科目の選択や教職員や学生の選考を含む大学への内政干渉が禁じられている。

　①から④の回答を総合的に判断すると、③において問題は残るものの、政府からの補助金額および学外資金共に増大しており、各大学への配分額には問題があるがイギリスの高等教育予算の総額に関してはまだ余裕があると考えられる。

　第二の検討課題である授業料徴収に関しては、以下のことが提言できよう。学生数の増減に関しては、学生数確保のためにも公的補助金の削減や授業料徴収による学生への直接的影響（フルタイム学生とパートタイム学生の割合の変化）を考慮しなければならない。上限額の決められていない授業料徴収の自由化は起こりうるのか、起こるとすればどのような制度になるのか、自由化は各機関にどのような影響を与えるのか、補助金配分方法が今後どのように変化するのか等、予測困難な問題ばかりである。しかし、これらの問題に対する解決策を模索することなくして、イギリスの高等教育の進展はない[14]。

　授業料徴収の自由化に対して政府は反対しているが、オックス・ブリッジやラッセル・グループが押し切る形で進めている。授業料の自由化は、狭義には教育評価（TQA）や学科目基準、学外試験委員制度、広義には高等教育水準審査機関（QAA）によって維持されてきた大学間の均衡を崩すことにつながるであろう。また、豊かな大学はますます豊かになるが、リーグ・テー

ブルの下位に位置する新大学は計りしれないほどのダメージを受ける可能性が高い。大学の多様性を求めるならば、授業料徴収の自由化は有効である。しかし、それにより必ず新大学間での統廃合が生じ、最終的には多様化が抑制される結果につながるはずである。そのことを認識した上でなおかつ政府が授業料徴収の自由化に踏み切るとするならば、まず、二元構造の一翼であった新大学に多額の公的資金を導入することが不可欠である。

註
1 高等教育機関への補助金配分計算方法は巻末資料1の4)で解説する。
2 高等教育機関ではなく、継続教育機関に分類される。
3 ヨークとエセックス両大学は第二次世界大戦後に新設された大学で(第1章3節5)共に13学部以上を持つ総合大学であるが、総学生数が他の大学と比べてそれぞれおよそ9,000名、7,000名と少ない。
4 高等教育レベルのプログラムを提供している継続教育機関は221存在しているが、高等教育拡大政策として継続教育カレッジと高等教育機関との共同プログラムにも補助金援助がなされることになった(HEFCE 2004(b))。
5 2009年1月29日にロンドンのアメリカン・スクエア・コンファレンス・センターにて開催された第7回大学院コンファレンスでの筆者の質問に対して。
6 1997年9月17日のロンドン、DfESのオフィスでの面談調査による。
7 http://www.insolvencyhelpline.co.uk/students/student-financial-support.htm
8 ロイヤル・ソサイティーやLSEの調査によれば2007/08年度、学士号の学位保持者の生涯獲得賃金は約117,342ポンドで、国家に対し81,875ポンドの利益をもたらすとしている。国内経済を考えると、大学は5,900億ポンド以上のお金を生み出しており、国境を越えた教育(Trans-national Education: TNE)等により530億ポンドの外貨を獲得している。他に連合王国の労働人口の2.6%に相当する66万8,500人に職を提供する結果となっている。
9 最大学生数は、法令により政府からの補助金援助を受けることのできるフルタイムの学部生、大学院教育修了資格(PGCE)コースの学生、そしてパートタイムの教員養成コースの学生総数の最大人数を制御することを意図しており、1993年に初めて導入され、1994/95年から適用された。
　イギリスではそれぞれの大学のフルタイム(イギリスの大学では、フルタイム学生数の中にサンドウィッチ・コースをとる学生数が含まれる)の最低・最高入学者数をあらかじめHEFCEが決定する。最大学生数を決めることは、高等教育への公的資金を制御する方法として考えられた。当時、全フルタイム学部生とPGCEコース、パートタイムの教員養成コースの学生の95%の授業料が公的資

金で賄なわれており、日常経費も公的補助金から出されていたからである。新入学生数を HEFCE が決定している人数に抑えるために、1994/95年度には授業料補助金を45％削減するという方法が政府によりとられた。学生定員に足りない場合には金銭的制裁はないが、2％以上学生定員に不足した場合には翌年の募集学生人員が減らされることになる。1999/2000年には、この最大学生数は法的に収入査定で公費援助を受けるフルタイム、パートタイムの学部生および大学院生が対象となった。しかしこの入学者数の規制は、授業料を自己負担している学生には関係がない。

10　卒業後1万5,000ポンド（現在は年1万ポンド）以上の収入を得られるようになるまでは授業料返済の必要はなく、このシステムによると、例えば大学既卒生が1万8千ポンドの収入があった場合、週に5.19ポンド（2008年3月の UK ポンド／円の為替レート201.9円で換算すると約1,000円）を支払えばよいことになる。また、貧困層の学生は、年2,125ポンド以上が政府により支給される、といった内容であり、貧困層からの大学進学者に対する政府の手厚い保護も用意されている。また、3,000ポンド以下での授業料設定とは、大学ごとに設定するという意味ではなく学科コースごとであり、各大学では RAE で好成績を得たコースに高い授業料を、成績が悪かったコースには低い授業料を設定することが充分予測できる。

　　社会的統合性という側面から眺めると、旧大学における法学、神学といった伝統的諸学科は旧支配層に独占されていたが、新大学における非伝統的諸学科は新たな階層に開放され、教育の機会は拡充された。階層間の融合は促進されたといえるのかもしれない。しかしその変革に対して、学位の価値の相対的低下および社会における大学の価値の相対的低下を恐れた旧大学は、教育評価や RAE の評価結果に相応した授業料の値上げを要求することにより、現存する新大学と旧大学の格差を顕在化させたとも理解される。確かに授業料の格差は、一方では今後学部間の格差を広げることにもつながるものの、しかしながら、結果的には新・旧大学間の格差を縮める新たな可能性も孕むものとも考えられるのである。

11　LSE ニコラス・バーが中心となり、トップ・アップ・フィーの導入を唱導し始めた。授業料の上乗せ分を個々の大学が決定し、その金額を学生に提示し、請求する制度である。しかし、反対意見が多かったため、その代替案として全学生同額の1,000ポンドの授業料を徴収する形がとられるようになった。学生の授業料や授業料問題、その他高等教育における経済に関する問題は、バー（Barr 1989）が詳しい。

12　大阪大学大学院経済学研究科の竹内惠行および大阪大学大学院理学研究科の伊達悦朗と共に実施したイギリスの大学の財政に関する研究会でのオックスフォード大学、ケンブリッジ大学、ウォリック大学、バーミンガム大学の財務報告書をもとに作成。

13　2004年にマンチェスター・ビクトリア大学とマンチェスター工科大学が統合

された。

14 『ブラウン報告書』(*Sustainable Future for Higher Education: An independent review of higher education funding & student finance*, 12 October, 2010, http://www.bis.gov.uk/assets/biscore/corporate/docs/s/10-1208-securing-sustainable-higher-education-browne-report.pdf) 後の2010年12月に、下院では現在の3,350ポンドから6,000ポンド、例外的に9,000ポンドの学費を徴集することに合意した（結果的にはほとんどの大学が9,000ポンドを徴集しているが、7,800ポンドの学費が設定する大学もあった）。政府が学生の代わりにこれらの学費を大学に納め、学生は大学を卒業し、働き出してから収入が21,000ポンドになった時点で返還していくことになる。

　政府は、2012/13年度からは、教育補助金が350億ポンドから70億ポンドに減額する予定で、学費は高騰し、学費の高騰は大学進学希望者の大学進学を困難にするであろう。さらに2012年度に政府は1万人の学籍数の削減を予定しており、政府は今後私立の教育機関を大学として認可し、潜在的大学進学希望者の受け入れに当てたいと考えている。しかし学生数も提供するカリキュラムも政府の認可を必要としない私立機関に学位授与権を与えるとするならば、これら私立機関は現在の大学と同等、同格の水準を維持するための質保証を受ける必要があるのではないかといった疑問や、入学基準の低下による進学者の質の低下が起こり、最終的には連合王国の高等教育の名声を落とすことになるのではないか、といった疑問も生じてきているのが現状である。

　一方、進学機会均等局（Office for Fair Access: OFFA）は、2012/13年度から6,000ポンド以上の授業料をフルタイム学生に課する大学はOFFAとアクセス協定を締結しなければならない。本協定に違反があった場合には、財政的なペナルティーが科せられると共に（HE機関への財政支援を50万ポンド留保）、協定の更新が認められなくなる。

第7章　大学の管理運営と組織文化

1. はじめに

　1980年代に始まる高等教育改革の一環として、イギリス政府は1988年に教育改革法を公布した。この1988年教育改革法の規定（第121、122条）に基づき、非大学高等教育機関はLEAの管理運営から独立した高等教育法人[1]として法人格と自治権が与えられ、その後1992年の継続・高等教育法を通して大学への昇格が可能になった。

　2004年までは高等教育機関が「大学」という名称を用いる場合には、三つの条件が付与されていた。第一に、当該高等教育機関に「研究学位（博士号等）課程」が設置されていること、第二に、大学昇格のための審査基準にある11の学問領域の中で、少なくとも5領域について300名以上のフルタイム相当学生が在学していること[2]、第三に、最低4,000名のフルタイム相当学生が在学していることである[3]（そのうち最低3,000名は学士課程レベルに在学していなければならない）[4]。そして、高等教育の一元化により従来大学と認可されてこなかった高等教育機関は上記三条件を満たした上で、各機関が望めば大学という名称を使用することが可能となった[5]。

　羽田は、①教育構造や学部・学科という組織形態、また、②教授会・評議会・理事会・学長等の管理組織、そして③社会的存在としての公共性を近代大学の共通の特徴として挙げている（羽田 2007: 1-18）。現代ではこの公共性は経済とのかかわりで論じられる。なぜならば、大学改革の背景には大学と政府両者の知的財産政策が深く関係しており、知的財産が国家経済と結びつくようになったため、中央政府は管理運営方式の改善を大学に求めるからであるという（Her Majesty Treasury 2006）。知的財産を社会に還元すること自体に問

題はないが、そこに企業やビジネスが絡んでくるために大学のミッションにつながる大学自治や教員の自律性が問題となる[6]。イギリスの大学においてはビジネス面からの効率的運営が『ジャラット報告書』を端緒に複数の報告書を通して強化されていった。そのため本章ではとくに大学の管理運営において特色のある5大学、伝統的大学（オックスフォード大学とケンブリッジ大学）と旧大学のロンドン大学、そして新大学のナピア大学とハンバーサイド大学を事例として取り上げ、伝統的大学、旧大学、1992年以降の新大学の自治の変容について論ずる[7]。

まず、自律性の高い大学寡頭制（academic oligarchy）を代表してきたイギリスの伝統的大学であるケンブリッジとオックスフォード両大学の自治を大学組織内の機関自治と部局自治の両面を比較しながら、大学組織としての側面および学寮制と密接に結び付いた管理運営面から大学自治を論ずる（Clark 1983）。また、個人としての教員の自治の例としてロンドン大学を取り上げる。

次に、新大学については機関としての側面および下部組織である部局と教員個人の側面から自治を論ずる。新大学は1988年まで地方自治体の管理下に置かれ、学位授与権も持たず、勅任視察団の検査を受け、配分される予算も旧大学と比較し約4分の1程度で運営されてきた（Pratt 1997）。1992年以降には大学自治を獲得するに至り同じ大学という範疇に入ったが、果たして新大学の自治が旧大学と同質の自治を保持しているのかについて検証する。

そしてイギリスが行財政改革の一環として実施してきた1980年代に始まる政府主導の改革は、制度や構造の変更を余儀なくさせ、政府の財源面からの大学の自立を促したと考えられているが、果たして公的財源を受けることなくイギリスの大学が自立可能かどうかについて伝統的大学の財政基盤面を中心に焦点を絞って議論する。

最後に、上記3点の論証を通してイギリスの大学が大学として存在するために不可欠と考えられる大学自治を保持するための諸条件を提示する。これら諸条件は、日本の大学について考える上でも有益となろう。

2. 大学の自治

　本節では、伝統的大学とカレッジ連合体を形作るロンドン大学の自治と、新大学の自治とを対比させながら論ずる。比較の際には組織的階層、すなわち、大学の最上位に位置する決定機関から下部組織の各種委員会や教授会等を中心に、機関、基本単位、個人に分けて検討する。つまり、歴史的背景や大学となるまでの経緯、あるいは独自の管理運営形態が公的に認知され、通常大学自治が確立していると考えられている伝統的大学およびロンドン大学と、地方自治体の官僚的組織のもと大学自治の不在が指摘されてきた新大学が、①機関としての自治、②機関を構成する基本単位（伝統的大学・ロンドン大学ではカレッジ、新大学では部局）の自治、そして③個人としての教員自治の三層においてどの程度異なった様相を呈しているのかを考究する。加えて、同じ同僚制組織としてひとくくりに例証される傾向にあるオックスフォード大学とケンブリッジ大学であるが、大学自治に関しては差異があること、そしてその差異を生じさせる制度や構造について考察する。

1　伝統的大学

①機関としての自治

　1985年3月に大学学長委員会（CVCP、現イギリス大学協会（UUK））が、大学運営に焦点を当てた報告書『大学の効率性の研究のための運営委員会報告書』、通称『ジャラット報告書』を公刊した。この報告書以降、イギリスでは高等教育機関の内外で管理運営に関する議論が急増した。また、伝統的大学や旧大学においても『ジャラット報告書』公刊後の1990年代から大学運営に関する一連の改革が実施された。本報告書では学内の自己改革を遅延させる強固な学内自治が、教員自らが考えるべき大学の将来設計や将来的発展を阻害しているとし、総長や学長が長であるカウンシルの権限を拡大する方向性が示された（CVCP 1985: 35-36[8]）。

　2003年には英国銀行の外部委員であるリチャード・ランバートにより『ジャラット報告書』以降初めて大学運営に焦点を当てた『ビジネスと大学と

の協働のためのレビュー』、通称『ランバート報告書』が提出された。本報告書は主に、次の4点、a) ビジネスにつながる研究開発の実施、b) 大学がビジネスに乗り出し、産業界との協働を促進することで産まれる多様かつ新たな商業形態の明示、c) 既存の大学と企業との共同研究で成果を挙げている例の公開、そして、d) 大学内外における大学とビジネスに関する議論や、政策形成のための大学への進言等の実施、を提言した (Lambert 2003: 1)。大学への公的補助金の抑制にもつながる『ランバート報告書』の勧告に対しては、あまりに短絡的かつ功利主義的だとする批判も多かった中で (Henkel 2007)、報告書後には政府が大学運営を企業の取締役会と同質の管理運営の中に求めたために、大学内外で大学管理運営方法についてのさらに活発な議論が起こった (Buckland 2004)。

『ランバート報告書』の勧告項目が中央政府により高等教育政策として強力に推進された理由の一つとして、大学がビジネスの一環として運営されることで大学と経済界との連携が促進され、イギリス経済のみならず大学にも恩恵をもたらすと期待されたことが挙げられる。本報告書後、各大学の大学運営を企業の運営形態に近づけるため、政府からの圧力が強くなったことが報告されたが (Lapworth 2004)、その圧力がオックス・ブリッジの運営効率化に対して向けられたことは特徴的であった (Ridder-Symoens 2004)。理由は、この2大学だけが1923年のオックスフォードおよびケンブリッジ法 (Oxford and Cambridge Act 1923) により枢密院が認可する限りにおいて、独自の学則を制定することが可能であり、また、両大学のみがCVCPの枠外にあったために他の高等教育機関と歩調を合わせる必要もなく、まったく独立した大学自治を営むことが可能であったためである。そのため政府は、オックス・ブリッジと経済界を結ぶモデルが一般化すれば、他大学は比較的容易に同方向に進むと考えたと推察される。政府にとって高等教育政策を定着させるためには、まずこの両大学の改革が必要だったといえる。

1) ケンブリッジ大学

『ジャラット報告書』公刊後、大学が政策策定のための有効な手続きを欠き、

ケンブリッジ大学の最高決定機関であるリージェント・ハウス[9]もまた有効に機能していないという学外からの批判を受け、ケンブリッジ大学は大学改革が求められた。ダグラス・ワスを委員長とする委員会が組成されたが、委員会の調査では、①学長の在職年限や権限・義務内容、②複数の執行機関の機能とそれら機関間の相関関係、③執行機関と学部審議会や学務委員会等との関係を構築するための諸条件、④大学とカレッジとの円滑な関係構築のための要件、そして⑤リージェント・ハウスの役割の5点が対象となっていた (University of Cambridge 1989)。

1989年5月には、『大学の管理運営を熟慮するために任命された理事会報告書』、通称『ワス報告書』が提出され、報告書の勧告に従って1991年から大学改革が実施された。その中でも最大の改革点は次の四点と考えられる。

第一に、学長の権限が強化されたことである。学長は最高経営責任者となり、権限が強化され、権力が集中することになった。学長の権限強化とは、全教員で組成された学内の最高執行機関であるリージェント・ハウスの権限の制限を意味する。そのためリージェント・ハウスの役割を裁定し、かつその機能を評価するための調査委員会が設けられることになった。第二に、学内に設置された機関の必要性の有無と役割の明確化が求められたことである。第三に、財務関係の精査が実施されたことであり、そして第四に、学長を委員長とするカウンシル[10]の権限が拡大されたことである。学内運営は簡素化される方向にあり、リージェント・ハウスの力を抑制する一方でカウンシルの力を強化することで学内運営の効率化が図られた (University of Cambridge 1989)。この4点はまさにランバートが指向する大学運営と軌を一にしており、ケンブリッジ大学では大学構成員である教員よりも学内の管理運営面が強化されていく方向で『ワス報告書』に則った改革が進められた。

イギリスでは大半の大学において、多数の学内教員で構成されたカウンシルから、企業人や大学外部の一般人と数名の学内教員とで組織された少人数のカウンシルに移行する中、ケンブリッジ大学では細かな問題から授業料の変更、新たな建造物建設の可否、といった大学にとって重要な決議を含むすべての問題がリージェント・ハウスで決定されてきた。つまり、研究員をも

含む約3,300名の教員からなるリージェント・ハウスがケンブリッジ大学の最高意思決定機関であった。ケンブリッジ大学教授のジリアン・エヴァンズが述べるように、「重要な決定はすべて直接我々教員を介さなければならない」のである (Galbraith 2004: 1)。しかし、多人数による決定プロセスには時間がかかり、即応を要する問題には機能しない。またケンブリッジ大学のカウンシルは、学外から委員を受け入れてこなかった。社会からの要請に機敏に対応するためには、学外の見識者を大学の管理運営に取り込むことも、また、目標達成を効率的に実施に移すには決定権を持つ小規模の実行委員会も必要となる[11]。そのため、『ワス報告書』後にはケンブリッジ大学ではリージェント・ハウスの権限が多数の組織に分権化され、カウンシルを最高決定機関とするピラミッド型の構造改革が実施された (Leedham-Green 1996)。独自の執行委員会と諮問委員会を持つカウンシルは管理運営の執行母体となり、カウンシルに報告義務のあるジェネラル・ボードや財務委員会が創設された。決裁を進める手順の効率化が図られたのである。

『ワス報告書』で提案されたケンブリッジ大学の組織構成 (図7-1) はさらに細分化され、カウンシルの下に執行委員会と諮問委員会が加えられ、その直下にジェネラル・ボードと財務委員会を配置する直線的な構造になっている。学内の資源配分と管理運営面においてカウンシルの決定権および権限の範囲が拡大され、教員の総意を示すリージェント・ハウスがカウンシルの上位にあるものの、あくまでもハウスは拒否権を有するにとどまる。また、監査機構として調査委員会が創設されているが、本委員会は決定権はなく、カウンシルの審議事項に対して意見を述べる機関にすぎない。このカウンシルからのトップダウンの命令系統による管理運営の結果、引き起こされた被害実態として、情報管理システム導入による総額1,000万ポンドの負債があった (カプサ被害)。これは、カウンシルと部局間の調整がつかないままのトップダウンの指示による見切り発車の結果であり、学内の全教員からなるリージェント・ハウスの権限を他組織に移譲し、管理運営を分割しようとしたために組織が多様化かつ多層化され、透明性を欠いた結果でもあった。

カプサ被害後には、学内業務に明るいだけではなく広範な領域からの人材

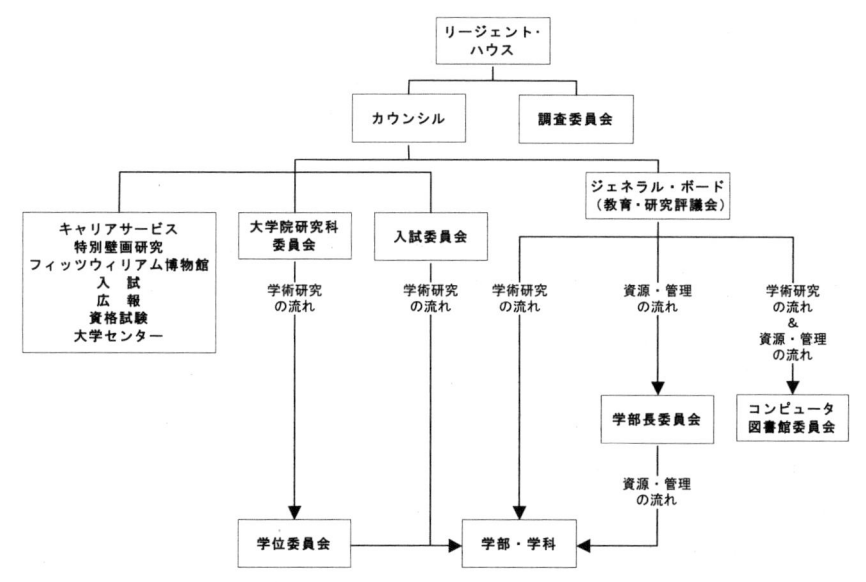

図7-1　ケンブリッジ大学組織構成図（『ワス報告書』での提案）
出典：University of Cambridge 1989: 645.

登用の必要性が説かれ、2002年のリージェント・ハウスでの討議では学外からのカウンシル委員の選出が認められることになった（Shattock 2006）。しかし、最大の案件であった学長の権限強化は、僅差で認可されなかった。この結果、アレック・ブロアーズ学長は辞職し、新たにケンブリッジの学部卒業生でイェール大学でプロボスト[12]をしていたアリソン・リチャードが、ケンブリッジ大学として初の女性学長として就任することになった。

　ロバート・バーンバウムは、有意なリーダーシップは学長個人の力量ではなく、「学内の管理運営能力に依拠する」と述べている。つまり、アメリカの学長のリーダーシップは、大学の文化や学内外の政治的、構造的プロセスに精通しているために効果的に機能するのだとしている（Birnbaum 2004: 6）。このことはまた、イギリスの大学においても同じである。

　現在もケンブリッジ大学の管理運営に関する議論は続いており、学内の管理運営を拘束力の弱いものとみなす教員や（Galbraith 2004: 5）、確実に管理

運営面が強化されたと考える教員 (Leedham-Green 1996, Edwards HP, 1 December 2005) 等、その把握の仕方は学内外においてさまざまである。学長の執行権の行使力と教員自治とのせめぎ合いは今なお続いている。

2) オックスフォード大学

　オックスフォード大学では、大学運営の改革のために新学長を企業から引き抜き、任に就かせただけに新学長の活躍が期待されたが大学構成員からの反発が強く大学改革の失敗例として終わった。

　オックスフォード大学の学長ジョン・フッドは、900年以上にもわたるオックスフォード大学史上初の学外から学長になった人物で、前職はニュージーランドでも最大手の企業の一つであるフレッチャー・チャレンジ社の重職であった。学長職に就いた直後の2004年秋から彼は企業経営の手腕を揮って学内改革を進め、2006年には大学の運営組織や管理運営方法の改革を提言した白書を提出した (Univercity of Oxford 2006)。

　改革案に盛り込まれた主な点は、a) コングリゲーションのもとにあるカウンシルの委員数を25名から15名に削減し、7名を学外から、1名は一般社会人から選出すること、b) 外部委員推薦委員会を創設すること、c) 教育、研究、人事、学部計画や資産配分に責任を負うアカデミック委員会を創設すること等である。これらの内容は『ランバート報告書』の中で大学に要求した内容と同じである。

　白書の目的は大学外部からの影響力を強化し、また、社会からの要請に柔軟かつ素早く対応できる組織体制作りを行うことであった。しかし、オックスフォード大学では、全教員4,000名が参加するコングリゲーションでの投票において、学長フッドにより提示されたすべての改革が最終的に否決となった。この結果に対して、イングランド高等教育財政審議会 (HEFCE) の最高責任者であったデヴィッド・イーストウッドはフッドに書面を送り、以下のように慨嘆した。

　　「……我々 HEFCE の意見を集約すると、(引用者註：オックフォード

大学の）白書における改革が実現されていたならば、オックスフォード大学の管理運営に大きな改善をもたらし、また、管理運営の近代化に重要な一石を投じていたことであろう……[13]」

しかし、仮にHEFCEがコングリゲーションの決定に反対意見を出したところで大学の決定を覆すことはできない。大学側は「傑出した民主主義的かつ学問的共同体」[14]として全教員での合議制を称えた。このことは伝統的大学の組織としての基盤の強さが証明されたともいえる。確かに、現代社会における大学は孤立して存在しうるものではなく、社会に対して、あるいはステークホルダーに対して公的責任を果たす必要があるため、社会的要請を考慮しないことには問題がある。しかし、大学の自律性の側面から考えるならば、もしも伝統的大学が外圧や妥協の結果、その砦の一辺でも崩すことになれば、大学界全体の力が弱体化し、政治的圧力を比較的受けやすい新大学を筆頭に、大学は容易に外圧に屈してゆくことが予想される。オックスフォード大学は一大学ではあるが、社会に与える影響は大きく、企業や産業界がオックスフォード大学に求める要請になびかないこと自体に大きな意義があった。

教育予算の削減も含め、イギリスの大学組織に少なからぬ改革を強いたサッチャー政権は、第二次世界大戦後から1970年代後半に君臨していた「自由主義的な（権力に囚われない）既成の権力組織（liberal establishment）」の代表である軍、官庁、法曹界、国教会、BBC（英国放送）そして伝統的大学であるオックス・ブリッジの力を抑制することを目論でいたといわれている（Ellison 1997: 34-65）。確かに、1980年代以降、欧州諸国と同じくイギリスにおいても高等教育における改革が多方面で進行しており、これらの改革によって大学自治や教員の自律性が侵されつつあるとの批判も聞こえてくる（Becher, Henkel, and Kogan 1994, Shattock 2003）。しかし、少なくともオックスフォード大学に対しては政策面での改革の強要は通用しないことが確認されることになった。

[図: オックスフォード大学組織図]

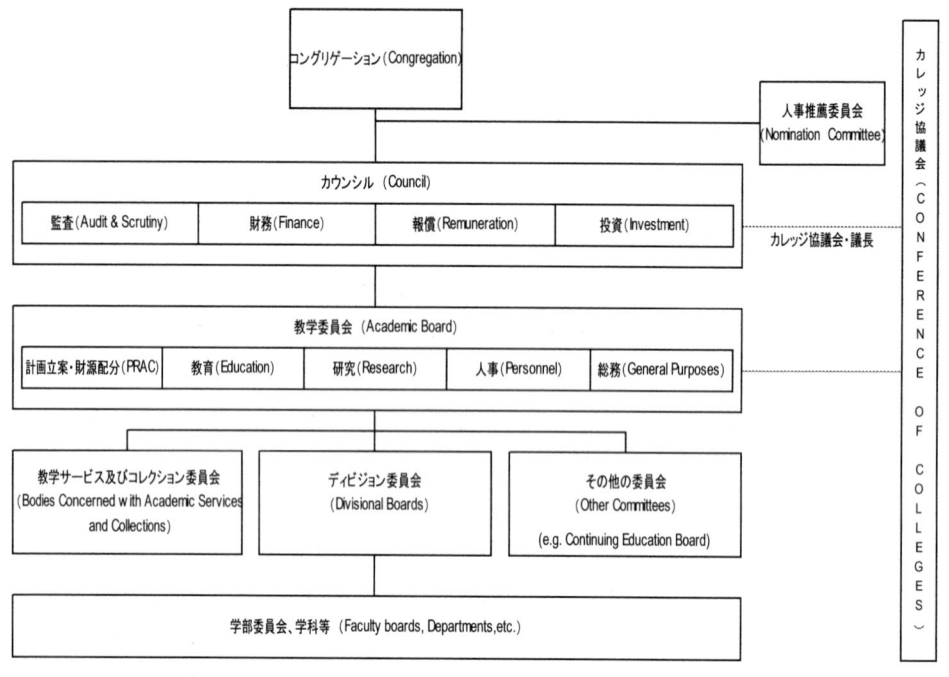

```
コングリゲーション (Congregation)
  ├─ 人事推薦委員会 (Nomination Committee)
  カウンシル (Council)
    ├ 監査 (Audit & Scrutiny)
    ├ 財務 (Finance)
    ├ 報償 (Remuneration)
    └ 投資 (Investment)
              カレッジ協議会・議長
  教学委員会 (Academic Board)
    ├ 計画立案・財源配分 (PRAC)
    ├ 教育 (Education)
    ├ 研究 (Research)
    ├ 人事 (Personnel)
    └ 総務 (General Purposes)
      ├ 教学サービス及びコレクション委員会 (Bodies Concerned with Academic Services and Collections)
      ├ ディビジョン委員会 (Divisional Boards)
      └ その他の委員会 (Other Committees) (e.g. Continuing Education Board)
         学部委員会、学科等 (Faculty boards, Departments, etc.)

  カレッジ協議会 (CONFERENCE OF COLLEGES)
```

PRAC: Planning and Resource Allocation Committee

図7-2　オックスフォード大学組織図

出典：University of Oxford, 2006(b): 35.

② 伝統的大学のカレッジの自治

　オックス・ブリッジにおいては、独立性が強く、特色ある学寮（カレッジ）制度[15]を採用している点が他のイギリスの大学と大きく異なっていることは周知の通りではあるが、このカレッジ制度が伝統的大学の自治をさらに強固にしていると考えられる。そのことの証左となる例を挙げる。

　オックスフォード大学が実学面を強化するために経営学に力を注ぎ出した当時、ワディク・サイード・ビジネス・スクールの創設が大学本部内で企画された。この時大学本部が創設に関する諸事を学内のカレッジに通知せず秘密裏に進めようとしたため、カレッジ側はビジネス・スクール創設を非民主的な上意下達による執行として大学本部を批判し、ビジネス・スクールの設立に激しく反対した。大学本部側はその抗議活動のために大学組織としての

機能が果たせなくなり、学内では混乱状態が続いた。各カレッジは独自の法と理事会を有しているため、大学本部にとってカレッジの意見は無視し得ないものである。最終的には大学本部とカレッジの話し合いによりビジネス・スクールの設立が可能となったが、それ以降学内の重要案件についてはカレッジの参加が前提条件となった[16]。

次に、オックス・ブリッジの間で大学自治の差を生みだす制度の差を考えよう。オックスフォード大学では、教員や研究者を採用する際にはカレッジが新規雇用者を選考した後に大学が認可する形をとっているため、各採用予定者にはそれぞれ所属するカレッジが決まっており、彼らがカレッジに属さないという状況は生じない。しかし、ケンブリッジ大学では大学側が人選と採用を実施し、採用された新任教員が自らカレッジを選択する。その場合には教員がカレッジに所属しないことも認められている。つまり、ケンブリッジ大学の教員や研究者はカレッジ制度に関与しないこともありうる。しかし、オックスフォード大学では全教員および全研究者が所属するカレッジ制度が存在するがゆえにカレッジが人事権とカレッジの固有財産を有することも可能となり、この人事権の有無とカレッジの財源が大学内でのカレッジを強固な存在としていると考えられる。同じカレッジ制度をとっているケンブリッジ大学で、全教員で構成されているリージェント・ハウスよりも学長が権限を握るカウンシルの実権が強化されつつあるのに対し、オックスフォード大学ではコングリゲーションが未だに力を保持している理由の一つとして、このようなカレッジの権限の相違と、それに基づくカレッジの自治の強さの相違が考えられる。

3）ロンドン大学
③個人としての教員の自治
オックス・ブリッジに続いて伝統的大学と類似のカレッジの連合体からなるロンドン大学のカレッジを例として挙げる。ロンドン大学とロンドン大学を構成するカレッジのあり方と伝統的大学と伝統的大学を構成するカレッジの相違から、大学組織を支える教員の自治について考えるためである。

ロンドン大学の構成カレッジであったインペリアル・カレッジ・ロンドン(ICL)の例を挙げる[16]。このカレッジは、2002年に同じくロンドン大学を構成する一つのカレッジであったユニヴァーシティー・カレッジ・ロンドンから統合を持ちかけられたが、インペリアル・カレッジ側のほとんどの教員がその統合案に反対した。そのため、ICLは翌2003年には枢密院から独自の学位授与権を受け、2007年7月にはロンドン大学から独立することになった。

ウォリック大学の学長であったデヴィッド・ヴァンデリンドは「大学のヴィジョンは、セネト、カウンシル、そして大学構成員とのパートナーシップにより醸成されるものである」(Midgley and McLeod 2003: 3) と述懐したが、彼の意見がどの大学においても広く支持される限り大学構成員による学内自治は守られるはずである。しかし、ICLではカレッジ内の各構成員である個々の教員の相互のパートナーシップは育成されていたが、ロンドン大学という機関を構成する基本単位としての各カレッジ間での共同体としてのパートナーシップが、そして各カレッジと総体としてのロンドン大学とのパートナーシップが確立されていなかったために、その構成組織体の一つであったカレッジは分離する結果となった。この例も、大学自治という面から参考となるものである。

2　新大学

①機関としての自治

新大学について言及する際には常に1992以前からの旧大学を意識させられることになる。つまり、今まで述べてきた大学における確たる自治の存在は、一部の特定大学に限定されたものであることを認識する必要がある。一元化以前はパブリック・セクターに位置づけられ、自治の存在そのものが希薄であった新大学にとって、高等教育一元化は新大学の大学自治にどのような影響をもたらしたのであろうか。

大学とは異なりパブリック・セクターに属していたポリテクニクの内部組織は民主的な仕組みからはほど遠く、管理主義的構造を持ち、大学自治はもちろんのことテニュア制も導入されていなかった。その上、ポリテクニクは

自ら学位を授与できず、CNAAがシラバスを承認し、試験システムを監督し、学位を承認し、ポリテクニクの教員の任免権さえも有したのである（CNAA 1975）。大学にあってはその第一義的責任の一つとして、社会の知的かつ文化的価値の保護者かつ伝達者の養成機関であることが要求されたが、ポリテクニクは純粋な研究にも知識の伝達にもコミットせず、社会からもまた組織内からも、そのような要求をされることはなかった。

　ポリテクニクの大学昇格に伴い大学自治も1992年の継続・高等教育法により法的には確立されたはずであったが、新大学においてはとくに理事会の権限強化が著しく、また理事会の構成員は少ないほど機能的かつ効率的だという理由で、新大学の理事会の構成員数は継続・高等教育法により12名以上25名以下と定められた。新大学の理事会構成員の中で大学教員はわずか2名の参加にとどまり、他方学外委員は産業界、商業界、専門職業人から13名までの選出が可能となった。この背景には、『ランバート報告書』の影響が大きい。学外委員の多数の参加による理事会の構成は、『ランバート報告書』の中で大学運営に関して明示されており、企業型のすばやい意思決定や機動的な運営が大学に期待されてのことである。政府の公的見解では、『ランバート報告書』の規約が各高等教育機関に適用されることはないとしているが（Her Majesty's Treasury, DTI, & DfES 2004）、各大学の理事会の役割が次第に強化されつつあるという状況にある（Buckland 2004, Shattock 2004, Whitchurch 2004）。

　例えば、新大学のポーツマス大学では1990年代後半から大学の各教員や学部に対する管理が厳しくなってきており、学長や学部長の力も強化されてきたことや、旧大学と新大学との管理構造の違いが、ポーツマス大学の学長であったクレイブンの次の言葉からも示されている（秦 2001）。

「旧大学と新大学とではかなりの相違があります。例えば我々には独自の大学総会（Court）がありません。旧大学のケント大学には、大学の議事の認可や州の決定した法律を変更できる250名の組織があります。我々にはそのような総会がないのです。他に、ケントには45名から成る理事会があります。我々も25名で組織された理事会（学長1名、教員4名、

学生代表1名、司教やIBMの理事、企業家、医療関係者等の学外者19名）があります。理事会はわたしをすぐ首にする力を持っています。究極の決定機関といえます。経済的なことや人事に関してですが。……決定に至るまでの時間が短く、何事も速やかに決まります。」(秦2001)

しかし、学外の理事会委員は大学に常駐することもなく、大学の内情に関してもほとんど知識がなく、知ろうとする意欲も少ないと考えられるため、そういった人々から構成される理事会の運営には疑問が残る。つまり、各大学が必要とする学内組織を自らの意思で構成することが不可能であるとするならば、当該大学の自治が守られているとはいい難く、新大学の自律性は一元化後も旧大学と比べて依然として低いと結論づけられるのである。管理主義の強化も著しい状況である (秦2001)。

そこで次に、新大学の中でも大学の自律性の高い大学と低い大学を例として挙げ、旧大学との相違を考察する。新大学の中でも大学の自律性の低い大学の例としてハンバーサイド大学を、比較的自律性の高い大学の例としてナピア大学を取り上げる。

②部局の自治と個人教員の自治
1) ハンバーサイド大学

新大学は地方自治体の管理からは独立したが、地方教育当局 (LEA) の影響力を残したままの大学昇格となったために、依然として LEA の支配が強く、学長や理事会による管理体制が強固で LEA から出向した委員と教員との確執が続いていた。この状況はハンバーサイド大学[17]においても同様で、大幅に学長の権限が拡大された。

学長は大学教員の代表であると同時に教職員の管理者でもあり、大学の財源を増やし、効率的に運営することが求められる最高経営責任者としての役割が求められた (Buckland 2004)。学長により選任された委員で構成される執行委員会は期限付きで、学内運営を効率化するという職務を遂行する役目が果たされれば解散する委員会である。一方で、教授職そのものが1989年

まで新大学に導入されることがなかったために (Foster and King 1999: 117)、教員の地位は概して低く、教員に対して圧力を加えやすい体制となっている。理事会の権限も強化される一方で、教授会の構成員数は50名から25名に減らされ、決定権のない助言者集団としての役割に嵌め込まれていった (Foster and King 1999: 111)。内部運営も、学長からの指示は上意下達となっており、管理体制も強化された (Foster and King 1999)。

2) ナピア大学

　ナピア大学においてもハンバーサイド大学と同様に大学昇格後には組織改革が実施され、大学の管理運営は学長の一括責任となったが、教学面に関しては全権が教授会に委任された。この教授会はナピア大学においては最高議決機関であり、旧ポリテクニクからの名称と組織構造が引き継がれることになった。構成員は全教授と学内の委員会代表者、学生自治会の代表者そして旧ポリテクニク時代の歴代の学長である。ナピア大学は応用芸術、工学、科学、ビジネス・スクールの四学部からなっているが、各学部は規模の大小にかかわらず同等の権利を有している。また、教授会の下部組織として10の委員会が配置されているが、ジェームズ・マレーによれば、①各委員会が大学に影響力を持ち、②各委員会は対等の立場で大学の意思決定に参加するというこの2点が対外的な問題にも大学が一丸となって対処できた理由であるとしている (Murray 1999: 143)。同じ新大学に分類されるハンバーサイド大学とナピア大学ではあるが、それぞれ大学の管理運営方法に大きく相違があることが理解されよう。

　しかし、両大学はさらに大学の根幹にかかわる変革が迫られることになった。つまり、学生を集めるために優れた研究成果を出して研究評価を高めること、専門職の養成やカレッジ制度や伝統的大学の進学方法（GCE・Aレベルでの進学）の導入、また卒業生の就職に関しては旧大学の市場への進出、といったことが地域社会から要請されるようになり、そのため、一方では旧大学にない機動的かつ機能的・効率的運営が、他方では旧大学のシステムを模倣した教育制度や体制が求められたのであった。新大学ではとくに教育優先

か研究優先かの選択を迫られ、その選択は研究評価を通して強化されてきている。新大学は従来地場産業と結び付いた職業教育と生涯教育を提供する大学として地元に根付いてきた。しかし大半の新大学では旧大学の特徴を取り入れ、高い研究評価を得るための組織替えが不可欠になりつつある。研究評価を高めるために、また、学外資金を増やすために、教育優先ではあるが研究にも力を注ぐ大学に軸足を移しながら、地元への利益還元と研究資金の獲得を視野に入れなければならない大学となった。

1960年代から教育機関として存在し、また、社会からも教育機関としての機能が求められ、自らもその存在意義を自負してきた新大学にとってこれは新たなる試練であり、重圧でもあった。意に染まぬ改革を強いられ、「大学に対する外部からの圧力が、ナピア大学の優れた教育の香を消し去ろうとしている」(Murray 1999: 156)と述べたマレーの言は正鵠を射ているといえよう。

それでは、新大学に多く取り入れられた『ランバート報告書』を受けた組織作りは、大学の管理運営に効果的に作用したのであろうか。例えば『ランバート報告書』では、従来の同僚制による大学運営に代えて大学運営組織に産業界からの人材を取り込み、管理運営面の強化を勧告することで大学組織の効率的運営を促している。しかし、企業形態に類似した運営構造を持つ大学である新大学群は多種のリーグ・テーブルの下位に属したまま当初意図していたような目覚ましい成果が出るには至っていない。またグローバリゼーション、経済政策、不安定構造、組織構造の再配置、新たな雇用形態、国際競争力の強化や市場政策に誘引される政策に特徴づけられる企業型法人形態を模倣した法人ガバナンスも、模倣した大規模企業のマックスウェル財団やバーリングス銀行の破綻が示すように、その有効性が疑問視されている(Bargh, Scott, and Smith 1996)。

カッセル大学中心に2007年に実施された『変容する大学教授職(The Changing Academic Profession (CAP): Tables by Country - Advanced Countries)[18]』の非公開調査結果では、イギリスの大学教員（フルタイム）の26％が大学の管理運営の強化の影響を受けて、5年間以内に教授職以外の職に代わりたいと望んで

いることが判明した (International Centre for Higher Education Research 2007: 23)。そのような状況の中でLEAの支配から独立した新大学が、少なくとも教育大学としての自律性を確立するために必要な試みとは何かを考えた場合、新たな教育評価の導入が一つ考えられよう。例えば、2004年から給与に教育評価を連動する仕組みがサザンプトン大学で用いられることになった。研究面のみならず、教育、コンサルタント、そして運営・企画の4本の柱を同一の給与体系の中に組み込み、職階が同位の場合には同額の給与が支払われる仕組みである。この制度に対してサザンプトン大学のある教員は、「以前のシステムではどうしても研究職が優位に立ち、教育職は一段低く見られ同格に扱われなかったが、新制度では各教員が平等に扱われるようになった」と称賛している (The Times 2006(b): 60)。この制度の導入にはHEFCEも600万ポンドの資金援助を出しており、新たな領域の評価方法ともなりうるものである。

バーネットは世界規模での国家的質保証制度の展開は二つの対照的な傾向を示していると論じた。透明性・責任性・明瞭性を持つ開放的制度への傾向と、優秀な実践水準に関する統一基準、規格化された水準に基づく全体評価、カリキュラム成果の規定といった閉鎖的制度への傾向である (秦 1999: 14)。イギリスの大学の組織文化も同様に開放的制度と閉鎖的制度の双方向に向かっているようである。イギリスの大学の組織文化は変化しつつある。イアン・マクネイによれば、それは一元化以降の新大学では同僚制から官僚制、次に法人制、そして企業制の方向に変化しているという (McNay 1995: 111-112)。しかし現在大学の組織文化に求められるものは、自らの内省に基づいた弾力性であり、積極的参加を基盤とした開放的制度である (秦 1999: 14)。

3. 大学を支える公的財源

羽田は「財源の量的および質的変動が、大学の行動様式・運営形態・組織形態を変容させた」と論じたが (羽田 2007: 8)、イギリスでは殊に公的財源の変動が大学組織や大学自治に与える影響が大きかった。1980年代における保守党政権による諸政策の実施は当時の政府を取り巻く経済状況から不可避

であったものの、政治および経済との関連で数多く実施された改革により、高等教育機関も大きく変化した。政府から大幅な自治権が認められていると考えられてきた大学自治も (Becher and Kogan 1980, Whitchurch 2004)、その基盤が揺らいでいる。例を挙げて述べてきたように、とくに1992年以降大学に昇格した新大学においては大学自治の存在自体が疑問視されるような状態になっている。そしてその背景には、高等教育予算が存在していると考えられる。

　大学の財務は、大学の自治の問題と密接につながっている。1980年代初期まで、各大学が政府から受け取っていた国庫補助金は、収入の約80％を占めた[19]。それにもかかわらず大学は大学の自治と学問の自由を享受し、教員の自律性も担保され、中央政府の管理下に置かれることはなかった。本来ならば財源が自立することで独立自治は保たれるべきところであるが、旧大学は政府からの公的補助を受けながらも独立を保つことが可能であった。一方のパブリック・セクターに属していた准大学高等教育機関が政府から受け取っていた国庫補助金は、収入の約77％であったが[20] (図7-3)、一元化後、旧大学のごとく独立自治を謳歌したのかというとそうではなかった。歴史的経緯や創設者の大学設立の意図や目的と乖離して、財務との関係で新・旧両大学はもはやプライベートなものではなく、パブリックであることが大学のステークホルダーから要求されるようになってきたのであった。

　一元化後の大学数および学生数の増加に伴い、機関当たりの予算配分は減少する傾向にあり、各大学は自助努力で学外資金を獲得する必要も出てきている。しかし、大学が財源増大に腐心したり、ビジネス領域へ進出したりすることには慎重さが必要である。現在アメリカの大学で多々見受けられる、教育理念から離れた企業献金のためのシンポジウムの開催、企業名を付した冠講座の中での企業の宣伝、あるいは多額の個人寄付が期待される生徒の勧誘といったことは、大学や教員のモラルの低下をもたらしかねない (Bok 2003)。

　例えば、ランバートは外部資金を導入することで、公的補助金を受けることなく政府からの独立を提案している (Lambert 2005)。しかし、果たして

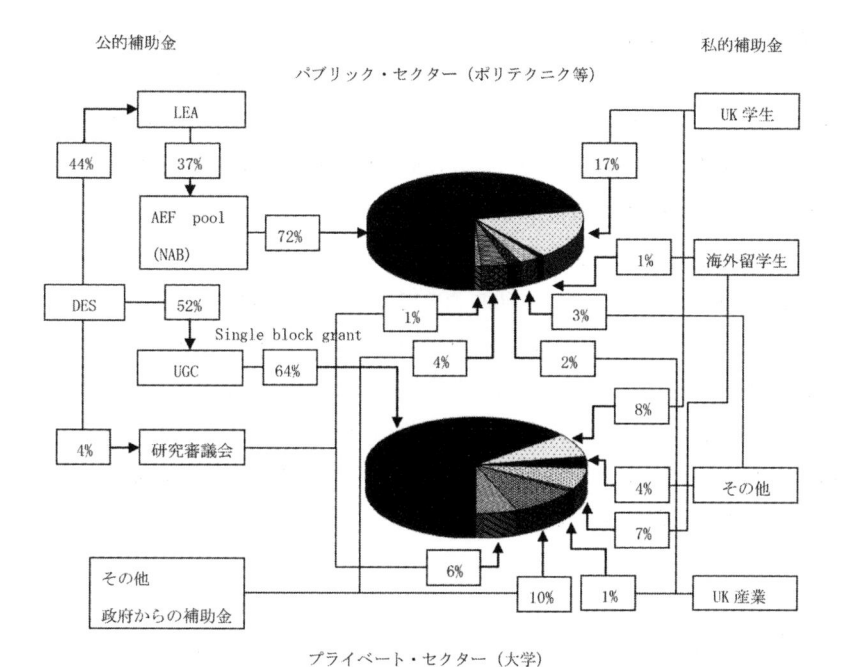

図7-3　1980年代初頭の高等教育機関の収入内訳

出典：Williams 1992: 10.

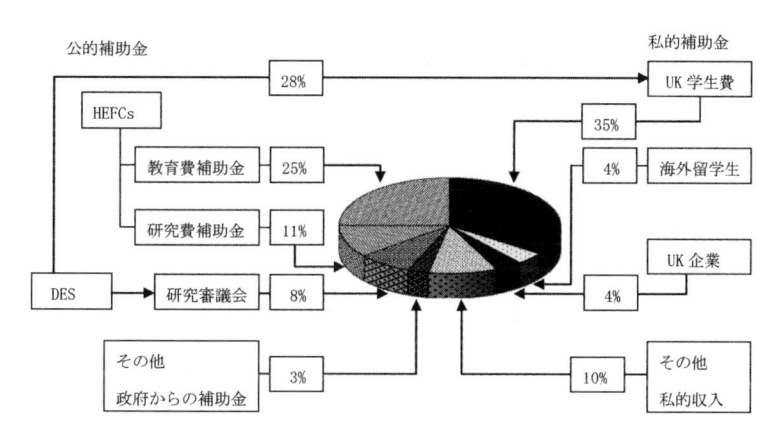

図7-4　一元化以降1990年代中頃の大学の収入内訳

出典：Williams 1992: 10.

各高等教育機関は政府の公的補助金なくして運営が可能なのであろうか。2006年度のオックスフォード大学を例にとると、総収入額は6億870万ポンドで、学外資金の総計は41.6％となる（第6章、表6-15参照）。つまり、オックスフォード大学でさえも収入の約60％を政府からの補助金に頼る必要があるのである。同様に、教育大学として存立してきた新大学が研究大学としても機能する必要性が生じるならば、政府からの財源の増収が必要となる。

一元化以前の旧大学では公的補助金を得ても、政府は口を出すことはなく大学自治は成立していた。逆に、パブリック・セクターのポリテクニクにおいて自治が成立しなかったことにこそ問題があった。それゆえ、仮に新大学にとって政府からの補助金の多寡が新大学の自治を脅かす原因となるのであれば、それを回避するためにも政府から新大学への適切な財源の安定的供給は不可欠と考えられるのである。

4. 結　語

本章では新・旧両大学から五つの大学を選び、それぞれの大学自治について考察した。一元化後、旧来、強い大学自治を持っていた伝統的大学に対して大学運営効率化のための改革が推し進められたが、オックスフォード大学では依然として高い制度的自律性と強い大学自治、そして教員自治が機能しており、従来の同僚制、あるいは、権限共有型（江原 2005: 15）ともいえる組織文化が生き続けている。また、オックスフォード大学に比べれば改革の進んだケンブリッジ大学においても、教員自治が尊重され学長の権限強化は阻止され続けている。

一方の新大学は大学昇格以前からその自治は弱く、昇格後も学外者が多数を占める理事会の権限が強く、旧大学のような大学自治は成立しているとはいい難い。さらに、新大学への公的補助金は低く抑えられたままで、新大学は資金獲得のために意に沿わない産学連携を促進したり、他大学との統合に向かわざるを得ない状況である。

ランバートが主張し、また、企業も重視する効率的なシステムとは、個人

の判断の合理性を前提とするものである。合理性を前提とするからこそ、上位下達で命令系統が動きもする。しかし、教育に合理性を求めることは可能であろうか。学生の意思と教員の多様な教授法が錯綜している中で、アウトプットでの成果を予測してインプットを選択することは不確実性を伴うであろうし、また、教育の合理性の基準や合理的であるか否かという判断すら下すことは困難である。

　伝統的大学が約900年もの間行ってきた教育の改革を考えていないとするならば、教育改革を伴わない管理運営の改革とは大学の根幹から外れた周縁の改革にすぎないものとなる。

　大学は学問知の伝達の場であることを前提条件として、学問の普及や進展を促し、教育と研究を推進し、一国の文化を継承・育成することが求められるばかりではなく、経済的側面を含む多方面からの要求に対して社会に貢献することも求められている。しかし、大学が社会に最善の貢献をなしうるためには、学問の自由とその制度化としての自治、この双方が不可欠であり、そのためには政府からの適切な財源の安定的供給も不可欠となる。そして、大学がその機能を十全に果たすためには、少なくとも、①大学間で協力体制を築き、②政府からの財源を確保しながら、③中央政策とは独立した大学としての機関自治を保持し、④自律的な部局間、そして、教員自治における管理運営を行う、といった以上四つの条件が必要であると考えられるのである。しかし、従来、自明と考えられてきたこれらの条件が、本章で検討してきたように複数の圧力のもとで揺らいでいる。大学自治が高いレベルで機能しているオックスフォード大学においてさえ、いまなお大学を変革しようとする政府からの働きかけがなされており、新大学においてはその自治は危機的状況にある。ここで、喜多村が述べたことを思い出すことにしよう。喜多村は、「大学の最後のとりでは自由と自立であり」、これらを「喪失した大学は、もはや大学の名に値しない」(喜多村 2002: 167-168)と述べた。この言葉を受け入れるとするならば、イギリスの大学をめぐって進行している事態は、大学という存在そのものの存立にかかわる重大事であるといえる。そしてそれは、ひとりイギリスだけの問題ではあるまい。

註

1　高等教育法人は1988年教育改革法の規定（第125条）により、教育大臣が承認する管理運営規則が適用される。
2　フルタイム学生にはサンドウィッチ・コースの学生も含む。
3　第3章2節のパートタイムの定義を参照のこと。
4　DfES, Press Notice 2004/0139 *Final Decision on Degree Awarding Powers and Use of University Title*, 16 Jul. 2004.
5　2004年からは、第一の条件が外され、研究学位課程がなくても大学という名称を付けることが可能となった。研究大学と教育大学との棲み分けも起こっている。
6　本書では、大学自治とは、アルトバック、バーダール、ガムポートによる定義「外部からの支配を排した支配力」(Altbach, Berdahl, and Gumport, 1999: 5-6)、およびアシュビーの三原則 (Ashby, 1966:292) に依拠している。
7　研究評価が大学の管理運営に与えた影響が大きいことも充分に認識しているが、紙面の関係上研究評価からの論証は本書では省略した。
8　巻末の資料1の5)を参照のこと。
9　大学の管理運営主体で、全教員からなる。1学期間に数回の会合を実施する。職務は、下記5項目である。
　・ジェネラル・ボードの報告書を包括するカウンシルの年次報告書の作成
　・会計からの年度予算の分配の提示
　・主な建造物の計画
　・大学教員の確保
　・教育、政策、制度上の事柄全般
10　大学の執行部であり政策決定母体であるケンブリッジ大学のカウンシルは、総長、学長、そして19名の委員からなる（委員長は学長で、4名の学科長（教授あるいは学部長）、4名の教授とリーダー、その他8名の教授、3名の学生代表、そして秘書で構成）。また、学内運営、大学の長期・短期計画、予算配分の3点の任を負っている。カウンシルは通常1ヶ月に1度会合を持ち、他に学長と5名のカウンシル委員からなる執行委員会の会合は、カウンシルの会合の間に設定される。大学の財源の75％は、ジェネラル・ボードに直接渡り、教育・研究に使用される。学生数は、カレッジ、学部、学科等により審議された後に、カウンシルにより決定される。とくにカウンシルの総合計画委員会の影響が大きい。また、学部審議会の権限も増大している。
11　イギリスでは学部や学科の上部にスクールを置く大学が増加しているが、これは少数の人員で構成された学科で決定を速やかに実施することを目的として創設される場合が多く、新大学に多く見受けられる。
12　アメリカの大学ではイギリスの学長 (Vice-chancellor) と意味合いは異なり、学

長（President）に次ぐ要職である。
13　HEFCEの機関長イーストウッドから学長フッドへの2007年1月10日付の手紙（コピーをオックスフォード大学・総務部から2008年6月に入手）。
14　学長フッドからHEFCEの機関長イーストウッドへの2007年3月27日付の手紙（コピーをオックスフォード大学・総務部から2008年6月に入手）。
15　オックス・ブリッジにおいては独立性が強く、特色あるカレッジ・システムを採用しており、他の連合王国の大学と大きく異なっている。しかし、同じカレッジ・システムをとっていても、両大学には**表7-1**のような相違がある。

表7-1　オックスフォード大学とケンブリッジ大学のカレッジ・システム

オックスフォード大学	ケンブリッジ大学
・5学系とその下に60あまりの学部・学科相当の組織 ・学寮として39のカレッジと6のホール	・21の学部 ・学寮として31のカレッジ
大学とカレッジ合同で教員を採用する	大学が教員の採用を行う
教員や研究者を採用する際にすでにカレッジも決まっており、彼らがカレッジに属さないという状況は生じない。	採用された新任教員が、自らカレッジを選択する。それゆえ、人気のあるカレッジとないカレッジの差が生じ、カレッジに所属しない教員も出てくる。
多くの学科で学生の所属するカレッジのフェロー＊が、その学生を指導することになっている。そのため、入学生選考の際にはフェローの所属する学科の学生をカレッジが獲得するためにかなりの努力を要している。	カレッジに所属する学部生の指導は、別のカレッジのフェローが実施する。
	カレッジには多様な学科の学生が在籍しており、それら学部生を学部は教育および研究面で支えねばならない。また、研究補助金も学部に直接配分される。そのため、教育と研究のバランス、そして教育プログラムの徹底等の面で困難な側面があるといわれており、学部生の教育はカレッジではなく、学部で実施する方向にある。この傾向はとくに科学系諸学部において顕著である。例えば最終学年の物理専攻学生の進学・卒業のための指導はカレッジの費用で、キャベンディッシュ研究所で実施されている。

註：＊カレッジに属する特別研究員。
出典：2007年2月に訪問調査したケンブリッジ大学において入手したUniversity of Cambridge 1989をもとに作成。

16　2002年までこの名称が正式名称とされた。2002年以降は、インペリアル・カレッジと呼称されている（Gay 2007）。
17　その後大学の所在地も移転となり、現在はリンカン大学と名称も変更された。
18　ドイツのカッセル大学の高等教育研究国際センター（INCHER-Kassel）が先進諸国10ヶ国（カナダ、アメリカ合衆国、フィンランド、ドイツ、イタリア、ノ

284　第II部　実証的考察

ルウェー、ポルトガル、連合王国、オーストラリア、日本)の大学と研究協力をしながら、集めた調査結果である。
19　内訳は、大学補助金委員会 (UGC) から64%、研究審議会 (RCs) から6%、その他政府機関から10%となっている (Williams 1992: 10)。
20　パブリック・セクター高等教育諸問機関 (NAB) から72%、研究審議会から1%、その他政府機関から4%となっている (Williams 1992: 10)。
21　類型別大学自治の特徴
　　訪問調査および文献調査を実施した大学の大学ガバナンスについては、大きく「カレッジ (College) ガバナンス」、「委員会 (Key Organ) ガバナンス」、「米国型ガバナンス (マンチェスター大学)」、「理事会 (Board of Governors) ガバナンス」と4類型にまとめられ、それぞれの共通性や異質性が認められた (**表7-2**参照)。
　　各類型の名称を以下に簡単に説明する。
　　カレッジガバナンスを実施しているオックスフォード大学で、カレッジの総合体の総称がオックスフォード大学である。各カレッジは大学事務局とは別に個別の管理運営体系を敷いており、各カレッジ、カレッジ協議会 (Conference of Colleges)、そして大学事務局との間の協議により大学および教学ガバナンスのあり方が決定されるため、「カレッジ (College) ガバナンス」と名づける。
　　また、学長と学長を支援する組織であるシニア・マネジメントチームを、また、教学ガバナンスに関しては全学的な教学委員会を必須の組織として有している大学のガバナンスを、「委員会 (Key Organ) ガバナンス」と名づけた。
　　「米国型ガバナンス」の名称は、マンチェスター大学自らがHPにおいて米国型であると言明しているため、それに基づき類型の名称として使用した。
　　「理事会 (Board of Governors) ガバナンス」は、1992年以降に大学に昇格した新大学において特徴的に見受けられるガバナンスで、日本の私立大学の理事会に極めて類似したガバナンス経営ともいえる。その代表例としてデ・モントフォート大学、オックスフォード・ブルックスおよびグラモーガン大学を対象とした。
　　なお、イギリスにおける大学ガバナンスを担う学内組織について、その基本形を説明しておく。それは、コート、カウンシル、セネトの3組織である。この3組織の名称及び機能は伝統的大学 (オックス・ブリッジ)、旧大学 (伝統的大学を含む1992年以前設立大学)、新大学 (1992年以後大学に昇格した旧ポリテクニク) によって若干異なるものの、基本的機能については共通している。
　　コートは大学運営に関するすべての事項に関する学内外の関係者の総意を得る場である。カウンシルは大学の執行部かつ経営母体であり、経営全般に関する決定権を持つ。具体的には、1) 戦略的計画、構造改革、資源配分、説明責任という点を中心に、大学の運営管理に責任を持つこと、2) 学問的また機関の計画を定期的に検査し、それに応じた資源配分をする、といった基本機能がある (CVCP 1985:35-36)。セネトは全教員および学生代表を主たる構成員とする、教育と研究に関する決定機関である。なおカウンシルは日本の国立大学における経営協議

第7章 大学の管理運営と組織文化

表7-2 大学ガバナンスの4類型

	類型名	カレッジガバナンス	委員会ガバナンス		米国型ガバナンス	理事会ガバナンス
調査対象大学		オックスフォード	ヨーク、ブリストル	シェフィールド、バース	マンチェスター	オックスフォード・ブルックス、グラモーガン、デ・モントフォート
調査項目	大学の対外的自律性	◎非常に強 カウンシルの上位に位置するコングリゲーション（教員全員参加＋上級職員、学生代表）が最終決定権を有する	○強 "still enjoys a high degree of autonomy from gov't" (York)	○強 「大学にとり大切なことは、課題に立ち向かおうとする文化の創出です」	△中 アカデミック8名に対し、学外者が14名を占め強る理事会の権限が強	×弱 地方行政からの意見が重視される傾向
	学長権限（学内自治）	弱（どのレベルにおいてもコンセンサスを重視、学長裁量経費は無、学長年限は5年＋2年可）	中（シニア・チームとの共同統治だが、コンセンサス重視、学長年限に制限無）	中（シニア・チームとの共同統治、コンセンサス重視）	弱（理事会の権限が強い）	強（学長を中心とする執行委員会が大学の方向性を決定、しかし理事会が最終決定権を有する）

註：どの大学においても学長単独での決定権はない。
出典：筆者作成。

会、セネトは同じく教育研究評議会に類するように見えるが、イギリスのそれらは、前者は経営運営管理の面において、後者は教育研究の内容面においてそれぞれ決定権を有することが非常に大きな相違点であるといえる（従来の資源配分に変更を迫るような事項についてはカウンシルおよびコートの承認を必要とする大学が多い）。コートは日本の国立大学における役員会、または私立大学における理事会に類するが、日本のそれと大きく異なるのは過半数を学外者が占めるよう学則で定められていることである。以上の3機関とも学生代表が参加している点も日本とは異なる。

　大学ガバナンスの類型比較から理解されることは、大学の対外的自律性および教員の自治は、カレッジ・ガバナンスから理事会ガバナンスに向かうほど弱くなり、反対に学長権限はカレッジ・ガバナンスから理事会ガバナンスに向かうほど強くなる。例えば、研究大学のトップであるオックスフォード大学では、本部、学部、学科どのレベルにおいても決定は全員のコンセンサスを得てのもので、投票で決められることはないということである（2012年5月オックスフォード大学・

学長室でのハミルトン学長および副学長とのインタビューにて)。もちろんコンセンサスを得るための話し合いが繰り返される。しかし、大学にとって何がベストであるか、という点で一致する限りにおいて話し合いでの決裂はあり得ないということである。

また、どの大学においても教学面で中心となる委員会が立ち上げられ、その委員会の下部組織の下位委員会および一般教員、教学支援職員との連携を通して、教学面での教育体制が徹底されていることである。

カレッジ・ガバナンスや委員会ガバナンスでは、教学支援職員の意識も非常に高く、学内外での研修も必要に応じて受けている。しかし、米国型ガバナンスおよびとくに理事会ガバナンスに関しては、教学面の人材も支援も不足している傾向がある。

また、新大学において多々見受けられる理事会ガバナンスであるが、例えば訪問調査を実施したオックスフォード・ブルックス大学の理事会 (Board of Governors) の構成員を眺めてみると、構成員20名のうち、学外識者の理事が10名、教育担当の学内理事1名、非教育担当の学内理事1名、学長、学生自治会長1名、4名の陪席者 (副学長2名、財務・法律担当責任者1名、持ち回りで副学長か学部長1名)、他に事務担当者1名と秘書が1名という人員構成になっている。実質決定権を有する構成員は、学生自治会長までの14名であり、彼らが大学経営において多大な影響力を有するのである。

第8章　対位線の転位による質的転換

1. はじめに

　イギリスの高等教育は制度的に一元化が実現された。本章の目的は、その一元化が一元化後の大学群にどのような変化をもたらしたかを解明することである。そのためにまず一元化以前の大学分類を解説した後、一元化後の新たな大学分類を試み、さらにそれら新大学分類により従来の大学分類では見られなかった大学群の特性と構造を可視化させることを試みる。

　従来のイギリスの大学の類型化は、一元化以前の古い大学分類、すなわち、伝統的大学、旧市民大学、新市民大学、新構想大学、工科大学の5分類 (あるいは、ロンドン大学群を含む6分類) (Perkin 1969)、さらに1992年以降の新大学を加えた6分類が一般的である。しかし、従来の6分類は1992年以前の旧大学の属性をもとにしての分類で、1992年以降に大学に昇格した「新大学」の属性が充分に示されていないと考えられる。また、新大学の参入によりイギリス高等教育の機能や構造が多様化したと考えられ、従来の6分類が一元化以降の大学分類に適しているかどうかは国内外において未だ実証されていない。そこで本章では、歴史的、文化的設立経緯を基本とした属性に基づいての従来の大学分類を新大学を含めて再度検討した上で、新たなイギリスの大学分類を試みる。

　最初に、古くは新堀 (1965) が試み、また、天野 (1986, 2003) が大きく影響を与え、カミングス (1972) やカーネギー高等教育審議会、そして近年では有本・江原 (1996)、小林 (2002)、吉田 (2002)、島 (2006) が発展させた日本の大学分類を参考にしながら、イギリスの大学の類型化を行う。他に近年では、2009年に公刊された文部科学省科学技術政策研究所の平成20年度科

学技術振興調整費調査研究報告書 (NISTEP, Report No.122)『日本の大学に関するシステム分析－日英の大学の研究活動の定量的比較分析 (研究時間と研究支援を中心に分析) と研究環境の分析』の中で、自然科学系の論文数によりイギリスの研究大学4組の大学のグループ化が示された。しかし、この4組の大学のグループ化は自然科学系の論文数にのみ依拠した特殊ともいえるグループ化であり、汎用性に乏しい。他に、ロックとベニオンは、研究大学 (ラッセル・グループ) とそれら以外の1992年以前からの大学 (pre-1992 universities)、1992年以降の大学 (post-1992 universities)、2004年以降の大学 (post-2004 universities)、そして高等教育カレッジの5分類を提示した (Locke and Bennion 2009)。しかしまた、この分類法は大学の特徴を捉えたものではなく、大学の設立年による分類にすぎない。

そこで、1992年以降の新大学を含む新たな大学分類のために、イングランド高等教育財政審議会 (HEFCE) による全高等教育機関の量的調査 (HEFCE 1999)、タイムズ紙の大学案内、アメリカ・ヴァージン社の大学案内である (The Virgin Alternative Guide to British Universities) やガーディアン紙の大学案内 (The Guardian University Guide) 等による量的調査、および、高等教育統計局 (HESA) が公表する各高等教育機関の項目別調査項目 (財政、各高等教育機関のフルタイム学生数や教員数等)、他に学生からの満足度は2008年度の全国学生調査 (NSS) の調査結果を活用しながら、これらを基に個別大学を詳細に検討した。

基本的には天野 (1986, 2003) による大学分類を土台としている。天野が行った大学に関する各種統計資料を収集分析し、大学を複数軸で分類する方法による①入学定員構成比を指標とした、大学院型、大学型、短大型、②学部編制形態と入学定員の学部別構成比を指標とした、人文系型、社会系型、自然系型、医療系型、③入学定員の規模による、小規模型・中規模型・大規模型・マンモス型、④入学者の出身地域別構成比を指標とする、ナショナル型、ブロック型、ローカル型のこれら四つの指標に着目し、上記①から④の指標をイギリスの大学分類に適用した。また、イギリス独自の分類が必要となった場合には、筆者独自の類型化を行った。例えば、イギリスの大学は、①に関しては、全ての大学はどれだけ小規模な大学でも、また、教育系大学

においても博士課程を有しているため、尺度としては利用できない。②に関しても、医・歯・薬系を持たない大学はあるものの、全大学がa. 人文系、b. 社会系、c. 自然系の三系を有しているため、イギリスの全大学は総合大学と考えられる。④に関しても、四つの地域である北アイルランド、スコットランド、イングランド、ウェールズに分けるには、イングランド以外の地域での大学数が少ないため、また各地域の学生への補助金政策が異なるため、それら四地域は分けずに連合王国に存在し、HEFCEが補助金を分配している全大学を対象とした[1]。

2. 新たな大学分類

以下にイギリスの新たな大学分類の指標を示す。分類のための指標は、以下のA)からM)の項目が考えられる。A)からI)までは研究大学を選別する際の、また、質の指標であり、J)からM)までは多様性を示す際の指標となる。

総合大学I、II、自然科学系、人文社会科学系、教育系大学、准学士号授与大学、教員養成大学とは、下記のことを意味する。

- ●総合大学I：　医学部在、三系統以上の学系
- ●総合大学II：　医学部無、三系統以上の学系
    - ○自然科学系：自然科学諸学科を専攻する学生数の各大学当たりの平均値が40%台であるため、50%以上とする。
    - ○人文社会科学系：人文社会科学諸学科を専攻する学生数の各大学当たりの平均値が40%台であるため、50%以上とする。
- ●教育系大学：　研究よりも教育に重点を置く大学（指標A)からI)の%が低い大学）
- ●教員養成大学：　教育カレッジであった高等教育機関が単独で大学に昇格した大学
- ●准学士号授与大学：　准学位を授与する大学

A) HEFCEや研究審議会（RCs）や研究契約からの補助金比率：各大学が研究大学かどうかの判断に関しては以下の点をもとにする。研究評価（RAE）による研究費補助金の配分は実働研究者数に比例するため、研究機能の強さ、教員の質の高さと同時に研究者の養成機能の強弱も見分ける指標となる。そこで、HEFCEからの補助金額とRCsからの補助金額の合計を、各大学の総収入の何パーセントに相当するかを計算し、その割合が60％以上の大学を研究大学とみなす（23大学）。その中にはリーグ・テーブルの下位にある大学も7大学が含まれている。例えば、カンブリアやマンチェスター・メトロポリタンである。しかし、これら下位の7大学は、教育費補助金や大学の総収入額が少ないため、割合が高率になっているにすぎない。

　そこで、HEFCEからの補助金とRCsや研究契約からの資金との間に相関関係が存在するかどうかについて調べる。RCsや研究契約はHEFCEによる研究評価結果と密接に関係しており、HEFCEからの補助金額が高額になれば、RCsや研究契約からの資金も増額すると考えられるからである。

　各大学のHEFCEの補助金およびRCs・研究契約の総額を偏差値に変換し、それら偏差値の相関関係を示した図が**図8-1**である。図からわかることは、HEFCEの偏差値がおおよそ35の大学群、つまり、HEFCEからの補助金額総額が約600万ポンドまでに位置する大学では分散は大きいが、調整済み決定係数が高く（決定係数の値は0.738）、HEFCEからの補助金額とRCsや研究契約からの資金との間に相関関係が見られたという点である（y=0.86x）。つまり、研究大学はHEFCEからの補助金額が高額になれば、RCsや研究契約からの資金も増額することから、「研究大学」としての選択の指標となる。しかし、総合大学でも教育系大学や教員養成大学と分類される大学群、また、新大学が大半を占める准学士号授与大学は、研究評価やその評価結果と結びついたHEFCEからの補助金やRCsからの補助金の合計額の間に関連性が見受けられず、総じて、RCsや研究契約からの資金は少額である。

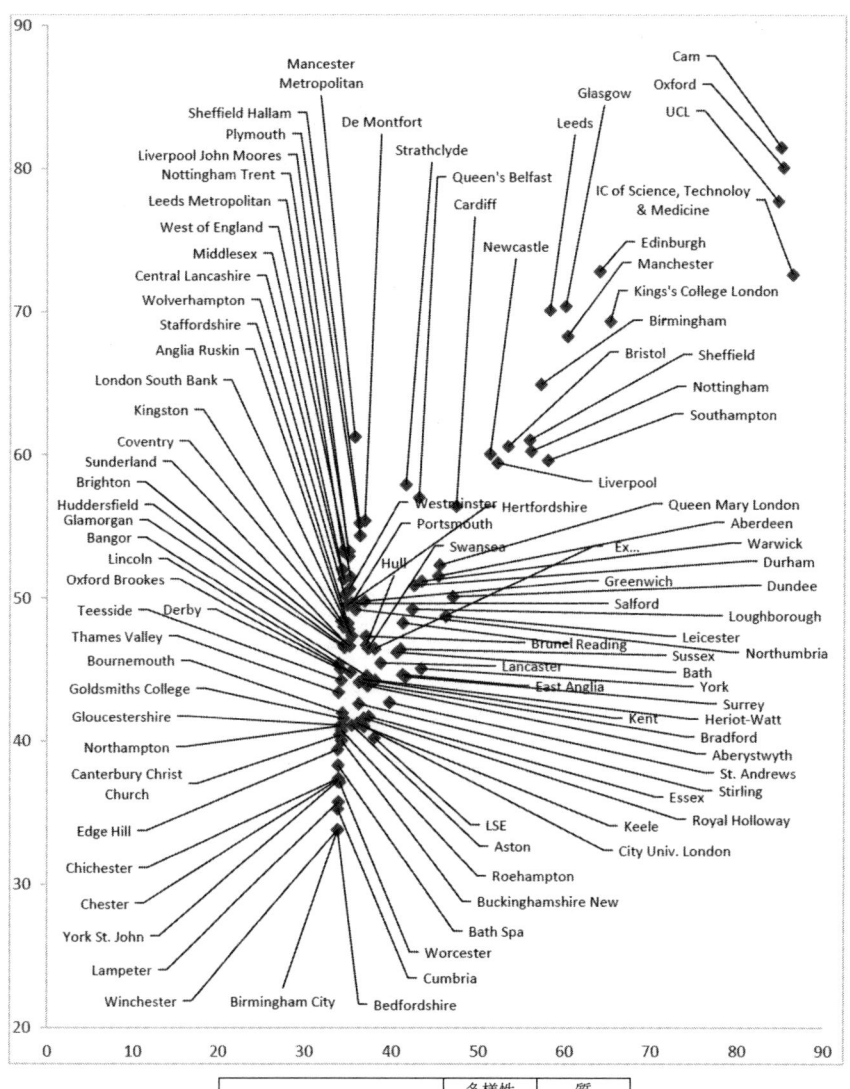

第8章　対位線の転位による質的転換　291

	多様性	質
HEFCE. Pearson の相関係数 偏差値　N	1.000 99	
RC 契約. Pearson の相関係数 偏差値　N	0.860** 99	1.000 99

** 相関係数は1%水準で有意(両側)。

図8-1　HEFCE の各大学への補助金の偏差値と RCs および契約金の偏差値との相関関係

出典：筆者作成。

B) 研究評価（RAE）：RAE の評価が高い大学を順に、研究大学、准研究大学 A、准研究大学 B とする。
　（ア）　研究大学：研究の質（Research Quality：RQ）2.5 以上、上位10％の大学（11大学）
　（イ）　准研究大学 A：RQ2.0 以上2.4以下、上位10％から20％の大学（18大学）
　（ウ）　准研究大学 B：RQ1.5 以上1.9以下（14大学）

C) 博士課程学生の比率：カーネギー高等教育審議会によるアメリカの大学の類型化によると、学位授与大学は、研究大学と大学院大学とに分類されている。また、博士課程を持たない大学は、さらに総合大学と教養カレッジに分類され、その他、短期大学、専門大学、非伝統型大学に分類されている。イギリスの大学は、第1学位を教授する学士課程中心の教育体系を維持してきた。そのため博士課程は周縁部に置かれてきた過去からの経緯があり、博士課程の存在が即研究機能の強さを示すものとは考えにくい。また、イギリスの大学の場合、ほとんどの大学が博士課程を有する。しかしながら、全大学の博士課程学生の全学生に占める割合の平均値が17％であるため、比率20％が研究型と非研究型大学の分水嶺となる。そこで、博士課程学生が20％以上在学し、かつ准学士号授与大学ではないものを研究大学とする（26大学）。
　・30％以上の大学：オックス・ブリッジ、インペリアル・カレッジ、UCL、LSE（最大博士課程学生数45.1％）、バース
　・20％以上の大学：ダーラム、エクセター、ブリストル、ヨーク、キングズ・カレッジ、エジンバラ、レスター、サザンプトン、シェフィールド、ノッティンガム、バーミンガム、ランカスター、マンチェスター、リーズ、アバディーン、サリー、ストラスクライド、ゴールドスミス、ランピーター、ウェストミンスター

D) 同時に研究大学としての分類は、C) よりも B) の RQ を優先する。RQ が低い大学は、博士課程学生が多くとも研究評価が低いことから研究大学とみなさない。

E) 学生の質：学生の質は、21歳未満の新入生の① GCE・AS/ASVCE、② GCE・ASレベルのダブル取得、③ GCE・Aレベル/AVCE3、いずれかの合計ポイントによって示される。例えば、AレベルのAを3科目取得すれば、120ポイント×3で360ポイントになる。リーグ・テーブル（ランキング）のトップ30大学は入学基準の最低基準を360ポイントとしている。113大学の平均値は319ポイントである。

F) ラッセル・グループ（1992年以降の研究大学グループ群）[2]：全大学の中で研究大学としての地位を確立している大学群による本グループも、研究大学を選択する指標となる。大学間でのピア・レビューによる審査結果によりグループへの入会の可否が決まるため、同じグループ間で一定の教育・研究水準を保つことになるからである。ラッセル・グループ所属の大学はすべて、総合大学ⅠおよびⅡの研究大学と准研究大学に分類される。

G) 上級学位（第1級優等学位および第2級上級優等学位）取得率の平均値が62.4%であるので、75%以上の大学を研究大学とする。

H) 就職率（平均値：69.2%）

I) 卒業率（平均値：84.9%）

 入学定員：入学定員数は、HEFCEにより規定されているため指標には入れなかった。また、SSRも今回は指標に入れていない（平均が16.7人で、最高は25.2人のロンドン・サウスバンク、最低は8.9人のUCLである）。

J) 労働者階層からの進学者数の割合：　従来、階層社会であるイギリスにおいては労働者階層からの大学進学者数は極めて低く、多様性を考える上で重要な指標となる。労働者階層からの進学者が全体に占める割合の平均値が30.9%であるため、労働者階層からの進学者を受け入れる多様性のある大学の進学者数の割合を、40%以上とする。

K) 公立中等学校からの進学者が全体に占める割合（平均値：88.5%）

L) 海外留学生からの進学者が全体に占める割合（平均値：10.9%）

M) 成人学生の全体に占める割合（平均値：24.1%）

 ここで分類のための指標A)からM)を組み合わせて分類すると、

表8-1　1992年の一元化以降の大学の特質を焦点化した大学分類

その他の分類法	
工学系大学(15％以上)	IC、ラフバラ、サリー、ヘリオット・ワット、CU、ブラッドフォード
ビジネス系大学(20％以上)	オックスフォード、LSE、グラスゴー、レディング、サリー、オックスフォード・ブルックス、ボーンマス、ノーサンブリア、グロスターシャー、ブライトン、リーズ・メトロポリタン、ミドルセックス、グリニッジ、テムズ・バリー、バッキンガムシャー・ニュー、ロンドン・サウスバンク
社会科学重点大学	LSE、ランピーター
小規模大学（総学生数が5,000人以下）（　）内は学生総数	ランピーター(1475)、チチェスター(3355)、ウィンチェスター(3715)、ヨーク・セント・ジョン・カレッジ(4450)、ウースター(4720)
総学生数が5,000人以上10,000人未満（　）内は学生総数	バス・スパ(5015)、バッキンガムシャー・ニュー(5140)、ゴールドスミス(5950)、グロスターシャー(6110)、カンブリア(6450)、ヘリオット・ワット(6595)、アバリス(6795)、ローハンプトン(6905)、セント・アンドリューズ(7045)、エッジ・ヒル(7130)、キール(7135)、ノーサンプトン(7465)、ロイヤル・ホロウェー(7495)、スターリング(7715)、バンガー(8025)、サンダーランド(8125)、チェスター(8145)、アストン(8435)、LSE(8550)、カンタベリー・クライストチャーチ(8580)、リンカン(8720)、テムズ・バリー(8890)、ベドフォードシャー(9090)、エセックス(9230)、スタフォードシャー(9310)、ブラッドフォード(9475)、サセックス(9680)、ティーサイド(9700)、ランカスター(9775)、ダンディー(9880)、ダービー(9920)
労働者階層からの進学を支える大学（45％以上）（　）内は進学率（％）	ブラッドフォード(49.0)、ティーサイド(48.6)、サンダーランド(48.0)、ミドルセックス(47.5)、グリニッジ(46.1)、ウルヴァーハンプトン(51.6)

出典：筆者作成。

　1992年の一元化以降の全大学は以下の10の類型化が可能となる。
　他に、6つの特質を中心に大学を分類すると表8-1になる。
1)＜I・研究大学＞
　　a) 総合大学I・自然科学系・研究大学、b) 総合大学I・人文社会科学系・研究大学
2)＜II・研究大学＞
　　c) 総合大学II・自然科学系・研究大学、d) 総合大学II・人文社会科学系・研究大学
3)＜I・准研究大学A＞
　　e) 総合大学I・自然科学系・准研究大学A、f) 総合大学I・人文社会科学系・准研究大学A

4）＜II・准研究大学A＞
　　g) 総合大学II・自然科学系・准研究大学A, h) 総合大学II・人文社会科学系・准研究大学A
5）＜I・准研究大学B＞
　　i) 総合大学I・自然科学系・准研究大学B、j) 総合大学I・人文社会科学系・准研究大学B
6）＜II・准研究大学B＞
　　k) 総合大学II・自然科学系・准研究大学B、l) 総合大学II・人文社会科学系・准研究大学B
7）＜I・教育系大学＞
　　m) 総合大学I・自然科学系・教育系大学、n) 総合大学I・人文社会科学系・教育系大学、
8）＜II・教育系大学＞
　　o) 総合大学II・自然科学系・教育系大学、p) 総合大学II・人文社会科学系・教育系大学
9）＜教員養成大学＞
　　q) 教員養成大学（リーズ・メトロポリタンおよびウィンチェスター）
10）＜准学士号授与大学＞
　　r) 准学士号授与大学

（**表8-2**参照）

3．学生の多様性と質の実証的分析

　本節では前節で明らかになった10分類された大学群を、学生の「多様性と質」の側面からさらにグループ化し直す。この切り口から分析を試みることで、一元化により政府が高等教育政策として求めた多様化が各大学で進展したかどうかが明確になると共に、旧大学が維持しようと試みた学生の質に現れる教育の質と学生の多様性に対応した大学の多様化の実態が浮き彫りになるものと考えられるからである。

表8-2 新たな大学分類

分類型	大学名
a) 総合大学I・自然科学系・研究大学	UCL（ロンドン大学）、インペリアル・カレッジ（ロンドン大学）、ブリストル（旧市民）
b) 総合大学I・人文社会科学系・研究大学	オックスフォード、ケンブリッジ、エグゼター（新市民）、ヨーク（新構想）
c) 総合大学II・自然科学系・研究大学	無
d) 総合大学II・人文社会科学系・研究大学	セント・アンドリューズ（伝統的）、LSE（ロンドン大学）、ダーラム（スコットランド）、エディンバラ（伝統的）
e) 総合大学I・自然科学系・准研究大学A	キングズ・カレッジ（ロンドン大学）、サザンプトン（新市民）、ノッティンガム（新市民）、クイーン・メリー（ロンドン大学）
f) 総合大学I・人文社会科学系・准研究大学A	シェフィールド（旧市民）、ニューカッスル（新市民）、バーミンガム（旧市民）、マンチェスター（旧市民）、リーズ（旧市民）、サセックス（新構想）、レスター（新市民）
g) 総合大学II・自然科学系・准研究大学A	バース（CAT）
h) 総合大学II・人文社会科学系・准研究大学A	ウォリック（新構想）、ラフバラ（CAT）、グラスゴー（スコットランド）、ランカスター（新構想）、ロイヤル・ホロウェイー（ロンドン大学）、レディング（旧市民）、ゴールドスミス（ロンドン大学）
i) 総合大学I・自然科学系・准研究大学B	無
j) 総合大学I・人文社会科学系・准研究大学B	カーディフ（ウェールズ大学）、イースト・アングリア（新構想）、リヴァプール（旧市民）
k) 総合大学II・自然科学系・准研究大学B	サリー（CAT）、ヘリオット・ワット（CAT）、ブルネル（CAT）
l) 総合大学II・人文社会科学系・准研究大学B	クイーンズ・ベルファスト（北アイルランド）、アバディーン（スコットランド）、ストラスクライド（スコットランド）、ダンディー（スコットランド）、エセックス（新構想）、アバリス（ウェールズ連合大学）、スワンジー（ウェールズ連合大学）、バンガー（ウェールズ連合大学）
m) 総合大学I・自然科学系・教育系大学	無
n) 総合大学I・人文社会科学系・教育系大学	キール（新構想）、ハル（新市民）、プリマス（ポ）、ブライトン（ポ）、グリニッジ（ポ）
o) 総合大学II・自然科学系・教育系大学	アストン（CAT）、ティーサイド（ポ）、CU（CAT）、ブラッドフォード（CAT）
p) 総合大学II・人文社会科学系・教育系大学	ケント（新構想）、サルフォード（CAT）、チチェスター（UC）、コベントリー（ポ）、ベッドフォードシャー（ポ）、バス・スパ（UC）、バーミンガム・シティー（ポ）、ランピーター（ウェールズ大学）、ヨーク・セント・ジョン（UC）、ウースター（ポ）、カンブリア（ポ）、マンチェスター・メトロポリタン（ポ）、チェスター（ポ）、ローハンプトン（サリー連合大学）、ノーサンプトン（ポ）、リバプール・ジョンモア（ポ）、ウェストミンスター（ポ）、ウルバーハンプトン（ポ）、ダービー（ポ）、テムズ・バリー（ポ）
q) 教員養成大学	ウィンチェスター（ポ）、エッジ・ヒル（ポ）、リーズ・メトロポリタン（ポ）
r) 准学士号授与大学	その他の新大学

註：（ポ）ポリテクニク、（UC）はユニヴァーシティー・カレッジの略。
出典：筆者作成。

一元化後には「サットン13」を筆頭とする大学によるグループ化が進んだが、本章で論ずる大学分類はそれらのグループ枠には限定されない。

1 学生の多様性と質

①多様性の変数作成

イギリスの大学99校について、多様性を示すと考えられる次の五つの変数を使用した。学科数（巻末資料3の各大学の学科教を利用）、全学生に占める成人学生の割合M）、全学生に占める海外留学生の割合L）、全学生に占める労働者階層からの進学者の割合J）、全学生に占める公立中等学校からの進学者の割合K）である。これらの変数を選択した理由は、これらの指標がエリート教育では考慮されてこなかったものであり、大学の多様性を表す指標であると考えられるからである。

この五つの変数には、実数と比率が混在すること、変数間で平均値に大きな違いがあることから、変数を標準化し、多様性として一つの変数に転換するため、（1）式により各変数を偏差値化し平均値をとった。

D：多様性，i：個々の大学，K：変数の数，d_{ki}：個々の変数，μ_{dk}：標本平均，σ_{dk}：標本標準誤差

($\forall i = 1.2.3\cdots n$)

$$D_i = \frac{\sum_{K=1}^{K}\left[\frac{10(d_{ki} - \mu_{dk})}{\sigma_{dk}} + 50\right]}{K} \quad \cdots\cdots\cdots\cdots (1)$$

②質の変数作成

次に質を示すと考えられる次の六つの変数を使用した。質の変数は、GCE・Aレベルでの得点E）、卒業率I）、就職率H）、上級学位取得率G）、研究評価B）、各大学の総収入に占めるHEFCEとRCsからの補助金の割合である。これらの変数を選択した理由は、エリート教育において質の高低を表す指標であるからである。

多様性の変数作成と同様の方法で（2）式により質を一つの変数に転換する。

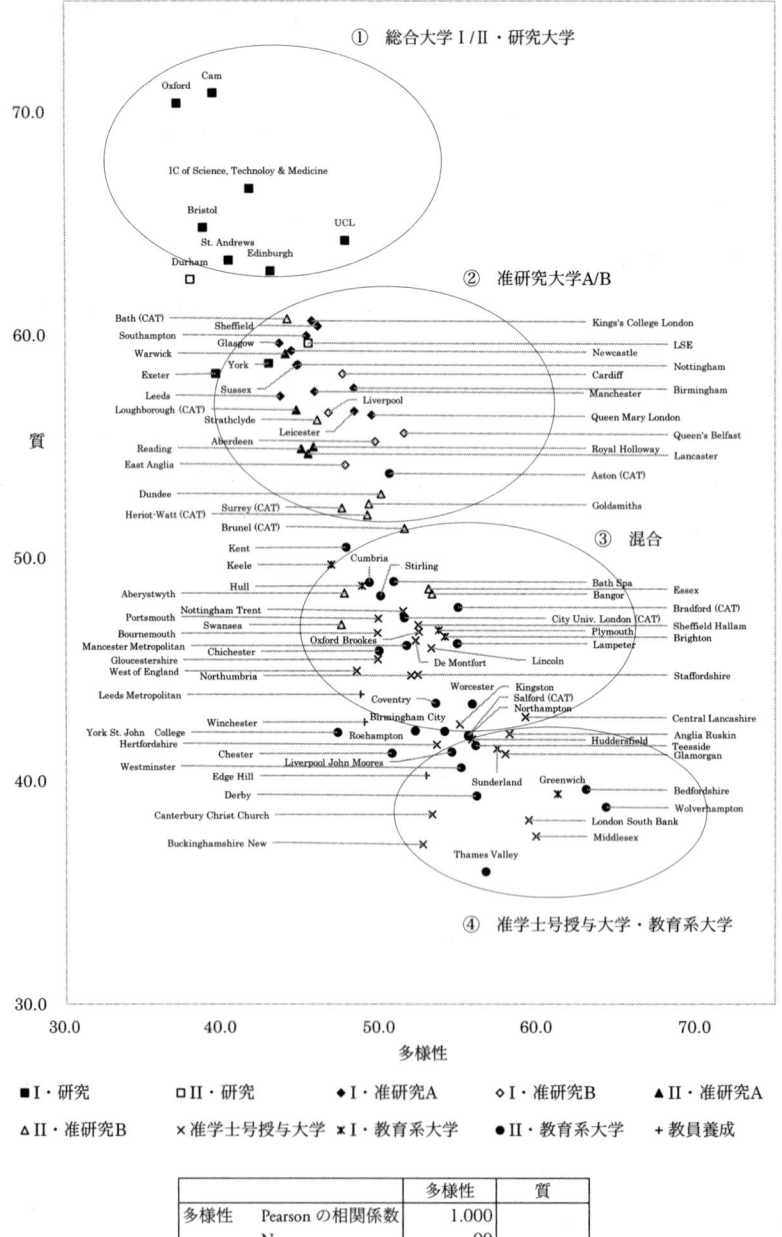

① 総合大学Ⅰ/Ⅱ・研究大学
② 准研究大学A/B
③ 混合
④ 准学士号授与大学・教育系大学

■ Ⅰ・研究　　□ Ⅱ・研究　　◆ Ⅰ・准研究A　　◇ Ⅰ・准研究B　　▲ Ⅱ・准研究A
△ Ⅱ・准研究B　　× 准学士号授与大学　　✕ Ⅰ・教育系大学　　● Ⅱ・教育系大学　　＋ 教員養成

		多様性	質
多様性	Pearsonの相関係数	1.000	
	N	99	
質	Pearsonの相関係数	0.866**	1.000
	N	99	99

** 相関係数は1％水準で有意（両側）。

図8-2　1992年以降の全大学における多様性と質
出典：筆者作成。

Q：質，i：個々の大学，K：変数の数，q_{ki}：個々の変数，μ_{qk}：標本平均，σ_{qk}：標本標準誤差
($\forall i = 1.2.3\cdots n$)

$$Q_i = \frac{\sum_{K=1}^{K}\left[\frac{10(q_{ki} - \mu_{qk})}{\sigma_{qk}} + 50\right]}{K} \quad \cdots\cdots\cdots (2)$$

③多様性と質の関係性の分析

　多様性と質の関係性を分析するため相関関係を調べた。その結果、多様性と質の間には負の相関関係が見られた。多様性と質の相関係数は－0.866で、強い相関がみられる（N=99）。また、この相関係数の有意確率は0.000であり、1％水準で有意に相関があるといえる。多様性と質の負の相関関係を視覚化するため、散布図にした結果は、**図8－2**において示される。縦軸が質、横軸が多様性で、それぞれ偏差値50を原点とした4象限グラフとしている。

　全大学の散布図の結果は、最上位に位置する研究大学から准研究大学、教育系大学、准学士号授与大学に至るまで y＝－0.866x の回帰線上に並ぶ結果となった。

　研究大学は、ⅠおよびⅡ共に多様性は少なく、質は高いところに集中している。Ⅰ・准研究大学ＡおよびＢと、Ⅱ・准研究大学Ａは、多様性を増しつつも研究大学とほぼ類似しており、質は高いが多様性は少ない。Ⅱ・准研究大学Ｂになると、研究大学Ⅰ、Ⅱ、Ⅰ・准研究大学ＡおよびＢ、Ⅱ・准研究大学Ａと比較すると格段に多様性が増加する大学が増える。エセックスは1960年代に創設された新構想大学であるが、准学士号授与大学のバンガーと同じく、多様性も質も低下している。バースとストラスクライドは、Ⅰ・准研究大学ＡおよびＢと、Ⅱ・准研究大学Ａに近似している。教育系大学や准学士号授与大学では、質が低下し、多様性が急増する。その中では、アストンは質が高く、ヨーク・セント・ジョンは多様性が増している。大半の教育系大学や准学士号授与大学は質と多様性において同型の分布となっている。

2 新たな大学分類の最終モデル

　1992年以降の全大学は10大学群に分類でき、これら10大学群を学生の質と多様性の分析結果を基に総合すると、図8-2のようにさらに四つの大学群にまとめられることがわかった。

　四つの大学群とは以下の通りである。

第1グループ　　総合大学Ⅰ／Ⅱ・研究大学
第2グループ　　准研究大学A／B
第3グループ　　混合（第2グループ大学の一部＋第4グループ大学の一部）
第4グループ　　准学士号授与大学・教育系大学

　第1グループは、すべてⅠ・研究大学とⅡ・研究大学から成り立つ。その中でもラッセル・グループのヨーク、LSE、バーミンガム、カーディフ、グラスゴー、キングズ・カレッジ、リーズ、リヴァプール、マンチェスター、ニューカッスル、ノッティンガム、クイーンズ・ベルファスト、シェフィールド、サザンプトン、ウォリックの14大学が第1グループから洩れ、第2グループに入っていることは、結語でも論ずるように研究大学内でも一元化後質的転換が生じていることの証左ともなる。

　第2グループには、Ⅰ・研究大学のエグゼター以外にⅠ・研究大学のヨーク、Ⅱ・研究大学のLSEが入っている。また、新大学のアストンが第2グループに入っている。

　第3グループでは、教育系大学や准学士号授与大学の中に准研究大学が4校（スワンジー、アバリス、バンガー、エセックス）入ってきている。

　第4グループは、すべて教育系大学（旧ポリテクニク）と准学士号授与大学（旧ポリテクニク）で占められている。

　1960年代にクロスランドが公けに明言した二元構造の主旨とは、大学と准大学高等教育機関をまったく異なるセクターの中で同格の機関として機能させることであり、1992年の一元化の本来的目的は旧大学と新大学の同じセクター内での同格化であった。確かに、一元化は四類型の大学群を産み出

したのではあるが、四大学群の中での移動が散見できることから推測され得ることは、確実に大学群の中での同格化が働いているということである。同格化の方向に進んでいるからこそ、移動が可能となったと考えられるからである。そしてこのことは結語で述べるように、「一元化のダイナミクス」を導くものでもある。

4. 学生の多様性と質が大学に与える影響

本節では、最上位に位置する研究大学から准研究大学、教育系大学、准学士号授与大学に至るまで y=−0.866x と一直線に並ぶ結果となった全大学（図8-2）の多様性の変数（学科数、成人学生の割合、海外留学生の割合、労働者階層からの進学者の割合、公立中等学校からの進学者の割合）と質の変数（GCE・A レベルの得点、卒業率、就職率、上級学位取得率、研究評価の点数、研究評価結果に基づき配分された公的補助金）を一つずつ検証していくことで、どの変数が最も大学の多様性と質に影響を与えたのかを3大学、オックスフォード（最上位）大学、バス・スパ（中位）大学、ミドルセックス（最下位）大学を例に挙げ分析を加える。

1　多様性と質の重回帰分析

①多様性を被説明変数とした重回帰分析

多様性の五つの変数を用いて、多様性を表す一つの変数を (1) 式を利用し作成した。説明変数の質を表す変数は、同じく六つの変数（GCE・A、卒業率、就職率、上級学位取得率、研究評価、財源）を偏差値化し分析した。

表8-3は分析に利用した変数の記述統計量である。

重回帰分析は、次のような結果となった。モデル式の当てはまりは調整済み R^2 値が0.818と良好であるが、「就職率」「上級学位」「研究評価」「財源」の変数が5％水準で有意とならなかった。

質を表す六つの変数のうち、多様性に影響力のある変数は、GCE・Aと卒

表8-3 変数の記述統計量

	GCE・A	卒業率	就職率	上級学位	研究評価	財源
平均	50	50	50	50	50	50
中央値	46.38769	50.18793	49.80734	49.21931	49.82667	48.67712
最頻値	59.0393	48.78617	60.68986	48.7668	43.20849	39.09429
分散	100	100	100	100	100	100
最小	33.13361	22.91721	28.62737	33.92446	17.11395	38.02953
最大	76.51058	68.02859	75.08288	76.0079	73.58909	76.36084
標本数	99	99	99	99	96	99

モデル集計

モデル	R	R^2	調整済み R^2	推定値の標準誤差
1	0.911[a]	0.829	0.818	2.292

係数[a]

モデル		非標準化係数		標準化係数	t	有意確率
		B	標準誤差	ベータ		
1	(定数)	76.141	1.681		45.301	0.000
	GCE・A	-0.305	0.093	-0.568	-3.282	0.001
	卒業率	-0.209	0.040	-0.389	-5.267	0.000
	就職率	0.066	0.041	0.124	1.613	0.110
	上級学位	-0.120	0.062	-0.224	-1.928	0.057
	就職率	-0.034	0.025	-0.062	-1.342	0.183
	上級学位	0.077	0.068	0.144	1.148	0.254

業率であり、GCE・Aは卒業率の1.39倍の影響力がある。すなわち大学の質は、入学時の学生の質で決まるということになる。

②質を被説明変数とした重回帰分析

　質の変数を用いて、質を表す一つの変数を作成した。変数の作成は(2)式に従った。説明変数の多様性を表す変数は、五つの変数(学科数、成人学生割合、海外留学生割合、労働者階層割合、公立中等学校からの進学者の割合)を偏差値化し分析した。

　表8-4は分析に利用した変数の記述統計量である。

　重回帰分析は、次のような結果となった。モデル式の当てはまりは調整済

表8-4 変数の記述統計量

学科数	学科数	成人学生	海外留学生	労働者階層	公立からの進学者
平均	50	50	50	50	50
中央値	47.52993	49.68681	47.65501	51.15059	53.67016
最頻値	47.52993	57.98095	47.3684	54.97165	58.60645
分散	100	100	100	100	100
最小	20.85319	33.4861	35.61741	28.22425	18.67539
最大	83.09892	78.98761	105.2635	71.39187	59.31164
標本数	99	99	99	99	99

モデル集計

モデル	R	R^2	調整済み R^2	推定値の標準誤差
1	0.943	0.890	0.883	2.824

係数[a]

モデル	非標準化係数 B	標準誤差	標準化係数 ベータ	t	有意確率
1 (定数)	95.267	4.345		21.924	0.000
学科数	-0.030	0.036	-0.036	-0.824	0.412
成人学生	-0.241	0.049	-0.294	-4.967	0.000
海外留学生	-0.031	0.042	-0.037	-0.740	0.461
労働者階層	-0.288	0.062	-0.359	-4.632	0.000
公立中等学校からの進学者の割合	-0.310	0.058	-0.384	-5.326	0.000

み R^2 乗値が0.833と良好であるが、「学科数」「海外留学生」の変数が5％水準で有意とならなかった。

　多様性を表す五つの変数のうち、質に影響力のある変数は、労働者階層、公立中学校からの進学者の割合、成人学生であり、最も影響力の高い変数は、公立中学校からの進学者の割合である。

2　多様性と質の大学間比較

　ここでは最も特徴的な大学3大学、つまり図8-2において最上位に位置する第1グループのオックスフォード大学、中央に位置する第3グループのバス・スパ大学、そして最下位に位置する第4グループのミドルセックス大学

を選び出し、どの変数が大学の多様性と質に大きな影響を与えたのかを分析する。影響を与えた因子が特定されれば、各大学は自大学の掲げる目標に対して補強すべき領域がどこであるのかが判明し、その領域に焦点を合わせて改善策を講じることが可能となる。

表8-5　各大学の回帰線からの標準化残差

多様性	低	中	高
大学名	オックスフォード	バス・スパ	ミドルセックス
回帰線からの標準化残差	−0.389	0.070	0.985

表8-6　「最上位」「中央」「最下位」の大学の抽出基準

	最上位	中央	最下位
基準	多様性の偏差値が最も低いグループ（38〜39）中で、質の偏差値が最も高く、かつ標準化残差が最も小さい大学	多様性と質の偏差値が50に最も近く、かつ標準化残差が最も小さい大学	多様性の偏差値が最も高いグループ（59〜64）中で質の偏差値が最も低く、かつ標準化残差が最も小さい大学

※標準化残差＝（y+78.765-0.866x）/2.764
　x＝多様性、y＝質

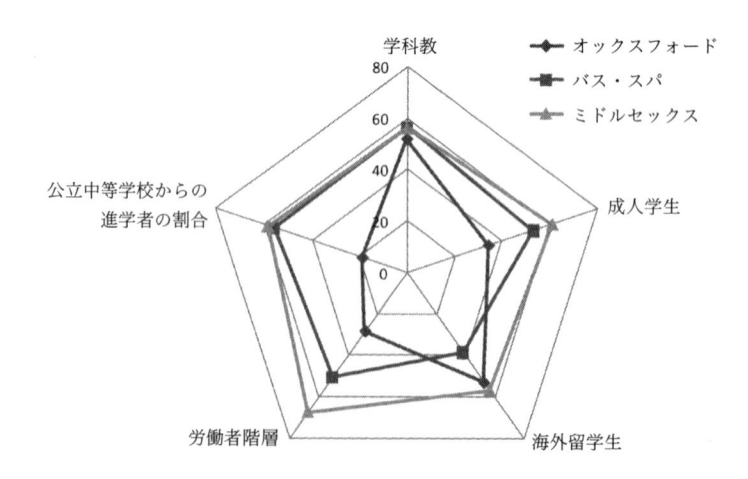

図8-3　特徴的3大学の多様性の比較
註：図の0から80の数値は偏差値である。
出典：筆者作成。

①多様性の比較

　まず、3大学について数値を処理して得られた結果を図8-3に示す。この図からわかることは、ミドルセックスは、公立中等学校からの大学進学者の割合、労働者階層からの大学進学者の割合、海外留学生、成人学生の割合の偏差値のどれを取っても他の2大学より高く、すべての変数においてバランスがとれていることである。つまり、ミドルセックスは政府の政策意図に則り、充分に高等教育機関の多様化に貢献しているといえる。

　一方オックスフォードは、海外留学生の割合は高いものの、公立中等学校からの進学者の割合、労働者階層からの進学者の割合、成人学生の割合は低い。とくに公立中等学校からの進学者の割合の偏差値は20を割っている。

②質の比較

　次に質に関する比較では、ミドルセックスは他の2大学と比べ、ほとんどの指標において偏差値が低いがバス・スパと比べると卒業率の偏差値が24.3と低いものの、就職率の比率はバス・スパよりも高い（図8-4）。また、学生

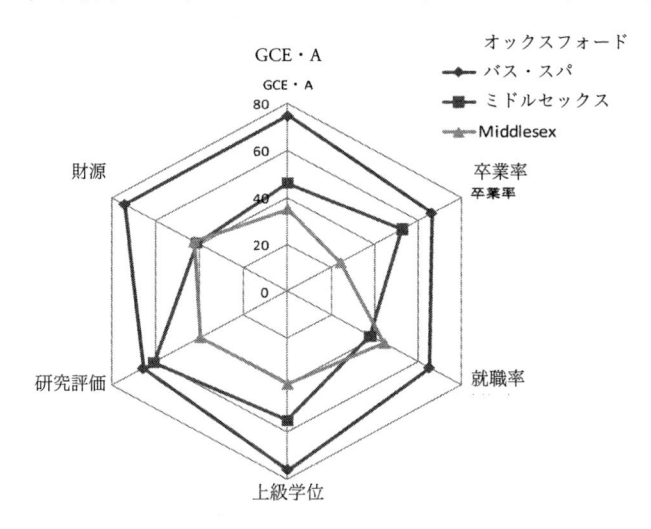

図8-4　特徴的3大学の質の比較

註：図の0から80の数値は偏差値である。
出典：筆者作成。

の満足度はミドルセックスが70.0に比べ、バス・スパは77.0となり、バス・スパの学生の満足度が高くなっている (NSS)。

5. 学生は大学に何を望むのか

1　学生の多様性と質と学生の満足度

次に学生の観点から、満足度の高い大学について分析する。そのため、多様性と質と満足度の関係性を明らかにする相関分析を用いた。学生の満足度は全国学生調査 (NSS) が実施した学士課程の6項目についての満足度調査である。その6項目とは、授業、成績評価と学生へのフィードバック、学習支援、管理運営、学習資源、そして個人の成長である。大半の学生は他大学や他の課程を経験していないため絶対評価となるが、課程関連の設問に特化されている。

2　多様性・質と満足度の相関関係

多様性・質と満足度の相関関係を調べるため、相関係数をとったところ以下の結果となった。なお、満足度は％データであるため、多様性・質と基準を合わせ偏差値化している。

満足度と多様性の間には負の相関関係があることが見て取れる。次に、満足度、多様性、質を偏差値化した数値の相関係数を出す。

		満足度	多様性・偏	質・偏
満足度	Pearson の相関係数 N	1.000 99		
多様性・偏	Pearson の相関係数 N	-0.541** 99	1.000 99	
質・偏	Pearson の相関係数 N	0.563** 99	-0.866** 99	1.000 99

**　相関係数は1％水準で有意 (両側)。

以上の結果、満足度と多様性の間には中程度の負の相関があり、満足度と

質の間には中程度の正の相関があることがわかった。有意確率はいずれも0.000で1％水準となり、有意に相関関係があるといえる。このことが意味することとは、多様性が低い大学ほど学生の満足度が高く、質の低い大学ほど学生の満足度も低い、ということになる。この結果は大学による機能分化が確立していないことを示しているのではないか。つまり、機能分化が確立しているならば、多様化の進んだ大学の学生も満足度が高いはずであるからである。

6. 結　語 ──一元化のダイナミズム

　本章では、大学の機能を実証的に分析する中で大学の類型化を試み、古い大学分類では見られなかった大学群の特性と構造を可視化させた。それら分析結果が示すこととは、旧来の五分類に代わり、第１グループ（総合大学I/II・研究大学）、第２グループ（准研究大学A/B）、第３グループ（混合）、そして第４グループ（准学士号授与大学・教育系大学）の四類型の出現であった。すなわち、イギリス高等教育の一元化は、二元構造の代わりに四つに階層化された四大学群を産み出したことになる。

　第１グループでは質が高度に維持され、多様化はかなり低く、第２グループでは質も多様性もばらつきが見られる。第３グループでは質も多様性も中程度に維持され、第４グループでは質は低く、多様化が促進された状態である。また、第１グループから第４グループの間での大学の入れ替えも進んできている。第１グループからエグゼターやヨーク、LSEといった旧大学では上位にあった研究大学が滑り落ち、第２グループに入っていること、また同じ第２グループに新大学のアストン大学が含まれたこと、さらには、第３グループの中に准研究大学の４校（スワンジー、アバリス、バンガー、エセックス）が入っていることなどは新・旧両大学内で一元化後に質的転換が生じていることの証左となると考えられる。つまり、グループ間での棲み分けが進みつつ、質的転換も促進されてきていることが理解される。

　この状況をどのように解釈するのかというと、従来の旧大学内で起こった

准大学高等教育機関の大学への昇格による二元構造の一元化は、あくまでもエリート高等教育システム内での一元化であり、その中での質的変化は生じなかった。しかしポリテクニクの大学昇格により、上位のエリート教育機関と下位にある非エリート教育機関を明確に分けてきた境界線が消失し、ポリテクニクは新大学となり、旧大学と同じ上位層に組み込まれることになった。そしてそれに伴い、①政府予算の一元化、②政府による管理の一元化、③同一評価システムによる教育・研究の質の一元化、④大学に対する社会通念の一元化が生じ、その結果、対位線の転位（終章にて詳述する）による高等教育の質的転換が起こったのではないかと考えるのである。これはまた、一元化のダイナミクスであり、醍醐味ともいえる。一方で、今後各高等教育機関にとって最も重要な指標となるであろう学生の満足度に関しては、必ずしも多様化が学生から望まれた結果ではないことがわかった。つまり、四つの大学群において機能分化が起こっているものの、まだ完成段階ではないと考えられるのである。前節でも述べたように、機能分化が確立しているとするならば、多様化の進んだ大学の学生も満足度が高いはずであるからである。例えば、多様性の指標となる労働者階層、公立中学校からの進学者、成人学生に対して有効な教育ができていないことの表れであるとも考えられる。

　学生の満足度調査の結果は、質の維持を犠牲として多様性を尊重してきた大学、主に新大学への厳しい評価となった。しかしながら、有意義な成果の出ていない多様性ではあるが、現代社会が求める多様性とは、学生や大学の多様性ではなくそれらの多様性から生み出される付加価値の多様性であるとも考えられるのである。

　最後に、計量的分析は仮説抽出的にではなく仮説検証的に行われることが望ましく[3]、そのため本章の結果も計量的分析の結果に囚われず、大学分類の絶対的な根拠ではなく重要な根拠の一つとしたい。天野が述べるように、大学のような歴史や伝統、文化による被規定性の強い集団を分析対象にする場合、「結果の解釈の過程でどうしても数量化不能な、その意味で「質的」な変数や要因を組み入れていかざるを得ない」からである。また、2時点間のクロス分析に関しては、今後の研究課題とする。

註
1 統計や数式については、渡邉聡氏(広島大学)と田渡雅敏氏(もみじコンサルティング)にご助言を頂いた。
2 ラッセル・グループはイギリスの20の主要な研究大学連合である。第2章註24を参照のこと。
3 2011年9月9日の天野郁夫氏の本章に対する意見による。

終 章

1. 各章の論点

　まず、第Ⅰ部の論点をまとめる。

　第1章では、一元化以前の高等教育機関、5分類の大学と工科大学に昇格した上級工科カレッジ、そして准大学高等教育機関を代表するポリテクニクの設立の意義や使命をイギリスの高等教育史の中に位置づけて確認した。第1章で詳説したように、この5種類（ここでは私立大学であるバッキンガム大学は除く）に分けられた大学はオックス・ブリッジが原点であり、オックス・ブリッジの補完的役割を果たすために次々と順を追って開設されていった。新・旧市民大学も新構想大学も工科大学もそれぞれの設立目的は、オックス・ブリッジの補完的役割を果たすところから始まっている。

　第2章においては、20世紀末に中央政府によるイギリスの高等教育政策そのものの大幅な変更が行われ、管理運営の強化、組織改革、および財務改革が加速的に実施されていったことを明確にした。高等教育政策という観点からサッチャー政権を考えた場合、サッチャーが政権をとるまでは、高等教育政策を策定する委員会は超党派による委員たちで実施されていた。つまり、サッチャー政権によって初めて政権党による高等教育政策と呼べるものがイギリスに誕生したということになる。

　中央政府によるイギリスの高等教育政策そのものの大幅な改変が行われたが、サッチャー政権以降の教育改革は、自由と選択、公正、効率性、質という四つの観点から進展することになった。その中でもとくに高等教育の一元化は、新・旧両大学に大きな影響を与えることになった。

　第Ⅱ部では、第3章以降の各章を通じて、イギリス高等教育の一元化によ

りもたらされた影響および一元化に対する諸機関の対応を、多面的に検討した。そこで次に、第3章以降の各章の論点をまとめ、今後の課題を示す。

　序章の第3節で述べたように、一元化以前の大学とポリテクニクではミッションの違いが歴然として存在していた。このことが、①両高等教育機関に進学する学生の質の差（学生の質の差）や、②両高等教育機関で教授する学位や課程、制度面でも二元的構造をもたらした（学位、課程、制度の差）。また、③両者は異なる所轄庁に属しており、財源配分機関も区別され、その結果、配分額の差も存在していた（財源配分機関および配分額の差）。二元構造はそもそも、④「私（プライベート）」に属する大学と「公（パブリック）」に属するポリテクニクとの違いによってもたらされている。「私」的機関である大学においては大学自治が重んじられてきたのに対し、「公」的機関であるポリテクニクはLEAにより管理運営され、自治と呼べるものが存在しなかった（大学自治の差）。すなわち、一元化以前には大学とポリテクニクとの間に主要な相違点である四領域、①学生の質、②学位と制度、③大学の財務、④大学自治での相違点があった。

　第3章においては、四領域のうちの1点目である学生の質を取り上げながら、イギリスの高等教育制度を特徴づける四つの特質の変容を探った。四つの特質の(a)中等教育と大学の学士課程段階の課程編成が高度に専門分化していた状況は、総合制中等学校の導入や多種の入学様式により、従来の学習課程とは異質の教育課程を通して多様化された生徒が多数生み出される状況へと変化した。その結果、大学における学士課程段階の課程編成も多様化された。また、(b)の少数エリートの育成を目的としてきた高等教育システムは、高等教育機関ごとに機能分類が行われ、エリート育成のための研究大学と多様な学生のための大衆教育を実施する教育中心大学の棲み分けが進んでいる。しかし、(c)のアメリカの大学と比較して小規模であった学生数は一元化の結果とくに新大学において学生数が急増したが、その後も着実に増加している。また、(d)の大学教育の中心を学士課程教育の第1学位の取得に置いていた点は、現在も同じある。

　第4章においては、学位授与権の意味を、また学位や課程の多様化を確認

した。第１学位取得者数の急増や新大学入学者の入学資格の多様化は、確実に学生の質の多様化を引き起こしている。しかし、一元化後も旧大学のカリキュラム、就学形態、教授方法、選抜方法等は一元化以前と比べても変化が少なく、その結果、新大学は旧大学との棲み分けを受け入れる一方で、旧大学が固持する制度を模倣せざるを得ない状況に追いやられている。新大学の旧大学化も同時に引き起こされているのである。

　第５章においては、一元化以前のパブリック・セクターとプライベート・セクターの補助金配分機関の制度的変遷と中央政府の政策の変遷を検証することで、一元化以降の旧大学と新大学が担う役割がどのように変化するかの予測を試みた。

　第３章と第４章においても新大学がその特質であったものを変容させていかざるを得ない状況を示したが、新大学は新・旧市民大学と同じく伝統的大学を模倣した大学となってゆくのか、あるいは新大学独自の教育実践を実施してゆくのか、新大学はその選択を迫られている。

　第６章においては、新大学の出現に対応してパブリックおよびプライベート両セクターのために統合された補助金配分機関を第一の検討課題とした。つまり、この新たな補助金配分機関の機能および設立目的を紹介し、次いで、その新機関が行った実際の補助金配分が両大学に与えた影響を論じた。第二の検討課題は、授業料徴収が高等教育機関にもたらした変化であり、学生から徴収する経費との関連で予測される将来起こりうる問題について論考した。とくに授業料徴収の自由化に関しては、大学間の学位の均質性の崩壊につながることが懸念される。

　最後に、高等教育機関への公的財源の将来的展望を1) 卒業生からのローン返済、2) 公的補助金と学生からの授業料の額の変動、3) 雇用者側からの補助金額の増額、4) 政府の公的財政支援、というこの４点から考察した。

　第７章においては、大学自治について伝統的大学であるオックス・ブリッジ両大学の自治を機関自治と部局自治の両側面から論じ、新大学の自治と比較した。伝統的大学では維持されている大学の自律性も、新大学においては容易に侵犯される傾向にある。

第8章では、イギリスの高等教育は制度的に一元化が実現されたが、そのことが学生の質と多様性とを基軸とした一元化後の大学群にどのような変化をもたらしたかの解明を試みた。そのためにまず、一元化後の大学分類を再考し、それら新大学分類により従来の大学分類では見られなかった大学群の特性と構造を可視化させ、最終的にはそれらの分析を通して学生の質と多様性と学生の満足度との関係を検証した。検討の結果、1992年以降の全大学を10に類型化した大学分類は、数校の例外はあるものの、最終的に次の四つの大学群に分類されることがわかった。

第1グループ　　総合大学Ⅰ／Ⅱ・研究大学
第2グループ　　准研究大学A／B
第3グループ　　混合（第2グループの大学＋第4グループの大学）
第4グループ　　准学士号授与大学・教育系大学

2. 四つの課題で導き出されたこと

　本節では、四つの領域（①学生の質、②学位と制度、③大学の財政、④大学自治）における大学と准大学高等教育機関との差異について各章において導かれた結論が意味することを検討する。各章の論考によって明らかにし得たところを要約すると次のようになる。

1　多様性が低い大学ほど質が高い

　学生の質も四つのグループに分けられ、ある特定の大学群（第1グループ）においては学生の質は一元化以前のままの高い質を維持しており、かつ満足度が高い。一方で、多様な学生は教育系大学や准学士号授与大学に在学する形となっており、満足度は相対的に低い（第8章）。つまり、学生の多様性が低い大学は質が高いという結果である。

2　新大学の旧大学化

学位や制度が一元化によって多様化し、新大学における第1学位取得者数の急増や入学資格の多様化は、確実に学生の質の多様化を引き起こしている。しかし、旧大学では一元化後も学生の入学選抜方法、カリキュラム内容、就学形態、教授方法、学生と教師との関係等に変化が少ない。一方で新大学は政府からも旧大学側からも旧大学と同レベルであるとは認められず[1]、新大学を「大学」と呼称するに適格かどうかが問題となっている。その結果、新・旧両大学共に外部評価機関により大学としての研究の質や教育の質の保証が求められることになった。問題は、評価機関の評価方法が旧大学の評価方法に則った評価基準を適用していることである。そのため、新大学が評価を上げるため、すなわち、大学の名称を実体化し旧大学と同格となるためには旧大学が維持する制度を取り入れざるを得ない状況に追い込まれており、新大学の旧大学化が引き起こされている。

3　授業料徴収の自由化による学生の受け皿の減少

総合的に眺めれば、あたかも多様化が進んでいるように見えるが、一元化以降、新・旧両大学の間には従来通りの役割分担が進んでいる状況である。これは政府の高等教育政策の結果でもある。研究業績に偏重した研究費の配分のあり方は、研究資金の蓄積も少なく、研究機関として機能してこなかった大半の新大学に教育大学への移行を迫っている。

巻末の資料2の表から大学の基本財源における公的補助金への依存度を新・旧両大学に分類し、集計した数値を比較すると、HEFCE の補助金配分額では、新大学では総収入の中に占める割合が一元化直後の1994/95年度の51.7％に比べて2001/02年度には48.2％に減少している。減少はしているものの、新大学は平均約50％を HEFCE からの公的補助金に頼っており、公的補助金への依存度は高いといえる。それに比べて旧大学では38.5％から2001/02年度には33.6％に減少しており、依存度が低くなっている。つまり、旧大学の方が学外からの私的な追加財源により、中央政府からの財政的制約による大学への圧力を緩和できる条件が整ってきているといえる。

授業料徴収に関しては、新大学では総収入の中に占める割合が29.2％で

あった一元化直後の1994/95年度と比較し、2001/02年度には30.2％と微増ではあるが、総収入の3割を占めるものとなっている。旧大学においても20.4％から21.2％と微増している。

授業料徴収の自由化は、教育評価(TQA)や学科目基準、学外試験委員制度、高等教育水準審査機関 (QAA) によって維持されてきた大学間の教育の均質性を崩すことにつながる恐れがある。また、授業料徴収の自由化は富裕層と貧困層との格差を拡大するのみならず、大学間の貧富の差も拡大し、公的補助金のみでは運営が行き詰まるであろう新大学間での統廃合を生む。他に、授業料の自由化を実施するのであれば、まず高等教育機関における学籍数の自由化が図られねばならない。しかし、学籍数の自由化を実施するということは、政府から学籍数に応じて配分されてきた補助金の減額あるいは廃止にもつながる恐れがあり、中小規模の教育に専心する高等教育機関にとっては学籍数に応じた補助金が減額・廃止されること自体がその機関の存廃をも左右する。その結果、大学数が減少し、減少することで最終的には多様化が抑制されることになろう。

4 大学自治の意味の持つ多義性

第7章では、伝統的大学で維持されている大学の自律性も、新大学においては政府の政策により容易に侵犯される傾向にあることが明らかになった。しかし、公的財源を受けることなくイギリスの大学が自律性を維持することは容易ではない。大学自治を保持するためには、少なくとも以下の4点、①大学間で協力体制を築き、②政府からの財源を確保しながら、③中央政策とは独立した大学としての機関自治を保持し、④自律的な部局が維持された管理運営を行う、といった条件が必要であると考えられる。

3. 一元化後の新・旧大学の変化

ポリテクニクが時代の要請から大学に准ずる高等教育機関として社会的に公認されたように、旧大学も時代の要請に応じて設立されたはずであった。

すなわち、旧市民大学に対しては新市民大学を、新・旧市民大学に対しては新構想大学を、新・旧市民大学や新構想大学に対しては工科大学を、というようにそれぞれの時代が要求する形で新たに大学が生み出されてきたと考えられる。しかし、それらすべての大学は一元化以前に伝統的大学と同格化するために伝統的大学と類似の制度や構造を模倣していった。そのため、大学とは異種の高等教育機関として多様な学生層を受け入れ、それに応じた教育制度を持ち、多様性を具現していたポリテクニクの存在が重視されることになった。しかし、一元化の結果は高等教育機関全体に新たな棲み分けをもたらすことになった。

四領域における大学と准大学高等教育機関の一元化後の変化について各章（第3章から第8章）で検討した結果、および、終章の第1節と第2節2項で検討した結果を改めて表にしたものが**表9-1**である。表9-1によると、伝統的

表9-1　1992年の一元化以前と以降での新・旧大学の変化

	1992年以前	1992年以降	1992年以前	1992年以降	1992年以前	1992年以降
	伝統的大学	ラッセル・グループを中心とする第1グループ	旧大学	第2グループ 第3グループ	ポリテクニク	第3グループ 第4グループ
学生の質	上位層で均質	上位層で均質	均質	学生集団が多様化 上位層＋中・下位層で均質	下位層で均質	学生集団が多様化 中位層＋下位層で均質
制度	均質	均質	均質	エリート型大学以外にも多彩な機関。多様化の方向へ	職業教育や専門教育、PT課程の進展	職業教育や専門教育、PT課程の進展に加え、旧大学の制度を取り込む方向
財源	政府からの補助金＋大学独自の資本	政府からの補助金＋大学独自の資本。多彩な出資先。財源の多様性。潤沢	充足	不足	政府からの補助金。不足	政府からの補助金。不足
自治	高度の大学自治の保障。同僚的	高度の大学自治の保障。同僚的	大学自治の保障。同僚的	上位下達的（機関自治＞部局自治＞個人自治）に移行	上位下達的。地方自治による支配。機関自治の不在	強力な権限を持つ副学長。機関自治の優先。上位下達的と企業的（執行・管理の実施）の混合

大学では変化は見られないが、旧大学や新大学においては従来ならば大学に進学できなかった層も進学し、制度の多様化や自治に変化が見られた。その意味では、大学全体における多様化が進んだものといえる。またポリテクニクの大学化は、准大学高等教育機関として大学よりも低位と考えられていた状態からの昇格を意味し、高等教育全体がより高度化されたと一応はみなすこともできよう。しかし、質に焦点を当てるならば、新大学や旧大学では教育の質の担保のためのグループ化が進んでおり、旧来とは異なる大学間格差が進行し、新大学の大学自治も機関や部局レベルにおいても、また個人レベルにおいても悪化している。また、一元化以前からの問題点であった根本的な部分、すなわち教育の質の低下や教育レベルの低下は改善されてはいない。大学に昇格した准大学高等教育機関は、名目的にはその名称や法的地位や管理運営機構が旧来の大学群とほぼ同等となったと考えられるため、その意味での両者間の二元性は解消したかの様態を呈するが、その後も「新大学」と新たな「旧大学」は区別され、両者間にはさまざまな点において事実上の格差や葛藤が存続していくことになった（第6章および第7章）。

4. 高等教育史の中での一元化の意義

次に、高等教育の一元化を高等教育史（大学発展史）の中で再確認する。

1　二元構造と一元化の再生産

本節と次節では、第二の課題である高等教育の「二元構造の成立」と「一元化」が、イギリス高等教育史上初めての事例かどうか、またもし仮に初めての例でないとすれば、過去の事例と1992年のポリテクニクの大学昇格による一元化とはイギリス大学史の中で同質のものとみなしうるのか、さらにはこの一元化が大学史の中でどのような意味を持つのかを検証する。

本書では1966年以降、大学と准大学高等教育機関（ポリテクニク）とがミッションを異にしつつ並存する状況を二元構造と呼び、そして准大学高等教育機関が大学に昇格することを高等教育の一元化と呼んだ。この一元化を改め

て高等教育史の中の過去の一連の大学の発展史という切り口から眺めてみるならば、このような二元構造と一元化はイギリスの高等教育史の中でたびたび起こってきたことなのである。すなわち古くは准大学高等教育機関であったカレッジ・インスティテュートが旧市民大学に昇格することが、イギリス高等教育の中の最初の「一元化」であったといえる。この背景には大学数を増加させ、それに伴って大学進学者数を増加させるという国家的要請、あるいは伝統的大学においては教授されることのなかった学科や地場産業に直結した実学的な教育内容を学びたいという社会的要請が存在していた。旧市民大学の成立は大学セクターの学生数の増加に貢献したが、その学生層は従来ならば伝統的大学に入学できなかった人々である。しかし准大学高等教育機関であったカレッジやインスティテュートが旧市民大学に昇格することで、今度は旧市民大学が旧カレッジやインスティテュート時代に受け入れてきた学生層の多くを旧市民大学から締め出すことになった。そのため、次に位置していたカレッジやインスティテュートが准大学高等教育機関とみなされるようになった。その後しばらくの時を経て、伝統的大学や旧市民大学で担えない教育領域および研究領域を担うことができる新たな大学が社会的に要請され、その時点において准大学高等教育機関であったカレッジやインスティテュートが新市民大学に昇格することになった。その後も、1960年代中期には大学予備群であった准大学高等教育機関であった上級工科カレッジ(CAT)が工科大学に昇格した。このような准大学高等教育機関の大学への昇格は、あたかも扇を上方に向けて折り畳むように、それぞれの准大学高等教育機関が大学に昇格し、伝統的大学に近似していく状態を示しており、この状態を「折畳的一元化」とみなすことができる。これが一元化以前における二元構造の一元化の実態である[3]（図9-1）。

このような流れをイギリスの高等教育史の中で振り返ってみた時、1992年以降の一元化は大学の歴史的発展過程の延長線上にあるということができる。また、歴史上の数度にわたる一元化においては、新たに大学に昇格したカレッジやインスティテュートが伝統的大学を模倣し、准大学高等教育機関時代とは異なる方向性を目指していくという事態が確認される。このような

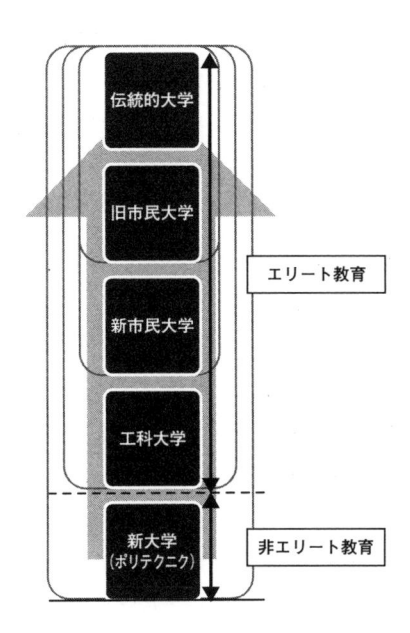

図9-1 折畳的な二元構造の一元化

（図中ラベル：伝統的大学／旧市民大学／新市民大学／工科大学／新大学（ポリテクニク）、エリート教育、非エリート教育）

事態はポリテクニクの新大学への昇格においても確認されることであり（研究大学を頂点とする構造に自らを適応させていこうとする点においては従来の新設大学が伝統的大学を模倣しようとする傾向と同様の態度と考えてもよい）、それゆえ、1992年以降の一元化も従来の一元化と基本的には同様ともいえる。そしてまた、新大学の下位には、現在大学予備群である准大学高等教育機関のカレッジやインスティテュートがひしめいて存在している状況なのである。

2　1992年以降の一元化の特性

前述したような視点から眺めてみると、1992年以降の一元化も過去の流れの延長線上の事例の一つとして位置づけることも可能である。しかし、果たして過去と同じ事例と捉えていいものであろうか。例えば、伝統的大学とその他の旧大学との間には大きな差がありつつも、一元化以前の大学はエリート高等教育を教授する場であるとされてきた。つまり従来の旧大学間の

二元構造は、エリート養成機関内における二元構造であり、カレッジ等の大学昇格はエリート高等教育の拡張であった。

これに対し、ポリテクニクはそもそもマス高等教育システムの実施機関として創設されたものである。また、序章でも述べたようにポリテクニクは大学と同格化したわけではなく、一定の条件（第1章）下で「大学」という名称の法的な使用が許可されたにすぎず、他の旧大学との差異は自他共に認めるものでもあった。ここに従来の構造との大きな相違点がある。つまり、一元化によって誕生した新大学において、初めて大学における高等教育の非エリート集団への教育が出現したのである。

前節で述べた旧大学内で起こった准大学高等教育機関の大学への昇格による二元構造の一元化は、あくまでもエリート高等教育システム内での一元化であり、ポリテクニクの大学昇格による一元化とは異なる。すなわち、1992年以前の大学と1992年以降の大学を分かつ対位線は、過去に起こった旧大学間の二元構造を分割した対位線[4]とは異なる。ロスブラットが言及したように、オックス・ブリッジであろうが、新・旧市民大学であろうが、スコットランドの大学であろうが、CATでさえも1992年以前の大学にはさして相違はなかった (Rothblatt 1976)。つまり、旧大学間に存在していた二元構造を分ける対位線はエリート教育の中での対位線であり、量的にも質的にも一元化前後において変化はなかった。一方、ポリテクニクは旧大学と制度的には一元化されたものの、旧大学とポリテクニクの間にあった対位線はあくまでもエリート教育と非エリート教育を分ける線であったため、ポリテクニクが旧大学と同じ上位に組み込まれることはなかった。しかし、旧大学とポリテクニクとの間にあった対位線は、ポリテクニクの大学昇格により従来の対位線の転位を引き起こした。つまり、対位線の転位による高等教育の量的かつ質的転換が起こったのである。そのため、ポリテクニクの大学昇格による一元化は、従来の旧大学内の一元化とは大きく異なるのである。

この構造の質的転換は次の点からも確認される。従来における准大学高等教育機関の一元化は、政府からの管理を受けない自律性の高いプライベート・セクター内での昇格であった。しかし、ポリテクニクの大学への昇格はパブ

リック・セクターからプライベート・セクターへの移動という、セクター間の大きな移動を伴っている。そして周知のようにパブリック・セクターはエリート教育を担う部門ではない。ここにも今次の一元化における従来との相違が見てとれる。また、今次の一元化には、パブリック・セクターで活用されていた機関経営の手法をプライベート・セクターへと導入すること、すなわち「管理的一元化」という特質があり、この点も従来の一元化とは大きく異なっている[5]。

確かに、ポリテクニクの大学への昇格による新大学の出現は、量的かつ質的に大学がエリート高等教育の段階からマス高等教育の段階へと移行したかのように見える。ここまでは量的変化のみならず、質的変化が生じることに特徴があるマーチン・トロウの発展的段階論を踏襲しているかのようである（トロウ1976）。しかし量的観点から眺めればこの変化は一元化の結果であり、この量的変化を生み出した一元化とは、対位線の移動による転位の結果にほかならない。ただ、一元化後のイギリスの高等教育の変化がトロウの発展的段階論と根本的に異なる点は、従来のイギリスのエリート高等教育システムが量的にも質的にもほとんど変化していないという事実である。つまり、従来のイギリスのエリート高等教育システムがマス高等教育システムへ移行したとは言いがたい。その意味においてこの対位線によって分けられた二元構造は質的観点から鑑みれば、いわば対位線によって分断されたエリート教育と非エリート教育との二元構造というべきなのであろう[6]。

しかしながら第8章で検証したように、新たな事実も顕現している。

研究大学に第1グループ（第8章図8-2の①で囲ったグループ）から、総合大学・研究大学のLSEやヨーク、エグセターが抜け落ち、第2グループ（同②で示したグループ）の中に、Ⅰ・研究大学のヨークやエグセター大学、Ⅱ・研究大学のLSEといった研究大学が入っていること、また同じ第2グループにアストン大学が含まれたこと、さらには、第3グループ（同③で示したグループ）の中に准研究大学の4校（スワンジー、アバリス、バンガー、エセックス）が加わっていることなどは研究大学内でも、また新大学内でも、一元化後に質的転換が生じていることの証左となろう。たとえ最後の第4グループの新大学が主

として大学や学生の多様化を引き受けたとしても、第1から第3グループ中の大学において、一元化による対位線の転位による質的転換の進展が散見され、将来的にも一層進展する可能性を見出すことができるのである。

5. 本書のまとめ

　本書では、1988年の教育改革法および1992年の継続・高等教育法の二つの教育法を経て、イギリス高等教育の二元構造が一元化される過程についてその前後の変化や背景、各アクターの対応等を詳細に検討してきた。そこで本節では、これら詳細な検討を通して明らかになったことを提示する。

1　一元化をいかに捉えるべきか

　本書において、イギリスの大学を包括的に考察してきたが、その際の解題方法は、高等教育の一元化からの分析および検討であった。ここではこの一元化という事態をいかに捉えるべきかに焦点を絞る。

　すでに述べたように、一元化の主要な推進主体はポリテクニクと政府であった。しかし、この両者間では一元化を推進する目的が異なっていた。そしてこの両者における差異こそが一元化を捉えるために重要である。そこで改めてこの両者に焦点を当て、一元化の内実について整理する。

　まずはポリテクニクについて述べる。ポリテクニクにとっての「一元化」とは、大学に比較して劣位に置かれている状態から脱することを目指すものであった。その劣位な状態は制度的な格差によるところが大きく、そのためにポリテクニクは大学という制度への参入を望んだ。ポリテクニクの劣位な状態の改善は一元化によるポリテクニクの大学への昇格によって達成されると期待された。一般的にはこの事態を指して一元化と呼んでいる。そしてこの制度変革に力点が置かれた一元化を「制度的一元化」と呼ぶことにする。

　一般的に一元化と呼ばれる事態を指して、あえて制度的一元化という呼び方をしたのには次のような理由がある。つまり、一元化を捉えるためにはこのような一般的理解とは異なる視点からの理解も必要となると考えるから

である。それは一元化に対する政府の意図を考慮することである。政府は1980年代以降教育予算を抑制し、その意味で大学をいかに効率的に運営できる機関として改革するかに力点を置いでいた。そこには大学自治を弱体化、あるいは解体させるような動きを伴っていたが、大学側の抵抗により思うようには改革は進展しなかった。その中で目を付けたのがポリテクニクにおける機関経営の手法である。金子も「個々の大学に個々の経営主体としての行動を身につけさせる手段」としてポリテクニクの効率的経営の一例を示している（金子 1993: 11）。再説になるが、政府はポリテクニクを大学の中に組み入れることにより従来の大学に対してもその経営手法を適用しようとした。その具体的な現れが一元化によるポリテクニクの大学への昇格である。その意味では、一元化への動きは1980年代初頭にはすでに開始されていたともいえるのである。一元化の背景にあるこのような政府の意図を見逃すことは一元化を捉える上での重大な見落としになると考えられる。

　政府の側におけるこのような一元化の意図から眺めた場合、効率的な管理運営を求めたものであり、一元化とは「制度的一元化」を含むより広範な過程であると考えることができる。このような視点から捉えた一元化を制度的一元化と対比させて「管理的一元化」と呼ぶことにしたい。「管理的一元化」は「制度的一元化」を内包するものなのである。

　また、旧大学も新大学も一元化により共に公的補助金の配分方法が同質化された。旧ポリテクニクでは比較的なじみのあった外部評価や管理制度が、旧大学にも適用されることになったことは一元化の影響である。旧大学の自律性の削減には「同格化」は都合がよかった。研究評価および教育評価の導入は、高等教育機関の間のヒエラルヒーを制度化する方法となり、また、これら評価制度による重点傾斜配分によって中央政府の権力が強化される結果となっている。トロウが述べるように、「大学に対する財政支出のために学科全体を評価している国はイギリスだけであり」（トロウ 2000: 212）、ここに至って「財政的一元化」も果たされたことになる。

　学位の質に関しても、1860年代以降イギリスの市民大学や新構想大学は、ロンドン大学の学外学位と同等の質の管理と保証がなされていた。大学にお

いては自らの学位の質は自らが基準設定を行うことが当然と考えていた。しかし一方で、准大学高等教育機関の出現により教育科学省に責任を負う公的な認定機関である全国学位授与機構(CNAA)が創出され、CNAAがカリキュラムを承認し、准大学高等教育機関の水準を査定し、保証するシステムが作り出された。このことは、国による高等教育機関の質の中央統制を可能とした。そして一元化により准大学高等教育機関は大学に昇格し、国による大学全般の質の統制、「質的一元化」までも可能としたのである。しかし、「財政的一元化」や「質的一元化」は、あくまで付随的な要素である。というのも、財政的一元化と質的一元化は、「制度的一元化」と「管理的一元化」に伴って生じた一元化だとも考えられるからである。

確かに制度的には新・旧両大学は同じ制度下に置かれることになった。しかし、管理的に一元化されたとするものの、管理的にも、財政的にも、質的にも新大学と旧大学の格差は残存している(第6章、第7章および第8章)。

序章で解説したトムプソンの四つの区分(学生の質、学位と制度、大学の財政、大学自治)は、政府の政策的意図と共に重要であり、政府は、二元構造を構築する中で大学と准大学高等教育機関との間に、これら四点において明らかな差別化・差異化を試みていたと述べた。また、大学と准大学高等教育機関との間の差別化・差異化による政府の政策的意図が何にあったのかを本書で解明することが、二元構造の本質的な存在理由と、一元化による二元構造の消失の理由の解答につながるはずであると筆者は考え、本書ではその解明に努めた。しかし解明の結果わかったこととは、政府も、また、トムプソン自身も気付かなかったことではあるが、これら四領域における差別化・差異化は、政府の政策的意図であると同時に、大学側が最も望むものでもあったということである。このように捉えた場合、イギリス高等教育研究において一般的に使用されている「一元化」という言葉は限定的な制度的一元化のみを捉えていると考えられるが、それは事態の反面を捉えているにすぎない。イギリス高等教育の一元化という言葉は広く人口に膾炙しているが、実はその内容に複数の含意を見てとることができ、従来の一元化の理解であった制度的一元化のみをもって一元化と捉えることは、一元化の本質を見失うことに

もなるのである。

2　多様化

　最後の課題であるイギリス高等教育において「大学とは何か」についてまとめる。この課題は本書の大きな課題の一つであり、切り口となる軸は、多様化した大学進学者や多様化した大学の教育機能によって示される学生の多様化と学生の質である。

　すでに検討してきたように、大学の多様化が進展した。しかし、この多様化は広くは伝統的大学と他の大学との間の格差を、また、1992年以前からの旧大学とその他の大学の間の格差を広げたにすぎなかった。旧大学は従来のありようからさして変化することなく、多様化に関しては新大学、中でも教育系大学と准学位授与大学での実施に任せた状態にある（第8章）。また、多様性と質の間に強い負の相関があることがわかった。多様性が増せば増すほど、質は低下する傾向にある。結果としては、リーグ・テーブル上位群の大学は、質の高さを維持するだけで、多様化にはほとんど貢献していない。

　他にも、政府の補助金と深く関連する高等教育の構造そのものが、高等教育の多様性を阻止している点に問題がある。政府は、二元構造を維持することによって准大学高等教育機関であるポリテクニクと大学との同格化を忌避してきた。同格を認めない大学界は、一元化後には新たな外部評価機関を通して新大学の枠組みや方針、教育課程の有効性について審査している。大学は、大学という名称が与えられている限りにおいて、同質であり同格であるという従来の既成観念が、すべての大学に共通の基準を当てはめることができないという事実の受け入れを旧大学側に拒ませているのである。そのため、第三者機関による教育と研究に関する強力な質の保証とそれを確実にするための評価が導入された。

　研究評価に関しては、大学への財政支出のために学科全体を評価するが、それら質の評価には多数の細かな評価項目が必要とされる（GCE・Aレベルによる入学者資格、卒業・修了率や上級学位の取得率）。そのため、フルタイム（FT）からパートタイム（PT）、逆にPTからFTへの課程の変更、転学および中退

を許さない文化と環境は、学生の大学間の流動性を阻み、従来のエリート型学生の育成を助長する効果を持つ。また、学位に対して共通の高い基準を設けること、すなわち基準の等価性と共通性を求めることは、高等教育の拡大と多様化とに対立するもので、上位大学への多様な進学者の受け入れに歯止めをかけることになり、マス型高等教育の拡大の阻害要因となっている。評価方法も旧大学の評価基準を多用しており、新大学が評価を上げるためには旧大学が維持する評価項目に力点を入れざるを得ない。その結果新大学の旧大学化が同時に引き起こされることになる。これもまた高等教育の多様化を阻んでいるのである。

　確かにポリテクニク時代の学位授与機関であったCNAAは大学人によるピア・レビューを基盤としており、審査基準も大学を範としていたために、CNAAが創設された時点で大学と質的に同水準にまで高めることがポリテクニクの目標として組み込まれていたが、一元化以前の大学と准大学高等教育機関であったポリテクニクは異質性が強く、それがすなわち独自性であった。また、社会人、中途退学者、早期離学者、休学者、再入学者といった従来型の学生とは異なる修学・学習行動をとる非伝統的学生を引き受けてきたのはポリテクニクであった。それにもかかわらず、大学の名称を得た准大学高等教育機関は、従来の旧大学と同様の水準を維持する選択をし、独自の異質性や多様性が縮小されることになった。

　これらのことを考慮すると、イギリスの大学において多様化が進展しているとは考えにくい。ロビンズ委員会は「高等教育課程は、高等教育を追求し、高等教育を希求する才能と学識を持つ者すべてに開かれていなければならない」と述べたが、この委員会の意見を掘り下げて解釈すると、「高等教育実施機関である大学の水準に達するものだけが進学できる」ということにほかならない。すなわち、高等教育の拡大は大学以外の場で追求するしかなかったのである。

　高等教育の機能の多様化は多様な高等教育機関に求められなければならない。しかしながら、高等教育関係者も、未だエリート教育の価値とは異なる価値観、教育機会の格差や社会階層による格差の削減、また、大学間格差の

撤廃を産み出すべき構造を作り出そうとはしていない。一元化直前の1991年にCVCPが公言したように、1980年代のイギリスの大学は質と地位の低下につながる圧力に抗し、政府の勧告にもかかわらず「大学は学生に質の高い教育を与えられると確信できる範囲でのみ拡張した」(CVCP 1991) だけなのであった。

2001年に筆者は、「ポリテクニクの大学への昇格が伝統的大学への接近を意味するのか、むしろ、大学教育のマス化の必要性と一致したもので、大学の定義を塗り替えることを意味するのか、その判断……(中略)……は不透明」(秦 2001: 292) であると述べたが、一元化は確実に大学数を増やした。それに伴い大学の機能分化を促し、高等教育の多様化が進んだかのような外観を呈した。しかし、現状では大学間での階層化と新大学の旧大学化という状況を生み出しつつある。そのことはまた、イギリス高等教育の現状を見る限りにおいて高等教育を一元化する改革は多様化をもたらしていないことを意味する。序章において「終章における一元化以降の新たな大学分類による示唆は、大学のあり方を問うものとなる」と記したが (序章第3節1項)、多様性を求めて新大学に進学した学生の満足度が低いという第8章の結果は、政府の一元化政策そのものに不備があることの証左ともなる。

大学の質は大学教育の質の保証によって担保される。そしてその大学教育の質は学生の質の向上によって測られるものでもある。しかし、学生の質に最も深くかかわる多様な学生の受け入れにかかわる部分で学生の意思は反映されていない。つまり、この多様化は政府の政策意図や特定の大学側の要求によるものであって学生の意思は反映されていないのである。そのため学生の満足度が低いことも当然といえる。そしてまた彼らの不満が一元化以前は存在せずに、一元化後に生じたものであるとするならば、一元化そのものに問題があることになる。しかし、もしも仮に一元化以前から彼らの不満が存在していたとするならば、一元化は学生に何ら影響を与えなかったことになるわけである。残念ながら、一元化以前のポリテクニクに関する情報が乏しく、二時点間の比較が困難となったためにこの解答は未だ見つけられないでいる。

新大学への期待から、パーキンは新大学を、エリーティズムから脱却し、マス型高等教育に移行するために必要な高等教育機関と捉え (Perkin 1991)、また大崎はポリテクニクが大学に昇格することにより、「政府・社会対大学の関係がこれまでの政府・社会対ポリテクニクの関係に近くなるというところに、この改革の真の意味があるように思われる」と述べた。「そうでなければ、この改革が高等教育の大衆化と結び付くことにならない」(大崎 1993: 19-20)からである。確かに、一元化は四類型の大学群を産み出した。しかし、第8章における四大学群の中での新大学と旧大学との移動から推測されうることは、四大学群の中での大学の同格化が働いているということである。同格化の方向に進んでいるからこそ、移動が可能となったと考えられるからである。そしてこのことは望むらくは、一元化のダイナミクスとなることを期待したい。新大学は固定観念を打ち崩す突破口、あるいは旧大学を席巻する新大学となることが期待されていた。それゆえ、高等教育の大衆化という新たな課題の克服のために実行された一元化は、社会においても大学においても大きな意味を持っていたはずなのである。

6. 今後の課題

狭義の意味での一元化である制度的一元化に関しては、イギリス高等教育の一元化は大きな変化を引き起こしたが、それにもかかわらず構造的にはほとんど変化がないことが理解される。むしろ逆に、根本的な面でのマイナス要因が多い。例えば、広義の一元化である管理的一元化による大学運営の企業的効率化は大学自治を削り、その弱体化につながっている。財政的一元化は、HFECEによる研究評価と結びついた研究費補助金の配分が、大学間の過当競争と大学間格差を拡大している。質的一元化は、多様化を、そして大学進学希望者を忌避する方向に進んでいる。政府の意図する一元化は一面では成功したといえるが、大学にとって、また、最終的には社会にとっては大きなマイナスをもたらすことが強く危惧される。

二元構造の根本的問題点は、大学と准大学高等教育機関のミッションの違

いが上下間の格差に転換されていることにあった。高等教育機関のミッションの一つが、社会的に価値ある卒業生を社会に送り出すことであると考えるならば、大学が学生に提供する学問が、実学的で実践的関心が強かろうと、非実学的で学究的関心が強かろうと、本来両者間の差異は上下的・垂直的なものではなく、水平的な差異にすぎないはずである。しかし、予算面においても管理運営面においても旧大学と新大学との間で大きな格差が未だ現存している。

　大学の価値とは何であるのか、とくに学生を教育するという面から見た時大学の価値をどのように捉えるのか。この課題を念頭に置き、一元的価値に還元されない大学の社会的有意性を問うと同時に、その有意性を大学側から提示していく必要がある。したがって、多様性、大学教育の理念、学生の視点に立った大学のあり方、そして大学がその機能を最大限に発揮するために不可欠である大学自治に関する今後の課題とは以下の2点となろう。

　1970年代にトロウの「中心的テーマの一つ」であり、また、「アメリカの高等教育に本来的なもの」であった高等教育の多様性（トロウ 1976: 200）の必要性、および大学が多様な学生層を受け入れる必要があるという、イギリス政府が一元化の過程において提示し、その後の研究においてもおおむね踏襲されてきた認識を、本書でも前提として検討を進めてきた。

　第一に、高等教育の研究領域や社会への奉仕形態、学生層や組織管理形態や財源等の多様性が必須であるという認識は、果たしてイギリスの高等教育にとっても該当するのであろうか、という点についてである。というのも、本書の調査結果として判じたことは、学生の満足度が高い大学ほど多様性が低くなっているからである（第8章）。

　多様性に関してはイギリス以外の国においても大きな問題となっており、ボローニャ・プロセス[7]を進める欧州諸国の諸大学も、収斂と多様性のせめぎ合いに苦しんでいる[8]。多様性を対置させ、収斂されるもの、収斂されないもの、あるいは、収斂されるべきもの、されてはならないものの区別が必要になると考えられる。

　また、学位の多様化、学科や課程の多様化、受講制度の多様化、大学進学

者の質の多様化は、それらを維持するために、学位の等価性や学位の質保証が求められる。しかし、一元化以降は大学間での学位の価値について、その同等性や同質性への懐疑が生じている。私的高等教育機関が数少ない中で新大学は多様性を担保するために私的な役割分担までもが求められている。その場合に、それら新大学の学位とそれ以外の大学との学位の間に同等性や同質性がないからといって、新大学の学位まで価値がないといい切れるはずもない。それぞれの大学によって「大学文化」(秦 2001) は異なり、各大学が醸成する文化は学生に学業以外の付加価値をもたらす。伝統的大学の大学文化と新大学の大学文化とは異なり、それら大学文化に付随する価値もそれぞれ異なってくることは当然であり、そして、そのことをもって、学位の価値の下落と考える必要はないはずである。

　大学や学生あるいは社会にとって、なぜ大学の多様性が必要なのか、あるいは大学はいかなる多様性を追求すべきであるのか、さらには社会が大学に求める教育とは何であり、大学はどのような教育を実施すべきなのかについて、一層の検討が必要である。加えて学生の視点から、現代の高等教育はどのような意味を有しているかという問題も今後の検討課題である。少なくとも個人として成熟した学生や社会が必要とするイギリス市民の育成は、大学の社会における存在意義の一つである。また、生涯学習につながる教育の必要からも多様性が求められる。そのためには、学生の希望に沿った 1) 多様な学習体制の構築や、2) 専攻の多様化、3) 多様な学問領域の準備が必要となろう。また、この 3 点は、学生からの視点や学生からの意見の集約を重視することであり、政府が 2011 年に公言した学生を中心に捉えるイギリスの大学のあり方にもつながるものである (『高等教育：制度の中心にある学生』(BIS 2011))。

　今後生涯学習に関して検討しようとする時、現在大学間に見られる大学のグループ化・階層化という実態を当面の与件として捉え、新たな大学進学層に属する学生たちの希望に沿うような大学教育を行う役割を新大学が担うことになるであろうと想定するのが現実的である。とすれば、現在下位に置かれている新大学の財務体質の改善が必要となってくるが、現在の状況では、

下位の新大学への予算配分は不利なものとなっている。しかし、多様性を担保するためには相応の予算配分が不可欠で、そのためにも、多様性の重要性を社会や政府に認識させ、いかに公的資金を新大学に拠出させるかが論点となるであろう。またそれは、そのような補助金配分を新大学の当然の権利と考えるような状況にまで転換していくことでもある。

　第二の課題である大学自治について最後に言及しておく。

　現在ヨーロッパでは、ヨーロッパ高等教育圏を構築するためボローニャ・プロセスが進行中である。イギリスではボローニャ・プロセス対策委員会であるヨーロッパ・ユニットが2010年以降の課題を提示した。それら課題には、①機関の多様性の追求、②高等教育機関の間での競争、③学生関与のカリキュラム策定、④持続的な中央政府からの国庫補助金支援、⑤雇用者側との連携、⑥研究の強化、⑦機関の質の保証等が挙げられていたが、最重要課題は、⑧高等教育機関の自律性の担保であった。

　四つの課題の中の④大学自治の項でも一部言及したが、大学の自律性に関しては、ボローニャ・フォローアップ・グループ（BFUG）参加国の代表者の中でも、「高まった」とする意見が大勢を占めた[9]。しかし、見誤ってはならないことは、彼らが述べるところの「自律性が高まった」ことの内容とは、産学連携が自由化されたこと、国内外の名声ある研究者を自学の給与設定により雇用可能になったこと、大学に配分される公的補助金の用途が大学の自主性に任されることになったことといった、大学の采配による決定事項が増えたことにすぎない。逆に、中央政府は大学の制度上の主導権を強化するという目的で管理執行部の力を強大にし、大学に産学連携といった起業性を促すことで市場に対応しやすくした。しかし、大学は元来学外資金を獲得する力に乏しく、そのため補助金制度を通じての政府による管理運営への介入が増大している。その結果大学自治は形骸化し、学内の教員個人の自治や自律性は弱体化する方向にある。例えば、1992年以降の新大学では企業を模倣したトップ・ダウン方式での会議が拡大し、教授会の有名無実化が生じている。

　ペンシルベニア州立大学のアーウィン・フェラーは1970年代に、「大学は

市場に左右される機関となり、そこでは知識は社会に役立つ、目に見えるものでなくてはならない。また（大学は）その時代の企業が期待する利益を生むものでなくてはならない」と慨嘆したが (Tasker and Packham 1994: 182)、現在大学は1970年代以上に経済市場に支配される機関となっている。行き過ぎた市場化は大学の存在意義にかかわるものである。そのためにも、原理的な部分で大学自治を守りつつ、大学をいかに有効に機能させ、運営していくためにはどうしたらよいのか。これもまた今後の課題である。

註
1　学生の質以外にも、例えば旧ポリテクニクの教員の多くが非常勤講師であったこと、また、教員が必ずしも修士や博士の学位を有する必要もなかったことも、新大学の質に対する疑問が生じる温床となった。
2　第2章第6節註21参照。
3　1960年代初頭の新構想大学は、政府の政策の一環として創設されたため、この仕組みの中には含まれない。
4　互いの位置を分かつ線。
5　パブリック・セクターからプライベート・セクターへの移行は、本来は上級工科カレッジの工科大学への昇格の際に初めて生じた特徴であるが、工科カレッジの数の少なさにより、政策的にも社会的にも大きな意味を持たず、管理的一元化も生じることはなかった。
6　しかし、以上の説明による一元化はあくまでも近・現代における大学と市民社会との対立構造を中心に解釈したもので、宗教的独自性を持つ古典大学としてのオックス・ブリッジという視点から一元化を分析するならば、オックス・ブリッジ以外の高等教育機関の大学昇格とは高等教育の世俗化にほかならないということも付言しておく。
7　ヨーロッパでは高等教育の国際化にかかわる改革と政策転換が急速に進展し、1998年以降の10年弱の期間に、教育担当大臣を議長とした高等教育に関する会議が頻繁に開催された。1998年にソルボンヌ大学の創立800年記念式典に出席したフランス、イタリア、イギリス、ドイツの教育担当大臣は、5月25日に「ソルボンヌ宣言」に署名した。第1回会議の成果に当たるこの宣言では、高等教育における開かれた欧州圏の構築が謳われ、欧州単位互換制度（ETCS）によってそれが達成されるであろうとした。また、欧州の大学は学部と大学院からなる二段階構造を採用して国際的な通用性を高め、国際的な学生の移動と雇用可能性を促進するとされた。
　翌年の6月19日にはイタリアのボローニャで第2回会議が開催され、域内に

おける学位の通用性の確保を国際競争力向上の基盤とすることが肝要であるとの立場が表明された。欧州高等教育圏(EHEA)を構築するために、高等教育に関する共同宣言である「ボローニャ宣言」が採択され、欧州29ケ国の教育担当大臣が署名した。この二つの宣言に示された以下の共通の改革事項のことをボローニャ・プロセスと呼んでいる。欧州のすべて高等教育機関が、①学士課程と大学院課程からなる二段階の構造を導入し、②諸国間で単位互換が可能な共通の単位制度を確立し、③学生や教員の流動化を促すことである。この宣言の主題は、2010年までに欧州高等教育圏を確立することと、全世界に欧州の高等教育システムを波及させていくことである。
8 筆者が代表として参加したボローニャ・フォローアップ・グループ(Bologna Follow-Up Group: BFUG) のセミナーでの各国の意見の集約である((開催場所：フレミッシュ教育省(Flemish Ministry of Education、ブリュッセル)、開催日：2009年11月30日〜12月2日、題目：BFUG およびヨーロッパ委員会との共催のボローニャ・セミナー (Bologna seminar with BFUG & European Commission)。
9 12月1日にベルギー・ブリュッセルのフランドル教育省において開催された BFUG のセミナーでの BFUG の意見。

〔付　記〕

近年の大学改革および大学ガバナンス改革の動向

　1992年以降、大学も効率的運営を心掛けると共に学外資金を集めることに注力することになった。例えば、新大学の外部資金獲得のための連携の試みも、研究予算の獲得のための、また大学拡張のための試みである。

　大学連盟 (University Alliance: UA)：　ビジネスに注力している23の新大学が傘下にある。ボーンマス、ブラッドフォード、カーディフ・メトロポリタン、デ・モントフォート、グラモーガン、グラスゴー・カレドニアン、ハートフォードシャー、ハッダーズフィールド、キングストン、リンカン、リバプール・ジョン・モアーズ、マンチェスター・メトロポリタン、サウスウェールズ、ノーサンブリア、ノッティンガム・トレント、オックスフォード・ブルックス、プリモス、ポーツマス、サルフォード、オープン・ユニヴァーシティーの23大学)。

1　2011年高等教育白書による大学改革の方向性
① 学生の財源問題

　2011年の白書によれば、高等教育の三つの課題は、1) 高等教育の財政の安定、2) 教育の改善、3) 社会移動に対する責任、となっており、政府の支出計画である『2010年歳出見直し』(2010年10月公表) では、HEFCEから高等教育機関に配分される教育補助金は2014年度には30億ポンド減額される予定で、機関の収入は政府の授業料ローンに基づく学生の授業料の割合が増加する。しかし、引き続き医・歯・薬系といった高コスト分野の支援のための教育補助金は配分される。

　2012年度秋から、機関は学士課程学生に対する授業料として年額6,000ポンドを基本として、上限9,000ポンド (117万円、1ポンド＝130円換算) まで課すことができるようになった。学生に対して授業料の支払いは入学時に求められることはなく、学生ローン (貸与奨学金) によりフルタイム学部学生の授業料と生活費が支払われる。ローンの返還は貸与学生の年収が2万1,000ポンドを超えた時点で、収入の9％が返済に充てられるものとする。収入に応じた新しい返還制度は、従来の制度と比べて卒業生の負担が少なくなり高等教育が一層利用しやすいものとなる予定である。

② 高等教育の改善
　関連する政策の概要は以下の通りである。
- 高等教育機関は、提供する学部・学科課程に関して標準化された情報を提供する義務がある。入学志願者はこれらの情報にアクセスすることで、容易に他機関と比較可能となる。学生に関するデータを有する主要な機関 (例：高等教育統計局 (HESA)) に対して、一層詳細なデータが利用可能となるように求める。それと共に就職状況や所得も含め、学生や保護者のニーズに応じて多様な分析ができるようにする。
- 大学と学生の双方の合意により作成された「学生憲章 (Student Charter)」の公表を検討する。
- 全大学は、2013年度までに学生による評価 (student evaluation survey) の概要をWeb上で公表することが期待される。

- リスクマネジメントを視野に入れた高等教育審査機関（QAA）を中心とする質保証体制を導入する。また、学生に大学の責任を問う権限を与える。
- 全高等教育機関は引き続き同じ枠組みの中でモニターされるが、機関レビューの必要性や頻度は、学生の満足度や機関の最近の実績といった客観評価によるものとする。
- 継続教育カレッジやその他の私立機関に対して、高等教育への参入を緩和する。
- 雇用者側や慈善団体が定員枠外で奨学生ポストを提供できるようにする。

③ 社会階層間の流動性

関連する政策の概要は以下の通りである。
- 6,000ポンド以上の授業料を課す機関はすべて進学機会均等局（OFFA）の局長と当該機関の入学施策に関する合意を結ばなければならない。また、OFFAの規模を約4倍に拡大する。
- 年収2万5,000ポンド以下の家庭の学生に対しては、生活費として年額3,250ポンドの奨学金を給付する。
- 恵まれない若者や成人の高等教育へのアクセスの改善に役立てるため、全国奨学プログラム（National Scholarship Programme: NSP）を2012年度から開始する。2014年までに1億5,000万ポンドを充て、NSPに参加するすべての高等教育機関は追加基金を拠出する。将来的に同プログラムの規模を2倍以上にするように機関を奨励する。

2　新たな私立高等教育機関

　2007年に枢密院に認可され、連合王国の14都市でビジネスと法律のコースを提供していたBPPカレッジが連合王国の企業立のカレッジとして初めて学位授与権を獲得した。その後、日本の文部科学省に相当するイギリスの省であるビジネス・改革・技術省（Department for Business, Innovation and Skills: BIS）の認可の下、BPPがユニヴァーシティー・カレッジ（UC）となった。連合王

国初の私立の高等教育機関である。UC とは大学よりも学生数や設備の面で小規模であり、授与する学位も限定されている高等教育機関である。しかしながら、プライベート・ファンドで設立、管理運営されている、2012年現在、国庫補助金を受けていない高等教育機関が現在イギリスでも約30校存在している。いわゆる、私立高等教育機関である。しかしこれら私立高等教育機関に属する学生はまた、BIS が認可する高等教育課程を専攻していれば、国が資金を拠出している学生ローン会社（SLC）からのローンを受けることも可能であり、2009/10年度は4,300名、2010/11年度は5,860名、2011/12年度の前半期にはすでに9,360名がローンを受けているのである（The Times, THES, 10 May 2012：6）。

　大学担当大臣のデヴィッド・ウィレッツは、BPP の UC への昇格は、イギリス政府の長年待ち望んだ営利目的の私立高等教育機関数の拡大につながることとして喜んでいる。また氏は「この機関がダイナミックで柔軟性のある学位制度を創造し、オンラインでの学位を奨励することになろう」と述べた（The Times THES, 10 May 2012：7）。

　私立機関の増加は、大学の学籍が減少する中（進学希望者が11.6%増加した2010年の秋には17万人の進学希望者がイングランドの大学に進学できなかった）朗報ともしている。しかし大学・カレッジ組合は、学生に益することはなく、高等教育機関というものは、公的に資金援助されなければ民主的な信頼は勝ち得ないとした。実際この機関は、情報開示を国から求められていないのである。また組合は、私企業が従来の大学と同等の学術水準や質の維持などできるはずはなく、また公的な責任がないため、こういった機関が大学という名称を有するようになれば、連合王国の大学の名声も下落し、アカデミック・フリーダムも脅威にさらされると述べた（BBC HP, 17 April 2012, http://www.bbc.co.uk/news/education-17743981）。これら私立高等教育機関の中の11校は、自主的に高等教育水準審査機関（QAA）の審査を受けている。2012年にはこれら私立高等教育機関の一校である学位授与権を有する法科カレッジが2億ポンドで売りに出され、その後、モンターギュ未公開株投資会社が買い取るという事態が生じた。2億ポンドはイギリスでもかなりの高額であるが、その理

由は本カレッジが学位授与権を有しているからであり、学位授与権を有する私立高等教育機関は現在イギリスでは5校しかなく、その中の一校がこの法科カレッジであった。

引用・参考文献

英語文献（アルファベット順）

Abramson, M., Bird, J., and Stennett, A. *Further and Higher Education Partnerships: The Future for Collaboration.* Buckingham: Society for Research into Higher Education/Open University Press (SRHE/OUP), 1996.

Advisory Group on Citizenship (Crick 1). *Education for Citizenship and the Teaching for Democracy in Schools.* London: Qualifications and Curriculum Authority, 1998.

Advisory Group on Citizenship (Crick 2), *Citizenship for 16-19 Year Olds in Education and Training.* Coventry: Further Education Funding Council, 2000.

Allen, R. and Layer, G. *Credit-Based Systems: As Vehicles for Change in Universities and Colleges.* London: Kogan Page, 1995.

Altbach, P., Berdahl, R., and Gumport, P. *American Higher Education in the Twenty-First Century: Social, Political, and Economic Challenges.* Baltimore: Johns Hopkins University Press, 1999.

Altback, P. G. and Johnstone, D. B., eds. *The Funding of Higher Education.* London: Garland Publishing Inc., 1993.

Anderson, R. *Universities and Elites in Britain since 1800.* Cambridge: Cambridge University Press, 1995.

Anderson, R. *British Universities: Past and Present.* London: Hambledon Contimuum, 2006.

Antony, J. *Corporation Man.* New York: Random House, Inc., 1971.

Archer, W. *Mission Critical? Modernising Human Resource Management in Higher Education.* Oxford: Higher Education Policy Institute, 2005.

Argles, M. *South Kensington to Robbins; An Account for English Technical and Scientific Education Since 1851.* London: Longman, 1964.

Armytage, W. H. G. *Civic Universities: Aspects of a British Tradition.* London: Earnest Benn, 1955.

Ashby, E. *Universities: British, Indian, African.* Cambridge: Harvard University Press, 1966.

Ashby, E. and Anderson, M. *Portrait of Haldane at Work on Education,* First edition. London: Macmillan, 1974.

Ball, J. "Policy Sociology and Critical Social Research: A Personal Review of Recent Education

Policy and Policy Research." In the *British Educational Research Journal,* 23(3). 1997: 257-274.

Bargh, C., Scott, P., and Smith, D. *Governing Universities: Changing the Culture?* Buckingham: SRHE/OUP, 1996.

Barker, R. *Education and Politics 1900-1951: A Study of the Labour Party.* London: Clarendon Press, 1972.

Barnes, S. V. "England's Civic Universities and the Triumph of the Oxbridge Ideal." In *History of Education Quarterly,* vol.36, no. 3, 1996: 271-305.

Barnes, J. and Barr, N. *Strategies for Higher Education: The Alternative White Paper.* Aberdeen: Aberdeen University Press, 1988.

Barnett, R. and Bjarnason, S. "The Reform of Higher Education in Britain." In *Higher Education in a Post-Binary Era: National Reforms and Institutional Responses.* Teather, ed., Bed, D. C., London & Bristol, Pennsylvania: Jessica Kingsley Publishers, 1999: 87-109.

Barr, N. *Student Loans: The Next Steps.* Aberdeen: Aberdeen University Press, 1989.

Barr, N. "Income-contingent Student Loans: An Idea Whose Time Has Come." In *Economics, Culture and Education: Essays in Honour of Mark Blaug,* ed., Shaw, G. K., Cheltenham: Edward Elgar Publishing, 1991: 155-70.

Barr, N. *The Welfare State as Piggy Bank.* Oxford: Oxford University Press, 2001.

Barr, N. and Crawford, I. *Financing Higher Education: Answers from the UK.* Abington & New York: Routledge, 2005.

Becher, T. *Academic Tribes and Territories: Intellectual Enquiry and the Culture of Disciplines.* Milton Keynes: SRHE/OUP, 1989.

Becher, T. "Graduate Education in Britain: View from the Ground." In *The Research Foundations of Graduate Education.,* ed., Clark, B. R. Los Angeles: University of California Press, 1993.

Becher, T., Henkel, M., and Kogan M. *Graduate Education in Britain.* London: Jessica Kingsley Publishers, 1994.

Becher, T. and Kogan, M. *Process and Structure in Higher Education.* London: Heinemann, 1980.

Bekhradnia, B. *Credit Accumulation and Transfer, and the Bologna Process: An Overview.* Oxford: Higher Education Policy Institute, 2004.

Bell, R. and Tight, M. *Open Universities: A British Tradition?* Buckingham: SRHE/OUP, 1993.

Beloff, M. *The Plateglass Universities.* London: Secker & Warburg, 1968.

Bennett, R., Glennerster, H., and Nevinson, D. "Investing in Skill: To Stay on or Not to Stay on?" In *Oxford Review of Economic Policy,* vol.8, 1992: 1-28.

Berdahl, R. *British Universities and the State.* Berkeley: University of California Press, 1959.

Birley, D. "Higher Education Institutions." In Entwistle, N., ed. *Handbook of Educational Ideas and Practices.* London and New York: Routledge, 1990: 478-488.

Birnbaum, R. "Governance and Management: U.S. Experiences and Implications for Japan's Higher Education."『大学運営の構造改革』広島大学高等教育研究開発センター,

2004: 1-25.
Bishop, A. S. *The Rise of Central Authority for English Education*. Cambridge: Cambridge University Press, 2008.
Blunkett, Rt Hon David MP Secretary of State for Education and Employment. *A Speech: Modernising Higher Education – Facing the Global Challenge, 15th February.* London: DfEE, 2000.
Board of Education. *Report of the Consultative Committee on Secondary Education: with Special Reference to Grammar Schools and Technical High Schools.* London: His Majesty's Stationery Office (HMSO), 1938.
Board of Education. *Curriculum and Examinations in Secondary Schools: Report of the Committee of the Secondary School Examinations Council Appointed by the President of the Board of Education in 1941.* London: Her Majesty's Stationery Office (HMSO), 1943.
Bok, D. *Universities in the Marketplace: The Commercialization of Higher Education.* Princeton: Princeton University Press, 2003.
Bolton, P. and Sociald General Statics. *Education : Historical Statics.* London : House of Commons Library, 2012.
Bowen, H. *The Finance of Higher Education.* Carnegie Commission on Higher Education. New York: McGraw-Hill, 1968.
Braun, D. "New Managerialism and the Governance of Universities in a Comparative Perspective." In Braun, D. and Merrien, F., eds. *Towards a New Model of Governance for Universities?* London: Jessica Kingsley, 1999: 239-61.
Brennan, J. "The Changing Nature and Functions of Higher Education." In Entwistle, N., ed. *Handbook of Educational Ideas and Practices.* London and New York: Routledge, 1990: 274-285.
Brian, R. and Nigel, B. *The Future Size and Shape of the UK Higher Education Sector in the UK: A Report Arising from the First Phase of the Project Commissioned by Universities UK.* London: UUK, 2008.
Brock, M. G. and Curthoys, M. C., eds. *The History of the University of Oxford.* Oxford: Oxford University Press (OUP), 2000.
Brook, N. and Parry, A. "The Influence of Higher Education on the Assessment of Students of Physiotherapy." In *Assessment and Evaluation in Higher Education*, 10, no. 2. 1985: 131-146.
Brooke, C. *Oxford and Cambridge.* Cambridge: Cambridge University Press, 1988.
Brooke, C. N. L. *A History of the University of Cambridge.* Cambridge: Cambridge University Press, 1995.
Brooks, R. *Contemporary Debates in Education: A Historical Perspective.* London: Longman, 1991.
Brown, R. *Quality Assurance in Higher Education: The UK Experience since 1992.* Abingdon: RoutledgeFalmer, 2004.

Buckland, R. "Universities and Industry: Does the Lambert Code of Governance Meet the Requirements of Good Governance?" In *Higher Education Quarterly*, vol.58, no.4. 2004: 243-257.

Budge, I., McKay, D., Bartle, J., and Newton, K., eds. *The New British Politics*. Fourth edition. Essex: Pearson Education Limited, (first ed. 1998) 2007.

Burgess, T. and Pratt, J. *Policy and Practice: Colleges of Advanced Technology*. London: Allen Lane the Penguin Press, 1970.

Butler, D. and Butler, G. *British Political Facts 1900-1994*. Seventh edition. London: Macmillan Press, 1994.

Callender, C. and Kempson, E. *Student Finances. Income, Expenditure and Take-up of Student Loans*. London: Policy Studies Institute, 1996.

Carswell, J. *Government and the Universities 1960-1980*. Cambridge: Cambridge University Press, 1985.

Catto, J., ed. *The History of the University of Oxford*. Oxford: Oxford University Press, 1994.

Cave, M., Dodsworth, R., and Thompson, D. "Regulatory Reform in Higher Education in the UK: Incentives for Efficiency and Product Quality." In *Oxford Review of Economic Policy*, 8, 1992: 79-102.

Chapman, A.W. *The Story of a Modern University: A History of the University of Sheffield*. London: Oxford University Press, 1955.

Chitty, C. *Education Policy in Britain*. London: Palgrave Macmillan, 2004.

Clarendon Press. *Handbook to the University of Oxford*. Oxford: Clarendon Press, 1964.

Clark, A. *Register of the University of Oxford, vol.2, 1571-1622* (Oxford History Society, xi, 1887), Oxford Archives, Matriculation Register, 1615-1647.

Clark, B. *The Higher Education System: Academic Organization in Cross-National Perspective*. California: University of California Press, 1983.

Clark, B.R. *Creating Entrepreneurial Universities*. Oxford: Elsevier Science, 1998.

Clark, T. *Summary Background Paper Prepared for the Policy Forum on Higher Education Access and Success in the UK and the USA: Widening Access to UK Higher Education*. 2000. (Unpublished)

Clark, T. *OECD Thematic Review of Tertiary Education: Country Report: United Kingdom*. London: DfES, 2006.

Clark, T. "The Impact of Reforms on the Quality and Responsiveness of Universities in the United Kingdom." In *Higher Education Management and Policy*, 21(2). OECD, 2009: 116-54.

Coffield, F. and Williamson, B., eds. *Repositioning Higher Education*. Buckingham: SRHE, 1997.

Cohen, M. and Olsen, J. *Leadership and Ambiguity*. Boston: Harvard Business School Press, 1987.

Committee of Vice-Chancellors and Principals of the UK Universities (CVCP). *A Note on University Policy 1947-56*. London: CVCP, 1957.

CVCP. *Report of the Steering Committee for Efficiency Studies in Universities*. London: CVCP, 1985.

CVCP. *The State of the Universities.* London: CVCP, 1991.
CVCP. *The Growth in Student Numbers in British Higher Education, Briefing Note, February,* London: CVCP, 1995.
CVCP. *Higher Education Statistics Autumn 1996,* London: CVCP, 1996.
CVCP. *Higher Education Statistics Autumn 1996.* London: CVCP, 1997.
Committee on Higher Education. *Higher Education: Report of the Committee Appointed by the Prime Minister under the Chairmanship of Lord Robbins 1961- 63. Cmnd. 2154.* London: Her Majesty's Stationery Office, 1963. (Appendix I — The demand for places in higher education; II — Students and their education (2 vols.); III — Teachers in higher education; IV — Administrative, financial and economic aspects of higher education; V — Higher education in other countries. は、1963-64 年の間に出版された)
Confederation of British Industry (CBI). *Towards a Skills Revolution.* London: CBI, 1989.
Cotgrove, S. F. *Technical Education and Social Change.* London: Allen & Unwin, 1958.
Council for National Academic Awards (CNAA). *Partnership in Validation.* London: CNAA, 1975.
CNAA. *Annual Report 1980.* London: CNAA, 1981.
CNAA. *Annual Report 1984-85.* London: CNAA, 1986.
Coxall, B. and Robins, L. *Contemporary British Politics.* Third edition. Basingstoke & New York: Palgrave, 1998.
Lord Croham, D. *Review of the University Grants Committee:* Presented to Parliament by the Secretary of State for Education and Science, the Secretary of State for Northern Ireland and the Secretary of State for Scotland by Command of Her Majesty. *Cmnd 81.* London: HMSO, 1987.
Crosland, A. Speech by the Secretary of State for Education and Science at Lancaster University, 20 January 1967.In *Polytechnics: A report.* Pratt, J. and Burgess, T. eds., London: Pitman, 1974.
Dahrendorf, R. LSE: *A History of the London School of Economics and Political Sciences, 1895-1995.* Oxford: OUP, 1995.
D'Andrea, V. and Goslin, D.W. "University Education." In the *Education in the United Kingdom: Structures and Organisation.* ed., Gearon, L., London: David Fulton Publishers, 2002: 169-182.
Dearlove, J. "Collegiality, Managerialism and Leadership in English Universities." In *Tertiary Education and Management,* vol.1, no.2. 1995: 161-169.
Dent, H.C. *British Education.* London: Longmans, 1955.
Dent, H.C. *The Education Act, 1944: Provisions, Regulations, Circulars, Later Acts.* London: London University Press, 1962.
Dent, H.C. *Education in England and Wales.* London: Hodder and Stoughton, 1982.
Department for Education (DFE). *Statistics of Education: Further Education, Higher Education in*

Polytechnics and Colleges 1991/92. London: HMSO, 1994.

Department for Education and Employment (DfEE). *Student Numbers in Higher Education - Great Britain 1982/83 to 1992/93.* London: DfEE, 1994.

DfEE. *Education Statistics for the United Kingdom 1994., ed.* London: HMSO, 1995(a).

DfEE. *Statistical Bulletin 13/94, DfEE Budget Briefing,* London: HMSO, 1995(b).

DfEE. *The Learning Age and Higher Education in the 21st Century: Response to the Dearing Report.* London: DfEE, 1998.

DfEE. *Departmental Report: The Government's Expenditure Plans 1996-97 to 1998-99.* Cm. 3210, London: HMSO, 1999.

Department for Education and Skills (DfES). *The Future of Higher Education: Presented to Parliament by the Secretary of State for Education and Skills by Command of Her Majesty January 2003. Cm. 5735.* Chapter 7, London: DfES, 2003(a).

DfES. Press Notice 2003/0062 *Clark Announces Plans for Widening Participation in Higher Education* 8 April 2003(b).

DfES. *Widening Participation in Higher Education.* April 2003(c).

DfES. *Departmental Report, 2006.* London: DfES, 2006(a).

DfES. "Participation Rates in Higher Education: Academic Years 1999/2000-2004/2005." London: DfES, 2006(b).

Department of Education and Science (DES). *A Higher Award in Business Studies: Report of the Advisory Sub-Committee on a Higher Award in Business Studies.* London: HMSO, 1964.

DES. *A Plan for Polytechnics and Other Colleges.* London: HMSO, 1966.

DES. *Education: A Framework for Expansion.* Cmnd. 5174. London: HMSO, 1972.

DES. *Higher Education: Meeting the Challenge.* London: HMSO, 1987(a).

DES. *Changes in Structure and National Planning for Higher Education: Contracts between the Funding Bodies and Higher Education Institutions.* London: HMSO, 1987(b).

DES. *Changes in Structure and National Planning for Higher Education: Polytechnics and Colleges Sector.* London: HMSO, 1987(c).

DES. *Top-Up Loans for Students.* Cm. 520. London: HMSO, 1988.

DES. *Aspects of Higher Education in the United States of America: A Commentary by Her Majesty's Inspectorate.* London: HMSO, 1989.

DES; Scottish Office; Northern Ireland Office; Welsh Office. *Higher Education: A New Framework.* London: HMSO, 1991.

DES. *Department of Education and Science News,* 17 September. London: DES, 1991.

Dill, D. "Academic Accountability and University Adaptation: The Architecture of an Academic Learning Organization." In *Higher Education,* 38(2). 1999: 127-154.

Dudgeon, P. *The Virgin Alternative Guide to British Universities.* London: Virgin Books, 2004.

Dugdale, K. "Mass Higher Education: Mass Graduate Employment in the 1990s." In *Beyond the First Degree: Graduate Education Lifelong Learning and Careers.* ed., Burgess, R.G., Bristol:

SRHE/OUP, 1997: 142-167.
Economic and Social Research Council (ESRC). *Commission on Management Research: Building Partnerships-Enhancing the Quality of Management Research.* Swindon: ESRC, 1994.
Education Reform Act 1988 : *Chapter 40* (Be it enacted by the Queen's most Excellent Majesty, by and with the advice and consent of the Lords Spiritual and Temporal, and Commons, in this present Parliament assembled, and by the authority of the same.)
Ellison, N. "From Welfare State to Post-welfare Society? Labour's Social Policy in Historical and Contemporary Perspective." In *New Labour in Power: Precedents and Prospects.* eds., Brivati, B. and Bale, T., London: Routledge, 1997: 34-65.
Entwistle, N., ed. *Handbook of Educational Ideas and Practices.* London & New York: Routledge, 1990.
Eustace, R. "United Kingdom." In the *Encyclopedia of Higher Education,* Burton, eds., R. C. and Neave, G., Vol. 1. National Systems of Higher Education. 1992: 217-224, Oxford: Pergamon Press.
Evans, G. R. "How to Run a University." In *Higher Education Review,* 38, no. 3, 2006: 37-52.
Farrington, D.J. *The Law of Higher Education,* Second edition (First ed. In 1994). London, Edinburgh, Dublin: Butterworths, 1998.
Farish, M. et al. *Equal Opportunities in Colleges and Universities: Towards Better Practices.* Bristol: SRHE/OUP, 1995.
Fitz, J. and Beers, B. *Education Management Organizations and the Privatization of Public Education: A Cross-National Comparison of the USA and the UK,* Occasional Paper No. 22. New York: Columbia University, National Center for the Study of Privatization in Education, 2001.
Foster, D. and King, R. "The University of Humberside." In *Higher Education in a Post-binary Era: National Reforms and Institutional Responses.* ed., Teather, D. C. B., London: Jessica Kingsley Publishers, 1999: 110-133.
Gamble, A. "Privatization, Thatcherism and the British State" In the *Journal of Law and Society,* vol.16, no.1, 1988: 1-20.
Gay, H. *The History of Imperial College London 1907-2007: Higher Education and Research in Science, Technology and Medicine.* London: Imperial College Press, 2007.
Gearon, L., ed. *Education in the United Kingdom: Structures and Organisation.* London: David Fulton Publishers, 2002.
Geiger, R. L. *Private Sectors in Higher Education: Structure, Function, and Change in Eight Countries.* Ann Arbor: University of Michigan Press, 1986.
Gordon, P., Aldrich, R., and Dean, D. *Education and Policy in England in the Twentieth Century.* London and Oregon: Woburn Press, 1991.
Green, A. *Education and State Formation: The Rise of Education Systems in England, France and the USA.* London: MacMillan, 1990.

Greenway, D. and Haynes, M. *Funding Universities to Meet National and International Challenges*, London: School of Economics Policy Report, 2000.

De Groof, J., Neave, G., and Svec, J. *Democracy and Governance in Higher Education: Legislative Reform Programme for Higher Education and Research Council of Europe*. Hague, London, Boston: Kluwer Law International, 1998.

Halsey, A. H. *Decline of Donnish Dominion: The British Academic Professions in the Twentieth Century.* Oxford: OUP, 1992.

Halsey, A. H. "Opening Wide the Doors of Higher Education." In *National Commission on Education, Briefings for the Paul Hamlyn Foundation National Commission on Education.* London: Heinemann, 1993: 77-88.

Halsey, A. H. and Trow, M.A. *The British Academics.* Cambridge: Harvard University Press, 1971: 60.

Harper Adams University College. *Annual Report and Financial Statements 2007/2008.* Newport: Harper Adams University College, 2008.

Harris, E. "Higher Education: A Questions of Access." In Prickett, S. and Erskine-Hill, P. *Education! Education! Education!: Managerial Ethics and the Law of Unintended Consequences.* Thorverton: Imprint Academic, 2002: 39-48.

Hartley, D. "Ideology and Organizational Behavior." In the *International Studies of Management and Organisation,* 13(3), 1983: 24-36.

Heinz, W. "Job-Entry Patterns in a Life-Course Perspective." In *From Education to Work: Cross-National Perspectives.* ed., Heinz, W., Cambridge: Cambridge University Press, 1999: 214-234.

Henkel, M. *Academic Identities and Policy Change in Higher Education* (Higher Education Policy Series 46). London and Philadelphia: Jessica Kingsley Publishers, 2000: 29-238.

Henkel, M. "Changes in the Governance and Management of the University: The Role of Governments and Third-party Agencies." In *Changing Governance in Higher Education: Incorporation, Marketisation, and Other Reforms - A Comparative Study.* Research Institute for Higher Education, 2007: 3-14.

Her Majesty's Inspectorate (HMI). *Higher Education in the Polytechnics and Colleges: Computing and mathematics.* London: HMSO, 1990.

HMI. *Higher Education in the Polytechnics and Colleges.* London: HMSO, 1991.

Her Majesty's Stationery Office (HMSO). *Education Act 1962: Chapter 12.* London: HMSO, 1963.

HMSO. *Higher Education: Meeting the Challenge.* London: HMSO, 1987.

HMSO. *Education Reform Act 1988.* London: HMSO, 1989.

HMSO. *Education Act 1990.* London: HMSO, 1990.

HMSO. *Further and Higher Education Act 1992.* London: HMSO, 1993.

HMSO. *Teacher and Higher Education Act 1998: Chapter30.* London: HMSO, 1999.

HMSO. *Higher Education Act 2004: Chapter 8*. London: HMSO, 2005.
Her Majesty's Treasury, Department of Trade and Industry(DTI), & Department for Education and Science(DfES). *Science & Innovation Investment Framework 2004-2014 Appendix C. "The Government's Response to the Lambert Review."*, London: The Stationery Office, 2004.
Her Majesty's Treasury. *Gowers Review of Intellectual Property.* London: The Stationery Office, 2006.
Higher Education Funding Council for England (HEFCE). *Challenge and Achievement: Annual Report 1995-96*. Bristol: HEFCE, 1996(a).
HEFCE. *Recurrent Grant for the Academic Year 1998-99: Financial Allocations,* Circular 21/96. Bristol: HEFCE, 1996(b).
HEFCE. *Profiles of Higher Education Institutions.* Bristol: HEFCE, 1997.
HEFCE. *Funding Higher Education in England: How the HEFCE Allocates Its Funds.* Bristol: HEFCE, 1998.
HEFCE. *HEFCE Current Funding Principles.* Bristol: HEFCE, 1999(a).
HEFCE. *Funding Higher Education in England in 1997-98.* Bristol: HEFCE, 1999(b).
HEFCE. *Profiles of Higher Education Institutions.* Bristol: HEFCE, 1999(c).
HEFCE. *Academic Staff: Trends and Projections.* Bristol: HEFCE, 2002(a).
HEFCE. *Supply and Demand in Higher Education.* Bristol: HEFCE, 2002(b).
HEFCE. *Realising a Vision for Higher Education: Annual Review 2002-03,* Bristol: HEFCE, 2003.
HEFCE. *Developing the Funding Method for Teaching from 2004-05.* Bristol: HEFCE, 2004(a).
HEFCE. *Funding Method for Teaching from 2004-05: Outcomes of Consultation.* Bristol: HEFCE, 2004(b).
HEFCE. *Higher Education in the United Kingdom. (Revised),* Bristol: HEFCE, 2004(c).
HEFCE. *Recurrent Grants for 2003-04.* Bristol: HEFCE, 2004(d).
HEFCE. *Funding Higher Education in England: How the HEFCE Allocates Its Funds.* Bristol: HEFCE, 2005(a).
HEFCE. *HEFCE Staff Employed at HEFCE Funded HEIs: Trends, Profiles and Projections. 2005/23.* Bristol: HEFCE, June 2005(b).
HEFCE. *Higher Education in the UK.* Bristol: HEFCE, 2005(c).
HEFCE. *Schooling Effects on Higher Education Achievement: Further Analysis – Entry at 19.* Bristol: HEFCE, 2005(d).
HEFCE. *Funding Higher Education in England in 2004-05,* Bristol: HEFCE, 2006(a).
HEFCE. *The Higher Education Workforce in England: A Framework for the Future, July 2006/21,* Bristol: HEFCE, 2006(b).
HEFCE. *Foundation Degrees Key Statistics 2001-02 to 2006-07.* Bristol: HEFCE, 2007(a).
HEFCE. *Higher Education-business and Community Interaction Survey 2004-05 and 2006-07,* 2007/17, Bristol: HEFCE, 2007(b).

HEFCE. *Who We Are and What We Do,* July 2007/16. Bristol: HEFCE, 2007(c).

Higher Education Policy Institute (HEPI). *Modernising Human Resource Management in Higher Education.* Oxford: HEPI, 2005.

Higher Education Quality Council (HEQC). *The Report of the HEQC CAT Development Project, Choosing to Change: Extending Access, Choice and Mobility in Higher Education.* Gloucester: HEQC, 1994.

HEQC. *Graduate Standards Programme; Interim Report.* London: HEQC, 1995.

HEQC. *Inter-institutional Variability of Degree Results: An Analysis in Selected Subjects, Graduate Standards Programme.* London: HEQC, 1996.

Higher Education Statistics Agency (HESA). *Resources of Higher Education Institutions 1971/72.* Bristol: HESA, 1973.

HESA. *Resources of Higher Education Institutions 1980/81.* Bristol: HESA, 1982.

HESA. *Resources of Higher Education Institutions 1990/91.* Bristol: HESA, 1992.

HESA. *Higher Education Statistics for the United Kingdom 1992/93.* Bristol: HESA, 1995.

HESA. *Resources of Higher Education Institutions 1994/95.* Bristol: HESA, 1996(a).

HESA. *Students in Higher Education Institutions 1994/95.* Cheltenham: HESA, 1996(b).

HESA. *Students in Higher Education Institutions 1997/98.* Cheltenham: HESA, 1999.

HESA. *Students in Higher Education Institutions 1999/2000.* Cheltenham: HESA, 2001.

HESA. *Financial Statistics Return 2001/02.* Cheltenham: HESA, 2002(a).

HESA. *Students in Higher Education Institutions 2000/01.* Cheltenham: HESA, 2002(b).

HESA. *Resources of Higher Education Institutions 2000/01.* Cheltenham: HESA, 2002(c).

HESA. *Financial Statistics Return 2001/02.* Cheltenham: HESA, 2003(a).

HESA. *Reference Volume Resources of Higher Education Institutions 2001/02.* Cheltenham: HESA, 2003 (b).

HESA. *Students in Higher Education Institutions 2001/02.* Cheltenham: HESA, 2003(c).

HESA. *Resources of Higher Education Institutions 2003/04.* Cheltenham: HESA, 2005.

HESA. *Reference Volume Resources of Higher Education Institutions 2008/09.* Cheltenham: HESA, 2010.

HESA. *Students in Higher Education Institutions 2008/09.* Cheltenham: HESA, 2010.

Huddleston, P. and Unwin, I. *Teaching and Learning in Further Education: Diversity and Change.* London & New York: Routledge, 1997.

International Centre for Higher Education Research. *The Changing Academic Profession (CAP): Tables by Country - Advanced Countries.* Kassel: ICHER, 2007（unpublished paper）.

Jackson, N. "Benchmarking in UK HE: an overview." In *Quality Assurance in Education*, vol.9, Issue. 4, 2001: 218-235.

Jary, D. and Parker, M. *The New Higher Education: Issues and Directions for the Post-Dearing University.* Stoke on Trent: Staffordshire University Press, 1998.

Johnes, G. "Standards and Grade Inflation." In *International Handbook on the Economics of*

Education, eds., Johnes, G. and Johnes J., Cheltenham and MA: Edward Elgar Publishing, 2004: 462-483.

Johnstone, D.B. *Sharing the Costs of Higher Education: Student Financial Assistance in the United Kingdom, the Federal Republic of Germany, France, Sweden, and the United States.* New York: College Entrance Examination Board, 1986.

Johnstone, D.B. *High Tuition-High Aid Model of Public Higher Education Finance: The Case Against.* Albany: Office of the SUNY Chancellor, 1992(a).

Johnstone, D.B. "Tuition Fees." In *The Encyclopedia of Higher Education,* eds., Clark, B. R. and Neave, G., Vol.2, London: Pergamon Press, 1992(b): 1501-1509.

Johnstone, D.B. "The Costs of Higher Education: Worldwide Issues and Trends for the 1990s." In Altbach, P.G. and Johnstone, D.B., eds. *The Funding of Higher Education: International Perspectives.* New York: Garland Press, 1993: 3-24.

Jones, D. *The Origins of the Civic Universities.* London: Routledge and Kegan Paul, 1988.

Jones, K. *Education in Britain: 1944 to the present.* Oxford: Blackwell, 2003.

Jones, T. *Remaking the Labour Party: From Gaitskell to Blair.* London: Routledge, 1996.

Kehm, B. and Teichler, U. "Federal Republic of Germany", In Clark, B. R. and Neave, G., eds. *The Encyclopedia of Higher education, vol.i. National Systems of Higher Education.* Oxford: Pergamon Press, 1992: 240-259.

King, A., ed. *The British Prime Minister.* London: Macmillan Press, 1985.

Kogan, M. "The Political View." In *The Perspectives on Higher Education: Eight Disciplinary and Comparative Views.* ed., Clark, B.R., Berkeley: University of California Press, 1987: 56-78.

Kogan, M. and Hanney, S. *Reforming Higher Education.* London: Jessica Kingsley Publishers, 2000.

Kolbert, J. M. *Keele: The First Fifty Years.* Keele: Melandrium Books, 2000.

Lambert, R. *Lambert Review of Business - University Collaboration: Final Report.* London: H.M. Treasury, 2003.

Lapworth, S. "Arresting Decline in Shared Governance: Towards a Flexible Model for Academic Participation." In the *Higher Education Quarterly,* Vol.58, No.4. 2004: 299-314.

Lawton, D. *Class, Culture and the Curriculum.* London: Routledge and Kegan Paul, 1975.

Lawton, D. *Education and Politics in the 1990s: Conflict or Consensus?* London: Longman, 1992.

Lawton, D. *Education and Labour Party Ideologies: 1900-2001 and Beyond.* Abingdon: Routledge/Falmer, 2005.

Layard, R., King, J., and Moser, C. *The Impact of Robbins.* Harmondsworth: Penguin Books, 1969.

Leach, J., ed. *The Guardian University Guide 2006.* London: Guardian Books, 2005.

Leach, J., ed. *The Guardian University Guide 2010.* London: Guardian Books, 2009.

Leedham-Green, E. A *Concise History of the University of Cambridge.* Cambridge: Cambridge University Press, 1996.

Leitner, E. "Unequal competition: Access to Universities and Fachhochshulen in Austria between

Open Door and Selectivity." In the *European Journal of Education,* vol. 31, no.3, 1996: 259-272.

Levitas, R., ed. T*he Ideology of the New Right.* London: Polity Press, 1986.

Lionel, T. *Men in Groups.* New York: Random House, Inc., 1969.

Little, A. W. and Wolf, A. eds. *Assessment in Transition.* Oxford: Pergamon Press, 1996.

Locke, W. and Bennion, A. "Teaching and Research in English Higher Education: New Divisions of Labour and Changing Perspectives on Core Academic Roles." In *The Changing Academic Projession over 1992-2007: International, Comparative, and Quantitative Perspectives – Report of the International Conference on the Changing Academic Profession Project, 2009.* ed., Research Institute for Higher Education, 231-252. RIHE, 2009.

Lowe, R., ed. *History of Education: Major Themes,* vol. 1-vol. 4, London: Routledge/Falmer, 2000.

Macfarlane, E. *Sixth Form Colleges.* London: Heineman Educational Books, 1978.

Mackie, D., Martin, J., and Thomson, K. "Autonomy Versus Accountability: Maintaining the Delicate Balance." In *Tertiary Education and Management,* vol.1, no. 1, 1995: 62-71.

Mackinnon, D., ed. *Education in the UK: Facts & Figures.* London: OUP, 1996.

Maclure, J. S. *Educational Documents, England and Wales 1816-1968.* London: Methuen, 1969.

Matterson, A. *Polytechnics and Colleges.* London and New York: Longman, 1981.

Mccaffery, P. *The Higher Education Manager's Handbook: Effective Leadership and Management in Universities and Colleges.* London & NY: RoutledgeFalmer, 2005.

McDougall, R. *Educational Innovation in the Polytechnic.* London: NELP, 1973.

McNay, I. "From the Collegial Academy to Corporate Enterprise: The Changing Cultures of Universities." In Schuller, T., ed. *The Changing University?* SRHE/OUP, 1995: 105-115.

Mill, J.S. "Inaugural Address Delivered to the University of St. Andrews (1867)" In Robson, J.M., ed. *Essays on Equality, Law, and Education by John Stuart Mill.* 1984: 215-258.

Ministry of Education. *15 to 18, A Report of the Central Advisory Council for Education (England),* Vol. 1. Report, London: HMSO, 1959.

Ministry of Education. *Technical Education.* Cmnd. 9703. London: Her Majesty's Stationery Office, 1956, reprinted 1963.

Moodie, G. "Buffer, Coupling and Broker: Reflections on 60 Years of the UGC." *In Higher Education,* vol. 12, 1983: 331-347.

Morphew, C. Institutional Diversity, Program Acquisition and Faculty Members: Examining Academic Drift at a New Level, *Higher Education Policy,* 2000, vol.13, 55-78.

Morris, A. "The UGC and the Mystery of the Quinquennial Cake." In the *Times Higher Education Supplement,* 21 July 1972.

Morris, C. "Second Thoughts on Robbins: A Question of Size and Shape." *Universities Quarterly,* 18, no. 2. 1964: 128.

Morris, J. *The Oxford Book of Oxford.* Oxford: Oxford University Press, 1978.

Morris, M. "Student Aid in Sweden: Recent Experience and Reforms." In *Financial Support for*

Students: Grants, Loans or Graduate Tax? ed., Woodhall, M., London: Kogan Page, 1989.

Mottidge, G., ed. *How to Get into Oxford and Cambridge: Beating the Boffins.* Cambridge: PGR Publishing, 1998.

Mountford, J. *British Universities.* London, New York, Toronto: Oxford University Press, 1966.

Murray, J. "Napier University." In *Higher Education in a Post-binary Era: National Reforms and Institutional Responses.* ed., Teather, D. C. B., London: Jessica Kingsley Publishers, 1999: 134-157.

National Committee of Inquiry into Higher Education (NCIHE). *Higher Education in the Learning Society: Report of the National Committee.* London: HMSO, 1997.

Neave, G. "On the Cultivation of Quality, Efficiency and Enterprise: An Overview of Recent Trends in Higher Education in Western Europe 1986–1988." In *European Journal of Education,* vol. 23, nos. 2-3, 1988: 7-23.

Office for National Statistics. *Social Trends.* London: The Stationery Office, 1997.

O'Leary, J., ed. *The Times Good University Guide 2003.* London: HarperCollins Publishers, 2003.

Organisation for Economic Co-Operations and Development (OECD). *Education at a Glance: OECD Indicators 2002.* Paris: OECD, 2002, Table A2.2.

OECD. *Education Policy Analysis.* OECD, 2003.

OECD. *Financial management and governance in HEIs: England.* OECD, 2004.

Owen, T. "The University Grants Committee." In *Oxford Review of Education,* vol.6, no. 3, 1980: 255-278.

Perkin, H. *New Universities in the United Kingdom - Case Studies on Innovation in Higher Education.* OECD. Paris: OECD, 1969.

Perkin, H. "The Academic Profession in the United Kingdom." In *The Academic Profession: National, Disciplinary and Institutional Settings,* ed., Clark, B.R., Berkeley, Los Angeles and London: University of California Press, 1987: 13-59.

Perkin, H. "Dream, Myth and Reality: New Universities in England 1960-90." In *Higher Education Quarterly,* vol.45, no. 4, 1991: 294-310.

Pollitt, C. *Managerialism and the Public Services: Cuts or Cultural Change in the 1990s?* Oxford: Blackwell, 1993.

Polytechnic and Colleges Funding Council (PCFC). *Funding Choices.* London: PCFC, 1989.

PCFC. *Recurrent Funding and Equipment Allocations for 1990-91.* London: PCFC, 1990.

PCFC. *Funding Allocations 1991-92.* Information Document. London: PCFC, 1991.

Pratt, J. *The Polytechnic Experiment: 1965-1992.* Milton Keynes: SRHE/OUP, 1997.

Pratt, J. "The Emergence of the Colleges." In Smithers, A. and Robinson, P., eds. *Further Education Reformed.* London: Falmer Press, 2000: 13-25.

Pratt, J. and Burgess, T. *Polytechnics: A Report.* London: Pitman, 1974.

Pratt, J. and Hillier, Y. *Bidding for Funds in the PCFC Sector.* London: Centre for Higher Education Studies, Institute of Education, University of London, 1991.

Pratt, J. and Locke, M. "Maintaining Diversity: Strategic Plans as a Basis for Funding." In *Higher Education Review,* vol.26, no. 43, 1994: 39-50.

Pratt, J. and Silverman, S. *Responding to Constraint – Policy and Management in Higher Education.* Buckingham: SRHE/OUP, 1988.

Prickett, S. and Erskine-Hill, P. *Education! Education! Education!: Managerial Ethics and the Law of Unintended Consequences.* Thorverton: Imprint Academic, 2002.

Prowle, M. and Morgan, E. *Financial Management and Control in Higher Education.* London: The Falmer Press, 2005.

Psacharopoulos, G. and Woodhall, M. *Education for Development: An Analysis of Investment Choices.* Oxford: OUP, 1985.

Qualifications and Curriculum Authority (QCA). *The National Qualifications Framework.* London: QCA, 2006.

Quality Assurance Agency for Higher Education (QAA). *Graduate Standards Programme: Assessment in Higher Education and the Role of 'Graduateness'.* Gloucester: QAA, 1997.

QAA. *Quality Assurance in UK Higher Education: Proposals for Consultation.* Gloucester: QAA, 2001.

QAA. *Strategic Plan 2003 – 05.* Gloucester: QAA, 2004.

QAA. *The Framework for Higher Education Qualification in England, Wales and Northern Ireland: FHEQ.* Gloucester: QAA, 2008.

Raines, P. and Leathers, C. *The Economic Institutions of Higher Education: Eonomic Theories of University Behavior,* Cheltenham and Northampton: Edward Elgar Publishing Limited, 2003.

Ramsden, B. and Brown, N. *The Future Size and Shape of the UK Higher Education Sector in the UK: A Report Arising from the First Phase of the Project Commissioned by Universities UK.* London: UUK, 2008.

Reid, I. *The Sociology of the School and Education.* London: Fontana, 1986.

Ribbins, P. and Sherratt, B. *Radical Educational Policies and Conservative Secretaries of State.* London: Cassell, 1997.

Richardson, W. "Educational Studies in the United Kingdom, 1940-2002." In the *British Journal of Educational Studies,* vol.50, no.1, 2002: 3-56.

Ridder-Symoens, H. D. *A History of the University in Europe. Vol. I: Universities in the Middle Ages.* Cambridge: Cambridge University Press, 2004.

Robbins, L. *Higher Education Revisited.* London: Macmillan, 1980.

Roberts, G. *SET for Success: The Supply of People with Science, Technology, Engineering and Mathematics Skills – The Report of the Sir Gareth Roberts Review.* London: HM Treasury, 2002: 34-35.

Robertson, D. *Choosing to Change; Extending Access, Choice and Mobility in Higher Education.* London: HEQC, 1994.

Robinson, E. *The New Polytechnics*. Harmondsworth: Penguin, 1968.
Roff, A. and Lusty, J. "The Development of a Franchised Part-Time Degree Programme: The Local Integrated Colleges Scheme." In *Further and Higher Education Partnerships: The Future for Collaboration*, eds., Abramson, M., Bird, J., and Stennett, A., Milton Keynes: SRHE/OUP, 1996: 138-153.
Ross, A. "Access to Higher Education: Inclusion for the Masses?" In the *Higher Education and Social Class: Issues of exclusion and inclusion*. eds., Archer, L., Hutchings, M. and Ross, A. London and New York: Routledge/Falmer, 2003: 45-74.
Rothblatt, S. *Tradition and Change in English Liberal Education*. London: Faber and Faber, 1976.
Royal Commission on Education. *Schools Inquiry*, London: HMSO, 1868.
Ruegg, W., ed. *A History of the University in Europe*. Vol. I-III, Cambridge: Cambridge University Press, 2004.
Russell, C. *Academic Freedom*. London: Routledge, 1993.
Sabben-Clare, J. *Winchester College*. Winchester: P. & G. Wells, 1981.
Sanderson, M. *The Universities and British Industry 1850-1970*. London: Routledge & Kegan Paul, 1972.
Santinelli, P. "Research Income Underlines Binary Divide." In the *Times Higher Education Supplement*. 23 December 1994, 12.
Schuller, T., ed. The Changing University? Buckingham: SRHE/OUP, 1995.
Scott, P. "Hopes and Fears of twenty years." In the *Times Higher Education Supplement*, 28 October 1983: 6.
Scott, P. T*he Meaning of Mass Higher Education,* Milton Keynes: SRHE/OUP, 1995.
Scott, P. "Unified and Binary Systems of Higher Education in Europe." In the *Goals and Purposes of Higher Education in the 21st Century*. ed., Burgen, A., London & Bristol, Pennsylvania: Jessica Kingsley Publishers, 1996: 37-54.
Scott, P. *The Globalization of Higher Education*. Buckingham: SRHE/OUP, 1998.
Scott, P. "A Tale of Three Revolutions? Science, Society and the University." In the *Higher Education Re-formed*. ed, Scott, P., London & New York: Falmer Press, 2000: 190-206.
Sebkova, H. "Access to Higher Education in the Czech Rebpublic." In the *European Journal of Education*, vol. 31, no.3, 1996: 273-289.
Shattock, M. *The UGC and the Management of British Universities*. Buckingham: SRHE/OUP, 1994.
Shattock, M. "The Creation of the University System." In *The Creation of a University System*. ed., Shattock, M. Oxford: Blackwell Publishers, 1996: 1-30.
Shattock, M. *Managing Successful Universities*. Buckingham: SRHE/OUP, 2003.
Shattock, M. "The Lambert Code: Can We Define Best Practice?" In *Higher Education Quarterly*, 0951-5224, vol. 58, no.4, 2004: 229-242.
Shattock, M. *Managing Good Governance in Higher Education*. Maidenhead: SRHE/OUP, 2006.

Shattock, M. "The Change from Private to Public Governance of British Higher Education: Its Consequences for Higher Education Policy Making 1980-2006. " *In Higher Education Quarterly*, vol.62, 2008: 181-203.

Shattock, M. and Rigby, G. *Resource Allocation in British Universities*. Guildford: SRHE, 1983.

Shinn, C. *Paying the Piper: The Development of the UGC 1919-46*. Lewes: Falmer Press, 1986.

Silver, H. *A Higher Education: The CNAA and British higher education 1964-1989*. London: Falmer Press, 1990.

Simon, B. *The Common Secondary School*. London: Lawrence and Wishart, 1955.

Simon, B. *Studies in the History of Education, 1780-1870*. London: Lawrence and Wishart, 1960.

Simon, B. *Education and the Labour Movement, 1870-1918*. London: Lawrence and Wishart, 1974.

Simon, B. *The State and Educational Change: Essays in the History of Education and Pedagogy*. London: Lawrence & Wishart, 1994.

Smith, A, and Webster, F., eds. *The Postmodern University?* Buckingham: SRHE, 1997.

Smith, L. *Education in Great Britain*. London: OUP, 1958.

Snow, C. P. *The Two Cultures and a Second Look*. Cambridge: Cambridge University Press, 1964.

Soares, J. *The Decline of Privilege: the Modernization of Oxford University*. Stanford, California: Stanford University Press, 1999.

Sporn, B. *Adaptive University Structures: An Analysis of Adaptation to Socioeconomic Environments of US and European Universities*. London: Jessica Kingsley Publishers, 1999.

Squires, G. *First Degree: The Undergraduate Curriculum*. Buckingham: SRHE/OUP, 1990.

Stewart, C. *British Universities: Dilemmas and Opportunities*. The University of Keele, 1968.

Stoddart, J. "The Shape of Degrees to Come." In *Education and Training*, vol.14. no.8., 1972: 226-227.

Stone, L., ed. *The University in Society*. Princeton & Oxford: OUP, 1974.

Tapper, T. and Palfreyman, D. *Oxford and the Decline of the Collegiate Tradition*. London: Woburn Press, 2000.

Tapper, T. and Salter, B. "Governance of Higher Education in Britain: The Significance of the Research Assessment Exercises for the Funding Council Model." In *Higher Education Quarterly*, vol.58, no. 1, 2004: 4-30.

Tasker, M. and Packham, D. "Government, Higher Education and the Industrial Ethic." In *Higher Education Quarterly*, vol.48, no. 3, 1994: 182-193.

Tawney, R. H., ed. *Secondary Education for All: A Policy for Labour for the Education Advisory Committee of the Labour Party*. London: The Labour Party, 1922.

Tawney, R. H. "The Labor Movement and Education." In The *British Labor Movement*. ed., Tawney, R. H. New Haven: Publisher for the Institute of Politics by the Yale University Press, 1925.

Taylor, P., Reid, W., and Holley, B. *The English Sixth Form: A Case Study in Curriculum Research*.

London: Routledge and Kegan Paul, 1974.
Taylor, R., Barr, J., and Steele, T. *For a Radical Higher Education: After Postmodernism.* Buckingham: SRHE/OUP, 2002.
The Times. "Defiant Labour to Erase Binary Line." In *Times Higher Education Supplement (THES).* October. 3, 1986.
The Times. *THES.* London: The Times, Feb. 4, 2004.
The Times. *Good University Guide 2006.* London: Harpercollins, 2005.
The Times. *Good University Guide 2007.* London: Price Waterhouse Coopers, 2006.
The Times. "The Hits and t he Misses." *In THES.* London: The Times, 2006(a).
The Times. *THES.* "Teaching Efforts Are Rewarded in Job." *In THES.* London: The Times, May 12, 2006(b).
The Times. *THES.* May 4, 2007: 4-6.
The Times. *THES.* Jan. 5, 2008: 8-9.
Thompson. J.H. "The Differentiation between University and other forms of HE in the UK with Particular Reference to the English Polytechnics." In *Reports from the 1984 OECD/JAPAN Seminar on Higher Education: The Changing Functions of Higher Education – Implication for Innovation. RIHE,* 1985: 83-93.
Tomlinson, M. *14-19 Curriculum and Qualifications Reform: Final Report of the Working Group on 14-19 Reform.* Nottingham: DfES Publications (ref Def-0976-2004), 2004.
Trow, M. "Second Thoughts On Robbins: A Question of Size and Shape." In *Universities Quarterly,* vol.18, no. 2, 1964: 136-152.
Trow, M. "Academic Standards and Mass Higher Education." In the *Creation of a University System.* ed., Shattock, M. London: Blackwell, 1996: 202-224.
Truscot, B. *Redbrick University.* London: Faber and Faber, 1943.
Turner, D. "The Sustainable Institution: Funding and Recruitment in the PCFC Sector." In *Higher Education Review,* vol.24, no. 2, 1992: 37-51.
United Kingdom Shareholders' Association (UKSA). *The Financial Aspects of Corporate Governance (The 'Cadbury' Report): Comments on the Draft 'Cadbury' Report.* Chislehurst: UKSA, 1992.
Universities UK (UUK). *Patterns of Higher Education Institutions in the UK: Second Report: A Report by Brian Ramsden and Nigel Brown to the Longer Term Strategy Group of Universities UK,* London: UUK, 2002.
UUK. *Study of Part-time Higher Education Strand 2 Report: A Survey of the Issues Facing Institutions by Nigel Brown Associates for UUK,* June 2006, Section 4.1.
UUK. *Patterns of Higher Education Institutions in the UK,* London: UUK, 2008.
University Grants Committee (UGC). *University Development from 1935 to 1947.* London: Her Majesty's Stationery Office, 1948.
UGC. *University Development: Interim Report on the Years 1957 to 1961.* London: HMSO, 1962.
UGC. *Returns from Universities and University Colleges in Receipt of Treasury Grant Academic Year*

1961-62 Presented to Parliament by the Chancellor of the Exchequer by Command of Her Majesty September 1963. Cmd. 2135. London: Her Majesty's Stationery Office, 1963.

UGC. *A Strategy for Higher Education into the 1990's: The UGC's Advice to the Secretary of State.* London: HMSO, 1984.

University of Cambridge. *Report of the Syndicate Appointed to Consider the Government of the University.* Cambridge: Cambridge University Press, 1989.

University of Oxford. *Annual Reports 1962-1963.* Oxford: Oxford University Press, 1964 (a).

University of Oxford. *Report of a Committee Appointed by the Hebdomadal Council to Consider Points Arising out of the Robbins Report.* Oxford: OUP, 1964 (b).

University of Oxford. *Report of a Committee Appointed by the Hebdomadal Council to Make Detailed Proposals for Carrying Out the Policy Contained in the Further Report on the Closer Integration of University Teaching and Research with the College System.* Oxford: OUP, 1964 (c).

University of Oxford. *Changes in Regulations made by Boards of Faculties.* Oxford: OUP, 1965.

University of Oxford. *Report of Commission of Inquiry,* 2 Vols. Oxford: Clarendon Press, 1966.

University of Oxford. *Oxford Prospectus.* Oxford: Oxford University Press, 1994.

University of Oxford. *News Letter of Oxford University.* Dated 14 and 28 November, 19 December 2006(a).

University of Oxford. *White Paper on University Governance.* Oxford: OUP, 2006(b).

University of Oxford. *Financial Statements 2005/06.*Oxford: OUP , 2007(a).

University of Oxford. *Oxford Outline 2007.*Oxford: OUP, 2007(b).

Utley, A. "Freedom is Worth More Than Pay." In *THES.* 24 July 1992: 5.

Venables, P. *Technical Education in Great Britain: Second Thoughts on the Robbins Report.* New York: Springer, 1965.

Venables, P. "Dualism in Higher Education." In *Universities Quarterly,* vol.20, 1966: 16-29.

Vernon, K. *Universities and the State in England, 1850-1939.* London: RoutledgeFalmer, 2004.

Wagner, L. "A Thirty-Year Perspective: From the Sixties to the Nineties." In *The Changing University?* ed., Shuller, T. Milton Keynes: SRHE/OUP, 1995: 15-24.

Walford, G. *Privatization and Privilege in Education.* London: Routledge, 1990.

Walton, J. *Learning to Succeed - A Radical Look at Education Today and a Strategy for the Future.* Accrington: Riley Books, 1993.

Walton, J. and Baker, B. "External Examiner versus Verifier." In *Capability,* vol.2. no.1. London: Higher Education for Capability, 1996: 20-29.

Warner, D. and Palfreyman, D. *The State of UK Higher Education: Managing Change and Diversity.* Buckingham: OUP, 2001.

Watson, D. *Managing the Modular Course: Perspectives from Oxford Polytechnic.* Milton Keynes: SRHE/OUP, 1989.

Watson, D. *Whatever happened to the Dearing Report? UK Higher Education 1997-2007.* London:

Institute of Education, University of London, 2007.
Watson, D. and Taylor, R. *Lifelong Learning and the University: A Post-Dearing Agenda.* London: The Falmer Press, 1998.
Weaver Report. *A Teaching Council for England and Wales.* London: HMSO, 1970.
Weiner, G. "Which of Us Has a Brilliant Career? Notes from a Higher Education Survivor." In *Working in Higher Education.* ed., R. Guthbert., Buckingham: SRHE/OUP, 1996: 58-68.
Weir, D. "Not Doing the Business." In *THES* (30 April 1993): 8.
Weko, T. *New Dogs and Old Tricks: What Can the UK Teach the US about University Education?* Oxford: Higher Education Policy Institute, 2004.
Whitchurch, C. "Administrative Managers? The Shifting Roles and Identities of Professional Administrators and Managers in UK Higher Education." In *Beyond Mass Higher Education.* Maidenhead: SRHE/OUP, 2004: 199-208.
Whitty, G., Edward, T., and Fitz, J. "England and Wales: the Role of the Private Sector." In *Private Schools in Ten Countries – Policy and Practice.* ed., Walford, G., 8-31. London: Routledge, 1989.
Williams, G. "The Economic Approach." In Perspectives on Higher Education: Eight Disciplinary and Comparative Views. ed., Clark, B., Berkley: University of California Press, 1984: 79-105.
Williams, G. *Changing Patterns of Finance in Higher Education,* Buckingham: SRHE/OUP, 1992.
Williams, G. *Paying for Education beyond Eighteen: An Examination of Issues and Options,* London: Council for Industry and Higher Education, 1996.
Wolfenden, Sir J. "The Economic and Academic Freedom of Universities." Jephcott Lecture, in *Proceedings of the Royal Society of Medicine,* vol.63: August 1970.
Wood, A.C.A. *History of the University College, Nottingham, 1881-1948.* Oxford: OUP, 1953.
Yorke, M. *Grading Student Achievement in Higher Education: Signals and Shortcomings.* London: Routledge, 2007.

日本語文献（50音順）

赤尾勝己.『生涯学習の社会学』玉川大学出版部　1998.
赤澤計眞.『イギリス封建国家論』東京：多賀出版　1992.
アシュビー，エリック.『科学革命と大学』島田雄次郎訳　玉川大学出版部　1995.
アスピノール，ロバート.「イギリスにおける研究評価とSDの課題」秦由美子編著『新時代を切り拓く大学評価―日本とイギリス』東京：東信堂　2005: 191-212.
麻生誠.『日本の学歴エリート』玉川大学出版部　1991.
阿部美哉・金子元久編.『「大学」外の高等教育　国際動向と日本の課題』(高等教育研究叢書6) 広島大学　大学教育研究センター　1990.
天野郁夫.「大学分類の方法」天城勲・慶伊富長編著『大学設置基準の研究』東京大学

出版会　1977: 57-69.
天野郁夫．『高等教育の日本的構造』玉川大学出版部　1986.
天野郁夫．『学歴の社会史―教育と日本の近代』東京：新潮社　1992.
天野郁夫．『日本の高等教育システム―変革と創造』東京大学出版会　2003.
天野郁夫．『国立大学・法人化の行方―自立と格差のはざまで』東京：東信堂　2008.
天野郁夫．「日本高等教育システムの構造変動―トロウ理論による比較高等教育論的考察」『教育学研究』日本教育学会　第76巻第2号，2009: 172-184.
有本章（編）．『「学問中心地」の研究―世界と日本にみる学問的生産性とその条件』東京：東信堂　1994.
有本章（編）．『ポスト大衆化段階の大学組織改革の国際比較研究』（高等教育研究叢書54）広島大学 大学教育研究センター　1999.
有本章（編著）．『変貌する日本の大学教授職』玉川大学出版部　2008.
有本章・江原武一（編）．『大学教授職の国際比較』玉川大学出版部　1996.
有本章・山本眞一（編著）．『大学改革の現在』（講座「21世紀の大学・高等教育を考える」）東京：東信堂　2003.
有本章・大膳司・浦田広朗・藤村正司他『大学教授職に関する国際調査（日本版）：2007年調査と1992年調査との比較』第10回日本高等教育学会報告資料　2007.
池マリ．「英国における単位累積互換制度（Credit accumulation and transfer: CAT）の歴史的展開：現代の高等教育制度改革の行方」『学位研究』大学評価・学位授与機構　第5号　1996: 75-129.
石﨑宏明．「英国大学における施設設備整備への取組―シェフィールド大学の事例」『大学財務経営研究』国立大学財務・経営センター　第5号　2008: 49-71.
市川昭午．『生涯教育の理論と構造』東京：教育開発研究所　1981.
市川昭午．『教育システムの日本的特質―外国人がみた日本の教育』東京：教育開発研究所　1988.
市川昭午（編）．『大学校の研究』玉川大学出版部　1993.
市川昭午．『大学大衆化の構造』玉川大学出版部　1995.
市川昭午．『高等教育の変貌と財政』玉川大学出版部　2000.
市川昭午．『教育の私事化と公教育の解体―義務教育と私学教育』東京：教育開発研究所　2006.
市川昭午・天野郁夫．『生涯学習の時代―激動の現代を生き抜くために』東京：有斐閣　1982.
市川昭午・喜多村和之．『現代の大学院教育』玉川大学出版部　1995.
稲上毅．『現代英国労働事情：サッチャーイズム・雇用・労使関係』東京大学出版会　1990.
井野瀬久美恵．『大英帝国という経験』東京：講談社　2007.
江原武一．『現代高等教育の構造』東京大学出版会　1984.

江原武一.『大学のアメリカ・モデル』玉川大学出版部　1994.
江原武一・杉本均（編著）.『大学の管理運営改革―日本の行方と諸外国の動向』東京：東信堂　2005.
大崎仁.「イギリスの高等教育改革―その流れと背景」『IDE　現代の高等教育―欧米高等教育の新動向』350号　民主教育協会　1993: 17-28.
大佐古紀雄.「ヨーロッパ (2) 欧州高等教育圏形成における"Stocktaking"の役割」『各大学や第三者機関による大学の国際化に関する評価に係る調査研究』（平成19年度文部科学省先導的大学改革推進委託事業報告書、代表者：井上明久）2008: 155-166.
大田堯.『戦後日本教育史』東京：岩波書店　1978.
大田堯.『教育とは何かを問いつづけて』東京：岩波書店　1983.
大田堯.『教育はだれのものか』東京：岩波書店　1988.
大桃敏行・上杉孝實・植田健男（編著）.『教育改革の国際比較』京都：ミネルヴァ書房　2007.
小川正人・勝野正章.『教育経営論』東京：放送大学教育振興会　2008.
小澤周三.「イギリス：中等教育と中等後教育との接続関係」『中等後教育への接続関係の実態と動向』中等後教育への接続関係研究会（編）東京：国立教育研究所　1990: 66-72.
小塩隆士.『教育の経済分析』東京：日本評論社　2002.
小野嘉夫.「ヨーロッパ単位互換制度（ECTS-European Credit Transfer System）について」『学位研究』大学評価・学位授与機構研究紀要　第12号　2000: 3-28.
勝野正章.「イギリスにおける学校のローカル・マネジメント―その学校経営組織・過程に及ぼす影響」『東京大学教育学部紀要』第33集　1994: 221-228.
勝野正章.『教員評価の理念と政策―日本とイギリス』東京：エイデル研究所　2003.
勝野正章・藤田典裕.『教育行政学』東京：学文社　2005.
金子元久.『大学自己評価の出発点』広島大学　大学教育研究センター　1991.
金子元久.「高等教育制度・政策の研究」『大学論集』広島大学　大学教育研究センター　1992: 189-207.
金子元久.「欧米高等教育の新動向」『IDE　現代の高等教育―欧米高等教育の新動向』350号　民主教育協会　1993: 5-11.
金子元久.「高等教育と市場メカニズム―高等教育改革の国際的動向」『教育社会学研究』第55集　日本教育社会学会　1994: 23-36.
金子元久.「国立大学の民営化論―アムステルダム大学の事例から考える」『大学改革と市場原理：第27回研究員集会の記録』（高等教育研究叢書56）広島大学高等教育研究開発センター　1999: 46-54.
金子元久.「「国立大学法人」のすがた」『IDE　現代の高等教育』No. 434，民主教育協会　2001: 12-19.
金子元久.「流動的知識社会と学位制度」『学位研究』第17号　大学評価・学位授与機構

2003: 1-23.
金子元久 (編著).『近未来の大学像』(シリーズ「現代の高等教育」3) 玉川大学出版部 1995.
金子元久・小林雅之.『教育・経済・社会』東京:放送大学教育振興会 1996.
金子元久・小林雅之.『教育の政治経済学』東京:放送大学教育振興会 2000.
金子元久・吉本圭一.「高等教育機会の選択と家庭所得—選択モデルによる規定要因分析」『大学論集』第18集 広島大学 大学教育研究センター 1988: 101-126.
カミングス,ウィリアム.『日本の大学教授』岩内亮一・友田泰正訳 東京:至誠堂 1972.
苅谷剛彦.『階層化日本と教育危機—不平等再生産から意欲格差社会へ』東京:有信堂高文社 2001.
川勝平太 (監修).『イギリスの社会:「開かれた階級社会」をめざして』早稲田大学出版部 1997.
川勝平太・三好陽 (編).『イギリスの政治:改革に揺れる伝統国家』早稲田大学出版部 1999.
川北稔 (編).『イギリス史 (新版世界各国史11)』東京:山川出版社 1998初版、2006.
喜多村和之.『高等教育の比較的考察—大学制度と中等後教育のシステム化』玉川大学出版部 1986.
喜多村和之.『現代アメリカ高等教育論—1960年代から1990年代へ』東京:東信堂 1994.
喜多村和之.「国際的視野からみた日本の高等教育」『変貌する高等教育 (岩波講座10:現代の教育—危機と改革)』佐伯胖、黒崎勲、佐藤学、田中孝彦、浜田寿美男、藤田英典 (編) 東京:岩波書店 1998: 154-175.
喜多村和之.『現代大学・高等教育—教育の制度と機能』玉川大学出版部 1999.
喜多村和之.『高等教育と政策評価』玉川大学出版部 2000.
喜多村和之.『現代大学の変革と政策—歴史的・比較的考察』玉川大学出版部 2001.
喜多村和之.『大学は生まれ変われるか:国際化する大学評価のなかで』東京:中央公論新書 2002.
窪田眞二.「イギリス:生涯学習の現状と課題と動向—学習機会の現状と動向」『生涯学習の研究:その理論・現状と展望・調査資料』下巻 東京:エムティ出版 1993: 144-154.
黒崎勲.『現代日本の教育と能力主義—共通教育から新しい多様化へ』東京:岩波書店 1995.
黒羽亮一.『戦後大学政策の展開』町田:玉川大学出版部 2001.
黒柳修一.『現代イギリスの継続教育論—その生涯学習の動向』東京:大空社 2002.
慶伊富長 (編).『大学評価の研究』東京大学出版会 1984.
合田哲雄・篠原康正.『諸外国の大学入学者決定制度に関する調査報告』文部科学省

1996.
国立大学財務・経営センター（編）．『高等教育財政の国際比較』第Ⅱ集　国立大学財務・経営センター　1999．
小林信一．「これからの研究ファンディング」『IDE 現代の高等教育』民主教育協会　2004: 35-40．
小林信一．「大学教員とその組織」『IDE 現代の高等教育』民主教育協会　2005: 29-35．
小林雅之．「システムの構造分化―統計的分析」『国立大学の構造分化と地域交流』国立学校財務センター　2002: 147-182．
小林雅之．「高等教育の多様化政策」『大学財務経営研究』国立大学財務・経営センター　第1号　2004: 51-67．
小林雅之．「高等教育の地方分散化政策の検証」『高等教育研究』日本高等教育学会編　第9集　2006: 101-120．
小林雅之．「高等教育機会の格差と是正政策」『教育社会学研究』第80号　2007: 47-70．
小林雅之．『大学進学の機会』東京大学出版会　2009．
国際協力事業団・国際協力総合研修所『開発課題に対する効果的アプローチ：高等教育』独立行政法人国際協力機構（Japan International Cooperation Agency: JICA）2003．
国立学校財務センター．『大学の設置形態と管理・財務に関する国際比較研究』国立学校財務センター　2000．
斎藤安俊．「英国における高等教育システムの改革：ポリテクニクからユニヴァーシティーへ」『学位研究』第1号　大学評価・学位授与機構　1993：61-75．
佐伯正一．『中等教育の発展:産業革命期イギリスのパブリック・スクール、文法学校、労働者大学』高陵社書店　1973．
三時眞貴子．「ウォリントン・アカデミー（1757―86年）の学生たち―社会的出自、学生生活、進路についての分析」『広島大学大学院教育学研究科紀要』第50号　2001: 61-70．
篠原康正．「イギリスの奨学金制度」『外国奨学制度調査報告書』日本育英会　2000．
篠原康正．「イギリス」『諸外国の高等教育』文部科学省　2004: 55-93．
篠原康正．「イギリス」『諸外国の教育の動き2004』文部科学省（編）東京 文部科学省　2005: 25-64．
芝田政之．「英国における授業料・奨学金制度改革と我が国の課題」『大学財務経営研究』第3号、東京：国立学校財務センター研究部、2006: 93―112．
芝田政之．「英国の大学における施設設備整備資金交付の仕組みと我が国の課題―イングランド高等教育財政協議会（HEFCE）を中心に」『大学財務経営研究』国立大学財務・経営センター　第5号　2008: 91-116．
島一則．「法人化後の国立大学の類型化―基本財務指標に基づく吉田類型の再考」『大

学財務経営研究』国立大学財務・経営センター　第3号　2006: 61-85.

島田雄次郎.『ヨーロッパの大学』玉川大学出版部　1990.

志水宏吉.『学校文化の比較社会学―日本とイギリスの中等教育』東京大学出版会　2002.

社会保障研究所（編）.『イギリスの社会保障』東京大学出版会　1987.

新堀通也.『日本の大学教授市場』東京：東洋館出版社　1965.

新堀通也・有本章.「大学教授の経歴型の国際比較」『社会学評論』第19号 no. 3 日本社会学会　1969: 2-21.

管野芳彦.『イギリス国民教育制度史研究』東京：明治図書　1978.

関正夫.『日本の大学教育改革―歴史・現状・展望』玉川大学出版部　1988.

関正夫.『日本の大学教育の現状と課題―歴史的・国際的視点からの考察』広島大学大学教育研究センター　1995.

空本和助.『イギリス教育制度の研究―イギリス教育の伝統と近代化』東京：お茶の水書房　1969.

高木英明.「地方教育行政の「民主性・効率性原理」に関する実証的研究―研究の目的と方法」『教育行財政研究』第18号　1991: 55-64.

高木英明（編著）.『地方教育行政の民主性・効率性に関する総合的研究』東京：多賀出版　1995.

高木英明.『大学の法的地位と自治機構に関する研究―ドイツ・アメリカ・日本の場合』東京：多賀出版　1998.

竹下譲・横田光雄・稲沢克裕・松井真理子.『イギリスの政治行政システム』東京：ぎょうせい　2002.

舘昭（編著）.『転換する大学政策』（シリーズ「現代の高等教育」1）玉川大学出版部　1995.

田中耕二郎.「現代イギリスの教育改革における学校のローカル・マネージメント（LMS）について」『追手門学院大学文学部紀要』第25集　1991: 351-368.

田中正弘.「イギリス高等教育における財政配分制度の変更に関する一考察：教育の改善・発展を誘因する装置としての配分制度」『大学教育学会誌』（大学教育学会）第27巻　第1号　2005: 93-100.

田中英夫編.『英米法辞典』東京大学出版会　1991.

塚原修一・小林信一.『日本の研究者養成』玉川大学出版部　1996.

東京大学・大学総合教育研究センター.『日英大学のベンチマーキング―東大・オックスフォード大・シェフィールド大の詳細比較』大総センターものぐらふ No.3　2004.

豊田千代子.「イギリスにおける高等教育の二元化的拡充政策の矛盾：ポリテクニクス学生の社会的性格を中心に」『東京大学教育学部紀要』第26巻　1987: 273-283.

長井輝雄.「学校制度」真野宮雄編『現代学校制度』東京：第一法規　1977.

成田克矢．『イギリス教育政策史研究』東京：御茶の水書房　1966．
橋本鉱市．「オーストラリア高等教育機関における単位移転制度と学修歴認定」『学位研究』大学評価・学位授与機構研究紀要　第12号　2000: 29-45．
橋本鉱市．「福祉国家形成期における高等教育政策の過程分析―1970年代の医師養成拡充政策をめぐって」『高等教育研究』第5集　日本高等教育学会　2002: 111-132．
橋本鉱市．「高等教育の政策過程分析―その理論的前提と方法論的枠組み」『東北大学大学院教育学研究科研究年報』第53集第2号　2005: 51-74．
羽田貴史．「企業的大学経営と集権的分権化」『大学論集』第34集　広島大学高等教育研究開発センター　2004: 21-40．
羽田貴史．「大学組織とガバナンスの変容―戦後日本型高等教育の着地点―」『大学の組織変容に関する調査研究』広島大学高等教育研究開発センター　2007: 1-18．
羽田貴史（編著）．『大学の組織変容に関する研究（COE研究シリーズ27）』広島大学高等教育研究開発センター　2007．
羽田積男．「カリフォルニア州における学生人口急増と大学の入学時期に関する考察」『大学の秋季入学に関する調査研究』（平成14年度文部科学省委託研究）進学制度研究会　2003: 105-123．
秦由美子（編著）．『現代高等教育の課題と展望―21世紀のイギリスと日本』日英高等教育シンポジウム実行委員会　1999．
秦由美子．『変わりゆくイギリスの大学』東京：学文社　2001．
秦由美子．「イギリスの大学展望」『比較教育学研究』第30巻　日本比較教育学会編　2004: 66-80．
秦由美子（編著）．『新時代を切り拓く大学評価―日本とイギリス』東京：東信堂　2005．
秦由美子．「イギリスの大学の管理運営と組織文化」『教育学研究』日本教育学会　第76巻　第2号，2009: 220-234．
馬場将光．「イギリス高等教育制度の構造」『信州大学教育学部紀要』第79集　1993: 41-53．
馬場将光．「高等教育の費用とその負担」『日本教育行政学会』第20集 1994: 61-73．
馬場将光．「イギリスの大学評価と財政制度」『教育制度学研究』第2集　1995: 185-210．
濱中義隆・苅谷剛彦．「教育と職業のリンケージ―労働市場の分節化と学歴の効用」近藤博之（編）．『戦後日本の教育社会』東京大学出版会　2000: 79-103．
原田種雄．「序章」原田種雄及び新井恒易（編）．『現代世界教育史』ぎょうせい　1981: 1-33．
深堀聰子．「エンロールメント・マネージメントとアクセスの平等性」江原武一・杉本均（編著）．『大学の管理運営改革―日本の行方と諸外国の動向』東京：東信堂　2005．

藤井泰.『イギリス中等教育制度史研究』東京：風間書房　1995.
藤村正司.「主人・代理人論からみた高等教育システム―自律と依存のパラドクス―」『大学論集』広島大学高等教育研究開発センター　第39集 2008: 185-203.
堀尾輝久.『人権としての教育』東京：岩波書店　1991.
堀尾輝久.『現代教育の思想と構造』東京：岩波書店　1992.
松井一麿（編著）.『地方教育行政の研究―教育委員会の動態分析』東京：多賀出版　1997.
丸山文裕.「高等教育のファンディングと大学の授業料」『大学財務経営研究』第2号　国立大学財務・経営センター　2005: 29-39.
三橋規宏.『サッチャリズム―世直しの経済学』東京：中央公論社　1989.
宮腰英一.「教育改革の手法と実施体制」『比較教育学研究』第24号　1998: 5-18.
三好信浩.『イギリス労働党公教育政策史』東京：亜紀書房　1974.
村岡健次.『ヴィクトリア時代の政治と社会』京都：ミネルヴァ書房　1980.
村岡健次・木畑洋一編.『世界歴史大系　イギリス史3―近現代』東京：山川出版社　第1刷1991, 第4刷　1999.
村田直樹.「イングランドにおける大学（学部）授業料・奨学金制度」『IDE　現代の高等教育』Vol.474, 2005: 62-70.
村田直樹.「イギリスの大学・学位制度：イングランドを中心に」『学位と大学―イギリス・フランス・ドイツ・アメリカ・日本の比較研究報告』(大学評価・学位授与機構研究報告) 独立行政法人・大学評価・学位授与機構　第1号　2010: 11-92.
毛利健三.『イギリス福祉国家の研究：　社会保障発達の諸画期』東京大学出版会　1990.
持田栄一・市川昭午.『教育福祉の理論と実際』東京：教育開発研究所　1975.
望田研吾.「イギリスにおける親の学校選択と1988年教育改革法」『九州大学教育学部紀要』第37集　1991: 83-98.
望田研吾.「イギリス労働党の90年代教育政策」『比較教育学研究』第19号　1993: 101-111.
望田研吾.「イギリスにおける『教育市場』の問題」『九州大学教育学部紀要』第40集　1995: 105-118.
望田研吾.『現代イギリスの中等教育改革の研究』九州大学出版会　1996.
森利枝.「英国オープン・ユニバーシティにおける単位認定と評定サービス」『学位研究』第17号　大学評価・学位授与機構　2003.
両角亜希子.「大学経営研究の基礎概念」『大学研究』筑波大学 大学研究センター　第22集　2001: 275－293.
両角亜希子.「高等教育費負担の国際比較」『IDE　現代の高等教育』Vol.492, 2007: 42-47.
両角亜希子・金子元久.「ガバナンス」『大総センターものぐらふ 3（日英大学のベン

チマーキング―東大・オックスフォード大・シェフィールド大の詳細比較―)』東京大学大学総合教育研究センター　2004: 15-32.
八代尚宏(編).『社会的規制の経済分析』東京:日本経済新聞社　2000. 安原義仁.「イギリスの学位制度―修士学位を中心に」『学位研究』第8号 大学評価・学位授与機構　1998: 73-87.
安原義仁.「イギリス高等教育における再編・統合」『カレッジマネジメント82』, 東京: リクルート社　1982: 62-67.
安原義仁.「イギリス高等教育財政の仕組み―現状と改革への動き」『高等教育研究紀要』高等教育研究所　第8号　1988: 95―107.
安原義仁.「イギリス高等教育改革:二元政策の検証」『主要国における高等教育改革の経緯に関する研究』財団法人高等教育研究所　1989: 66-83.
安原義仁.「ロンドン大学学外学位制度について」『学位研究』大学評価・学位授与機構研究紀要　第1号　1993: 1―28.
安原義仁.「イギリスの大学・高等教育改革 ― ロビンズ改革から1992年高等教育・継続教育法へ」『IDE　現代の高等教育』民主教育協会　1997: 28-33.
安原義仁.「イギリスの学位制度―修士学位を中心に」『学位研究』大学評価・学位授与機構研究紀要　第8号　1998: 73―87.
安原義仁.「ロンドン大学学外学位課程の仕組みと動向―法学学位を事例として」『学位研究』大学評価・学位授与機構研究紀要　第10号 1999: 153―162.
安原義仁.「イギリス高等教育における「単位・モデュラー制度」―単位累積加算制度を中心に」『学位研究』大学評価・学位授与機構研究紀要　第11号 1999: 43―53.
安原義仁.「大学」『イギリス哲学・思想事典』研究社　2007: 345-347.
柳田雅明.『イギリスにおける「資格制度」の研究』東京:多賀出版　2004.
矢野眞和.『高等教育の経済分析と政策』町田:玉川大学出版部　1996.
山田礼子.『プロフェッショナル・スクール―アメリカの専門職養成』玉川大学出版部　1998.
山野井敦徳.「移動性と威信」有本章・江原武一(編著).『大学教授職の国際比較』町田:玉川大学出版部　1996: 184-204.
山本眞一.『転換期の高等教育』東京:ジアース教育新社　2008.
山本眞一・田中義郎.『大学のマネジメント』東京:放送大学教育振興会　2008.
吉川裕美子.「ヨーロッパ統合と高等教育政策」『学位研究』大学評価・学位授与機構研究紀要　第17号　2003: 69-90.
吉田文.「国立大学の諸類型」『国立大学の構造分化と地域交流』国立学校財務センター　2002: 183-193.
吉田香奈.「国立大学予算の配分システム:米・英の経験と日本への援用」『国立学校財務センター研究報告　第8号』239―259. 東京:国立学校財務センター研究部　2003.

吉本圭一．「大学教育と職業への移行―日欧比較調査結果より」『高等教育研究』第4集　日本高等教育学会　2001: 113-134．
吉本圭一．「スコットランドにおける短期高等教育を含めた資格制度と多様な学習経路の設計」『学位研究』第17号　大学評価・学位授与機構　2003: 51-68．
吉本圭一・小方直幸・稲永由紀・山田裕司．「卒業生による大学教育の成果の点検・評価に関する」『日本教育社会学会大学発表要旨集録』第59集，2007: 153-158．
吉本圭一・小杉礼子・稲永由紀．「高等教育と職業への移行の日欧比較」『日本教育社会学会大会発表要旨集録』第52号，2000: 205-206．
米澤彰純「イギリスの奨学金制度」『外国奨学制度調査報告書』日本育英会　2000．

インターネット

BBC Online News. n.d. *Plan to launch new degrees.* London: BBC, 3 January 2001. Available from http://news.bbc.co.uk/1/hi/education/1296241.stm; Internet; Accessed 10 October 2008 (a).

BBC Online News.n.d.*Critics attack short vocational degrees.* London:BBC, 15 February 2001. Available from http://news.bbc.co.uk/1/hi/education/1296241.stm; Internet; accessed 10 October 2008 (b).

BBC Online News. n.d. *Laura Spence don blames families.* London: BBC, Wednesday, 25 April 2001. Available from http://news.bbc.co.uk/1/hi/education/1296241.stm; Internet; accessed 10 October 2008 (c).

BBC Online News. n.d. *Timeline: Estelle Morris.* London: BBC, Wednesday, 23 October, 2002. Available from http://news.bbc.co.uk/1/hi/education/1296241.stm; Internet; accessed 10 October 2008.

BBC Online News. *Call for more open 'fix' inquiry.* n.p. London: BBC, Tuesday, 24 September, 2002. Available from http://news.bbc.co.uk/1/hi/education/2276971.stm; Intenet; accessed 30 November 2008.

BBC News education & family n.d. *First private university in decades to be created.* London: BBC, 25 July 2010. Available from http://www.bbc.co.uk/news/uk-10756830.stm; Internet; Accessed 31 July 2010.

Benelux Bologna Secretariat. *The Bologna Declaration of 19 June 1999* (The official Bologna Process website). Available from http://www.ond.vlaanderen.be/hogeronderwijs/bologna/documents/MDC/BOLOGNA_DECLARATION1.pdf Internet; accessed 5 December 2010.

Buckingham University. About Buckingham. Available from http://www.buckingham.ac.uk/about. Internet; accessed 5 January 2010.

Chan, S., East, P., Ali, S., and Neophytou, M. *Primary and Secondary Education in England and Wales: From 1944 to the Present.* 2002. Available from http://learning.north.londonmet.ac.uk/education/Education%20V2.pdf; Internet; accessed 5 September 2007.

Confederation of British Industry. 'Universities must embed employability skills in course structures - CBI/NUS'. Available from http://www.cbi.org.uk/media-centre/press-releases/2011/05/universities-must-embed-employability-skills-in-course-structures-cbi-nus/ ; Internet; accessed 20 May 2011.

Council of Europe. 'What is the Bologna Process?' . Available from http://www.coe.int/t/dg4/highereducation/EHEA2010/BolognaPedestrians_en.asp; Internet; accessed 18 August 2009.

DfEE. *Foundation Degrees Q & A.* Available from http://www.dfee.gov.uk/heqe/found q&a htm; Internet; accessed 5 July 2006.

DfES. *Higher Education Gateway.* Available from DfES. Higher Education Gateway; Internet; accessed on 8 June 2006.

DfES. *Statutory Guidance on Schools Causing Concern.* May 2007. Available from http://www.dfes.gov.uk/schoolorg; Internet; accessed 11 November 2007.

Department for Innovation, Universities & Skills (DIUS). *DIUS launches new student finance campaign.* London: DIUS. Available from http://www.dius.gov.uk/news_and_speeches/press_releases/student_campaign; Internet; accessed on 12 December 2007.

Edwards, A. "On the amendments of the Statutes and Ordinances in relation to the Finance Committee, buildings, and certain offices"in the *Report of the Council,* dated 1 December 2005. Available from http://www.admin.cam.ac.uk/reporter/2004-05/weekly/5985/26.html; Internet; accessed 12 November 2008.

Galbraith, K. "The Dons Run Cambridge – But Should They?" in the *Chronicle of Higher Education,* February 6, 2004. Available from http://chronicle.com/weekly/v50/i22/22a03201.htm; Internet; accessed 12 November 2008.

Greenway, D. and Haynes, M. *Funding Universities to Meet National and International Challenges, School of Economics Policy Report.* 2000. Available from http://www.nottingham.ac.uk/economics/funding/funding.pdf; Internet; accessed 13 June 2007.

Guardian. RAE 2008: *results for UK universities: Rankings for UK universities in the Research Assessment Exercise 2008.* 18 December 2008, London: guardian. Available from http://www.guardian.co.uk/education/table/2008/dec/18/rae-2008-results-uk-universities; Internet; accessed on 10 April 2009.

Halifax Courier. *'Summer University' gives a view of future.* Available from http://www.halifaxcourier.co.uk/news/ calderdale/summer-university-gives-a-view-of-future-1-1907742; Internet; accessed 27 Feb. 2008.

HEBCI. *Home Page.* Available from: http://www.hefce.ac.uk/news/hefce/2008/hebci.htm; Internet; accessed 23 September 2008.

HEFCE. *HEFCE Board members.* Bristol: HEFCE. Available from http://www.hefce.ac.uk/aboutus/board/; Internet; accessed on 12 December 2003.

HEFCE. *HEFCE Circular 6/97, Table 1 Recurrent Grant for Academic Year 1997-98.* Available from http://www.hefce.ac.uk/pubs/hefce/1997/c6_97/t1.htm; Internet: accessed 10 June 2009.

HEFCE. *Staff employed at HEFCE funded HEIs: trends, profiles and projections 2005/23*. Bristol: HEFCE, n.d. Available from http://www.hefce.ac.uk/pubs/hefce/2005/05_23/; Internet; accessed 17 June 2005.

HEFCE. *About us*. Bristol: HEFCE. Available from http://www.hefce.ac.uk/AboutUs/board/; Internet; accessed 4 February 2009.

King, H. *Continuing Professional Development in Higher Education: what do academics do?* Planet No.13, 2004: 27. Available from http://www.goes.ac.uk/planet/p13_8.pdf; Internet; accessed 22 February 2007.

Lambert, R. *How to save Oxford from mediocrity: without a sharp hike in fees for the well-off, it is doomed to decline*. London: Guardian, 12 January 2005, Available from http://www.guardian.co.uk/education/2005/jan/12/highereducation.uk on 8 June 2006 ; Internet; accessed 10 January 2009.

LSE. *LSE homepage*. London: LSE. Available from http://www.lse.ac.uk/informationAbout/aboutLSE/Default.htm; Internet; accessed 10 January 2009.

Midgley, S. and Macleod, D. *Vice squad*. London: Guardian, n.d. Available from http://www.guardian.co.uk/education/2003/apr/01/highereducation.administration1; Internet; accessed 17 June 2005.

Politics. *A-levels*. London: Politics.co.uk, January 2013. Available from http://www.politics.co.uk/reference/a-levels; Internet; accessed 10 May 2013.

QAA. *Graduate Standards Programme: Assessment in higher education and the role of "graduateness"*. n.p.: QAA, 1997. Available from http://www.qaa.ac.uk/search/publications/details.asp?Ctr_ID=103; Internet; accessed 14 August 2008.

Salford University Archives HUB. *Salford Royal Technical Institute and Royal Technical College Records*. Salford: Royal Technical Institute, n.d. Available from http://www.archiveshub.ac.uk/news/07053101.html; Internet; accessed 10 October 2008.

SLC. *Student Loans Company Limited. Facts & Figures,* Bristol: SLC., n.d. Available from http://www.slc.co.uk/statistics; Internet; accessed 6 September 2008.

The Crowther Report Memorandum by the Chancellor of the Exchequer: Her Britannic Majesty's Government. Available from http://filestore.nationalarchives.gov.uk/pdfs/small/cab-129-101-c-52.pdf; accessed 22 February 2009.

The Guardian. *Summer university 'changes lives'*, 13 August 2008. Available from http://www.guardian.co.uk/society/2008/aug/13/youngpeople.furthereducation; Internet; accessed 1 June 2013.

The New York Times. *New Names Ennoble U.K. Polytechnics*, n.d. Available from http:// www.nytimes.com/1992/10/08/news/08iht-poly.html; Internet; accessed 1 July 2007.

The Russell Group of Universities. *The Russell Group,* Cambridges: Russell Group of Universities, n.d. Available from http://www.russellgroup.ac.uk/; Internet; accessed 10 October 2008.

The Times Higher Education Supplement. *Former polytechnics spread their wings.*, n.d. Available from http:// www.timeshighereducation.co.uk/story. asp?storycode=310328; Internet; accessed 1 September 2010.

The Times Education Supplement. *Estelle Morris quits.*: London: tesconnect, 25 October 2002. Available from http://www.tes.co.uk/teaching-resource/Estelle-Morris-quits-370377/; Internet; accessed 10 May 2013.

UCAS. *Tower Hamlet Summer University.* Available from http://www.summeruni.org/pages/about us/; Internet; accessed 8 August 2008. Available from http://www.qaa.ac.uk/search/publications/details.asp?Ctr ID=103; Internet; accessed

UCAS. Available from http://www.ucas.com/; Internet; accessed 9 September 2008.

UCAS. *Apply*: Available from http://www.ucas.ac.uk/students/apply/; Internet; accessed 9 September 2008.

UK Parliament Report. *University Grants Committee: Croham Report.* 1987. Available from http://hansard.millbanksystems.com/lords/1987/mar/18/university-grants-committee-croham-report; Internet; accessed 8 Ocotber 2006.

翻 訳

「オックスフォード大学と労働者階級の教育：労働者の高等教育と大学との関係に関する大学ならびに労働者階級代表合同委員会報告書」安原義仁（訳）「高等教育研究叢書」85．広島大学高等教育研究開発センター，2006（Oxford and Working-class Education: Being the Report of a Joint Committee of University and Working-class Representatives on the Relation of the University to the Higher Education of Workpeople, Oxford second ed., revised, Oxford: Oxford University Press, 1909).

ギデンズ，アンソニー．松尾精文・立松隆介（訳）『左派右派を超えて：ラディカルな政治の未来像』而立書房　2002（Gidens, Anthony. *Beyond Left and Right: The Future of Radical Politics.* Cambridge: Polity Press, 1994).

キング，エドモンド．池田進・沖原豊（監訳）『世界の学校教育―その比較研究』葵書房　1971（King, Edmund J. *Other Schools and Ours - A Comparative Study for Today.* Austin: Holt, Rinehart and Winston Inc., 1967).

クラーク，バートン．有本章（訳）『高等教育システム―大学組織の比較社会学』東信堂　1994（Clark, Burton R. *The Higher Education System: Academic Organization in Cross National Perspective.* Berkeley: University of California Press, 1983).

クラーク，バートン．有本章監（訳）『大学院教育の国際比較』玉川大学出版部　2002（Clark, Burton R. *Places of Inquiry: Research and Advanced Education in Modern Universities.* Berkeley: University of California Press, 1995).

グリーン，ヴィヴィアン．安原義仁・成定薫（訳）『イギリスの大学』法政大学出版局，1994．（Green, V.V. *The Universities.* London: Pelican Books, 1969).

サンダーソン，マイケル．安原義仁・藤井泰・福石賢一 (監訳)．『イギリスの経済衰退と教育 ―1870-1990s―』晃洋書房，2010．

ストーン，ローレンス．佐田玄治翻訳『エリートの攻防：イギリス教育革命史』東京：お茶の水書房　1985．

ジャット，トニー．森本醇 (訳)『ヨーロッパ戦後史　上 1945-1971』『ヨーロッパ戦後史　下 1971-2005』東京：みすず書房　2008 (Judt, T. Postwar: *A History of Europe Since 1945,* London: William Heinemann, 2005).

シュルツ，セオドア．清水義弘・金子元久 (訳)『教育の経済価値』日本経済新聞社，1981 (Schultz, Theodore W. *The Economic Value of Education.* New York: Columbia University Press).

トロウ，マーチン．天野郁夫・喜多村和之 (訳)『高学歴社会の大学―エリートからマスへ』東京大学出版局，1976 (Trow, Martin. *From Elite to Mass Higher Education*).

トロウ，マーチン．喜多村和之 (編訳)『高学情報社会の大学―マスからユニバーサルへ』玉川大学出版部　2000 (Trow, Martin. *From Mass to Universal Higher Education*).

パーキン，ハロルド．新堀通也 (監訳)『イギリスの新大学』東京大学出版会　1970．

パーキン，ハロルド.J. 有本章・安原義仁 (訳)『イギリス高等教育と専門職社会』玉川大学出版部　1998 (Perkin, Harold J. *The Rise of Professional Society: England since 1880.* London & New York: Routledge, 1990).

バーネット，ロナルド．岡田昭人 (訳)「超複雑化時代における高等教育の質の保証」秦由美子編．『現代高等教育の課題と展望―21世紀のイギリスと日本』日英高等教育シンポジウム実行委員会，1999: 1-15．

バトラー，デイビッド．飯坂良明他 (訳)『イギリス連合政治への潮流』東京大学出版会　1980 (Butler, David. *Coalitions in British Politics.* London: The MacMillan Press. 1978).

プラット，ジョン．安部美哉訳「英国江東教育におけるパブリック・セクター―良くなるのか・消えていくのか」『IDE・現代の高等教育』東京：民主教育協会　1990: 50-56．

ブルデュー，ピエール・パスロン，ジャン・クロード．宮島喬 (訳)『再生産：教育・社会・文化』藤原書店，1991 (*La reproduction, Elements pour une theorie du systeme d'enseignement.* Paris: Minuit, 1970).

フレックスナー，エイブラハム．坂本辰朗・羽田積男・渡辺かよ子・犬塚典子 (訳)『大学論 アメリカ・イギリス・ドイツ』玉川大学出版部　2005 (Flexner, Abraham. *Universities: American, English, German.* Oxford: OUP, 1930).

ボイヤー，アーネスト．有本章 (訳)『大学教授職の使命―スカラーシップ再考』玉川大学出版部　1996 (Boyer, Ernest. *Scholarship Reconsidered: Priorities of the Professoriate.* Princeton, NJ: The Carnegie Foundation for the Advancement of Teaching, 1990).

ホール，エドワード．岩田慶治・谷康 (訳)．『文化を超えて』東京：TBSブリタニカ，1993 (Hall, Edward. *Beyond Culture.* New York: Anchor Press, 1976).

マクネイ, イアン. 「イギリスの大学における研究評価—政策、過程、成果、そして課題」秦由美子（編著）『新時代を切り拓く大学評価—日本とイギリス』東京：東信堂 2005: 41-62.

マーセン, ピーター. 林隆之（訳）「講演録：欧州における高等教育の質とガバナンスのシフト」『大学評価・学位研究』、第3号（研究ノート・資料）、2005: 105-113. （Maassen, P. *New Governance Approaches with Respect to Higher Education*、Speech at NIAD, 2005).

リースマン, デイヴィッド. 喜多村和之・江原武一・福島咲江・塩崎千枝子（訳）『高等教育論—学生消費者主義時代の大学』玉川大学出版部 1986（Riesman, David. *On Higher Education: The Academic Enterprise in an Era of Rising Student Consumerism.* SF: Jossey-Bass Inc., Publishers, 1980).

ロウ, ロイ. 「イングランドにおける高等教育の拡張」ヤーラオシュ, コンラート編『高等教育の変貌 1860-1930：拡張・多様化・機会開放・専門職化』邦訳：望田幸男・安原義仁・橋本伸也（監訳）. 橋本伸也・藤井泰・吉門昌宏・小野直子・安原義仁・吉岡真佐樹・山田浩之・福石賢一・大中勝美・青島陽子. 昭和堂, 2000: 29-50 (Lowe, R., "The Expansion of Higher Education in England" in *The Transformation of Higher Learning 1860-1930: Expansion, Diversification, Social Opening, and Professionalization in England, Germany, Russia, and United States,* ed., Jarausch, K.H., Stuttgart: Earnest Klett, 1983).

ローゼン, アンドリュー. 川北稔（訳）『現代イギリス社会史、1950—2000』岩波書店 2005 (Rosen, Andrew. *The Transformation of British Life, 1950-2000.* Manchester: Manchester University Press, 2003).

ロートン, デニス. 勝野正章（訳）『教育課程改革と教師の専門職性：ナショナル・カリキュラムを超えて』学文社, 1998 (Lawton, D. *Beyond the National Curriculum: Teacher Professionalism and Empowerment.* London: Hodder and Stoughton, 1996. Reprint, 1999).

資 料

資料1　補足説明

1）ラッセル・グループ
　ラッセル・グループはイギリスの20の主要な研究大学連合である。1994年に初めてロンドンのラッセルホテルで会合を開き、その際に創設された。2004/05年度の研究評価結果では、ラッセル・グループに属する大学がイギリスの大学の研究補助金の収入の65％（約18億ポンド）を占めた。ラッセル・グループが組織されてから、大学のグループ化が目立った。

2）旧大学（1992年以前からの大学）による大学グループ
①ラッセル・グループ（研究大学グループ）：　バーミンガム、ブリストル、ケンブリッジ、カーディフ、エディンバラ、グラスゴー、インペリアルカレッジロンドン、キングズカレッジロンドン、リーズ、リヴァプール、LSE、マンチェスター、ニューカッスル、ノッティンガム、クイーンズベルファスト、オックスフォード、シェフィールド、サザンプトン、ユニヴァーシティーカレッジロンドン、ウォリックの20大学からなる。
②94グループ：　ロンドン大学ロイヤルホロウェイ、ダラム、ヨーク、エセックス、サリー、ウォリック、LSE、エクセター、ロンドン大学バークベックカレッジ、ロンドン大学ゴールドスミスカレッジ、ランカスター、サセックス、バース、イーストアングリア、ウェールズ財政審議会、レディングの16大学からなる。
③白薔薇大学コンソーシアム（White Rose University Consortium）：　リーズ、シェフィールド、ヨークの3大学からなる。
④連合王国北部コンソーシアム（Northern Consortium UK）：　ブラッドフォード、ハダーズフィールド、リーズメトロポリタン、リーズ、リヴァプール、マンチェスターメトロポリタン、リヴァプールジョンモース、マンチェスター、サルフォード、ハラム、シェフィールドの11大学からなる。

3）新大学（1992年以降の大学）による大学グループ

①司教座聖堂グループ（Cathedrals Group, Council for Church Universities and Colleges）：元来、イギリス国教会、ローマカトリック、メソジスト教会により設立された教員養成カレッジから昇格した15大学からなる。

②大学連盟（University Alliance）：ビジネスに力を入れる24の新大学（旧ポリテクニク）からなる。

4）2004年度以降の高等教育機関への補助金配分計算方法

2003年8月には教育費補助金配分方法の変更に関する報告書（*Developing the Funding Method for Teaching from 2004-05*）が提出され、その後、本報告書を受けて2004年度には新たな教育費補助金配分方法が導入された。主な変更点は、パートタイムコース（学部生）、応用準学位、特別高等教育機関、高等教育機関進学機会均等政策用の教育費補助金配分が設けられたことであった。高等教育機関への教育費補助金配分率も2004年1月のHEFCE 2003/42の協議に則って変更された。以下で新教育費補助金制度について、HEFCEの報告書に基づき説明を加える（HEFCE 2004）。

HEFCEから高等教育機関への補助金配分の計算方法は4段階に分かれており、まず基準財源として第1段階では、①学生数、②学科関連要素、③学生関連要素、④機関関連要素が考慮される。

①は、フルタイム学生とフルタイム学生の半分に換算されたパートタイム学生数であり、②は、学科をAからDグループに分類し、それぞれ比重を設ける（表資1-1）。

③は、以下の学生関連要素を考慮に入れ、各比重をかける。

表資1-1　2004年度の基礎補助金額

グループ	学系	補助金配分比重	単位：ポンド
Aグループ	医歯学系＋獣医学系	4.0	£13,936
Bグループ	実験系科目―自然科学系コース	1.7	£5,923
Cグループ	その他の実験系	1.3	£4,529
Dグループ	人文社会学系	1.0	£3,484

出典：HEFCE 2004(b): 10-11.

- 長期コースのフルタイム学生（25%増）
- パートタイム学生（10%増）
- 基礎学位コース受講学生（10%増）

④は、以下の高等教育機関関連要素を考慮に入れ、各比重をかける。
- ロンドンにある高等教育機関に在籍する学生（市内は8%増、市外は5%増）
- 特別教育機関－特別の学科のみ教育している高等教育機関（通常10%増）
- 小規模高等教育機関（機関ごとの比重設定）
- 伝統、歴史的、建物を持つ高等教育機関（1914以前に建造された高等教育機関）（機関ごとの比重設定）

第2段階においては、予定財源をa）補助金調整とb）授業料調整面から計算する。第3段階においては、予定財源と基準財源の差を基準財源で割り、百分率を出す。第4段階においては、第3段階の百分率が許容幅にあるか超えているかを判定し、その後許容幅を超えた高等教育機関に関しては、学生の増減あるいは補助金の適正化を図る。

他の教育費補助金の中でも算定外補助金として、高等教育機関への進学者数拡大を目的とした補助金が、総額2億7,300万ポンド配分されている。その内訳は以下の通りである（**表資1-2**）。

HEFCEによる国庫補助金の内訳の中で教育費補助金が示す割合は、1997年度においては全体の69.9％、研究費補助金の割合は20.7％であった。しかし、2004年度においてはそれぞれ54.8％と18.0％と減少傾向にあるが、他方、算定外補助金は、9.4%から18.1%に大幅に増加している。高等教育進学者数の拡大は政府の懸案事項であることが理解される。

表資1-2　2004/05年度　高等教育機関進学機会均等・維持のための補助金額

（単位:100万ポンド）	目　的	対象者
36.8	進学者数の拡大	フルタイム学部生
12.4	進学者数の拡大	パートタイム学部生
159.3	中退率の抑制	フルタイム学部生
53.7	中退率の抑制	パートタイム学部生
10.3	支援の充実および施設の整備	障害者

出典：HEFCE 2004(b): 18をもとに作成。

教育費補助金配分は、教育評価による4段階評価の結果、「1」と評価された項目に関して12ヶ月以内に改善が見られない場合には補助金停止の措置がとられるものの、RAEの結果をもとに重点傾斜配分方式により配分される研究費補助金に比較すると、評価と補助金の結びつきはかなり緩やかなものとなる。

5)『ジャラット報告書』の中での勧告点 (CVCP 1985: 35-36)
1．政府に対する勧告
　①UGCや個別大学が戦略的かつ長期的計画が立てられるような政策のガイドラインの提供
　②長期的補助金の確保のための計画立案
　③教職員削減に見合った補助金の確保
　④学生の学費徴収のための調査
　⑤UGCの役割、構造、人員の調査
2．CVCPに対する勧告
　①本報告書の中の優れた点は各大学で実施するように勧告および支援すること
　②CVCPが学長、学長補、学部長および学科長の運営管理能力を育成する役割を担えるかどうか熟考すること
3．大学に対する勧告
　①カウンシルは戦略的計画、構造改革、財源配分、説明責任という点を中心に、大学の運営管理に責任を持つこと
　②学問的な計画、また機関の計画は定期的に検査し、それに応じた財源が配分されること
　③学長は各大学の学問的リーダーであり、かつ経営責任者であることを認識すること
　④カウンシルやセネトに報告義務を有する企画・財源委員会を設立すること。その委員会では学長が委員長であり、教員と学外からの有識者による構成であること

⑤業績指標を開発すること
⑥学長の推薦に基づき、カウンシルが学部長を任命すること。学部長は学部の業績や財源の有効利用についての責任を持つこと
⑦教員の技能の開発、報償、説明責任のための取り決めを導入すること
⑧教員の時間を確保するために委員会の会合および委員会構成員の数も減らし、また、(とくに学問的に関連のない事項については) 大学職員に責任を移管すること

380 資料

資料2 連合王国の高等教育機関の収入内訳

表資2-1 連合王国の高等教育機関の収入内訳（2001/02年度） （単位：千ポンド）

高等教育機関名	HEFCsからの補助金	授業料	研究補助金およびコントラクト	その他	施設賃貸料および食費	寄付金および投資	合計
England							
Anglia Polytechnic University	40,804	27,671	3,578	11,533	5,155	755	89,496
Aston University	21,292	12,951	4,762	6,878	6,778	731	53,392
University of Bath	36,114	21,600	19,789	11,284	8,453	4,014	101,254
Bath Spa University College	13,127	4,602	161	1,749	1,417	161	21,217
Birkbeck College	23,923	11,752	7,444	2,269	165	802	46,355
University of Birmingham	90,622	53,294	68,048	44,537	19,869	3,151	279,521
Bishop Grosseteste College, Lincoln	3,261	1,142	0	308	554	130	5,395
Bolton Institute of Higher Education	17,015	6,645	608	1,342	1,225	149	26,984
Arts Institute at Bournemouth	5,877	1,743	0	326	160	67	8,173
Bournemouth University	23,764	23,154	1,666	4,822	3,630	407	57,443
University of Bradford	29,999	22,918	7,149	6,285	4,891	969	72,211
University of Brighton	37,401	26,878	4,029	5,388	6,235	711	80,642
University of Bristol	77,948	31,649	56,923	29,904	10,804	2,037	209,265
Brunel University	39,362	22,192	9,523	5,567	11,228	849	88,721
Buckinghamshire Chilterns University Col	18,126	12,222	1,341	5,825	4,138	140	41,792
University of Cambridge	138,821	54,586	148,978	53,068	2,608	48,694	446,755
Institute of Cancer Research	10,829	1,319	25,910	5,071	31	3,496	46,656
Canterbury Christ Church University Col	19,202	17,609	659	8,342	4,967	37	50,816
University of Central England	43,175	37,036	2,107	5,435	6,639	166	94,558
University of Central Lancashire	51,032	30,295	2,077	8,387	6,100	109	98,000
Central School of Speech and Drama	4,291	1,353	0	265	74	113	6,096
Chester College of Higher Education	10,199	11,273	228	1,120	1,812	128	24,760
University College Chichester	10,440	3,846	339	926	2,012	131	17,694
City University, London	21,688	55,035	6,590	8,685	5,833	2,910	100,741
Coventry University	41,269	29,380	2,032	10,654	8,011	838	92,184
Cranfield University	20,312	50,871	37,699	4,234	8,374	549	122,039
Cumbria Institute of the Arts	4,293	940	5	360	270	26	5,894
Conservatoire for Dance and Drama	3,016	557	0	0	0	5	3,578
Dartington College of Arts	2,574	545	0	121	21	95	3,356
De Montfort University	62,913	30,094	9,103	5,819	5,254	531	113,714
University of Derby	32,728	16,698	1,001	5,108	6,490	96	62,121
University of Durham	49,719	23,551	25,437	11,446	18,309	757	129,219

資料2　連合王国の高等教育機関の収入内訳

高等教育機関名	HEFCsからの補助金	授業料	研究補助金およびコントラクト	その他	施設賃貸料および食費	寄付金および投資	合計
University of East Anglia	31,578	25,459	21,641	9,633	8,522	1,579	98,412
University of East London	34,083	19,973	1,377	6,299	4,479	314	66,525
Edge Hill College of Higher Education	16,347	4,950	74	7,664	1,789	201	31,025
Institute of Education	13,342	8,442	8,181	4,628	2,553	415	37,561
University of Essex	23,078	19,213	10,376	5,055	9,594	1,135	68,451
University of Exeter	36,799	20,053	12,311	7,965	17,852	1,222	96,202
Falmouth College of Arts	5,844	2,289	21	1,164	565	54	9,937
University of Gloucestershire	21,271	9,195	1,100	3,094	2,415	355	37,430
Goldsmiths College	22,661	13,758	2,030	1,613	3,877	401	44,340
University of Greenwich	46,540	30,845	9,118	11,022	8,155	575	106,255
Harper Adams University College	8,677	1,985	407	2,439	1,767	118	15,393
University of Hertfordshire	45,684	35,568	3,271	10,974	8,999	1,164	105,660
Homerton College, Cambridge	0	0	0	5,295	0	74	5,369
University of Huddersfield	37,463	15,554	2,062	15,730	4,600	722	76,131
University of Hull	37,593	26,397	9,639	11,729	8,295	828	94,481
Imperial College	112,966	44,185	152,984	52,181	15,474	3,440	381,230
Keele University	21,046	14,462	8,752	11,454	7,170	1,731	64,615
University of Kent at Canterbury	30,612	19,167	8,473	7,279	11,216	1,117	77,864
Kent Institute of Art & Design	7,970	3,814	51	938	2,031	30	14,834
King Alfred's College, Winchester	8,950	4,880	155	704	3,398	85	18,172
King's College London	103,361	48,404	91,426	54,245	12,203	9,176	318,815
Kingston University	42,379	30,650	1,444	6,570	8,630	1,043	90,716
Lancaster University	33,992	18,269	14,353	16,560	10,869	1,394	95,437
University of Leeds	105,665	62,146	71,058	37,549	21,837	4,352	302,607
Leeds Metropolitan University	56,754	28,507	1,762	8,138	5,599	458	101,218
University of Leicester	43,482	31,816	36,044	20,676	12,478	1,346	145,842
University of Lincoln	33,811	10,182	508	9,165	5,440	124	59,230
University of Liverpool	74,612	33,535	53,271	28,254	11,124	4,854	205,650
Liverpool Hope University College	14,935	6,234	144	6,202	3,690	20	31,225
Liverpool John Moores University	55,675	26,253	3,779	15,018	2,314	579	103,618
University of London	13,657	3,590	2,771	60,454	12,029	5,133	97,634
London Business School	3,055	43,605	4,876	4,115	5,483	784	61,918
London Sch of Economics & Political Sci	18,748	48,007	12,205	10,842	12,966	1,576	104,344
London Sch. of Hygiene & Tropical Med.	9,593	5,837	30,247	3,642	334	557	50,210
The London Institute	48,545	34,177	1,189	3,134	4,002	645	91,692

382 資料

高等教育機関名 \ 収入	HEFCsからの補助金	授業料	研究補助金およびコントラクト	その他	施設賃貸料および食費	寄付金および投資	合計
London Metropolitan University	70,167	38,402	3,814	7,929	3,406	490	124,208
London South Bank University	39,476	39,015	4,828	4,228	5,686	1,527	94,760
Loughborough University	44,875	22,279	24,911	8,894	19,508	1,402	121,869
University of Luton	20,865	21,107	1,354	3,058	4,559	132	51,075
University of Manchester	100,378	72,227	77,059	46,686	26,171	6,053	328,574
UMIST	38,927	22,878	26,916	15,490	10,932	1,924	117,067
Manchester Metropolitan University	79,909	33,348	5,746	7,863	11,151	1,627	139,644
Middlesex University	53,012	43,283	1,475	13,828	6,665	217	118,480
University of Newcastle	76,385	30,579	50,747	40,607	12,070	2,541	212,929
Newman College of Higher Education	4,553	1,336	0	410	808	22	7,129
University College Northampton	21,077	14,178	1,025	2,350	3,622	372	42,624
Northern School of Contemporary Dance	1,372	218	0	108	0	11	1,709
Northumbria University	44,753	41,671	6,068	8,485	7,843	214	109,034
Norwich School of Art & Design	3,178	923	0	460	101	72	4,734
University of Nottingham	76,990	65,580	64,659	28,041	29,233	799	265,302
Nottingham Trent University	56,628	33,537	3,798	13,022	6,416	972	114,373
Open University	158,313	105,596	13,776	19,339	0	5,244	302,268
School of Oriental and African Studies	10,967	15,577	2,445	3,270	972	714	33,945
University of Oxford	134,739	47,574	149,744	60,037	4,801	29,654	426,549
Oxford Brookes University	32,068	33,282	4,351	9,021	11,513	469	90,704
School of Pharmacy	5,049	2,109	3,039	293	182	59	10,731
University of Plymouth	59,853	28,209	7,453	12,250	4,539	638	112,942
University of Portsmouth	46,090	29,185	4,645	5,534	6,487	682	92,623
Queen Mary, University of London	53,861	22,217	34,021	21,145	7,603	757	139,604
Ravensbourne College	4,634	1,675	0	564	244	71	7,188
RCN Institute	1,422	601	665	6,848	0	89	9,625
University of Reading	42,102	26,105	21,805	13,615	16,537	3,641	123,805
Rose Bruford College	2,854	1,156	0	120	70	27	4,227
Royal Academy of Music	4,053	3,602	0	1,039	339	2,687	11,720
Royal Agricultural College	2,458	944	74	1,671	2,521	4	7,672
Royal College of Art	11,070	3,915	1,222	1,752	560	820	19,339
Royal College of Music	4,399	2,762	0	1,544	729	2,103	11,537
Royal Holloway, University of London	22,753	15,675	8,830	2,894	11,722	1,315	63,189
Royal Northern College of Music	4,901	1,792	0	1,973	555	73	9,294
Royal Veterinary College	12,166	3,168	4,272	6,778	877	693	27,954

資料2 連合王国の高等教育機関の収入内訳

高等教育機関名	HEFCsからの補助金	授業料	研究補助金およびコントラクト	その他	施設賃貸料および食費	寄付金および投資	合計
St George's Hospital Medical School	14,770	6,791	16,573	15,780	560	-286	54,188
College of St Mark & St John	7,736	3,925	13	1,381	1,543	100	14,698
St Martin's College	17,812	12,597	30	2,020	2,897	13	35,369
St Mary's College	8,125	3,224	97	266	3,028	52	14,792
University of Salford	45,976	38,131	6,031	16,123	8,454	439	115,154
University of Sheffield	79,284	54,326	64,108	22,871	15,270	2,129	237,988
Sheffield Hallam University	62,408	33,967	7,367	10,255	5,200	613	119,810
University of Southampton	75,114	44,874	70,397	24,023	17,849	1,539	233,796
Southampton Institute	28,772	16,650	327	2,032	8,092	428	56,301
Staffordshire University	41,998	19,190	3,468	4,840	4,993	269	74,758
University of Sunderland	37,752	16,573	3,171	10,289	5,463	77	73,325
The Surrey Inst of Art & Design Univ Col	10,921	4,427	0	1,581	1,194	0	18,123
University of Surrey	31,159	34,649	22,511	23,671	10,200	9,263	131,453
University of Surrey Roehampton	20,200	9,694	1,321	1,833	6,779	373	40,200
University of Sussex	36,714	18,235	20,988	10,351	7,791	547	94,626
University of Teesside	30,453	21,905	1,194	6,780	2,592	427	63,351
Thames Valley University	27,955	27,599	339	4,083	606	409	60,991
Trinity & All Saints	6,700	2,815	0	267	1,876	252	11,910
Trinity College of Music	3,024	1,921	74	1,449	0	93	6,561
University College London	127,862	59,538	148,034	76,858	13,252	5,966	431,510
University of Warwick	50,591	48,631	28,057	42,406	20,653	1,141	191,479
University of West of England, Bristol	51,419	23,622	4,420	23,586	8,803	2,578	114,428
University of Westminster	48,964	35,372	4,021	6,738	6,583	1,147	102,825
Wimbledon School of Art	4,065	1,130	51	206	74	14	5,540
University of Wolverhampton	47,772	26,281	2,284	13,360	5,240	1,721	96,658
University College Worcester	9,734	7,423	771	870	1,204	57	20,059
Writtle College	8,697	2,323	18	2,427	2,091	13	15,569
University of York	32,809	22,309	27,811	15,597	13,696	1,097	113,319
York St John College	9,867	7,085	14	1,130	3,292	395	21,783
Scotland							
University of Aberdeen	51,680	20,020	33,554	10,286	7,762	1,659	124,961
University of Abertay Dundee	15,721	7,187	1,224	3,563	1,382	353	29,430
Bell College of Technology	7,718	6,219	0	1,594	586	86	16,203
University of Dundee	47,438	23,443	38,493	16,095	4,654	653	130,776
University of Edinburgh	113,600	43,101	87,833	43,894	17,639	8,001	314,068
Edinburgh College of Art	7,494	3,316	854	1,028	195	244	13,131
University of Glasgow	106,484	35,178	76,379	29,005	10,770	7,029	264,845
Glasgow Caledonian University	39,031	12,971	3,294	18,469	2,407	258	76,430
Glasgow School of Art	8,177	2,981	558	265	347	114	12,442
Heriot-Watt University	30,401	17,617	12,451	11,715	9,605	280	82,069

収入＼高等教育機関名	HEFCsからの補助金	授業料	研究補助金およびコントラクト	その他	施設賃貸料および食費	寄付金および投資	合計
University of the Highlands and Islands	14,744	3,207	4,413	10,116	0	156	32,636
Napier University	34,143	20,683	1,868	4,671	3,605	445	65,415
Northern College of Education	2,891	1,029	5	438	299	76	4,738
University of Paisley	28,321	13,478	1,903	3,245	1,557	591	49,095
Queen Margaret University Col Edinburgh	11,540	5,569	1,834	996	2,166	136	22,241
Robert Gordon University	27,925	16,088	1,625	24,406	2,554	804	73,402
Royal Scottish Academy of Music & Drama	5,197	1,473	91	1,022	183	184	8,150
Scottish Agricultural College	19,131	2,300	7,147	15,993	1,253	7	45,831
University of St Andrews	25,949	14,855	17,287	4,693	9,126	1,314	73,224
University of Stirling	25,697	16,813	7,036	7,491	7,738	834	65,609
University of Strathclyde	70,171	41,671	22,672	13,356	8,836	2,059	158,765
Wales							
University of Glamorgan	37,108	17,548	2,247	8,370	4,764	422	70,459
University of Wales, Aberystwyth	29,269	10,828	9,980	7,708	8,852	2,289	68,926
University of Wales, Bangor	31,364	16,358	9,777	10,895	6,307	534	75,235
Cardiff University	65,862	35,841	39,548	9,958	13,566	3,131	167,906
University of Wales, Lampeter	5,652	1,787	265	595	1,296	247	9,842
University of Wales, Swansea	36,877	19,116	10,295	16,172	8,314	806	91,580
University of Wales College of Medicine	17,974	15,256	14,218	27,921	386	1,613	77,368
University of Wales Institute, Cardiff	22,145	10,034	721	8,726	3,881	122	45,629
University of Wales College, Newport	17,513	4,936	121	2,719	2,262	234	27,785
North East Wales Institute	13,250	4,630	531	933	1,165	219	20,728
Swansea Institute of Higher Education	11,885	3,939	37	785	1,020	227	17,893
Trinity College	5,295	1,475	0	968	1,741	47	9,526
Royal Welsh College of Music and Drama	4,826	1,199	0	380	203	24	6,632
Uni of Wales Centre for Adv. Welsh & Cel	562	120	244	4,474	787	782	6,969
Northern Ireland							
Queen's University Belfast	67,555	32,521	27,086	25,574	4,828	1,297	158,861
St Mary's University College	4,251	1,001	66	120	0	1	5,439
Stranmillis University College	4,416	1,165	112	168	903	38	6,802
University of Ulster	71,979	23,527	11,131	9,737	3,910	474	120,758
総計	5,692,090	3,338,194	2,433,418	1,801,245	967,802	258,126	14,490,875

出典：HESA 2002(b).

資料2　連合王国の高等教育機関の収入内訳　385

表資2-1中の高等教育機関の中から、旧大学と新大学および高等教育カレッジやインスティチュートを選択した後、分類し、各グループで集計した収入内訳が下記表である。

表資2-2　イギリスの高等教育機関の収入内訳 (2001/02年度)(単位：千ポンド)

収入 高等教育機関名	HEFCsからの補助金	授業料	研究補助金およびコントラクト	その他	施設賃貸料および食費	寄付金および投資	合計
旧大学							
Aston University	21,292	12,951	4,762	6,878	6,778	731	53,392
University of Bath	36,114	21,600	19,789	11,284	8,453	4,014	101,254
Birkbeck College	23,923	11,752	7,444	2,269	165	802	46,355
University of Birmingham	90,622	53,294	68,048	44,537	19,869	3,151	279,521
University of Bradford	29,999	22,918	7,149	6,285	4,891	969	72,211
University of Bristol	77,948	31,649	56,923	29,904	10,804	2,037	209,265
Brunel University	39,362	22,192	9,523	5,567	11,228	849	88,721
University of Cambridge	138,821	54,586	148,978	53,068	2,608	48,694	446,755
Institute of Cancer Research	10,829	1,319	25,910	5,071	31	3,496	46,656
Central School of Speech and Drama	4,291	1,353	0	265	74	113	6,096
Chester College of Higher Education	10,199	11,273	228	1,120	1,812	128	24,760
City University, London	21,688	55,035	6,590	8,685	5,833	2,910	100,741
Cranfield University	20,312	50,871	37,699	4,234	8,374	549	122,039
Cumbria Institute of the Arts	4,293	940	5	360	270	26	5,894
Conservatoire for Dance and Drama	3,016	557	0	0	0	5	3,578
University of Durham	49,719	23,551	25,437	11,446	18,309	757	129,219
University of East Anglia	31,578	25,459	21,641	9,633	8,522	1,579	98,412
Institute of Education	13,342	8,442	8,181	4,628	2,553	415	37,561
University of Essex	23,078	19,213	10,376	5,055	9,594	1,135	68,451
University of Exeter	36,799	20,053	12,311	7,965	17,852	1,222	96,202
Goldsmiths College	22,661	13,758	2,030	1,613	3,877	401	44,340
Harper Adams University College	8,677	1,985	407	2,439	1,767	118	15,393
Homerton College, Cambridge	0	0	0	5,295	0	74	5,369
University of Hull	37,593	26,397	9,639	11,729	8,295	828	94,481
Imperial College	112,966	44,185	152,984	52,181	15,474	3,440	381,230
Keele University	21,046	14,462	8,752	11,454	7,170	1,731	64,615
University of Kent at Canterbury	30,612	19,167	8,473	7,279	11,216	1,117	77,864
King's College London	103,361	48,404	91,426	54,245	12,203	9,176	318,815
Lancaster University	33,992	18,269	14,353	16,560	10,869	1,394	95,437
University of Leeds	105,665	62,146	71,058	37,549	21,837	4,352	302,607
University of Leicester	43,482	31,816	36,044	20,676	12,478	1,346	145,842
University of Liverpool	74,612	33,535	53,271	28,254	11,124	4,854	205,650
University of London	13,657	3,590	2,771	60,454	12,029	5,133	97,634
London Business School	3,055	43,605	4,876	4,115	5,483	784	61,918

高等教育機関名 \ 収入	HEFCsからの補助金	授業料	研究補助金およびコントラクト	その他	施設賃貸料および食費	寄付金および投資	合計
London Sch of Economics & Political Sci	18,748	48,007	12,205	10,842	12,966	1,576	104,344
London Sch. of Hygiene & Tropical Med.	9,593	5,837	30,247	3,642	334	557	50,210
The London Institute	48,545	34,177	1,189	3,134	4,002	645	91,692
Loughborough University	44,875	22,279	24,911	8,894	19,508	1,402	121,869
University of Manchester	100,378	72,227	77,059	46,686	26,171	6,053	328,574
University of Newcastle	76,385	30,579	50,747	40,607	12,070	2,541	212,929
University of Nottingham	76,990	65,580	64,659	28,041	29,233	799	265,302
Open University	158,313	105,596	13,776	19,339	0	5,244	302,268
School of Oriental and African Studies	10,967	15,577	2,445	3,270	972	714	33,945
University of Oxford	134,739	47,574	149,744	60,037	4,801	29,654	426,549
Queen Mary, University of London	53,861	22,217	34,021	21,145	7,603	757	139,604
University of Reading	42,102	26,105	21,805	13,615	16,537	3,641	123,805
Royal Academy of Music	4,053	3,602	0	1,039	339	2,687	11,720
Royal Agricultural College	2,458	944	74	1,671	2,521	4	7,672
Royal College of Art	11,070	3,915	1,222	1,752	560	820	19,339
Royal College of Music	4,399	2,762	0	1,544	729	2,103	11,537
Royal Holloway, University of London	22,753	15,675	8,830	2,894	11,722	1,315	63,189
Royal Veterinary College	12,166	3,168	4,272	6,778	877	693	27,954
St George's Hospital Medical School	14,770	6,791	16,573	15,780	560	-286	54,188
University of Salford	45,976	38,131	6,031	16,123	8,454	439	115,154
University of Sheffield	79,284	54,326	64,108	22,871	15,270	2,129	237,988
University of Southampton	75,114	44,874	70,397	24,023	17,849	1,539	233,796
University of Sunderland	37,752	16,573	3,171	10,289	5,463	77	73,325
University of Surrey	31,159	34,649	22,511	23,671	10,200	9,263	131,453
University of Sussex	36,714	18,235	20,988	10,351	7,791	547	94,626
University of Teesside	30,453	21,905	1,194	6,780	2,592	427	63,351
Trinity & All Saints	6,700	2,815	0	267	1,876	252	11,910
Trinity College of Music	3,024	1,921	74	1,449	0	93	6,561
University College London	127,862	59,538	148,034	76,858	13,252	5,966	431,510
University of Warwick	50,591	48,631	28,057	42,406	20,653	1,141	191,479
Wimbledon School of Art	4,065	1,130	51	206	74	14	5,540
University of York	32,809	22,309	27,811	15,597	13,696	1,097	113,319
合 計	2,707,272	1,707,976	1,833,284	1,073,698	540,517	192,233	8,054,980
新大学							
Anglia Polytechnic University	40,804	27,671	3,578	11,533	5,155	755	89,496
Bath Spa University College	13,127	4,602	161	1,749	1,417	161	21,217
Bournemouth University	23,764	23,154	1,666	4,822	3,630	407	57,443
University of Brighton	37,401	26,878	4,029	5,388	6,235	711	80,642
Buckinghamshire Chilterns University Col	18,126	12,222	1,341	5,825	4,138	140	41,792

資料2　連合王国の高等教育機関の収入内訳　387

高等教育機関名＼収入	HEFCsからの補助金	授業料	研究補助金およびコントラクト	その他	施設賃貸料および食費	寄付金および投資	合計
Canterbury Christ Church University Col	19,202	17,609	659	8,342	4,967	37	50,816
University of Central England	43,175	37,036	2,107	5,435	6,639	166	94,558
University of Central Lancashire	51,032	30,295	2,077	8,387	6,100	109	98,000
University College Chichester	10,440	3,846	339	926	2,012	131	17,694
Coventry University	41,269	29,380	2,032	10,654	8,011	838	92,184
De Montfort University	62,913	30,094	9,103	5,819	5,254	531	113,714
University of Derby	32,728	16,698	1,001	5,108	6,490	96	62,121
University of East London	34,083	19,973	1,377	6,299	4,479	314	66,525
University of Gloucestershire	21,271	9,195	1,100	3,094	2,415	355	37,430
University of Greenwich	46,540	30,845	9,118	11,022	8,155	575	106,255
University of Hertfordshire	45,684	35,568	3,271	10,974	8,999	1,164	105,660
University of Huddersfield	37,463	15,554	2,062	15,730	4,600	722	76,131
Kingston University	42,379	30,650	1,444	6,570	8,630	1,043	90,716
Leeds Metropolitan University	56,754	28,507	1,762	8,138	5,599	458	101,218
University of Lincoln	33,811	10,182	508	9,165	5,440	124	59,230
Liverpool John Moores University	55,675	26,253	3,779	15,018	2,314	579	103,618
London Metropolitan University	70,167	38,402	3,814	7,929	3,406	490	124,208
London South Bank University	39,476	39,015	4,828	4,228	5,686	1,527	94,760
University of Luton	20,865	21,107	1,354	3,058	4,559	132	51,075
UMIST	38,927	22,878	26,916	15,490	10,932	1,924	117,067
Manchester Metropolitan University	79,909	33,348	5,746	7,863	11,151	1,627	139,644
Middlesex University	53,012	43,283	1,475	13,828	6,665	217	118,480
University College Northampton	21,077	14,178	1,025	2,350	3,622	372	42,624
Northumbria University	44,753	41,671	6,068	8,485	7,843	214	109,034
Nottingham Trent University	56,628	33,537	3,798	13,022	6,416	972	114,373
Oxford Brookes University	32,068	33,282	4,351	9,021	11,513	469	90,704
University of Plymouth	59,853	28,209	7,453	12,250	4,539	638	112,942
University of Portsmouth	46,090	29,185	4,645	5,534	6,487	682	92,623
Sheffield Hallam University	62,408	33,967	7,367	10,255	5,200	613	119,810
Staffordshire University	41,998	19,190	3,468	4,840	4,993	269	74,758
The Surrey Inst of Art & Design Univ Col	10,921	4,427	0	1,581	1,194	0	18,123
Thames Valley University	27,955	27,599	339	4,083	606	409	60,991
University of West of England, Bristol	51,419	23,622	4,420	23,586	8,803	2,578	114,428
University of Westminster	48,964	35,372	4,021	6,738	6,583	1,147	102,825
University of Wolverhampton	47,772	26,281	2,284	13,360	5,240	1,721	96,658
University College Worcester	9,734	7,423	771	870	1,204	57	20,059
合　計	1,631,637	1,022,188	146,657	328,369	227,321	25,474	3,381,646

388　資　料

高等教育機関名＼収入	HEFCsからの補助金	授業料	研究補助金およびコントラクト	その他	施設賃貸料および食費	寄付金および投資	合計
高等教育カレッジ・研究所							
Bolton Institute of Higher Education	17,015	6,645	608	1,342	1,225	149	26,984
Arts Institute at Bournemouth	5,877	1,743	0	326	160	67	8,173
Dartington College of Arts	2,574	545	0	121	21	95	3,356
Edge Hill College of Higher Education	16,347	4,950	74	7,664	1,789	201	31,025
Falmouth College of Arts	5,844	2,289	21	1,164	565	54	9,937
Kent Institute of Art & Design	7,970	3,814	51	938	2,031	30	14,834
King Alfred's College, Winchester	8,950	4,880	155	704	3,398	85	18,172
Liverpool Hope University College	14,935	6,234	144	6,202	3,690	20	31,225
Ravensbourne College	4,634	1,675	0	564	244	71	7,188
Rose Bruford College	2,854	1,156	0	120	70	27	4,227
College of St Mark & St John	7,736	3,925	13	1,381	1,543	100	14,698
St Mary's College	8,125	3,224	97	266	3,028	52	14,792
Southampton Institute	28,772	16,650	327	2,032	8,092	428	56,301
Writtle College（継続・高等教育カレッジ）	8,697	2,323	18	2,427	2,091	13	15,569
York St John College（高等教育カレッジ）	9,867	7,085	14	1,130	3,292	395	21,783
合　計	150,197	67,138	1,522	26,381	31,239	1,787	278,264

1994/95年度の大学収入内訳

表資2-3　旧大学 (Old Universities)

（単位：千ポンド）

旧大学のナンバー	HEFCEからの補助金	授業料	研究補助金およびコントラクト	その他	施設賃貸料および食費	寄付金および投資	合計
04	18,898	7,272	3,401	1,251	6,999	1,360	39,181
06	26,909	11,572	12,701	3,775	7,757	931	63,645
07	18,481	6,313	4,268	577	1,174	1,204	32,017
08	70,349	38,688	38,465	10,388	28,642	5,968	192,500
012	25,245	17,233	6,555	1,990	6,428	710	58,161
015	56,156	26,233	34,654	6,833	20,705	4,370	148,951
017	31,888	16,586	8,121	2,081	10,921	858	70,455
019	85,667	35,799	83,159	7,122	12,869	27,478	252,094
023	2,497	1,554	4	0	93	92	4,240
026	6,842	7,153	19	152	2,929	107	17,202
028	19,480	17,579	5,389	1,544	7,495	1,505	52,992
031	16,771	36,427	30,380	0	11,109	1,024	95,711
035	34,001	16,357	11,768	2,928	16,031	2,211	83,296

資料2　連合王国の高等教育機関の収入内訳

旧大学の ナンバー	HEFCEからの 補助金	授業料	研究補助金およ びコントラクト	その他	施設賃貸料 および食費	寄付金 および投資	合計
036	25,750	14,576	11,540	935	8,288	1,233	62,322
039	17,397	11,458	7,052	1,299	7,714	1,695	46,615
040	32,043	15,561	8,554	606	15,354	539	72,657
042	16,688	8,852	998	306	2,661	261	29,766
044	5,187	2,443	346	2,478	1,214	25	11,693
048	28,062	16,177	6,616	1,827	11,542	1,304	65,528
050	62,581	25,534	62,447	3,295	26,843	2,728	183,428
052	9,556	5,712	3,567	1,574	2,158	487	23,054
053	4,634	1,300	10,778	506	3,831	211	21,260
054	17,415	9,757	7,478	1,253	12,521	838	49,262
055	21,409	13,711	9,722	3,620	13,278	1,027	62,767
058	47,185	30,357	30,397	2,757	22,344	1,601	134,641
061	29,672	12,730	9,376	8,194	14,285	1,029	75,286
063	75,321	38,099	38,270	14,628	30,446	4,805	201,569
064	36,213	20,363	22,617	2,897	18,673	1,887	102,650
067	63,368	25,802	28,985	6,601	17,817	4,674	147,247
068	2,839	15,376	3,416	1,377	3,043	340	26,391
069	29,539	10,967	155	467	1,487	353	42,968
070	10,947	2,614	7,013	929	7,352	426	29,281
071	38,020	13,924	38	2,745	2,822	179	57,728
072	16,951	23,789	9,003	668	6,655	4,224	61,290
073	7,261	3,385	12,948	1,334	1,112	521	26,561
074	22,532	13,566	3,063	4,877	22,066	3,399	69,503
080	86,133	45,527	43,600	7,902	46,153	5,558	234,873
083	57,888	24,033	30,812	7,975	17,923	2,365	140,996
089	59,682	27,552	32,610	8,630	20,899	4,271	153,644
090	117,272	62,978	3,320	1,912	7,737	3,268	196,487
092	83,065	31,624	93,796	11,114	26,890	14,226	260,715
0105	18,428	8,551	4,808	631	9,199	1,371	42,988
0107	11,957	2,040	18,731	8,097	9,724	909	51,458
0108	6,919	1,963	3,203	0	3,332	607	16,024
0110	11,942	2,849	10,237	7,392	2,237	916	35,573
0115	24,060	12,817	5,718	4,926	16,292	927	64,740
0116	9,929	8,976	2,449	0	547	796	22,697
0117	4,334	1,206	1,887	56	291	102	7,876
0119	59,849	37,872	30,796	6,123	21,184	3,743	159,567
0122	51,165	22,273	33,614	8,562	17,041	1,787	134,442
0124	29,206	15,524	849	4,702	6,066	393	56,740
0126	24,672	17,446	14,389	3,516	11,846	8,018	79,887
0127	31,243	15,299	14,512	829	7,702	1,194	70,779
0128	22,365	12,785	615	2,136	3,638	550	42,089
0133	70,144	30,462	60,544	18,193	19,186	4,127	202,656
0134	42,049	25,895	17,522	5,523	32,125	1,698	124,812
0146	23,976	11,148	16,345	1,935	11,570	1,699	66,673
合　計	1,880,032	993,639	973,620	213,968	678,240	140,129	4,879,628

表資2-4　新大学 (New Universities)

(単位：千ポンド)

新大学のナンバー	HEFCEからの補助金	授業料	研究補助金およびコントラクト	その他	施設賃貸料および食費	寄付金および投資	合計
N3	28,447	24,172	781	2,015	5,253	868	61,535
N5	7,983	2,830	21	0	2,413	291	13,538
N11	16,666	15,087	787	905	2,661	100	36,206
N14	31,499	18,856	1,440	2,751	5,035	696	60,277
N20	9,782	15,959	307	623	2,360	499	29,530
N21	34,885	17,648	435	2,029	6,294	577	61,868
N22	36,028	13,672	632	215	7,966	397	58,910
N27	6,933	3,996	117	158	1,224	278	12,706
N30	36,617	21,569	1,535	2,586	6,311	1,170	69,788
N33	53,906	27,881	4,509	4,328	7,539	1,053	99,216
N34	18,927	12,307	843	696	4,974	1,187	38,934
N37	29,961	16,585	406	1,351	4,651	550	53,504
N43	40,077	23,875	2,498	2,642	6,624	2,505	78,221
N45	44,124	27,652	3,067	613	11,716	1,510	88,682
N47	26,954	13,350	728	3,430	3,058	582	48,102
N49	25,248	12,894	232	645	3,871	1,026	43,916
N59	35,045	18,178	552	2,681	5,144	1,706	63,306
N62	37,821	16,254	1,153	5,396	5,191	1,749	67,564
N66	43,317	24,440	2,109	2,139	7,286	821	80,112
N77	17,186	14,260	263	468	5,604	38	37,819
N78	27,925	18,615	14,989	5,396	10,199	2,870	79,994
N79	63,468	29,619	2,896	3,617	9,354	1,210	110,164
N81	40,570	20,699	8,950	0	9,946	368	80,533
N85	31,350	13,468	500	762	3,978	332	50,390
N87	39,850	19,959	1,770	2,370	15,446	463	79,858
N88	47,017	27,242	1,605	6,240	6,379	1,181	89,664
N91	24,251	17,049	1,589	1,820	13,601	2,125	60,435
N93	40,420	20,314	2,834	2,267	6,789	381	73,005
N94	34,979	25,465	3,178	4,588	5,484	938	74,632
N118	51,357	24,493	3,499	3,326	8,204	2,632	93,511
N120	40,564	29,540	1,882	251	4,706	342	77,285
N123	30,021	15,975	1,666	744	6,471	349	55,226
N125	7,204	3,583	0	7	1,100	213	12,107
N129	24,951	20,645	66	931	1,041	93	47,727
N132	24,131	5,658	23,925	3,404	10,181	2,857	70,156
N136	42,243	21,820	2,800	1,950	8,701	1,258	78,772
N138	3,831	1,795	0	266	2,269	127	8,288
N139	40,988	21,209	2,143	2,804	1,698	1,089	69,931
N142	37,652	16,825	563	6,459	6,600	1,732	69,831
合　計	1,234,178	695,438	97,270	82,873	237,322	38,163	2,385,243

資料2　連合王国の高等教育機関の収入内訳　391

表資2-5　高等教育カレッジ（Higher education colleges）

高等教育カレッジのナンバー	HEFCEからの補助金	授業料	研究補助金およびコントラクト	その他	施設賃貸料および食費	寄付金および投資	合計
HEC9	3,115	1,099	0	461	643	82	5,400
HEC10	13,608	7,289	681	891	2,673	184	25,326
HEC13	5,162	3,275	0	50	1,373	85	9,945
HEC18	15,089	6,543	70	2,512	6,232	353	30,799
HEC25	16,428	10,347	501	416	3,685	358	31,735
HEC29	348	343	0	114	55	8	868
HEC32	1,526	723	6	0	63	105	2,423
HEC38	9,638	5,016	30	2,425	1,733	134	18,976
HEC41	3,596	1,728	0	305	196	70	5,895
HEC46	4,173	1,541	414	2,076	1,313	242	9,759
HEC51	1,773	1,136	0	116	805	21	3,851
HEC56	6,378	3,601	0	0	1,643	123	11,745
HEC57	6,942	3,507	40	154	6,290	43	16,976
HEC60	4,830	2,179	68	0	1,227	23	8,327
HEC65	9,184	5,105	0	0	1,947	357	16,593
HEC75	0	0	0	0	0	0	0
HEC76	33,077	18,560	15,485	4,621	12,903	3,345	87,991
HEC82	18,118	12,567	139	726	3,094	296	34,940
HEC84	2,692	1,417	96	0	791	32	5,028
HEC86	3,234	1,233	0	0	840	42	5,349
HEC95	29,295	11,764	11,155	1,618	4,859	1,217	59,908
HEC96	2,612	1,064	0	0	469	5	4,150
HEC97	37,366	22,368	14,509	3,862	15,884	3,076	97,065
HEC98	7,704	4,752	0	0	3,842	111	16,409
HEC99	17,997	6,922	622	774	4,333	155	30,803
HEC100	1,517	606	0	0	15	63	2,201
HEC101	2,756	1,995	0	0	1,439	119	6,309
HEC102	8,296	2,755	779	509	1,865	111	14,315
HEC103	2,669	1,596	0	115	1,020	3	5,403
HEC104	8,167	1,774	11,963	685	3,052	421	26,062
HEC106	3,262	1,327	0	0	2,008	46	6,643
HEC109	6,522	1,597	12,502	0	6,146	562	27,329
HEC111	5,427	4,436	0	946	1,916	142	12,867
HEC112	7,213	6,183	157	117	2,074	53	15,797
HEC113	6,157	2,831	21	231	1,975	87	11,302
HEC114	15,120	7,626	87	5,184	1,976	146	30,139
HEC121	21,520	15,661	289	301	3,190	745	41,706
HEC130	5,289	2,496	0	76	1,813	114	9,788
HEC131	1,736	984	0	0	510	29	3,259
HEC135	0	0	0	0	0	0	0
HEC137	2,973	1,469	83	0	930	92	5,547
HEC140	2,251	876	21	0	105	31	3,283
HEC141	2,223	1,479	0	0	464	1	4,167
HEC143	6,855	3,361	84	53	1,562	332	12,247
HEC144	3,936	2,268	42	0	2,493	27	8,766
HEC145	3,725	2,639	2,068	1,222	2,207	168	12,029
合　計	371,499	198,038	71,912	30,560	113,653	13,759	799,420

出典：HESA 1996(a).

表資 2-6　各高等教育機関の合計収入内訳合計（1994/95 年度）

（単位：千ポンド）

	HEFCEからの補助金	授業料	研究補助金およびコントラクト	その他	施設賃貸料および食費	寄付金および投資	合　計
旧大学	1,880,032	993,639	973,620	213,968	678,240	140,129	4,879,628
割　合（％）	38.5%	20.4%	19.9%	4.4%	13.9%	2.9%	100.0%
新大学	1,234,178	695,438	97,270	82,873	237,322	38,163	2,385,243
割　合（％）	51.7%	29.2%	4.1%	3.5%	9.9%	1.6%	100.0%
高等教育カレッジ・研究所	371,499	198,038	71,912	30,560	113,653	13,759	799,420
割　合（％）	46.5%	24.8%	9.0%	3.8%	14.2%	1.7%	100.0%

2000/01年度の大学収入内訳

表資2-7 旧大学 (Old Universities) (単位：千ポンド)

	HEFCEからの補助金	授業料	研究補助金およびコントラクト	その他	施設賃貸料および食費	寄付金および投資	合計
O4	19,849	11,025	5,101	2,487	10,273	897	49,632
O6	32,858	19,365	17,208	5,699	11,208	2,507	88,845
O7	21,928	9,424	4,873	495	2,331	1,123	40,174
O8	84,018	47,302	62,916	12,165	44,985	4,054	255,440
O12	28,273	20,303	6,644	2,020	8,845	660	66,745
O Univ. of Bristol15	70,576	28,448	51,284	10,303	28,595	2,564	191,770
O16	37,681	20,733	7,645	1,008	15,346	1,237	83,650
O18Cambridge	127,326	49,780	126,425	10,364	33,840	48,784	396,519
O19	9,436	1,164	23,366	0	4,423	3,565	41,954
O23	4,012	1,301	0	0	329	117	5,759
O24	8,757	10,836	174	118	2,638	117	22,640
O26	20,054	42,670	4,851	1,646	9,539	3,311	82,071
O28	19,321	50,797	34,322	0	12,272	759	117,471
O29	3,754	860	4	182	641	48	5,489
O33	45,361	22,558	21,228	7,567	20,818	1,057	118,589
O34	29,363	23,022	19,568	1,780	14,542	1,879	90,154
O37	20,916	17,201	11,050	715	12,706	1,356	63,944
O38	33,645	18,618	11,696	1,608	21,896	1,414	88,877
O41	23,442	12,957	1,577	763	4,777	341	43,857
O43	7,439	1,966	356	1,406	2,412	168	13,747
O47	34,943	23,952	9,063	2,820	19,187	1,302	91,267
O48	111,754	40,290	146,428	8,880	69,738	3,671	380,761
O50	12,714	7,043	7,582	2,653	3,481	561	34,034
O51	20,112	13,819	7,886	1,132	16,515	2,188	61,652
O52	25,800	16,993	8,489	2,765	15,684	1,126	70,857
O55	97,907	43,716	87,205	25,712	42,168	4,836	301,544
O57	32,417	15,377	13,089	12,309	15,328	1,362	89,882
O59	92,332	54,562	61,932	11,800	48,416	4,585	273,627
O60	40,366	27,584	33,123	2,771	25,637	1,384	130,865
O64	69,852	31,488	46,336	12,298	26,802	5,862	192,638
O65	3,452	36,961	4,461	2,135	7,903	762	55,674
O66	13,137	3,295	2,300	12,439	56,017	4,940	92,128
O67	31,372	16,394	145	284	3,946	300	52,441
O69	18,312	41,150	11,494	3,533	20,623	3,107	98,219
O70	8,739	5,464	22,583	2,462	1,239	555	41,042
O71	42,846	19,869	24,590	6,644	19,241	1,657	114,847
O73	94,927	69,491	69,453	9,187	62,990	9,556	315,604
O77	67,924	27,174	45,080	11,129	34,224	3,816	189,347
O85	68,264	59,364	58,304	11,919	42,122	1,520	241,493
O86	142,677	101,860	18,855	1,139	18,114	7,332	289,977
O88	128,461	42,478	142,430	10,110	47,984	36,260	407,723
O91	48,433	18,128	30,330	17,009	8,909	1,509	124,318
O93	39,957	24,828	20,832	4,043	24,228	4,097	117,985
O94	19,022	9,486	1,203	1,879	6,058	465	38,113
O96	3,938	3,387	0	0	804	2,614	10,743
O97	10,405	3,579	1,276	771	1,448	779	18,258
O98	4,130	2,844	0	376	2,131	872	10,353
O101	10,886	2,926	3,993	0	7,138	903	25,846
O102	15,971	2,998	16,259	859	13,981	283	50,351
O106	43,854	33,443	6,363	11,758	15,322	411	111,151
O107	10,957	15,206	2,131	0	3,642	972	32,908
O108	4,783	1,859	2,244	142	308	142	9,478
O110	73,596	49,543	58,268	9,860	30,003	3,329	224,599
O113	71,252	40,512	59,341	13,311	27,641	2,294	214,351
O115	37,008	14,365	2,572	5,504	11,840	16	71,305
O117	29,478	31,218	19,845	14,352	12,819	8,812	116,524
O118	35,103	17,003	16,308	1,443	15,108	819	85,784
O119	27,811	20,075	1,087	1,859	7,159	323	58,314
O123	125,250	55,740	141,000	29,946	54,746	5,601	412,283
O124	46,513	42,262	26,316	6,927	51,203	1,230	174,451
O127	3,696	1,075	51	0	331	35	5,188
O132 Univ. of York	30,153	21,376	25,635	1,753	23,713	909	103,539
合計	2,498,513	1,520,507	1,666,170	336,239	1,178,307	209,055	7,408,791

表資2-8 新大学 (New Universities)

(単位:千ポンド)

	HEFCEからの補助金	授業料	研究補助金およびコントラクト	その他	施設賃貸料および食費	寄付金および投資	合計
N3	36,585	26,222	2,838	6,875	7,799	1,095	81,414
N5	12,622	4,314	223	0	3,077	95	20,331
N11	21,939	20,872	870	2,054	5,638	488	51,861
N14	35,193	26,820	4,211	3,695	6,932	933	77,784
N17	17,213	11,888	1,100	2,390	8,559	444	41,594
N20	16,380	16,372	575	4,714	7,050	102	45,193
N21	41,455	31,031	2,879	5,891	7,664	338	89,258
N22	46,804	27,855	1,739	3,453	12,225	490	92,566
Nuniversity College Chichester	10,019	4,038	151	0	2,770	158	17,136
N27	40,371	27,193	2,504	3,084	10,531	637	84,320
N31	63,791	31,494	8,818	6,439	7,307	537	118,386
N32	31,029	16,472	839	4,271	2,780	77	55,468
N35	34,861	18,687	1,357	2,617	8,014	358	65,894
N40	20,393	8,767	804	1,221	5,801	483	37,469
N42	44,537	27,520	7,560	9,094	8,217	1,082	98,010
N44	44,519	33,191	3,373	7,064	11,504	1,194	100,845
N46	35,122	14,608	2,191	2,929	17,874	947	73,671
N56	38,555	27,196	1,672	6,442	7,864	1,404	83,133
N58	52,346	25,539	1,376	5,079	7,916	535	92,791
N61	32,126	12,695	728	1,685	5,464	237	52,935
N63	53,785	25,537	3,466	5,624	10,202	659	99,273
N72	22,875	18,211	752	2,347	4,785	63	49,033
N74	34,634	21,517	23,722	8,290	13,776	2,150	104,089
N75	78,382	30,584	4,979	4,333	12,887	1,704	132,869
N76	49,011	41,390	2,468	5,154	15,355	290	113,668
N79	36,418	17,150	3,109	2,231	5,354	93	64,355
N80	20,770	12,539	1,106	1,445	4,754	443	41,057
N82	45,675	39,803	3,774	3,941	6,334	142	99,669
N84	60,320	29,029	3,143	9,816	10,761	1,095	114,164
N87	32,208	30,761	4,172	2,129	17,851	387	87,508
N89	54,110	26,237	7,088	3,372	11,079	862	102,748
N90	43,974	25,400	4,244	3,072	7,726	762	85,178
O99	21,600	13,099	7,748	1,006	14,052	1,859	59,364
N109	60,278	30,720	6,790	6,440	9,289	686	114,203
N111	45,301	35,639	6,039	773	9,058	1,686	98,496
N114	39,770	19,019	3,396	2,069	6,443	346	71,043
N116	10,098	4,145	0	148	2,054	69	16,514
N120	24,651	25,214	280	2,597	1,561	424	54,727
N125	49,468	23,130	3,559	2,622	25,819	2,833	107,431
N126	46,904	32,030	4,036	5,195	5,650	1,240	95,055
N128	45,382	24,395	2,318	7,324	8,363	2,470	90,252
N129	9,401	7,199	460	119	1,818	63	19,060
合計	1,560,875	945,522	142,457	159,044	359,957	31,960	3,199,815

資料2 連合王国の高等教育機関の収入内訳 395

表資2-9 高等教育カレッジ（Higher education colleges）

（単位：千ポンド）

	HEFCEからの補助金	授業料	研究補助金およびコントラクト	その他	施設賃貸料および食費	寄付金および投資	合計
Hecollege Hull9	2,955	1,007	0	121	684	159	4,926
Hecollege Own degree10	17,144	6,225	623	1,584	2,118	102	27,796
HEC13	10,242	2,544	77	278	2,582	9	15,732
HEC30	2,368	491	0	0	127	125	3,111
HEC36	14,897	9,901	258	185	3,349	250	28,840
HEC39	5,093	2,232	32	314	1,034	90	8,795
HEC45	5,209	1,519	419	0	8,490	556	16,193
HEC49	1,468	397	444	476	5,458	148	8,391
HEC53	7,648	3,891	32	0	2,861	62	14,494
HEC54	8,453	4,693	99	95	4,534	107	17,981
HEC62	14,442	5,181	144	5,388	4,233	21	29,409
HEC68	45,593	30,010	979	385	5,265	1,242	83,474
HEC78	3,966	1,224	17	0	1,139	42	6,388
HEC81	1,081	154	0	0	137	15	1,387
HEC83	3,111	858	0	140	336	100	4,545
HEC92	3,777	1,723	0	10	813	63	6,386
HEC95	2,716	1,215	0	182	0	57	4,170
HEC100	4,398	1,571	0	0	2,788	127	8,884
HEC103	7,571	3,844	33	1,376	1,634	239	14,697
HEC104	15,686	13,053	33	0	5,060	31	33,863
HEC105	7,790	3,408	57	36	3,090	39	14,420
HEC112	28,510	15,275	404	670	9,042	669	54,570
HEC121	6,240	2,774	0	19	2,097	299	11,429
HEC122	2,945	1,400	0	0	1,115	46	5,506
HEC130	7,632	2,231	22	0	3,793	23	13,701
HEC131	9,562	6,515	84	261	4,216	313	20,951
合　計	240,497	123,336	3,757	11,520	75,995	4,934	460,039

表資2-10 各高等教育機関の合計収入内訳合計（2001/02年度）

（単位：千ポンド）

	HEFCEからの補助金	授業料	研究補助金およびコントラクト	その他	施設賃貸料および食費	寄付金および投資	合　計
旧大学	2,707,272	1,707,976	1,833,284	1,073,698	540,517	192,233	8,054,980
割　合（％）	33.6%	21.2%	22.8%	13.3%	6.7%	2.4%	100.0%
新大学	1,631,637	1,022,188	146,657	328,369	227,321	25,474	3,381,646
割　合（％）	48.2%	30.2%	4.4%	9.7%	6.7%	0.8%	100.0%
高等教育カレッジ・研究所	153,458	68,280	1,522	26,689	31,793	1,917	283,659
割　合（％）	54.1%	24.1%	0.5%	9.4%	11.2%	0.7%	100.0%

資料3　連合王国における全大学の基本情報（2001/02年度）

	旧大学分類	新大学分類		RQ	大学昇格年度	学科数	工学部	ビジネス	自然科学系	総学生数	学部生数	%（学部生）
1	医・伝統的	I・研究	Oxford	3.5	1096	13	7.0%	21	7、30.5	18355	11450	62.4
2	医・伝統的	I・研究	Cam	3.7	1209	14	8.0%	0	6、30.1	17455	11760	67.4
3	医・工学系	I・研究	IC of Science, Technoloy & Medicine	2.7	1908	7	29.0%	0	6、95	12660	8535	67.4
4	医・伝統的	I・研究	St. Andrews	2.5	1410	10	0.0%	1	5、44	7045	5825	82.7
5	医・ロンドン大学連合	I・研究	UCL	2.7	1826	13	9.0%	0	7、56	17250	11275	65.4
6	新構想大学・複合 (Applied Math.)	II・准研究大学A	Warwick	2.4	1964	12	7.0%	9	5、39	14595	10990	75.3
7	社会学・複合	II・研究	LSE	2.8	1900	6	0.0%	24	2、4	8550	3860	45.1
8	伝統的	II・研究	Durham	2.5	1832	12	4.0%	3	5、34	14390	11275	78.4
9	医・複合・新市民大学	I・研究	Exeter	2.5	1955	11	5.0%	6	4、33	12780	10010	78.3
10	医・旧市民大学（工学系）	I・研究	Bristol	2.6	1909	12	11.0%	0.3	7、54	15220	12135	79.7
11	医・新構想	I・研究	York	2.5	1962	12	6.0%	5	5、38	10925	8010	73.3
12	医・ロンドン・自然科学	I・准研究大学A	Kings's College London	2.0	1836	12	3.0%	3	6、52	15735	11635	73.9
13	CAT（工学系）	II・准研究大学B	Bath	2.0	1966	10	19.0%	6	6、57	12685	8745	68.9
14	医・伝統的	I・研究	Edinburgh	2.8	1583	14	6.0%	0	8、42	21045	16060	76.3
15	医・新市民	I・准研究大学A	Leicester	1.9	1957	13	5.0%	5	6、39.5	10380	8000	77.1
16	新市民・自然科学	I・准研究大学A	Southampton	2.0	1952	11	10.0%	4	6、54	19055	14785	77.6
17	CAT・準学士号授与大学（2%）	II・准研究大学A	Loughborough	2.1	1966	14	21.0%	0	6、41	14675	11170	76.1
18	医・旧市民	I・准研究大学A	Sheffield	2.4	1905	14	10.0%	6	7、45	21265	15980	75.1
19	医・伝統的	I・准研究大学A	Glasgow	2.2	1451	11	8.0%	27	6、43	17710	14720	83.1
20	医・旧市民・自然科学	I・准研究大学A	Nottingham	2.1	1948	14	12.0%	7	8、51	26865	20965	78.0
21	医 1834年に School of Medicine & Surgery	I・准研究大学A	Newcastle	2.0	1963	15	9.0%	8	8、49	17470	14165	81.1
22	医・旧市民	I・准研究大学A	Birmingham	2.1	1900	18	8.0%	5	6、46	21530	16055	74.6
23	新構想（社会学）準学（1%）	II・准研究大学A	Lancaster	2.4	1964	12	0.0%	18	5、42	9775	7790	79.7
24	医・旧市民	I・准研究大学A	Manchester	2.4	1903	13	4.0%	7	7、48	31870	24930	78.2
25	CAT・自然科学	II・教育大学	Aston	1.2	1966	12	12.0%	19	5、53	8435	6825	80.9
26	医準学（6%）	I・准研究大学B	Cardiff	1.8	1883	15	7.0%	7	7、49	19480	16050	82.4
27	医・旧市民	I・准研究大学B	Leeds	2.0	1904	15	8.0%	5	7、37	27695	21895	79.1
28	医・新構想	I・准研究大学B	East Anglia	1.8	1964	11	0.0%	8	5、30	11925	9790	82.1
28	医・旧市民	I・准研究大学B	Liverpool	1.8	1881	14	6.0%	6	8、46	15245	13265	87.0
30	ロンドン	II・准研究大学A	Royal Holloway	2.3	1800	9	0.0%	12	3、27	7495	6115	81.6
31	旧市民	II・准研究大学A	Reading	2.1	1926	12	13.0%	21	6、43	10915	8855	81.1
32	医・北アイルランド	I・准研究大学B	Queen's Belfast	1.7	1908	14	10.0%	5	8、49	15875	13365	84.2
33	医・伝統的	I・准研究大学B	Aberdeen	1.9	1495	15	7.0%	6	8、45.5	11415	9020	79.0
34	医・新構想（社会学）	I・准研究大学A	Sussex	2.2	1961	11	4.0%	0	5、37.5	9680	7850	81.1
35	医・ロンドン・自然科学	I・准研究大学A	Queen Mary London	2.0	1915	12	12.0%	3	6、50	12455	10250	82.3
36	CAT・自然科学	I・准研究大学B	Surrey	1.8	1966	10	19.0%	23	5、52	10805	7845	72.6
37	スコットランド	II・准研究大学B	Strathclyde	1.6	1964	11	14.0%	14	6、36	15270	11050	72.4
39	新構想（社会学）	II・教育系大学	Kent	1.4	1965	11	4.0%	14	5、28	12745	11390	89.4
40	CAT・自然科学	II・准研究大学B	Heriot-Watt	1.7	1966	10	20.0%	14	5、64	6595	5065	76.8
41	1883にU.Collegeとして設立, St. Andrewの一部となる	II・准研究大学B	Dundee	1.5	1967	14	6.0%	8	7、47	9880	8555	86.6
42	医・新構想・1962（社会学）	I・教育系大学	Keele	1.2	1962	12	0.5%	4	5、19.5	7135	6325	88.6
43	新構想（社会学）	II・准研究大学B	Essex	1.8	1965	11	3.0%	11	4、29	9230	7455	80.8
44	医・新市民	I・教育系大学	Hull	1.1	1954	11	5.0%	19	5、34	12635	11015	87.2
45	ロンドン	II・准研究大学B	Goldsmiths	2.1	1904	9	0.0%	0	2、20	5950	4520	76.0
46	ウェールズ大学連合・準学（13%）	II・准研究大学B	Aberystwyth	1.7	1872	15	3.0%	10	5、29	6795	6085	89.6
47	CAT・準学（1%）・自然科学	II・准研究大学B	Brunel	1.6	1966	13	13.0%	12	5、54	12060	9740	80.8
48		II・教育系大学	Stirling	1.3	1967	12	0.0%	16	3、25	7715	6370	82.6
49	AT・自然科学	I・教育系大学	City Univ. London	1.2	1966	8	17.0%	17	4、61	12295	7835	63.7
50	ウェールズ・準学（8%）	II・准研究大学B	Swansea	1.5	1920	11	8.0%	6	5、44	10380	9050	87.2
52	ポリ・準学（2%）	准学士号授与大学	Oxford Brookes	0.6	1992	13	7.0%	21	3、31	12770	11310	88.6

資料3　連合王国における全大学の基本情報　397

	旧大学分類	新大学分類		RQ	大学昇格年度	学科数	工学部	ビジネス	自然科学系	総学生数	学部生数	%（学部生）
53	CAT	II・教育系大学	Bradford	1.0	1966	9	15.0%	11	5, 69	9475	8045	85.0
55	ウェールズ・準学（15%）	II・準研究大学 B	Bangor	1.5	1884	15	2.0%	6	6, 49	8025	6630	82.6
56	ポリ・準学（11%）	准学士号授与大学	Portsmouth	0.5	1992	13	7.0%	16	6, 41	14600	13330	91.3
57	ポリ・準学（4%）	准学士号授与大学	Nottingham Trent	0.4	1992	15	4.0%	15	7, 30	18425	15945	86.5
58	ポリ	准学士号授与大学	Bournemouth	0.4	1992	12	9.0%	33	6, 41.3	12655	11260	89.0
59	Univ. College	II・教育系大学	Chichester	0.2	2005	11	0.0%	2	3, 20	3355	3075	91.7
62	ポリ・準学（1%）	准学士号授与大学	West of England	0.5	1992	n/a	n/a	n/a	n/a	20200	18235	90.3
63	医・ポリ	I・教育系大学	Plymouth	0.7	1992	14	6.0%	13	7, 42	18810	17750	94.4
64	ポリ・準学（2%）	准学士号授与大学	Northumbria	0.3	1992	13	5.0%	24	6, 36	19805	16760	84.6
66	ポリ・準学（5%）	准学士号授与大学	De Montfort	0.6	1992	12	7.0%	13	6, 41	14910	14080	94.4
66	ポリ・準学（4%）	准学士号授与大学	Hertfordshire	0.3	1992	12	10.0%	15	5, 46	17710	15685	88.6
68	CofHE・準学（6%）	准学士号授与大学	Gloucestershire	0.3	2001	13	0.0%	22	5, 21.5	6110	5580	91.3
69	ポリ・準学（2%）	准学士号授与大学	Sheffield Hallam	0.4	1992	14	11.0%	18	6, 39	20985	18410	87.7
70	医ポリ	I・教育系大学	Brighton	0.8	1992	15	7.0%	20	7, 33.3	14495	12995	89.7
71	ポリ	II・教育系大学	Coventry	0.3	1992	12	13.0%	12	6, 48	13440	11560	86.0
71	ポリ	II・教育系大学	Bedfordshire	0.2	2006	n/a	n/a	n/a	n/a	9090	8085	88.9
73	Teacher Training College	教員養成	Winchester	0.4	2005	n/a	n/a	n/a	n/a	3715	3595	96.8
74	ポリ・準学（4%）	准学士号授与大学	Staffordshire	0.1	1992	12	7.0%	12	5, 37	9310	8345	95.0
74	Univ. College1999設立・人文社会学	II・教育系大学	Bath Spa	0.4	2005	14	0.0%	7	3, 6.5	5015	4360	86.9
77	Univ. of Central England, Birmingham, 1992	II・教育系大学	Birmingham City	0.2	2007	11	0.0%	15	4, 28	15115	13695	90.6
78	Institution・準学（12%）	准学士号授与大学	Central Lancashire	0.4	1992	19	4.0%	6	7, 29	n/a	n/a	n/a
79	ウェールズ・人文社会学	II・教育系大学	Lampeter	1.0	1971	12	0.0%	3	2, 5	1475	1100	74.6
80	College	II・教育系大学	York St. John College	0.2	1841	n/a	n/a	n/a	n/a	4450	4250	95.5
81	Univ. College	II・教育系大学	Worcester	0.1	1999	n/a	n/a	n/a	n/a	4720	4255	90.1
81	準学（2%）ポリ・自然科学	II・教育系大学	Teesside	0.2	1970	13	8.0%	12	5, 51	9700	8325	85.8
83	Institute of the Arts	II・教育系大学	Cumbria	0.1	1822	n/a	n/a	n/a	n/a	6450	5360	83.1
84	CAT6%	II・教育系大学	Salford	0.9	1967	13	11.0%	13	6, 48	14005	12385	88.4
84	準学（13%）ポリ	准学士号授与大学	Sunderland	0.5	1992	12	1.0%	11	4, 29	8125	7530	92.7
86	準学士号授与大学（25%）ポリ	准学士号授与大学	Lincoln	0.5	1992	15	0.5%	14	7, 18.5	8720	8280	95.0
87	準学士号授与大学（3%）ポリ	准学士号授与大学	Huddersfield	0.2	1992	14	7.0%	18	6, 29	12655	11595	91.6
88	EH College of HE（教員養成）	教員養成	Edge Hill	0.1	2005	n/a	n/a	n/a	n/a	7130	6410	89.9
89	ポリ準学士号授与大学（1%）	准学士号授与大学	Kingston	0.4	1992	13	9.0%	15	6, 42	18870	16760	88.8
90	ポリ	II・教育系大学	Manchester Metropolitan	0.5	1992	14	9.0%	19	6, 18.5	26460	24090	91.0
91	University College Chester（国教会）	II・教育系大学	Chester	0.2	1839	n/a	n/a	n/a	n/a	8145	7565	92.9
92	Surrey U. 連合の College	II・教育系大学	Roehampton	0.8	2004	n/a	n/a	n/a	n/a	6905	5875	85.1
92	Univ. College	II・教育系大学	Northampton	0.2	2005	14	3.0%	15	7, 45.2	7465	6885	92.2
94	ウェールズ・準学（1%）	II・教育系大学	Glamorgan	0.4	1992	13	6.0%	11	6, 47	12815	11235	87.7
98	Univ. College・準学（2%）	准学士号授与大学	Canterbury Christ Church	0.1	1999	13	0.1%	13	6, 32.5	8580	7330	85.4
99	ポリ	II・教育系大学	Liverpool John Moores	0.4	1992	15	8.0%	12	7, 36	16910	15115	89.4
100	ポリ	II・教育系大学	Westminster	0.5	1992	11	3.0%	14	5, 41	14075	11190	79.5
101	ポリ・教員養成	教員養成	Leeds Metropolitan	0.2	1992	12	1.0%	20	5, 27	18535	17115	92.3
102	ポリ	II・教育系大学	Wolverhampton	0.3	1992	20	3.0%	10	7, 33.2	13330	12080	90.6
103	ポリ・準学（4%）	准学士号授与大学	Anglia Ruskin	0.3	1992	15	0.0%	11	7, 37.5	11030	9415	85.4
104	College of HE	准学士号授与大学	Derby	0.1	1992	14	5.0%	14	6, 30	9920	9335	94.1
105	ポリ・準学・（2%）	准学士号授与大学	Middlesex	0.5	1992	14	1.0%	22	6, 31.2	14460	12755	88.2
106	医イギリスで第二番目にできたポリ	I・教育系大学	Greenwich	0.3	1992	15	6.0%	22	7, 39	15055	13025	86.5
110	ポリ	II・教育系大学	Thames Valley	0.2	1992	8	3.0%	24	4, 14.3	8890	8325	93.6
112	Uni. College・準学（1%）	准学士号授与大学	Buckinghamshire New	0.1	1999	10	2.0%	33	4, 11	5140	4970	96.7
113	ポリ・準学（6%）	准学士号授与大学	London South Bank	0.3	1992	12	13.0%	21	5, 38	11525	10085	87.5
									合計	合計	学部生%平均
										1252945	1037070	82.8

註：ポリはポリテクニクの略

398 資料

	GCE・A	成人学生	海外留学生	労働者階層	公立学校	卒業率	就職率	上級学位取得率	満足度	SSR	HEFCE (千£) X	RC&契約 (千£) Y	学費&教育補助金 (千£) Z	X+Y+Z	寄付	総収入 (千£)	X+Y+Z/総収入 (%)
1	524	4.1	12.8	9.8	53.0	97.7	82.3	91.1	85.0	10.8	134739	149744	47574	332057	29654	426549	77.8
2	539	6.3	12.1	11.5	57.7	99.0	85.5	87.0	86.0	11.6	138821	148978	54586	342385	48694	446755	76.6
3	489	5.5	34.7	18.3	62.0	97.1	88.4	68.5	75.0	10.3	112966	152984	44185	310135	3440	381230	81.4
4	468	2.8	26.1	15.7	58.8	94.2	77.8	85.1	84.0	12.4	25949	17287	14855	58091	1314	73224	79.3
5	452	16.3	28.0	18.9	66.6	92.0	82.9	80.4	77.0	8.9	127862	148034	59538	335434	5966	431510	77.7
6	463	10.6	16.0	17.6	76.4	96.0	79.2	79.7	77.0	13.1	50591	28057	48631	127279	1141	191479	66.5
7	483	3.4	49.5	18.2	65.9	96.5	90.6	76.0	73.0	13.3	18748	12205	48007	78960	1576	104344	75.7
8	459	6.4	8.3	15.0	61.9	96.7	78.3	77.5	79.0	14.8	49719	25437	23551	98707	757	129219	76.4
9	394	11.2	6.4	16.7	72.8	94.8	71.7	79.4	85.0	17.5	36799	12311	20053	69163	1222	96202	71.9
10	447	6.4	10.8	14.3	63.1	95.6	82.0	81.5	74.0	13.1	77948	56923	31649	166520	2037	209265	79.6
11	434	11.4	10.3	16.8	80.0	96.0	69.4	74.9	79.0	13.1	32809	27811	22309	82929	1097	113319	73.2
12	415	25.2	13.3	21.8	72.4	92.3	83.2	72.8	76.0	11.4	103361	91426	48404	243191	9176	318815	76.3
13	440	10.7	21.0	19.1	77.2	95.7	81.9	75.1	78.0	15.0	36114	19789	21600	77503	4014	101254	76.5
14	447	10.9	12.9	15.7	68.0	90.4	76.9	80.6	74.0	12.4	113600	87833	43101	244534	8001	314068	77.9
15	360	13.9	12.2	26.0	89.5	93.0	76.2	71.6	84.0	14.7	43482	36044	31816	111342	1346	145842	76.3
16	407	19.1	9.9	20.0	83.4	93.7	76.5	74.6	78.0	13.9	75114	70397	44874	190385	1539	233796	81.4
17	368	3.5	9.8	21.7	81.7	91.3	75.7	67.7	85.0	17.0	44875	24911	22279	92065	1402	121869	75.5
18	406	9.8	9.1	21.3	85.3	92.1	79.1	74.5	78.0	14.2	79284	64108	54326	197718	2129	237988	83.1
19	412	13.2	7.0	21.9	86.6	86.6	75.4	71.3	79.0	13.2	106484	76379	35178	218041	7029	264845	82.3
20	408	15.4	14.5	17.4	69.4	95.7	76.3	74.3	76.0	13.7	76990	64659	65580	207229	799	265302	78.1
21	405	10.5	10.2	20.1	70.0	92.2	79.4	72.2	77.0	14.9	76385	50747	30579	157711	2541	212929	74.1
22	403	8.8	9.1	22.1	78.2	93.6	72.7	70.9	78.0	14.9	90622	68048	53294	211964	3151	279521	75.8
23	388	5.5	12.0	22.0	90.3	93.3	64.3	69.6	79.0	13.7	33992	14353	18269	66614	1394	95437	69.8
24	412	12.5	15.1	21.3	77.2	91.6	73.8	70.4	73.0	13.6	100378	77059	72227	249664	6053	328574	76.0
25	365	10.7	16.1	36.2	91.6	91.0	78.1	69.0	80.0	16.5	21292	4762	12951	39005	731	53392	73.1
26	394	14.4	8.4	21.8	85.8	92.4	77.6	66.8	77.0	14.7	65862	39548	35841	141251	3131	167906	84.1
27	392	8.9	6.6	19.7	73.9	91.9	71.1	73.4	76.0	13.9	105665	71058	62146	238869	4352	302607	78.9
28	387	31.6	9.0	24.3	87.9	85.4	71.9	70.1	83.0	17.1	31578	21641	25459	78678	1579	98412	79.9
28	361	12.6	7.9	24.7	84.8	91.2	72.5	68.8	76.0	12.2	74612	53271	33535	161418	4854	205650	78.5
30	365	10.0	25.9	24.0	78.5	92.9	69.8	70.3	75.0	14.5	22753	8830	15675	47258	1315	63189	74.8
31	347	12.6	10.2	23.9	82.4	91.7	68.7	75.4	79.0	16.7	42102	21805	26105	90012	3641	123805	72.7
32	358	18.9	4.9	35.1	99.1	85.0	78.3	69.0	78.0	15.2	67555	27086	32521	127162	1297	158660	80.1
33	363	16.6	14.4	25.3	81.8	77.3	74.4	67.6	81.0	15.1	51680	33554	20020	105254	1659	124961	84.2
35	378	16.2	9.2	28.6	86.1	90.1	70.6	81.7	76.0	15.5	36714	20988	18235	75937	547	94626	80.2
36	346	15.7	15.7	32.5	86.0	88.5	77.3	64.2	76.0	13.0	53861	34021	22217	110099	757	139604	78.9
37	352	26.5	13.8	22.2	90.9	88.8	80.0	65.1	76.0	16.8	31159	22511	34649	88319	9263	131453	67.2
37	394	16.7	6.4	26.7	92.3	83.1	78.1	73.9	76.0	19.1	70171	22672	41671	134514	2059	158765	84.7
39	317	18.9	13.1	24.9	92.0	87.8	71.8	61.7	81.0	17.1	30612	8473	19167	58252	1117	77864	74.8
40	350	14.4	21.5	27.6	91.8	80.3	76.2	65.5	75.0	15.6	30401	12451	17617	60469	280	82069	73.7
41	371	26.1	9.3	25.5	88.6	71.4	75.6	65.8	78.0	14.0	47438	38493	23443	109374	653	130776	83.6
42	319	18.2	6.5	26.7	90.8	89.1	70.4	64.4	77.0	14.3	21046	8752	14462	44260	1731	64615	68.5
43	302	24.3	20.7	32.6	95.5	87.4	62.7	61.0	76.0	13.7	23078	10376	19213	52667	1135	68451	76.9
44	285	25.5	8.3	30.9	92.6	87.0	73.2	57.7	81.0	18.7	37593	9639	26397	73629	828	94481	77.9
45	318	33.6	12.8	30.2	91.6	91.6	65.2	72.0	72.0	12.7	22661	2030	13758	38449	401	44430	86.7
46	310	11.2	9.2	28.7	94.9	87.5	53.0	61.0	81.0	17.6	29269	9980	10828	50077	2289	68926	72.7
47	319	18.5	10.5	37.7	92.5	86.4	67.9	64.9	72.0	17.8	39362	9523	22192	71077	849	88721	80.1
48	288	27.4	6.3	32.3	94.3	81.5	69.8	64.3	76.0	14.2	25697	7036	16813	49546	834	65609	75.5
49	316	38.4	15.8	40.0	88.8	84.3	81.4	66.6	72.0	17.5	21688	6590	55035	83313	2910	100741	82.7
50	304	19.5	7.9	29.2	93.2	87.3	62.5	50.3	78.0	14.7	36877	10295	19116	66288	806	91580	72.4
52	301	33.6	14.0	41.7	74.0	83.9	73.0	66.1	77.0	18.4	32068	4351	33282	69701	469	90704	76.8

資料3　連合王国における全大学の基本情報　399

	GCE・A	成人学生	海外留学生	労働者階層	公立学校	卒業率	就職率	上級学位取得率	満足度	SSR	HEFCE (千£) X	RC&契約 (千£) Y	学費＆教育補助金 (千£) Z	X+Y+Z (千£)	寄付	総収入 (千£)	X+Y+Z/総収入 (%)
53	270	31.1	18.9	49.0	93.9	82.3	70.4	62.8	75.0	15.0	29999	7149	22918	60066	969	72211	83.2
55	283	23.7	9.1	32.9	95.5	83.9	67.8	55.7	77.0	18.9	31364	9777	16358	57499	534	75235	76.4
56	271	16.2	9.3	31.1	94.8	96.1	63.9	52.4	79.0	18.7	46090	4645	29185	79920	682	96263	83.0
57	276	16.9	6.1	35.7	92.7	86.2	74.1	55.7	74.0	17.1	56628	3798	33537	93963	972	114373	82.2
58	289	29.6	6.0	29.7	94.7	85.2	75.5	58.9	74.0	20.8	23764	1666	23154	48584	407	57443	84.6
59	234	30.9	3.4	35.7	96.4	89.2	64.0	49.3	81.0	18.3	10440	339	3846	14625	131	17694	82.7
62	275	26.2	6.6	29.0	89.0	78.8	66.1	63.2	76.0	19.2	51419	4420	23622	79461	2578	114428	69.4
63	268	40.4	5.0	33.2	94.6	84.3	58.0	61.5	75.0	15.7	59853	7453	28209	95515	638	112942	84.6
64	291	29.0	11.2	31.8	91.3	80.3	73.0	54.1	76.0	20.0	44753	6068	41671	92492	214	109034	84.8
66	248	27.2	4.8	42.8	97.1	81.5	65.7	51.1	77.0	17.0	62913	9103	30094	102110	531	113714	89.8
66	244	26.9	11.3	39.9	97.9	82.3	65.3	47.3	73.0	14.4	45684	3271	35568	84523	1164	105660	80.0
68	239	21.3	5.5	32.2	95.0	82.1	64.2	56.2	74.0	16.5	21271	1100	9195	31566	355	37430	84.3
69	268	27.0	6.5	33.9	95.7	83.8	64.2	61.3	73.0	18.1	62408	7367	33967	103742	613	119810	86.6
70	278	34.8	10.1	29.4	93.0	84.7	65.3	58.5	74.0	20.0	37401	4029	26878	68308	711	80642	84.7
71	280	27.9	11.6	39.4	96.6	75.2	67.5	61.0	75.0	19.1	41269	2032	29380	72681	838	92184	78.8
71	215	50.0	18.6	42.5	99.0	75.1	66.7	47.8	75.0	15.6							
73	261	19.6	4.5	32.0	96.9	55.6	55.7	77.0	17.2								
74	232	30.8	5.6	39.1	97.7	78.1	69.0	53.0	76.0	17.5	41998	3468	19190	64656	269	74758	86.5
74	287	28.1	2.8	31.3	95.1	87.0	59.0	67.7	77.0	21.6	13127	161	4602	17890	161	21217	84.3
77	258	39.5	5.1	45.9	97.7	75.5	65.7	57.3	72.0	16.5							
78	252	32.8	7.8	38.1	97.2	72.9	70.1	49.3	76.0	20.2	51032	2077	30295	83404	109	98000	85.1
79	252	42.3	11.5	38.9	92.5	82.7	61.8	52.8	74.0	14.6	5652	265	1787	7704	247	9842	78.3
80	288	23.5	2.2	28.9	93.2	84.5	58.8	52.9	75.0	20.0	9867	14	7085	16966	395	21783	77.9
81	236	44.9	4.9	38.8	97.1	83.9	68.2	48.4	76.0	20.0	9734	771	7423	17928	57	20059	89.4
81	257	36.5	4.6	48.6	99.1	72.7	67.3	52.4	77.0	19.3	30453	1194	21905	53552	427	63351	84.5
83	256	23.1	2.4	32.1	98.6	84.2	71.4	48.8	70.0	14.9	4293	5	940	5238	26	5894	88.9
84	253	38.4	9.0	40.9	96.7	76.4	62.7	55.1	73.0	18.6	45976	6031	38131	90138	439	115154	78.3
84	226	34.1	14.7	48.0	98.3	75.6	59.3	50.2	77.0	16.1	37752	3171	16573	57496	77	73325	78.4
86	266	21.4	6.5	36.3	97.5	80.4	60.4	57.1	75.0	23.7	33811	508	10182	44501	124	59290	75.1
87	265	36.8	5.5	42.9	97.6	81.2	56.9	51.9	74.0	16.1	37463	2062	15554	55079	722	76131	72.3
88	248	34.4	0.9	39.8	98.3	79.2	56.8	46.1	78.0	19.8	16347	74	4950	21371	201	31025	68.9
89	236	34.4	12.5	37.2	95.8	79.4	61.0	60.1	73.0	19.1	42379	1444	30650	74473	1043	90716	82.1
90	266	19.3	7.4	35.9	94.6	79.0	63.8	57.2	72.0	19.7	79909	5746	33348	119003	1627	139644	85.2
91	267	27.4	1.9	36.7	96.7	78.2	65.1	54.8	73.0	18.3	10199	228	11273	21700	128	24760	87.6
92	251	29.0	6.0	35.7	96.5	78.5	56.8	51.0	71.0	18.4	20200	1321	9694	31215	373	40200	77.6
92	233	46.0	5.6	35.3	96.9	81.3	59.5	53.7	75.0	20.4	21077	1025	14178	36280	372	42624	85.1
94	263	41.8	13.3	42.2	98.5	69.1	60.4	52.4	74.0	18.3	37108	2247	17548	56903	422	70459	80.8
98	238	36.2	6.6	34.6	96.9	80.2	59.0	49.7	73.0	18.3	19202	659	17609	37470	37	50816	73.7
99	244	22.4	8.0	40.8	96.3	76.1	58.8	45.7	73.0	19.6	55675	3779	26253	85707	579	103618	82.7
100	249	29.5	16.5	44.4	95.6	77.5	54.1	51.5	69.0	16.4	48964	4021	35372	88357	1147	102825	85.9
101	270	24.3	4.4	32.5	92.6	82.1	59.9	53.0	68.0	21.1	56751	1762	28507	87023	458	101218	86.0
102	204	34.4	10.9	51.6	98.9	73.4	60.9	44.6	72.0	19.0	47772	2284	26281	76337	1721	96658	79.0
103	257	48.0	8.5	37.1	98.2	74.3	66.2	55.7	68.0	19.7	40804	3578	27671	72053	755	89496	80.5
104	231	40.1	7.5	38.6	98.3	76.5	54.9	46.6	72.0	19.8	32728	1001	16698	50427	96	62121	81.2
105	194	48.5	15.5	47.5	96.8	74.6	64.4	50.8	70.0	23.4	53012	1475	43283	97770	217	118480	82.5
106	212	48.1	12.9	46.1	97.9	75.8	59.6	44.9	73.0	22.9	46540	9118	30845	86503	575	106255	81.4
110	197	61.5	15.4	40.2	98.3	63.6	59.7	50.4	73.0	20.6	27955	339	27599	55893	409	60991	91.6
112	210	36.8	11.8	36.8	97.0	79.8	50.9	46.3	68.0	20.3	18126	1341	12222	31689	140	41792	75.8
113	179	58.9	10.5	44.8	98.5	69.4	63.2	53.7	71.0	25.2	39476	4828	39015	83319	1527	94760	87.9

	GCE・A	成人学生	海外留学生	労働者階層	sate-sector	卒業率	就職率	上級学位	満足度	SSR
平均値	319	24.1	10.9	30.9	88.5	84.9	69.2	62.4	75.9	16.7

あとがき

　本書は、東京大学教育学研究科に提出した博士論文『イギリス高等教育の一元化』を、大きく加筆・修正したものである。まず、最大の謝辞を主任指導教官の勝野正章先生（東京大学大学院教育学研究科）に述べたい。勝野先生の存在なくして、博士論文を書き上げることは困難であった。10年ほど以前から書き進めてはいたが、その間さまざまな障害にあい、立ち尽くすことが多かった。しかし、勝野先生は忍耐強くわたくしを見守って下さり、的確な指導をいただいた。また、副査をしていただいた金子元久先生、山本清先生、大桃敏行先生、橋本鉱市先生に心から感謝の意を表したい。とくに、天野郁夫先生と金子元久先生からは鋭く厳しい指導と共に、研究者として進むべき道を明確に示していただいた。これら先生方からの指導がわたくしの博士論文の完成度を高める原動力となり、また、諸先生方のお陰でようやく完成の日を迎えることができたのである。教えの厳しさに潜む未熟な研究者への労りを示される先生方の教育者としての姿勢が、教えを受けた多くの者の胸に響き、今なおこれら諸先生方を慕うのであろう。

　イギリス・オックスフォード大学では、教育学科初の日本人博士課程前期生として研究面・生活面で厳しいものがあったが、帰国直後には、高木英明先生（京都大学大学院教育学研究科）の研究室で教育学を学ぶことにより、学ぶことの厳しさだけではなく、学ぶことの喜びをお教えいただいた。この間何ごとにも妥協を許さぬ学問に対する真摯な姿勢を高木先生より学んだように思われる。神崎高明先生には常に多くの激励と助言をいただいた。氏の激励と助言がわたくしの論文の完成を一層押し進めることになった。

　神崎高明先生には多くの激励をいただいた。氏の激励と助言がわたくしの

論文の完成を一層押し進めることになった。

　有本章先生および山本眞一先生には研究に専念できる蔵書の豊富な環境と暖かな声援や支援を与えてくださったことに心から感謝している。そのことにより本研究も一段と飛躍することが可能となったことは何にもまして有り難いことであった。今後のわたくしの仕事が両先生のお仕事の一助になることを願っている。

　また、市川昭午先生からは絶えず励ましの言葉をいただいた。オックスフォード大学の大学院において市川先生の英文訳の御著書を読み解く中で、修士論文を完成した当時が思い起こされる。20年前のオックスフォード大学での研究がここにきて「高等教育」という言葉で、一つの道筋としてつながったことは驚きであり、かつまた喜びでもある。

　篠原康正氏、渡邉聡先生、大佐古紀雄先生、西垣順子先生には同じ研究者として常に変わらぬ的確な助言を、村澤昌崇先生、島一則先生、北垣郁雄先生からは貴重な情報を、また、坂東隆男先生、佐伯和徳さん、荒木裕子さん、飛鷹茂忠さん、山口隆司さん、伊藤亮平さん、福島在行さん、田中尚代さんからは暖かな助言をいただいた。

　最後ではあるが、本書の編集・出版に際し、多大なご助力をいただいた東信堂の下田勝司氏、二宮義隆氏に心より感謝していることを付言すると共に、この場を借りて皆様に深くお礼を申し上げたい。

　また本書は、平成25年度科学研究費補助金・研究成果公開促進費（学術図書）の交付を受けて刊行されるものである。

2014年1月1日

　　　　　　　　　　　　　　　　　　　　　　　　　　　秦　由美子

索　引

* （　）内には、略号、追加説明、関連の追加語句を、〔　〕内には同種・同意の別表現を記している。

――事項索引――

【ア行】

アクセス協定	260
アクセス・コース	146
厚板ガラス大学	63
イギリス大学協会 (UUK)	20,161,195
一元化	3,84,105-111,317-324
――の定義	105
管理的――	321,324
財政的――	324
質的――	324
制度的――	324
折畳的――	318,319
一般全国職業資格 (GNVQ)	145
イングランド高等教育財政審議会 (HEFCE)	20,55,104,179,228,288
ウィンチェスター・カレッジ	129
ウェールズ高等教育財政審議会 (HEFCW)	21,105
ウォリントン・アカデミー	56
エスタブリッシュメント	56
エリート教育	152,320
オイルショック	89
オウエンス・カレッジ	58
欧州共同体単位互換制度 (ECTS)	188
欧州高等教育圏	161
オープン・ユニヴァーシティー	185,193
応用準学位	162,177,235
オックスフォードおよびケンブリッジ法	264
オックスフォード・ポリテクニク（オックスフォード・ブリックス大学）	113,186
オックス・ブリッジ	50,55,131,320

【カ行】

改革・大学・技能省 (DIUS)	227
カウンシル	263, 265-268
科学、技術および芸術のための国家基金財団 (NESTA)	183
科学技術教育・研究特別機関 (SISTERs)	37,42
科学技術部 (OST)	239
学位授与権	163-165
学外試験委員制度	147
学習機会の拡大	143
『学習社会における高等教育』→『デアリング報告書』	
学生の質	3,122,147-149,302,303,305-308,313,325
――と制度	3
学生の多様性〔化〕	301,303,305-308,313,325
学生ローン会社 (SLC)	244
学生ローン制度（貸与制奨学金）	235,244
拡大媒体 (vehicle of expansion)	134
拡張カレッジ	60
家計資産評価	241
下構教育制度	43

カレッジ中のカレッジ	53	工学学位全国審議会 (NCTA)	68,70
寄宿制学寮 (カレッジ) 制度	51	工科大学	30,69,287
技術学校教員連盟 (ATTL)	88	『高等教育』→『ロビンズ報告書』	
技術ディプロマ	70	高等教育アカデミー (MEA)	183
北アイルランド教育省 (DENE)	105	高等教育機関 (HEIs)	29,228
義務教育修了年限	127	『高等教育―新たな枠組み』	102
義務教育年限	59	高等教育機関進学機会均等政策	132
義務教育年齢	128	高等教育財政審議会 (HEFCs)	105,198,226
キャッピング制度	91	高等教育水準審議会 (HEQC)	104,111,161
休学率	188	高等教育水準審査機関 (QAA)	66,176,257
旧市民大学	56,316	高等教育制度検討委員会 (NCIHA) →デアリング委員会	
旧大学	3,104,111,314,317,320		
教育科学省 (DES)	97,146,220	『高等教育―挑戦への取り組み』	206
教育基準局 (OFSTED)	148	高等教育統計局 (HESA)	20,163,288
教育技能省 (DfES)	230	高等教育における教授・学習の質の向上 (QE) →高等教育の質	
教育雇用省 (DfEE)	94,179		
教育資格一般認定試験 (GCE)	124	高等教育の質	161,173,174
教育の質向上委員会 (TQEC)	195	『高等教育の将来』	195,230,243,248
教育費補助金	234,235	高等教育の定義	37
教育評価 (TQA)	237,257	コングリゲーション (オックスフォード大学の)	268,269
教員養成機関 (TTA)	240		
競争入札制度	217	コンプリヘンシブ・スクール	8,88
強制――	90	**【サ行】**	
『クラウザー報告書』(『中央審議会報告書』)	34	最大学生数 (MsSN)	96
グラマー・スクール	8,10,127,129	サッチャー政権	17,84,88
『クリック報告書』	181	産業・高等教育協議会 (CIHE)	168
グレードのインフレ	150,170,173	産業連盟	89
『クローハム報告書』(『大学補助金委員会の再検討』)	206	算定外補助金	236
		サンドウィッチ課程〔・コース〕	9,136
経済産業省 (CIPS)	244	三分岐制度	7,129
継続教育	40	シックス・フォーム	129,134-136
継続教育カレッジ	146	実働研究者数	290
継続教育機関 (FEIs)	228	『ジャラット報告書』(『大学の効率性の研究のための運営委員会報告書』)	
研究審議会 (RCs)	228,239,250,290		206,207,262,263
研究費補助金	231-233,235	修了率	163,190,191
研究評価 (RAE)	221,223,231,290	准大学高等教育機関	7,48
――単位 (UoA)	231		

上級工科カレッジ (CAT)　30,41,68,69,133
上級継続教育 (AFE)　215
上級 GNVQ(職業 A レベル)　145,146
上構教育制度　143
職業資格　132
所得連動型返還ローン (方式)　244,249
進学機会均等局 (OFFA)　260
信仰心　94
新構想大学　63,287,317
新市民大学　59,287,317
新大学　3,104,272,287,314,317,320
枢密院 (Privy Council)　40
スコットランド高等教育財政審議会
　(SHEFC)　21,105
ストライキ　89
『すべての者に中等教育を』　130
『スペンス報告書』　130
設立勅許状 (Royal Charter)　39
全国学位授与審議会 (CNAA)　8,146,
　273,326
全国学生調査 (NSS)　288,305
全国資格枠組み (NQF)　38
総合制中等学校　130
ソルボンヌ宣言　332

【タ行】

対位線　14,15,320,321
第1級優等学位　87,148,168
大学学長委員会 (CVCP)　161,201,263,
大学・カレッジ入学サービス (UCAS)　140
大学・カレッジ労働組合 (UCU)　110
大学財政［財務］　3,226,249
大学財政審議会 (UFC)　12,100,105,206
大学総会 (Court)　273
大学と准大学高等教育機関　43
大学のガバナンス　284
　委員会 (Key Organ)──　284
　カレッジ・──　283

米国型──　284
　理事会 (Board of Governors)──　284
『大学の管理運営を熟慮するために任命された理事会報告書』→『ワス報告書』
『大学の効率性の研究のための運営委員会報告書』→『ジャラット報告書』
大学の自治　3,263,315
大学補助金委員会 (UGC)　12,18,85,
　92,198,200
『大学補助金委員会の再検討』→『クローハム報告書』
第3級優等学位　168
第2級下級優等学位　168
第2級上級優等学位　148,168
貸与制奨学金→学生ローン制度
単位累積互換制度 (CATS)　163,185,188
地方教育当局 (LEA)　13,41,48,228,274
チャンセラー (Chancelllor：総長)　51
チューター　52
中等教育修了一般資格 (GCSE)(試験)
　124,140
勅任教育視学官 (HMI)　146
デアリング委員会 (高等教育制度検討委員会)　142,234
『デアリング報告書』(『学習社会における高等教育』)　34,137,174,234
テニュア (制度)　100,272
転位　14,15,320,321
伝統的大学　50,111,263
特別資本経費補助金　236
特別補助金　236
トップ・アップ・フィー　248
トーリー党　56

【ナ行】

二元構造 (binary system または dual system)
　3,4,45,72,73,86,317-319
　機関併置型──　5

『ノーウッド報告書』　　　　　　　　130

【ハ行】

バッキンガム大学　　　　　　　　　　64
パートタイム課程〔・コース〕
パートタイム学生　　　　　　137-139
パブリック・スクール　　　　　　10,129
パブリック・セクター　　　　4,18,44,204,
　　　　　　　　　　209,214,215,321
　　──高等教育諸問機関 (NAB)　18,48,
　　　　　　　　　　　　198,215,216
『ビジネスと大学の協働のためのレビュー』
　　→『ランバート報告書』
評価結果に基づく研究資金 (QR)　　222
プライベート・セクター　　　　4,18,44-50,
　　　　　　　　　　　　204,205,321
『変化の選択：高等教育における進学機会、
　選択そして流動性の拡大』　111,161,189
補助金配分制度　　　　　　　　　　114
ポリテクニク　　　　5,30,43,69-72,86-88,
　　　　　　　　　　　110,198,319-327
ポリテクニクおよびカレッジ財政審議会
　(PCFC)　　　　　　　　12,100,216
『ポリテクニクとその他のカレッジのため
　の計画』　　　　　　　　　43,69,209
ボローニャ宣言　　　　　　　　161,333
ボローニャ・フォローアップ・グループ
　(BFUG)　　　　　　　　　　331,333
ボローニャ・プロセス　161,187,329,331

【マ行】

民営化　　　　　　　　　　　　　　 90
モジュール制度〔・コース〕　　185-187

【ヤ行】

優等学位　　　　　　　　　　　　　168
　　──課程　　　　　　　　　　　168
ユニヴァーシティー・カレッジ・ロンドン
　　　　　　　　　　　　　　　　　55

【ラ行】

ラッセル・グループ　　　　109,231,286
『ランバート報告書』（『ビジネスと大学の
　協働のためのレビュー』）　　263,273
リーグ・テーブル　　　　　　　257,325
リージェント・ハウス（ケンブリッジ大学
　の）　　　　　　　　　　265,266,271
連合王国産業連盟 (CBI)　　　　　175
労働研究者 (RAE)　　　　　　　　231
ロビンズ委員会　　　　　　　　　5,326
『ロビンズ報告書』（『高等教育：ロビンズ
　郷を委員長とする首相により任命された
　委員会の報告書』）　　6,29,33,35-38,
　　　　　　　　　　　　　86,133,193
　　──の理念　　　　　　　　　　 36
ロンドン大学　　　　　　　 55,271,323
　　──法　　　　　　　　　　　　 56

【ワ行】

『ワス報告書』（『大学の管理運営を熟慮す
　るために任命された理事会報告書』）
　　　　　　　　　　　　　　265,266
ワディク・サイード・ビジネス・スクール
　　　　　　　　　　　　　　　　270

【数字・欧字】

1944年教育法　　　　　　　　　40,158
1988年教育改革法　　　30,84,98,99,261
1990年教育法　　　　　　　　　　244
1992年以降の大学 (post-1992 universities)
　　　　　　　　　　　　　　　　286
1992年以前からの大学 (pre-1992
　universities)　　　　　　　　　　286
1992年継続・高等教育法　　30,84,102,
　　　　　　　　　　　　 103,145,273
1994グループ　　　　　　　　　　109

1998年教員・高等教育法	242	GCE・A レベル	10,124,134,167,178
2004年高等教育法	249	GCE・O レベル (試験)	130
2004年以降の大学 (post-2004 universities)	288	LSE	34,248
academic drift	5	SSR(教員1人当たり学生数)	110

―― 人名索引 ――

【ア行】

アンダーソン，リチャード	5
イーストウッド，デヴィッド	268
ヴァンデリンド，デヴィッド	272
ウィルソン，ハロルド	89,90
ウルフェンデン，ジョン	201

【カ行】

キャラハン，ジェームズ	90
クラーク，ケネス	148
クロスランド，アンソニー	73,300
コーエン，ロバート	94,95

【サ行】

サッチャー，マーガレット	84,90,91
スコット，ピーター	4
スタッブス，ウィリアム	151

【タ行】

ダイアー，ピーター	205
トーニー，リチャード	130
トロウ，マーチン	49,329

【ハ行】

パーキン，ハロルド	219
バート，シリル	159
バーネット，ロナルド	33
バーンバウム，ロバート	267
フェラー，アーウィン	332
ブランケット，デヴィッド	143
ベーカー，ケネス	98
ヘンケル，メアリー	6
ホールジー，アルバート	72,100,148

【マ行】

モリス，エステル	151
ミル，ジョン・スチュアート	72

著者紹介

秦由美子（はだ　ゆみこ）
　大阪市生まれ。お茶の水女子大学卒業後、アメリカ大使館勤務。
　その後、オックスフォード大学で修士号、東京大学で博士号（教育学）を取得し、
　大阪大学准教授を経て、現在広島大学教授。

主要著書・活動
『変わりゆくイギリスの大学』学文社、2001年。
『新時代を切り拓く大学評価‐イギリスと日本』東信堂、2005年。
"Current Changes within the Japanese Higher Education System: Past and Future." in *A New Japan for the Twenty First Century,* ed. R.T.Segers, London & NY: Routledge, 2008.
『女性へ贈る７つのメッセージ』晃洋書房、2012年。
「NHKクローズアップ現代～人生に寄り道を」（2013年５月21日）に出演。

Univercities in the UK: From Elitism to Dynamism

イギリスの大学──対位線の転位による質的転換

2014年２月１日　初　版第１刷発行　　　　　　　　　〔検印省略〕
　　　　　　　　　　　　　　　　　　　　定価はカバーに表示してあります。

著者Ⓒ秦由美子　発行者 下田勝司　　　印刷・製本／中央精版印刷株式会社

東京都文京区向丘 1-20-6　　郵便振替 00110-6-37828　　　　　　発　行　所
〒 113-0023　TEL (03) 3818-5521　FAX (03) 3818-5514　　株式会社 東信堂
　　　　　　Published by TOSHINDO PUBLISHING CO., LTD.
　　　　　　1-20-6, Mukougaoka, Bunkyo-ku, Tokyo, 113-0023, Japan
　　　　　　　E-mail : tk203444@fsinet.or.jp　http://www.toshindo-pub.com

ISBN978-4-7989-1215-8　C3037　　Ⓒ 2014 Hada, Yumiko

東信堂

転換期を読み解く——潮木守一時評・書評集	潮木守一	二六〇〇円
大学再生への具体像〔第2版〕	潮木守一	二四〇〇円
フンボルト理念の終焉?——現代大学の新次元	潮木守一	二五〇〇円
いくさの響きを聞きながら——横須賀そしてベルリン	潮木守一	二四〇〇円
大学教育の思想——学士課程教育のデザイン	絹川正吉	二八〇〇円
国立大学法人の形成	大﨑仁	二六〇〇円
国立大学法人化の行方——自立と格差のはざまで	天野郁夫	三六〇〇円
転換期日本の大学改革——アメリカと日本	江原武一	三六〇〇円
大学の責務	立川明・坂本辰朗 D・ケネディ著 井上比呂子訳	三八〇〇円
大学の財政と経営	丸山文裕	三二〇〇円
私立大学マネジメント	㈳私立大学連盟編	四七〇〇円
私立大学の経営と拡大・再編——一九八〇年代後半以降の動態	両角亜希子	四二〇〇円
大学事務職員のための高等教育システム論〔新版〕——より良い大学経営専門職となるために	山本眞一	一六〇〇円
改めて「大学制度とは何か」を問う	舘昭	一〇〇〇円
原点に立ち返っての大学改革	舘昭	一〇〇〇円
戦後日本産業界の大学教育要求——経済団体の教育言説と現代の教養論	飯吉弘子	五四〇〇円
イギリスの大学——対位線の転移による質的転換	秦由美子	五八〇〇円
新時代を切り拓く大学評価——日本とイギリス	秦由美子編	三六〇〇円
韓国大学改革のダイナミズム——ワールドクラス〈WCU〉への挑戦	馬越徹	二七〇〇円
現代アメリカの教育アセスメント行政の展開——マサチューセッツ州〈MCASテスト〉を中心に	北野秋男編	四八〇〇円
現代アメリカにおける学力形成論の展開——スタンダードに基づくカリキュラムの設計	石井英真	四二〇〇円
スタンフォード21世紀を創る大学	ホーン川嶋瑤子	二五〇〇円
大学教育とジェンダー——ジェンダーはアメリカの大学をどう変革したか	ホーン川嶋瑤子	三六〇〇円
アメリカ大学管理運営職の養成	高野篤子	三二〇〇円
アメリカ連邦政府による大学生経済支援政策	犬塚典子	三八〇〇円

〒113-0023　東京都文京区向丘1-20-6　TEL 03-3818-5521　FAX03-3818-5514　振替 00110-6-37828
Email tk203444@fsinet.or.jp　URL:http://www.toshindo-pub.com/

※定価：表示価格（本体）＋税